世界传世藏书

【图文珍藏版】

全球通史

世界历史通览

刘凯⊙主编

第四册

线装书局

九、东欧与斯堪的纳维亚半岛

1500—1800 年

由选举产生且力量薄弱的波兰王室为了应对贵族的独立要求，试图维持自身权威，双方由此展开了激烈的斗争，导致波兰经历了一段非常动荡的时期。接着它又在列强的瓜分中被分割。在匈牙利和特兰西瓦尼亚，奥斯曼帝国和哈布斯堡王朝为争夺权力而开战。信奉新教的丹麦和瑞典两国国王试图加强中央权力，并扩张自己的势力范围。1648 年后，瑞典在古斯塔夫二世·阿道夫的统治下崛起成为一个欧洲强国，但是俄国在查理十二死后，结束了瑞典在北方的优势地位。

16—17 世纪的波兰与匈牙利

贵族阶层的选举权和与邻国的纷争削弱了波兰王国的实力。匈牙利被纳入奥斯曼帝国和哈布斯堡王朝的统治下。

由于波兰实行选举君主制，国王的地位向来较为薄弱。贵族阶层奴役农民，在色姆议会的选举中扩大自己的特权。1506 年，亚盖洛王朝的西格蒙特一世成为国王，他积极地支持文艺复兴与人文主义。他在 1515 年结束了与哈布斯堡王朝的纠纷，1525 年又结束了与条顿骑士团对东普鲁士的争夺。1569 年，其子西格蒙特二世·奥古斯特通过卢布林联盟将立陶宛省与波兰统一在一起。

在华沙附近的田野中选举波兰国王的大会，17 世纪的铜版画。

克拉科夫的瓦维尔大教堂，用于波兰国王的加冕礼，依照意大利文艺复兴风格建造。

1572 年，亚盖洛王朝因绝嗣结束统治，贵族利用宗教自由和反对权，强行选举瓦卢瓦的亨利，即后来的法国国王亨利三世为国王。

1587 年，西格蒙特三世成为波兰国王，开始了天主教系的瓦萨王朝。其子瓦迪斯瓦夫四世将势力深入到俄罗斯境内，但是瓦迪斯瓦夫之弟约翰二世·卡西米尔不得不应付哥萨克首领博格丹·奇梅尔尼斯基领导的叛乱。奇梅尔尼斯基在乌克兰建立了自己的国家，并于 1654 年自封沙皇。乌克兰被俄罗斯吞并后，国王被迫退位。

1515 年哈布斯堡和亚盖洛王朝之间结亲

亚盖洛家族的一支自 14 世纪开始统治波希米亚和匈牙利。1515 年，国王瓦迪斯瓦夫二世两个儿女路易和安娜，分别同神圣罗马帝国皇帝马克西米利安一世的孙子斐迪南、孙女玛丽联姻，为此与哈布斯堡家族结为联盟。1526 年，年轻的国王路易二世战死，他的妹夫和妻舅斐迪南一世控制住了波希米亚。随后，奥斯曼帝国统治了匈牙利大部分地区长达一个半世纪。

18 世纪的匈牙利与波兰

奥斯曼帝国与哈布斯堡王朝之间的权力斗争也在匈牙利及邻近的特兰西瓦尼亚展开。波兰起初在大北方战争中与瑞典交战，但之后就处在了俄国的影响之下，最终由于三次瓜分而不复存在。

为争夺匈牙利和特兰西瓦尼亚，哈布斯堡王朝耗费了在东部的大量精力。几个世纪以来，奥斯曼帝国一直支持当地贵族反对哈布斯堡王朝。这一状况始于约翰·萨普亚统治时期，他自 1511 年任特兰西瓦尼亚总督，1526 年起又成为东匈牙利的国王。以信奉新教的拜特伦·加波尔为例，他于 1613 年成为特兰西瓦尼亚亲王，1620 年任匈牙利国王，曾经大举侵入波希米亚和奥地利。

直到 1697 年萨伏伊的欧根亲王取胜之后，哈布斯堡王朝才第一次将其统治扩大到整个匈牙利。

弗兰茨二世·拉科斯基肖像，约 1700 年。

而最后一次发生于 1704 年，特兰西瓦尼亚和匈牙利的亲王弗兰茨二世·拉科斯基，再一次领导了反对哈布斯堡王朝的叛乱，1711 年失败后他被迫放弃了所有的头衔。然而，匈牙利始终坚持独立斗争，直到哈布斯堡统治末年它依然是一个冲突的温床。

1674 年，约翰三世·索毕斯基被选为波兰国王，他协助参加了抵御土耳其进攻的维也纳保卫战。由于贵族的抵制，他建立世袭君主制的企图没有成功。于是，萨克森选帝侯"强壮者"腓特烈一世·奥古斯特于 1697 年当选为国王，称奥古斯特二世。1701 年，他在大北方战争中被瑞典的查理十二逐出波兰，但于 1709 年查理在波尔塔瓦战败后复位。

瑞典的查理十二在战场上遭遇他的敌人萨克森和波兰的"强壮者"腓特烈一世·奥古斯特，约 1860 的木版画。

1733 年奥古斯特死后，波兰贵族选择了法王路易十五的岳父、波兰贵族斯坦尼斯拉夫一世·列琴斯基为国王。然而，俄国和奥地利担心失去他们对波兰的影响，在 1733—1734 年强迫选举"强壮者"奥古斯特的儿子奥古斯特三世为国王。随后，波兰王位继承战争以在整个欧洲范围内的领土交换而告终。斯坦尼斯拉夫·列琴斯基得到洛林作为补偿，洛林的弗朗西斯·史蒂芬得到了托斯卡纳，奥古斯特三世继续统治萨克森和波兰。

奥古斯特三世死后，俄国女沙皇叶卡捷琳娜二世 1764 年将自己的情夫斯坦尼斯拉夫二世·波尼亚托夫斯基推上波兰王位。波兰的"巴尔联盟"发动反叛，但被俄罗斯打败。在取得胜利后，叶卡捷琳娜二世于 1772 年进行了第一次对波兰的瓜分，俄罗斯、奥地利和普鲁士吞并了波兰大片领土。在 1793 和 1795 年两次进一步的瓜分中，波兰被彻底分割。国王斯坦尼斯拉夫二世退位，波兰帝国就此灭亡。

斯坦尼斯拉夫二世·奥古斯特·波尼

亚托夫斯基，19 世纪的铜版画。

17 世纪前的丹麦和瑞典

　　丹麦和瑞典两国国王实现了宗教改革，并且试图压倒贵族阶层，同时积极地参与了三十年战争。在 1648 年的和平条约中，瑞典是战争的主要受益国之一。

克里斯蒂安二世，油画，老卢卡

斯·克拉纳赫绘，约 1523 年。

在传统上，丹麦和瑞典两国的贵族都试图维持着自身独立，而国王则寻求增强中央集权并试图成为海上强国。1513 年，克里斯蒂安二世成为丹麦和挪威国王，他于 1520 年血洗斯德哥尔摩，大肆屠杀敌人，建立起对瑞典的残酷控制。但仅仅三年后，他就被瑞典贵族古斯塔夫·埃里克森赶出了瑞典。古斯塔夫不久当选为瑞典新国王，即古斯塔夫一世·瓦萨。他建立了现代的瑞典民族国家，并于 1527 年开始进行宗教改革。

罗马为迎接瑞典的克里斯汀举行盛典

他的继任者在此基础上，通过不断地更换同盟，先后同丹麦、波兰以及控制了波罗的海贸易的吕贝克开战。1617 年和 1629 年，国王古斯塔夫二世·阿道夫先后从俄罗斯和波兰手中获得了波罗的海地区的大片领土，使瑞典成为北欧最重要国家。1630 年，他作为一位新教国家的君主介入三十年战争。1645 年，瑞典还从丹麦获得了部分领土。1648 年，《威斯特伐利亚和约》的签订让瑞典得到了不来梅大主教区、费尔登主教区和波美拉尼亚的部分地区。古斯塔夫二世的继任者是他的女儿克里斯汀女王，她在位期间使宫廷成为一个学者云集的中心，但于 1654 年退位。1655 年，克里斯汀改信天主教，并于 1689 年死于罗马。1654 年，巴拉丁-施威布鲁肯家族从瓦萨家族手中继承了瑞典王位，他们继续推进了瑞典的势力和影响。

腓特烈三世，约 1648 年。

在丹麦，君主权威的加强得益于 1536 年在丹麦和挪威开始的宗教改革，因为它将教会置于国家元首的控制之下。克里斯蒂安四世将权力集中到中央政府，于 1625 年加入三十年战争。1645 年。他被迫在《布朗塞布诺和约》中承认了瑞典在波罗的海地区的霸权。1660 年，其子腓特烈三世通过与教士及中产阶级结盟，削弱了贵族势力。1665 年，他通过《王室法案》，推行世袭君主制，建立起君主专制统治。

18 世纪的北欧

查理十二世使瑞典再次成为东北欧最强大的国家，但是在他死后，胜利果实重又丧失。开明君主制历经动摇之后才在丹麦和瑞典得以实现。

1654 年，巴拉丁-施威布鲁肯家族的查理十世·古斯塔夫从表姐瓦萨的克里斯汀那里继承瑞典王位，他发动对波兰和丹麦的战争以扩张领土，通过《洛斯基尔德和约》迫使丹麦放弃了包括斯康纳和哈兰德在内的瑞典南部全部领土。尽管其子查理十一世败于勃兰登堡而丧失了波美拉尼亚，但他通过强占王室地产和建立君主专制最终削弱了瑞典贵族的权力。

卡尔斯克鲁纳的查理十一世像，19世纪。

1699年，其子查理十二世继位，丹麦、俄国和波兰联合起来与他对抗，试图从瑞典手中夺回失地，但是查理十二世转而入侵丹麦，接着又于1700年率军在纳尔瓦大败俄国的军队。

1702年，查理十二世将萨克森和波兰的"强壮者"奥古斯特逐出利沃尼亚，接着又把他赶下了波兰王位，并于1706年继续侵入萨克森。在1709年，查理十二世在波尔塔瓦平原惨败在俄国沙皇彼得大帝之手，被迫逃往土耳其，最后于1718年11月在挪威战死。

大北方战争开始于1700年，1721年结束，并缔结了《尼什塔德条约》。瑞典被迫将它在波罗的海地区的领地和芬兰西南部割让给俄国。

在国内，来自德意志的黑森-卡塞尔和荷尔施泰因-哥托普家族相继执政，由于

古斯塔夫三世在斯德哥尔摩歌剧

院被刺杀，19 世纪的木版画。

联姻和继承等原因，瑞典王权势力大为减弱。

　　1772 年，古斯塔夫三世·瓦萨发动政变，复辟了国王的绝对权力，并又于 1789 年废除了贵族特权。他于 1786 年成立了瑞典皇家学院。1792 年 3 月，他在一次化装舞会上被贵族阴谋杀害。其子古斯塔夫四世·阿道夫发动战争反对拿破仑，结果惨败。1809 年，他被属下官员废黜。

　　丹麦的君主专制制度较为牢固，也阻碍了必要的改革。两个首相约翰·哈特维格·格拉夫·伯恩斯托夫及其侄子安德列斯·彼得·格拉夫·伯恩斯托夫，试图在统治中引入开明君主制的精神。1771—1772 年，身患精神病的国王克里斯蒂安七世的医生、王后卡洛琳·玛蒂尔德的情夫斯特鲁西的约翰·弗雷德里克干预朝政，推行激进的改革措施，但他于 1772 年初被推翻并被处死。

十、大国崛起的俄罗斯

1613—1801 年

　　自 1613 年米哈伊尔·罗曼诺夫被选为沙皇以来，罗曼诺夫王朝的统治使动荡的政治局势得以稳定，俄罗斯走出了"混乱年代"。在专制王朝体制下，彼得大帝得以在帝国的各个领域自上而下地推动进行全面的近代化改革。其继承者们延续了这一近代化趋势，尤其是在叶卡捷琳娜大帝执政时期，俄罗斯推行侵略性的扩张政策，特别是针对波兰和奥斯曼土耳其帝国。叶卡捷琳娜二世是 18 世纪最有权力的"开明君主"之一。

罗曼诺夫王朝的建立

　　罗曼诺夫王朝是俄罗斯历史上第二个也是最后一个王朝，在王朝统治早期，通过颁布一系列法令与残酷镇压农民的反抗，俄罗斯的农奴制度得到了确立和强化，俄罗斯渐渐成为欧洲地区最为专制的国家。

罗曼诺夫当选新沙皇

　　米宁和帕扎尔斯基率领民军将波兰人从莫斯科赶走之后，邀请了一些大贵族、京官和服役贵族，商议选举沙皇事宜。最后商定于 1612 年 12 月 6 日在莫斯科召开缙绅会议选举沙皇。各地封建主和城市上层的代表闻讯后立即向莫斯科赶来，日夜兼程。但由于暴风雪所阻，多数代表被困在路上，会议只得延期一个月。

1613 年 1 月初，50 个城的 700 多名代表陆续到齐。会议在莫斯科克里姆林宫的乌斯宾大教堂召开，会议的中心议题是选举沙皇。候选人一一被提了出来，波兰国王与瑞典国王首先被否决，接着是一些俄罗斯的王公，但也都被否决了，有人提到了年方 16 岁的米哈伊尔·罗曼洛夫，他是贵族菲拉列特的儿子，姑妈是伊凡四世的第一位皇后。菲拉列特早年与戈东诺夫争权失败被放逐到北方，1605 年被伪德米特里一世召回。1608 年，伪德米特里二世又宣布他为总主教。1610 年，他奉命赴波兰谈判，结果

年轻时的米哈伊尔一世

被扣在波兰当人质。米哈伊尔·罗曼洛夫因与伊凡四世有姻亲关系，而且与各派贵族都没有什么利益冲突，很容易为各方接受，于是与会代表一致认为米哈伊尔·罗曼诺夫是最合适的人选。1613 年 2 月 21 日，米哈伊尔正式即位，俄国从此进入了罗曼诺夫王朝时期。

新王朝面临的首要任务是彻底结束外国干涉。当时俄罗斯西部的斯摩棱斯克和诺夫哥罗德分别为波兰和瑞典所占据。1615 年，俄国军队在普斯科夫城下击败瑞典侵略军，根据 1617 年签订的《斯托尔鲍沃和约》，瑞典将诺夫哥罗德及其领地归还俄罗斯，但瑞典仍继续占领芬兰湾东岸的土地。1618 年 10 月，波兰国王妄图再次占领莫斯科，被俄国击败。同年 12 月，双方签署为期 14 年半的休战协定。同年，俄国将斯摩棱斯克、契尔尼哥夫等地割让给波兰。1632 年，战争再起，俄军失利。1634 年，双方缔结和约，波兰仍占有斯摩棱斯克及武装干涉时所占领的其他城市，波兰宣布放弃俄国王位。

1619 年，在俄国与波兰议和后，原来被拘押在波兰的菲拉列特获释返回俄罗

斯。菲拉列特回国后，缺乏治国才干的米哈伊尔·罗曼洛夫对他言听计从，菲拉列特被提名为教长和沙皇共治者，俨然成为俄罗斯的实际统治者。

农奴制度的确立

在伊凡三世统治期间，曾经颁布法令要求农民只能在每年晚秋——圣尤里耶夫节（旧历 11 月 26 日）前后一星期内结清账目并缴纳一定的迁移费后离开原地主，另觅出路。1597 年 11 月，沙皇费奥多尔下令地主抓捕逃亡农民的期限是 5 年，超过 5 年，农民就可以留在新地主那里，或者成为自由民。1601 年，俄国遭遇大饥荒，大量农民逃亡，沙皇戈东诺夫颁布"禁年"法令禁止农民逃亡，此后每年都是"禁年"。1607 年，沙皇叔伊斯基规定地主追捕逃亡农民的期限延长到 15 年。这些法令的颁布使得农民很难再脱离地主的控制，事实上，农民已成为农奴。

1648—1649 年，罗曼诺夫王朝统治者在莫斯科召开缙绅会议，到 1649 年 1 月会议结束时，出台了新的法典。法典规定凡农民从宫廷领地、国有土地和私有土地上逃亡，可以被无限期地追回。逃亡的女性农民如果与新地主的农民结婚，则其丈夫与子女也必须回原来女性农民的地主那里；寡妇在逃亡期间再婚的，也要与夫婿一起回到原来的地主处。农民在逃亡期间获得的财产也一并归原来的地主所有。为了维持农民的生活和再生产的能力，法典还规定地主必须保证给农民分地。地主不能任意剥夺农民的份地，也不能把他们变为奴仆，或者任意解放他们，更不能强行夺取农民的财产。自此，俄罗斯的农奴制度得到了法律上的正式承认。

农奴制度和与沙皇专制集权的政治制度紧密联系，保证了沙皇对社会的全面控制。但由于农民丧失了自由迁徙与转变身份的权利，世代只能从事农业生产，无法以自由民的身份从事工商业活动，在相当程度上抑制了工商业的发展，这使得俄罗斯的社会生产水平比同时期的西欧地区落后了许多。

拉辛起义

公元 15—16 世纪，在俄罗斯的第聂伯河下游、顿河、乌拉河流域，活跃着一个名为哥萨克的游牧部落，该地区属于俄罗斯与波兰、奥斯曼土耳其帝国的交界地带，各方势力都无法有效控制。由于当地盗匪横行、治安混乱，哥萨克民族养成了骁勇强悍的特点，他们以捕猎与劫掠为生，养蜂采蜜是家家户户普遍从事的副业，每个哥萨克有一位领袖，由"拉达"议会选举产生，战争时拥有独裁的权力，战后即交出权力，恢复平民身份。大致说来，哥萨克民族过着相对贫苦而又自由平等的生活。

拉辛起义

沙皇政府很想利用哥萨克人为自己效命。从 16 世纪起，沙皇就雇佣顿河下游的哥萨克人戍守南部边境。这些哥萨克人拿着沙皇政府的薪俸，配有土地与军需品而且不用交税，成为享受特权的富裕哥萨克，而其他哥萨克则属贫穷者。

拉辛出身于富裕哥萨克望族，1663 年曾经率领哥萨克对抗克里米亚的蒙古人，1665 年他的哥哥因在俄波战争中擅自离开军队而被沙皇军队绞死。拉辛为了给兄长报仇，于 1667 年在顿河地区出现饥荒时率领贫穷的哥萨克人发动起义叛乱，此后流亡的农民工人不断加入，起义军队伍达近万人。

1670 年 4 月，拉辛率 7000 人的队伍向伏尔加河进军，先后攻克了察里津、阿斯特拉罕、萨拉托夫等城池。9 月，拉辛率领 2 万多人围攻辛比尔斯克城，但因缺乏大炮等攻城设备，一直无法攻克该城，起义军陷入进退两难的困境。10 月，沙皇派来的援军赶到，起义军陷入腹背受敌的境地，很快被击溃而退到顿河，不久拉辛被富裕哥萨克出卖后交给沙皇政府，6 月 6 日在红场被残忍杀害。

拉辛起义虽然失败了，但他反抗压迫的英勇事迹一直为世人传颂，成为俄罗斯民歌的重要素材。1919 年 5 月 1 日，当时的苏联政府在莫斯科红场拉辛就义的地方，为他树立了纪念碑。

征服西伯利亚和兼并乌克兰

对外扩张一直是俄罗斯统一之后历代沙皇的重要任务。俄罗斯先是在 17 世纪初征服了幅员辽阔、物产丰富的西伯利亚地区，后又利用乌克兰当地哥萨克与波兰贵族的冲突矛盾，取得了对东乌克兰的控制权。

征服西伯利亚

西伯利亚位于亚洲大陆的北部，西起乌拉尔山，东濒太平洋，北临北极海，南抵哈萨克中北部山地，总面积达 1280 万平方公里。"西伯利亚"一词源自蒙古人建立的西伯汗国，位于西伯利亚西部，首府西伯城。西伯汗国在 1555 年向伊凡四世称臣，1563 年为库臣汗吞并，改称库臣汗国，不再向沙皇称臣纳贡。除了西部汗国外，广大的西伯利亚还散居着互不隶属的游牧部落，这里地广人稀，不仅盛产各种珍贵的动物毛皮，如黑貂、松鼠、狐狸、海豹等，还有丰富的森林和矿产资源。沙皇俄国早就对该地区丰富的物产垂涎欲滴。从 1558 年开始，伊凡四世不断向富商斯特罗加诺夫颁发特许状，允许他的家族拥有私人军队以越过乌拉尔山向西伯利亚扩张。

早期征服西伯利亚的一位重要人物名叫叶尔马克，他是一名哥萨克，曾以劫掠为生，因抢劫前往莫斯科宫廷的波斯商人而被沙皇通缉。1580 年，他率领一支 500 多人的哥萨克投靠了斯特罗加诺夫家族；次年 9 月，叶尔马克率军越过乌拉尔山，利用西伯利亚地区河流密布的特点，以舟船为工具，深入西伯利亚，进攻西伯汗国。西伯汗国的统治者库臣汗立刻组织军队抵御，但因叶尔马克率领的哥萨克骑兵训练有素且配备有火枪，可以远距离射杀以长矛、弓箭为武器的西伯汗国军队，他们连战连捷，于 1582 年占领了西伯城，俘虏了库臣汗的王子。叶尔马克派人携带

叶尔马克·齐莫菲叶维奇（1532—1585年），哥萨克领袖，俄罗斯民间英雄和西伯利亚探险家。

包括黑貂皮 2400 张、黑狐皮 20 张、海狸皮 50 张的贡品晋见沙皇。伊凡四世喜出望外，不但赦免了叶尔马克的罪行，还赏赐了他一副精美的铠甲和大量财物。但叶尔马克对西伯汗国的控制并不稳固，库臣汗不断组织军队袭击叶尔马克的哥萨克骑兵。1585 年 8 月，叶尔马克率领 300 多哥萨克来到额尔齐斯河流域劫掠，结果被库臣汗的军队包围，叶尔马克在躲避追捕途中，不慎溺水而亡。

　　虽然叶尔马克死了，但此时沙皇俄国的势力影响已经深入西伯利亚，莫斯科政府采取有组织、有计划的进攻策略派兵设立据点，修筑道路，夺取蒙古人固守的城市。库臣汗领导民众坚持斗争，抵抗一直持续到 1598 年。西伯利亚汗国最终被征服，并入了俄国版图。此后，沙皇俄国沿着水路继续向东挺进，西伯利亚各部落无力抵抗，只得臣服。1639 年，俄国人到达了太平洋东岸的鄂霍茨克海岸，建立了鄂霍茨克城。1653 年，俄国人哈巴罗夫抵达乌苏里江与黑龙江的汇合点——清朝政府统治下的伯力。

俄罗斯向黑龙江下游的扩张受阻于中国清政府。双方于1689年签订了《尼布楚条约》，规定两国边境以额尔古纳河和外兴安岭为界。到19世纪下半期，俄国借中国清政府内外交困之际，于1858年强迫清政府签订《中俄瑷珲条约》，割去黑龙江以北、外兴安岭以南60多万平方公里的中国领土；1860年又利用第二次鸦片战争之机，与清政府签订《中俄北京条约》，将乌苏里江以东约40万平方公里的中国领土强行划归俄国；1864年又签订了《中俄勘分西北界约记》，将巴尔喀什湖以东、以南和斋桑淖尔南北44万多平方公里的中国领土割给俄国。1858—1915年，沙皇俄国一共割占了中国东北和西北地区150万平方公里的土地，沙皇俄国就此也完成了对西伯利亚地区的征服与吞并。

兼并乌克兰

"乌克兰"一词的本意是"边境"，这里曾经是俄罗斯文明的发祥地。13世纪蒙古人入侵，基辅罗斯消亡，基辅一带成为一片废墟，14世纪被当时的立陶宛公国兼并。1386年，立陶宛与波兰王室联姻，立陶宛大公加冕成为波兰国王。后来为了联合对抗俄罗斯和瑞典，波兰与立陶宛于1569年正式合并，乌克兰就此并入波兰。

16世纪初，波兰农民也和俄罗斯农民一样，失去了选择地主和迁徙的权利，乌克兰地区信奉东正教的农民不甘心受信天主教的波兰贵族的统治压迫，迁往人迹罕至的第聂伯河流域，这些移民被称为"哥萨克"，他们选择四周长满芦苇可供遮蔽的地方建立简单要塞，称为"谢契"。这些哥萨克被称为第聂伯河哥萨克或乌克兰哥萨克。16世纪后期，波兰国王为了控制桀骜不驯的哥萨克，成立了一支常设部队，称为"注册哥萨克"，由政府提供薪金和土地。

乌克兰哥萨克一方面被迫向波兰贵族缴纳沉重的赋税，另一方面还受到波兰天主教势力残酷的宗教迫害。1596年，波兰宗教会议通过议案，允许东正教徒沿用原来的礼拜仪式，但要尊奉罗马教皇为最高权威，乌克兰哥萨克不断发动反抗波兰的暴动，其中以1648年赫梅利尼茨基领导的暴动影响最大。

赫梅利尼茨基于1595年出生在乌克兰南部一个边陲小城，作为一名注册哥萨克，他年轻时在作战中曾被奥斯曼土耳其军队俘虏，被拘禁在君士坦丁堡长达两年之久。回到乌克兰后，他很快成为当地哥萨克的重要头目。1647年，赫梅利尼茨基的田产被他的政敌——一个波兰贵族侵占，他的儿子被打死，妻子在惊吓中猝死。他向波兰议会申诉，但因贵族的阻挠，其洗雪冤屈的要求一直没得到批准。1648年1月，赫梅利尼茨基率兵突袭波兰军队，发动叛乱；同年5月，赫梅利尼茨基接连两次重挫波兰军队。1649年1月，赫梅利尼茨基率军进入基辅，并于当年8月再次击败了波兰军队。赫梅利尼茨基其后与波兰国王达成协议，约定领受薪俸的注册哥萨克人数增加到4万人，基辅、切尔尼戈夫、布拉托斯拉夫等领地宣布成为哥萨克领土，东正教大主教在波兰议会占有一席。波兰政府后来认为让步过多，不肯履行该协议；哥萨克内部也因农奴制度存废问题出现分歧。1651年，波兰国王率军反扑，打败了赫梅利尼茨基的军队，立陶宛趁机派兵攻占了基辅。赫梅利尼茨基审时度势，认为自己的力量不足以对抗波兰，于是投靠在民族血统与宗教信仰上与自己较为一致的俄罗斯。1654年1月，赫梅利尼茨基召开会议，宣布接受俄罗斯沙皇为乌克兰的君主。同年3月，沙皇阿列克谢召开国民会议，接受了赫梅利尼茨基的归附请求。双方达成协议，哥萨克向沙皇效忠，沙皇答应保留哥萨克的自治地位，注册哥萨克的规模固定为6万人，由沙皇负责为其提供军事装备。

此后，乌克兰哥萨克北部出现分裂，波兰与俄罗斯各自争夺乌克兰的势力范围，结果第聂伯河的左岸归入俄罗斯势力范围，右岸归入波兰势力范围。1660年，波兰与俄罗斯为争夺乌克兰发生了战争，初期波兰占优势，不料瑞典借机入侵波兰，占领华沙、波兹南等地。波兰被迫和俄罗斯达成停战协议。双方在1667年签订协议，以第聂伯河为界，东部归俄罗斯，西部归波兰，基辅虽位于河西，但仍属于俄罗斯。

通过兼并乌克兰，俄罗斯获得了梦寐以求的出海口，同时也打开了通向欧洲的大门，欧洲文化通过乌克兰，源源不断传入俄罗斯。

彼得大帝

俄国著名作家普希金是这样评价彼得大帝的："时而是学者，时而是英雄，时而是航海家，时而是木匠。"作为罗曼诺夫王朝仅有的两位"大帝"之一，彼得大帝在其统治期间，在军事、经济、社会、文化教育领域进行了一系列西化改革，使得原本野蛮落后的俄罗斯全面开启了现代化历程。

彼得亲政

1645 年，罗曼诺夫王朝首任沙皇米哈伊尔病逝，其子阿列克谢·米哈伊洛维奇继位。阿列克谢沙皇与第一个妻子玛丽姬·伊莉尼奇娜·米洛斯拉夫斯基生有两个儿子——费奥多尔和伊凡。费奥多尔性情温和，体质羸弱，患有败血症；伊凡智力低下，反应迟钝；倒是长女索菲亚聪明伶俐、精明强干。1671 年，阿列克谢沙皇在妻子去世两年后又续弦娶了纳雷什金家族的纳塔莉娅为妻。1672 年 5 月，纳塔莉娅生下了一个男孩，取名彼得，这就是后来的彼得一世。小彼得聪明可爱且体格健壮，深受阿列克谢沙皇的喜爱。

1676 年，阿列克谢沙皇去世，其长子费奥多尔即位，称费奥多尔二世，朝中实权为其母亲的家人——米洛斯拉夫斯基所控制。1682 年 4 月，长期患病的费奥多尔二世吃了一个馅饼后突然暴亡。由于其没有子嗣，沙皇位置原本应由其弟伊凡继承。但伊凡智力低下，于是俄罗斯官员贵族召开缙绅会议，经过一番争吵，宣布由彼得继任沙皇，称彼得一世。米洛斯拉夫斯基不甘心大权旁落，5 月 17 日，在索菲亚公主的策动下，当时负责守卫莫斯科的射击军发动政变。他们闯进克里姆林宫，杀死了彼得一世的两个舅舅，并胁迫纳塔莉娅皇太后宣布伊凡为共治沙皇。政变后，索菲亚以摄政的身份成为俄罗斯的实际统治者，彼得一世和他的母亲被迫退居莫斯科近郊的一个小村庄里。彼得居住的地方有个外国人居住的"日耳曼区"，彼得在与这些荷兰、日耳曼人接触中，了解到西欧先进的造船、航海与军事技术，并学习了数学、地理、建筑等知识，为日后俄罗斯的西化奠定了基础。

《1698 年的索菲亚公主》，俄国著名画家列宾绘。画家以肖像式造型塑
造索菲亚公主的形象，她像关在笼中的一头猛狮，已无用武之地，双手交叉
在胸前做出愤怒无比的表情。同时，借对修道院房中的花格窗描绘，暗示出
索菲亚被幽禁的事实。在格子窗外隐约地看到一个被绞刑的男子，说明索菲
亚的同伙已被镇压，也表明彼得大帝的强大力量。

　　少年彼得精明强干，他从宫廷侍从的子弟中挑选了数百名少年组成两个少年军
团，研习先进的军事作战技术。1689 年 8 月 7 日，索菲亚感到成年的彼得将是自己
的重大威胁，于是决定先发制人，派射击军去暗杀彼得。彼得机警地逃到附近的修
道院中避难。次日，彼得的两个兵团前来护驾，彼得借机集合效忠于他的军队，向
莫斯科进军，并下令要射击军的军官前来见他，违者处死。射击军不敢违抗，纷纷
脱离索菲亚，宣布效忠于彼得，索菲亚的政权很快土崩瓦解，她本人被关进了修道
院度过残生。

　　彼得推翻索菲亚的统治后，政权由他母亲的家族——纳雷什金家族掌握，一直
到 1694 年纳塔莉娅皇太后去世。1696 年，伊凡沙皇也去世了，彼得得以正式亲政，
成为俄罗斯独一无二的统治者。

赴西欧考察

为了获得通往黑海的出海口，彼得于 1695 年率军攻打土耳其控制的亚速。由于缺乏海军的支援，很快被土耳其军队打败。为了雪耻，彼得在次年组建了俄罗斯第一支海军，并于 1696 年再度攻打亚速，最终获胜。

要建立一支强大的海军，需要很多通晓海军事务的军官、造船的工匠、水手、制炮专家。彼得决定秘密出访西欧，一方面可以与西欧各国商议对抗土耳其的事宜，另一方面也可借机招募海军人才。1697 年 3 月，彼得化名为米哈伊洛夫，率领一支大约 250 人的使团从莫斯科出发，踏上了出访西欧的旅程。

《彼得一世在荷兰》，俄罗斯画家达布任斯基绘。彼得一世为了学习外国先进的造炮、造船和航海经验，曾先后化名出访当时的海上强国荷兰和英国，甚至不惜充当学徒与木匠，学习当时最先进的造船技术。

彼得的使团经由瑞典占领的里加港前往东普鲁士的哥尼斯堡，于当年 8 月来到了荷兰。当时的荷兰是首屈一指的海上强国，欧洲五分之四的商船都是由荷兰制造的。1697 年 8 月，彼得隐姓埋名来到荷兰阿姆斯特丹的赞丹镇造船厂学习造船术。他干起活来堪称行家里手，而且特别爱学习和钻研造船技术，总是非常虚心地向荷兰师傅提出问题。在技师保罗的指导下，他亲自制造了一艘巡洋舰，彼得的荷兰师傅以及他的工友一致推举他为"优秀工匠"，造船厂的厂长亲手给彼得披上大红绶带，颁发给彼得"优秀工匠"的证书，后来当地人才知道这个彼得即是俄国沙皇。

1698 年 1 月，彼得一行来到伦敦。在英国的 4 个月里，彼得把他的大部分时间花在研究造船术上，空闲时他还参观走访了伦敦的造币厂、牛津大学和格林尼治天文台。在英国皇家协会，他还拜访了著名科学家牛顿。同年 4 月，彼得一世离开英国返回荷兰，他试图说服英国和荷兰政府加入反对奥斯曼土耳其的同盟，但两国考虑到与土耳其的贸易关系不愿意参加。彼得又来到奥地利的首都维也纳，劝说当时的奥地利皇帝利奥波德一世不要和土耳其媾和。因奥地利这时正在积极准备西班牙王位继承战争，不愿树敌，彼得的计划没能成功。正当彼得要前往威尼斯时，从莫斯科传来射击军发动叛乱的消息，彼得只得迅速回国。途经波兰时，彼得得知国内的叛乱已被平息，于是顺路访问了当时神圣罗马帝国的萨克森选侯兼波兰国王奥古斯都二世，两人初步达成了反对瑞典的协议，彼得一世一行最终于 1698 年 8 月返回莫斯科。

彼得此行虽然没能和西欧国家达成反对土耳其的协议，但却实地接触到了西欧先进的文明技术，切实感受到俄罗斯和西欧国家的差距。使团回国时还带回来诸如枪支、大炮、帆布、指南针、圆规等物品，彼得沿途还聘请了大约 750 名技术人员来到俄罗斯，这些人中有造船师、航海家、工程师、医师、数学和物理学者。他们来到俄罗斯后，对当地的科技发展做出了重要的贡献。

西化改革

彼得一世回国后，马上在俄罗斯进行了以学习西方、废旧立新为特征的改革，从整体上改变了俄罗斯的面貌。彼得一世的改革首先从移风易俗开始。俄国社会中长期流行着一些陈规陋习，如俄国妇女不能单独出远门，在公共场合穿衣不得少于 3 件，俄罗斯男子必须一辈子留着大胡子等。

回国后，彼得一世亲自召见大臣和近侍，强令他们刮去俄罗斯男人视为骄傲的大胡子，此举遭到农民和神职人员的强烈反对。后来俄国枢密院颁布法令，要求除了神父外，所有俄罗斯男人必须刮除长胡须，对坚持留胡须者课以重税——胡须

《17世纪的莫斯科街道》，俄罗斯"艺术画派"画家里亚布什金绘。

税。为此，沙皇政府还专门制作了一种小铜牌，正面画着胡子的图案，背面上写"须税收讫"。交纳胡须税金的人必须把它挂在脖子上，以备随时检查。彼得还下令让朝中官吏改穿相对紧身的匈牙利服装，以取代自蒙古统治时期流传下来的宽大衣袖。1702年，彼得一世颁布法令，宣布禁止贵族和领主将自己的妻女藏在自己家

彼得大帝改革后使用的金币

中，要求妇女无论婚否都必须参加上流社会的交际活动。朝中大臣和他们的妻子儿女必须学习法国宫廷的礼仪和风尚，谈吐必须优雅。上等人必须学会法语、喝咖啡、抽烟，必须戴假发。彼得一世在1718年下令在莫斯科和彼得堡设立定期的大型舞会，要求朝中的达官贵人们必须带着自己的妻女前来，"凡10岁以上的贵妇都必须届时出席，否则予以严惩"。一时间，参加冬宫的"大舞会"变成了上流社会的风尚。每当华灯初上，诸多高级军官、显贵、官吏、官商、学者的马车驶向冬宫，每个人都把沙皇的邀请当作一种无上的荣耀。

世界传世藏书

世界历史通览

新旧世界的冲突

彼得一世命令把指导青年贵族言行的《青春宝鉴》从德文译成俄文，并亲自删改书的内容。这本书从 1705 年第一次出版，到 1725 年，前后共重印三次，成为年轻贵族的必读书籍。这本书对青年人的言谈、话语、行为、举止、思想、品德都做了标准并且细致的规定。这本书主张青年人应该尊重长者，勤劳，勇敢，诚实。书中告诫："在家里不要自作主张，应当唯父母之命是从"，"赡养父母为莫大光荣"，"不应打断父母的话，更不应该顶撞长者"。《青春宝鉴》对贵妇和大家闺秀们的行为和举止还有特别的指导，它规定俄罗斯妇女应该具备 20 种美德：敬畏上帝、温顺、勤劳、仁慈、腼腆、节俭贞洁、忠实、沉静、整洁等。经过数十年的教化，俄罗斯的上流社会初步形成了西方的礼仪风范。

在行政方面，彼得废除了大贵族"杜马"，于 1711 年设立由 9 名大臣组成的枢密院，负责拟定法令。彼得还把原来重叠臃肿的 50 个中央官厅改组为外交、陆军、海军、财政、监察、矿务、工业、司法、商务等 9 个委员会。在地方行政管理上，彼得把全国划分为 11 个省和 50 个州，省总督负责军事，而州长负责行政事务。

在军事方面，彼得一世于 1699 年下令解散了桀骜不驯、军备落伍的射击军，另组以义务兵役制为基础的常备军。在他统治期间，俄国建立起一支拥有步兵、骑兵、炮兵诸兵种 13 万的陆军常备军和一支拥有 48 艘战船的海军。彼得还派遣很多俄国军官前往西欧学习先进的军事理论，在国内设立炮兵学校、海军学院、工程技术学校培养军事人才。

在经济方面，彼得采用当时盛行于欧洲的重商主义政策，并在全国各地广设以生产军需物品为主的工厂。为解决劳动力来源问题，彼得于 1721 年下令允许商人把整个村庄连同农奴一起购买，以便把农奴当劳工使用。彼得还和欧洲国家签订商业条约，设立领事处以推动对外贸易，为保护工商业，对进口商品课征高额的关税。

在宗教方面，因教会势力强烈反对改革，彼得于 1700 年废除了东正教教长的职位，并于 1721 年成立"神圣宗教会议"，处理宗教事务，从而教会成为隶属于政府的行政单位。

一二〇六

在文化教育方面，彼得仿效西欧在俄国创立世俗学校，他下令贵族子弟必须进入初等学校学习算术、几何等课程，他还在莫斯科、彼得堡设立造船、航海、矿业等技术学校以培养技术人才。为了推广教育，彼得下令简化俄文的字母和文法，使得民众更容易掌握。彼得还模仿西欧于1714年建立了俄罗斯的首座图书馆，此后陆续又建成了博物馆、剧院、公园等公共设施。1724年，彼得下令建立俄国科学院，下设数学、法律和人文三大学科。

彼得一世的改革是俄罗斯历史发展重要的转折点，改革后的俄国从东方转向西方，由中古转入近代，俄罗斯由东方的蛮荒之地向强大的民族国家迈进，从此成为欧洲国际关系舞台上一个不可或缺的重要成员。不过，也应认识到，彼得一世的改革对农奴制度丝毫没有触动，在政治上对专制制度还进行了强化。

北方战争

长久以来，俄罗斯一直是一个以莫斯科为中心的内陆国家，国内社会经济的发展迫切要求加强对外贸易，因此历代沙皇无一例外都把打通出海口作为自己执政期间的首要任务。对于俄罗斯而言，主要有以下三个方向可以和西方建立联系。

向南经过黑海达到地中海。当时黑海周边地区由奥斯曼土耳其统治，为获取通向黑海的出海口，彼得一世多次发动针对土耳其的战争，俄罗斯虽然最后夺得了亚速夫要塞，获得通向亚速海的出海口，但是距离获得黑海出海口还有一段艰辛漫长的路要走。

彼得大帝

向北经白海进入大西洋。在16世纪中期，伊凡四世将领土扩展到白海沿岸后，曾经开辟了一条通向白海的商道，但由于那里气候特别寒冷且路途过于遥远，商道一年通航的时间不超过四个月。

向西经波罗的海再经北海进入太平洋。这是俄罗斯通向大西洋的最短通道，也是最理想的出海口。伊凡四世曾经说道："波罗的海的水的分量是值得用金子来衡量的。"从 17 世纪起，波罗的海东南沿岸的大部分地区都被瑞典占领，因此俄罗斯若想打通到波罗的海的出海口，势必要与瑞典打一场争夺战。

1700 年 8 月，俄罗斯在和奥斯曼土耳其签订和约后，马上向瑞典宣战。9 月，彼得一世率 4 万军队包围了隶属于瑞典的纳尔瓦要塞。俄军虽然在人数上占优势，但军事供应不足，武器低劣，战斗力不强，结果在 11 月被瑞典国王查理十二率领的军队突袭，俄军防线全线瓦解，损失 1.7 万多人，重武器损失殆尽。但此时，查理十二错估形势，认为俄军无力再战，便挥军南下，进攻波兰。

初战受挫，但彼得一世并没有气馁，北方战争的受挫，暴露了俄国从军事组织到军备供应存在的严重弱点。为卷土重来，他借瑞典进攻波兰之机，重整军备。为解决缺乏钢铁铸炮的问题，他下令每三个教堂交出一口钟。到 1701 年底，俄国已铸 300 多门新炮。纳尔瓦战役之后，俄国实行募兵制，不到半年，俄国就有了一支经过训练的新军。

1708 年，查理十二率军经波兰进入白俄罗斯。1709 年 4 月，瑞典军队包围了乌克兰境内的波尔塔瓦城，遭遇城中守军的顽强抵抗。7 月初，彼得一世率援军来到波尔塔瓦城外；7 月 8 日上午，俄军向瑞典军队的阵地发动了总攻，双方在猛烈的炮击后展开了激烈的白刃战，瑞典军队企图正面突破，但很快被俄军从左右两翼包抄。经过一天激战，俄军取得了全面胜利，瑞军阵亡 9000 多人，被俘约 1.8 万人，查理十二受伤，率千余人的残军逃往土耳其。

波尔塔瓦之战是北方战争的转折点，俄罗斯从此获得了战场中和外交上的主动权。1710 年夏，俄军乘胜攻占波罗的海沿岸的维堡、里加、雷瓦尔和厄塞尔岛等要地。1714 年 8 月，新建立的俄波罗的海舰队在汉科角海战中击败瑞典海军，瑞军被迫撤出芬兰。在外交上，俄罗斯获得了普鲁士、汉诺威和萨克森诸侯的支持。1720 年，俄国海军在格伦加姆岛附近再次击败瑞典舰队并登陆瑞典，进逼其首都斯德哥尔摩。1721 年 9 月 10 日，俄瑞两国签订《尼施塔特和约》，结束了历时 21 年的北方战争。俄国依约获得芬兰湾、里加湾、爱沙尼亚、拉脱维亚地区的大片土地，取得波罗的海出海口。

北方战争的胜利了却了历代沙皇寻找出海口的夙愿，俄罗斯立国数百年来，首次获得了与西方直接接触的窗口。为表彰彼得一世的丰功伟绩，1721 年 10 月 22 日，俄罗斯枢密院宣布他为"全俄罗斯大帝"和"祖国之父"，俄罗斯正式改称"俄罗斯帝国"，沙皇改成皇帝，彼得一世被尊称为"彼得大帝"。

迁都彼得堡

1703 年 5 月 1 日，俄罗斯军队在北方战争中攻下了涅瓦河三角洲上的一座城堡。这里原来是一个不引人注意的沼泽地，涅瓦河两岸不是水洼就是石头，连树丛都很少。5 月 27 日，俄军在此地建立了"圣彼得与保罗要塞"。不久，彼得亲临该城堡，发现这里虽然荒凉，但临近大海，水路交通十分便捷，于是萌生了在此地修建新都的想法。此举既是为就近对抗瑞典，也有摆脱莫斯科保守力量的因素。不久，彼得宣布这一城堡称"彼得堡"，举全国之力修建新都城。彼得下令各省总督每年要为彼得堡的建筑提供 4 万个劳动力，全国所有的石头都要留作建都之用，进入涅瓦河的船只必须运进 30 块方石，甚至所有进入彼得堡的马夫都要交纳三块铺路石。恶劣的气候、潮湿的环境、繁重的劳动以及饥饿、疾病无不困扰着这里的建设者们。据史料记载，建设彼得堡的过程中约有 20 万人死亡。勇敢坚毅的俄罗斯人以生命为代价，在黑暗丛林和沼泽泥潭中修筑了一座"北方的巴尔米拉"（巴尔米拉，富饶美丽的叙利亚古城）。

1706 年，彼得命令海军部迁到这座尚未完成的新城。两年后，王公贵族、高级官吏和富商在彼得的命令之下也陆续迁入。1713 年，彼得一世正式把都城由莫斯科迁到彼得堡。十多年后，新都的人口达到 7 万。尽管这里环境恶劣、生活不便，但很快就变成俄罗斯新的政治、经济和文化中心。

彼得一世希望这座新城能与莫斯科城有所不同，能够成为像威尼斯、阿姆斯特丹那样的欧洲城市。因此，他邀请了许多著名的欧洲城市设计师、建筑师参与彼得堡的规划和建设。

经过数十年的苦心经营，到 1725 年，彼得堡已经成为设施完备的都市，在许多方面可与西欧大城市相媲美。将这样一个自然条件恶劣的低洼河口，建造成一个集欧洲诸城精美于一体的新城市，充分彰显了彼得一世的勃勃野心和把俄罗斯全面融入欧洲社会的决心。彼得堡成为俄国改变落后面貌和融入欧洲社会的起点，标志着俄国进入了一个空前繁荣的时期，一跃成为欧洲强国。彼得一世自豪地说，"新都是插在波罗的海岸边的一把双刃利剑，是开辟俄国与西欧各国经济和文化交流的捷径"，"展现着俄国变成海上强国的壮丽前景"。

父子反目

皇太子阿列克谢是彼得一世和他的第一个妻子于 1690 年所生。皇太子 8 岁时，彼得与妻子离婚并把她送到修道院，从此，阿列克谢对彼得心怀怨恨。阿列克谢智力平庸，不喜欢学习，18 岁时才学会四则运算。彼得一世曾对他寄予厚望，但随着阿列克谢年龄的增长，父子二人的关系日渐疏离和紧张。

1711 年 10 月，阿列克谢在彼得的安排下与汉诺威诸侯的公主索菲亚结婚。婚后夫妻感情不和，时常吵架。1715 年冬，也即彼得皇孙出世后不久，索菲亚公主去世。此时阿列克谢身边聚集了一批守旧、反对改革的王公贵族。阿列克谢公然反对改革，在一次聚会上，他狂妄地说道："注定要发生的事情总会来到的。我父亲的朋友们将会尝到尖桩刑的滋味，舰队将被烧毁，我将住在莫斯科，彼得堡将重新变回蛮荒之地。"父子二人的关系一时间剑拔弩张。1716 年，身在丹麦的彼得写信要求阿列克谢要么放弃继承权遁入修道院做修士，要么来丹麦向他请罪。阿列克谢表面上答应去丹麦，但出境后却乔装打扮逃到奥地利，因为当时的奥地利皇帝查理六世是他的连襟，他想借奥地利之力恢复他的王位继承权。彼得得知阿列克谢私自逃到奥地利，勃然大怒，马上派使者前往奥地利，要求引渡阿列克谢。查理六世惧怕彼得发动战争，不得不把阿列克谢交给俄国使者。1718 年 2 月，彼得返回俄国，马上宣布剥夺阿列克谢的皇位继承权，并以叛国罪审判阿列克谢。阿列克谢为了活命，招供说出了他身边的保守派贵族企图谋害彼得并废除改革的阴谋。彼得悲愤交加，马上派兵逮捕了阿列克谢身边的贵族，一一处以极刑，最后授意法庭于 6 月 24 日对阿列克谢判处死刑。两天后，阿列克谢在恐惧中死于彼得堡的监狱。

阿列克谢王子的死给彼得一世带来很大打击，1719 年他与叶卡捷琳娜皇后所生的 4 岁小王子彼得也不幸夭折，接连的丧子之痛让其昔日炯炯有神的目光变得越来越黯淡。他常常一人呆坐数小时，思索着把未竟的事业交付与谁。

1725 年 1 月 28 日早上，彼得一世死于尿毒症。这位把俄罗斯带到一个崭新世界的伟大君主，就此结束了他辉煌的一生。

女皇叶卡捷琳娜大帝

自罗马人尊奉马其顿国王亚历山大为"大帝"以来，见诸史册而被举世公认的大帝不上二十人。远有罗马帝国君士坦丁大帝和法兰克王国查理大帝等人，近有沙皇俄国彼得大帝和普鲁士腓特烈大帝等人。这些威势赫赫、名扬海内的帝王，几乎清一色为男性。唯一有幸跻身其中的女性，乃是沙皇俄国罗曼诺夫王朝最后一位女沙皇——叶卡捷琳娜二世。

混乱时期

彼得一世死时并没有宣布继承人选，当枢密院讨论王位继承人选时，保守派贵族提出让阿列克谢王子的儿子皇孙彼得做沙皇。但一群近卫军闯入要求让皇后叶卡捷琳娜继承王位，枢密院只得接受这一提议，皇后叶卡捷琳娜即位，史称叶卡捷琳娜一世。

叶卡捷琳娜原本是立沃尼亚（今拉脱维亚）的平民，年轻时在俄军统帅缅希科夫家里做奴婢，后来被彼得一世娶为妻子。叶卡捷琳娜即位后宣布继续奉行彼得一世的西化政策。女皇的亲信为了巩固贵族的权力，于 1726 年成立贵族的统治机构——最高枢密院。但因出身寒微，叶卡捷琳娜无力让贵族臣服，朝中大权掌握在缅希科夫手中。叶卡捷琳娜只在任两年就于 1727 年去世，阿列克谢王子的儿子彼得

叶卡捷琳娜一世，俄罗斯帝国女皇。

顺利继承了王位，史称彼得二世。缅希科夫继续掌权，并把自己的女儿许配给彼得二世。但保守派贵族很快发动宫廷政变，缅希科夫被放逐到西伯利亚，保守派宣布放弃西化政策，把首都迁回莫斯科。1730年，彼得二世患天花病去世，罗曼诺夫王朝男嗣就此中断。最高枢密院决定拥立彼得一世的侄女——伊凡五世之女安娜即位，安娜即位之前，枢密院提出种种条件限制其权力。安娜女皇登基后，发现多数近卫军对枢密院不满，于是她借助近卫军的势力解散了枢密院，宣布自己为专制君主，并宣布继续彼得一世的西化政策，把首都又迁回到彼得堡。

安娜女皇统治时期，大权落到了以比隆为首的日耳曼贵族手中。比隆排斥俄罗斯本地的贵族，对国民横征暴敛，安娜女皇于1740年去世，她指定自己的侄女安娜·波利多夫娜之子即位，史称伊凡六世。此时伊凡还是襁褓中的婴儿，由比隆摄政。后来比隆一伙发生内讧，手握重兵的米尼希于11月8日逮捕了比隆，宣布由安娜·波利多夫娜任摄政，实际上却是米尼希等人掌权。日耳曼人的掌权引起近卫军的不满，1741年11月25日，彼得一世的女儿伊丽莎白率领近卫军发动宫廷政变，冲进皇宫逮捕了摄政安娜·波利多夫娜，废黜了伊凡六世，放逐了米尼希等日耳曼贵族，自己当上了女皇。拥立女皇的俄国贵族得以重获领地和重要官职。

伊丽莎白女皇的即位结束了彼得一世去世后长达 20 年的混乱局面，但伊丽莎白女皇本人不太注重过问国事，她喜欢骑马玩乐，酷爱服饰，储藏了 1.5 万件衣服，整天沉迷于舞会。

伊丽莎白一世

来自德意志的王妃

伊丽莎白女皇虽然有众多情夫，但一直没正式结婚，自然也没有子嗣，她将自己姐姐的儿子、即彼得一世的外孙彼得·乌尔里希从德意志召到彼得堡，宣布他为自己的王位继承人，并从俄国宫廷的远亲中物色了一位德意志小公爵的女儿索菲亚做他的妻子。1744 年，年仅 15 岁的索菲亚被接到俄国，成为俄国的皇太子妃。

为能够尽快在俄国立足，聪慧早熟的索菲亚尽一切努力融入俄国生活。她放弃基督教的路德教而改信东正教，并改名为叶卡捷琳娜·阿列克塞耶芙娜，并近乎疯狂地学习俄语。可惜天不遂人愿，丈夫与她毫无感情可言，整日里忙于酗酒买醉和摆弄木偶。由于受到俄国宫廷尔虞我诈、争权夺利氛围的影响，叶卡捷琳娜养成了虚伪狡诈和凶狠残暴的性格。在"胜者为王，败者为寇"的信条支配下，叶卡捷琳娜很巧妙地使自己适应了新的环境，并在宫廷范围内结交朋友，赢得友情，并深孚众望。1761 年 12 月 25 日，伊丽莎白女皇被病魔夺去了生命，彼得即位，称彼得三世。为了进一步创造夺取皇权的有利条件，在女皇遗体停放在教堂的十天期间，叶卡捷琳娜经常全身披着黑纱前往教堂，跪在女皇灵台前，一连几个小时地祈祷和哭泣。

与叶卡捷琳娜相比，思维迟钝、性情乖张、昏庸无能的彼得三世就显得很没头脑了。在他即位执政之时，为了使人们头脑中有一个打仗的观念，他下令增加放礼炮的次数，圣彼得堡从早到晚都在隆隆的炮声中颤抖。他内心深处自认为是路德教徒，下令攻击教会，宣布没收东正教教会的部分财产。他极度崇拜普鲁士国王腓特

彼得三世和叶卡捷琳娜二世

烈大帝，经常端着酒杯，跑着扑到普王像前大声说道："我的老兄，让我们共同征服世界。"彼得三世违背其嫔母的政策，在俄国军队中强制推行普鲁士的军事制度。七年战争一开始，俄军就大败普鲁士军队。1759 年，在库涅斯多夫两军又经过一场血战，普军被彻底击溃。1760 年 9 月，一支俄军以迅雷不及掩耳之势直取柏林，普王腓特烈走投无路，几度想投降求和。但彼得三世执政后，挺身护卫普鲁士，同普鲁士签订了合约，约定"俄军占领的领土全部归还普鲁士"，俄军在七年战争中所获的战果顷刻化为乌有。更有甚者，彼得三世还派出一支 2 万人的俄军协助腓特烈进攻俄军昔日的盟友奥地利。一时间，彼得三世在俄国的贵族和民众心目中，落了个卖国沙皇的形象。

开明君主专制

这时，叶卡捷琳娜与彼得三世的关系已经形同水火，两人早已分居，彼得三世整天和他的几个情妇待在一起，无时无刻不想把叶卡捷琳娜皇后的位置废掉。深谋远虑的叶卡捷琳娜早就看中了近卫军这支可以左右宫廷政治的力量，她很快就使在近卫军中握有实权的奥尔洛夫兄弟成为自己的亲信，叶卡捷琳娜在近卫军中的影响日盛一日。终于，在 1762 年 6 月 28 日，在近卫军"我们的母亲叶卡捷琳娜"的欢

呼声中，她成功发动宫廷政变，推翻了彼得三世的统治，一个星期后又密谋杀死了彼得三世。叶卡捷琳娜于 7 月 18 日正式加冕成为至高无上的俄国女皇，称叶卡捷琳娜二世。

抵达俄国不久的叶卡捷琳娜二世

女皇即位伊始，俄国的社会正处于完全紊乱和衰败的状态。由于统治集团的挥霍无度，特别是七年战争的耗费，俄国每年财政赤字达 700 万卢布，国债达 1700 万卢布。驻在国外的军队已 8 个月没有领到薪俸，堡垒倾坏，战船失修。面对如此严峻的形势，叶卡捷琳娜二世为了巩固政权，宣布在俄国推行"开明君主专制"。"开明君主专制"是 18 世纪风行欧洲大陆的政治思潮，叶卡捷琳娜二世此举既是受欧洲宫廷的政治风气影响，也是受法国启蒙思想家的推动。伏尔泰、孟德斯鸠、狄德罗是"开明君主专制"思潮的代表人物，他们呼吁欧洲开明的君主，提倡"君主与哲学家的结合"，实施自上而下的改革，实行法制，同资产阶级联合，最终建立资产阶级的君主立宪制度。叶卡捷琳娜二世与法国启蒙思想家们建立起了频繁的书信联系，并大量购买他们的著作。她甚至用重金买下了法国启蒙思想家、百科全书派代表人物狄德罗的私人图书馆，聘任他为图书馆的馆长，并提前支付了 50 万卢布的薪水。后来，她又盛情邀请狄德罗到俄国，帮助她进行政治改革。

1767 年，为了给自己的政权装点门面，叶卡捷琳娜下令召开新法典编纂会议，并颁布了圣谕。圣谕由 22 章、650 条组成，绝大部分源自西欧启蒙哲学家、法学家和经济学家们的著作，她煞有介事地宣布吸收贵族、商人和农民代表参加法典编撰，大谈立法、司法和行政三权分立和打算取消农奴制。8 月 10 日，新法典编纂会议在莫斯科举行，各阶级的委托书以及在会上的发言，反映了各阶级的心声。但由于对农民问题争执不下，新法典最终无法制订，不了了之。

为了推广"开明君主专制"，女皇拨巨款建立俄国科学院，兴办各类学校，鼓励贵族子女入学。她提倡文学创作，并亲自动手创作剧本，甚至亲自登台演出，开一时之风气。1783 年，她取消国家对出版事务的垄断，准许私人开办印刷所和出版社。在这种特殊的政治环境影响下，沉闷老死的俄罗斯社会出现了活跃的气氛。俄国涌现了大量的本民族科学家、教育家和发明家，他们为俄国的社会发展做出了重要的贡献。

内政改革

叶卡捷琳娜二世即位后面对种种混乱状况，决定首先解决财政赤字问题。她所采取的措施是取缔私人对某些企业的垄断权，取消沙皇的个人预算即"议会资金"（这笔款占国家预算的十三分之一）、建立税收制，提高税率，发行公债等等。

为强化沙皇专制集权，叶卡捷琳娜二世于 1763 年 12 月颁布法令，把枢密院分为 6 个院，自己直接负责三个强力院——陆军院、海军院和外交院，设立直接向她负责的总检察官一职，由总检察官代沙皇监督和处理枢密院的事务。1775 年 11 月女皇颁布全俄帝国各省管理体制的法令，取消原来的三级（省、州、县）管理体制，代之以二级（省、县）管理体制，全国设 50 个行省，省长及副省长由沙皇直接任命。省、县设议会，议员均由贵族代表担任。贵族代表有权向省长、甚至沙皇提出自己的要求。为防止省长专权和拥兵自重，由沙皇任命若干总督，管辖二至三个省。

叶卡捷琳娜二世深知自己统治的社会基础是贵族与农奴主，因此她尽量在政治和经济方面满足贵族和农奴主的要求。特颁布了《俄国贵族权利、自由和特权诏书》，从法律上确定了贵族是俄国的特权阶层，这个阶层不承担任何国家义务，除去谋反沙皇的罪名之外，不受任何法律限制和处罚。这一政策得到贵族们的欢迎。叶卡捷琳娜二世因此被尊称为"贵族女皇"，她执政的34年被称为贵族专政的黄金时代。

叶卡捷琳娜二世

叶卡捷琳娜二世还注意扶植新兴的社会力量——工商业资产阶级，赋予这个尚在成长中的阶层较多的政治权利和较高的社会地位，以扩大自己统治的社会基础。她颁布《俄罗斯帝国城市权力和利益诏书》，赋予工商业资产阶级免受体罚、免服兵役和免交人丁税等特权。诏书同时规定，城市实行自治，城市的官员和议员在资产阶级中选举产生。

为刺激经济贸易发展，她还颁布法令，宣布工商业自由，取消对贸易的限制，鼓励向国外出口俄国的农副产品。在叶卡捷琳娜二世执政时期，俄国的工商业发展较为迅速。统计数据显示，俄国的手工工场从1762年的984家增加到1796年的3161家，俄国的生铁产量从1760年的6万吨增加到1800年的16万吨。工商业的迅速发展，不仅增强了俄国的国力，而且提高了俄国的国际地位及影响。苏联著名历史学家波克罗夫斯基是这样评价叶卡捷琳娜二世的，她"开创了一个光辉的朝代"。

普加乔夫起义

虽然叶卡捷琳娜二世进行了卓有成效的内政改革，但她对农民的利益却毫不关心。在其统治期间，农奴制度被进一步强化，广大农民在贵族领主的压迫下过着水深火热的生活，由此爆发了俄国历史上规模最大的农民暴动——普加乔夫起义。

普加乔夫原来是顿河哥萨克，17 岁时按照哥萨克的传统应征入伍，参加过俄国与普鲁士的七年战争，曾因骁勇善战被提拔为少尉，后因帮助朋友越狱而被捕，三天后他逃狱成功，从此在各地漂泊，过着颠沛流离的生活。当时哥萨克普遍不满叶卡捷琳娜二世取消其财政自主和自选领袖的权利，在 1762 年彼得三世曾经颁布法令解除哥萨克贵族服兵役的义务，叶卡捷琳娜二世也予以确认，但政府并没解除哥萨克农民为贵族服劳役的义务，很多农民认为是贵族有意为之，故也对贵族产生不满。

1773 年 9 月，普加乔夫假冒彼得三世，在雅伊克哥萨克区发动暴动，他许诺给农民"土地、粮食和自由"。起义队伍从托尔卡乔夫村庄出发，长驱直入，所向披靡，很快攻占了许多要塞，人数迅速发展至千余人。到当年年底，这场农民起义的烈火迅速燃遍伏尔加河流域及乌拉尔地区。参加这次起义的有俄罗斯人、巴什基尔人、鞑靼人、马利人及哈萨克人，俄国有四分之一的农奴参加了这次起义。从 10 月 5 日起，起义军包围了乌拉尔地区的重镇奥伦堡城，因城里守军的武器装备大大优于起义军，起义军数次强攻不成，普加乔夫决定采取长期围困的策略，在该城周围安营扎寨，加紧扩充力量。

起义军的声势之大让叶卡捷琳娜二世大为震惊，她立即终止了当时对土耳其的战争，抽回军队镇压起义。起义军在寡不敌众的情况下，1774 年 3 月 22 日在奥伦堡附近的塔季谢夫要塞被装备精良的政府军击溃，被迫放弃了对奥伦堡的围困，转战到卡马河与伏尔加河中游一带。1774 年 5 月，普加乔夫率起义军两万人向伏尔加河流域的政治中心喀山挺进并于同年 7 月攻占该城。沙皇政府很快派出大量精锐部队前往喀山决战，起义军终因力量相差悬殊，在这场激战中遭到失败。普加乔夫的队伍伤亡惨重，全部炮队损失殆尽。他只得率领 500 人撤到伏尔加河西岸，在那里攻克许多城镇，并于 8 月 21 日逼近察里津。此时起义军遭到政府军的追击。普加乔夫所在部队几乎全被击溃，他只得带领余下的几十名起义者渡过伏尔加河，转入草原。沙皇政府悬赏 3 万卢布缉拿普加乔夫。1774 年 9 月 14 日，起义军中的一伙哥萨克首领背叛了普加乔夫，将他绑起，送交政府军。普加乔夫被戴上脚镣手铐，关进特别的木笼囚车，押往莫斯科，在 1775 年 1 月 10 日被残忍杀害。

镇压了普加乔夫起义后，叶卡捷琳娜二世加强了对哥萨克的控制，她取消了哥萨克的种种特权，并解散了第聂伯河东岸的哥萨克军团。在稳定了内部统治后，叶卡捷琳娜二世集中沙皇俄国的力量开始了对外扩张。

对外扩张

叶卡捷琳娜以彼得大帝事业的继承人自居，一生致力于对外扩张。登基之初，由于俄国在七年战争中损失甚大，她果断退出战争。国力日渐兴盛之后，她野心勃勃地试图建立一个世界帝国，并且成果丰硕。俄国人总结说："她征服了克里米亚鞑靼人，她策划了波兰国家的灭亡，她开始了对高加索的征服，她在中亚为俄国开疆辟土，她兼并了阿留申群岛，她批准俄国第一次在阿拉斯加建立居留地。"她的扩张目标在西方主要是波兰，南方主要是土耳其，东方则剑指西伯利亚一直到中国东北地区。在她统治时期，沙皇俄国成为地跨欧、亚、美三大洲的超级大帝国。

叶卡捷琳娜二世最引以为豪的征服成就，一件是 1768—1774 年和 1787—1792 年两次战胜土耳其，另一件是 1772、1793 和 1795 年三次瓜分波兰。彼得大帝在波罗的海方向大获成功，但是终其一生也未能在黑海方向取得决定性进展。而叶卡捷琳娜在黑海北岸的空前胜利，打开了俄国窥进地中海世界的窗户。曾经不可一世的奥斯曼土耳其帝国不得不给予俄国种种特权，克里米亚也在 1783 年被俄国吞并。波兰王国过去长期是东欧大国，在极盛时期一度入侵俄罗斯占据过莫斯科，波兰国王还差点当上了俄国沙皇。但今非昔比，到 18 世纪末，由于没能建立有效的中央集权，波兰国力日渐衰微，国土逐渐被德、普、奥三个国家瓜分，到 1795 年，随着三国签订第三个瓜分波兰的条约，波兰正式宣告亡国。俄国在三次瓜分中共鲸吞 46.2 万平方公里的土地，占波兰领土的 62%，人口计 600 万，从而把自己的西部边界推进到涅曼河与布格河一带，这些土地大部分是原来基辅罗斯的国土，居民也大多是信仰东正教的白俄罗斯人和乌克兰人。

恩格斯在评价叶卡捷琳娜二世的对外扩张时说："俄国的领地已超过了甚至最

肆无忌惮的民族沙文主义所能要求的一切。……俄国不仅夺得了出海口，而且在波罗的海和黑海都占领了广阔的滨海地区和许多港湾。"彼得大帝打开了一扇"面向西方的窗户"，俄国从此惊醒过来并奋起直追西方军事技术潮流。叶卡捷琳娜二世执政时期的俄国真正以巨人姿态傲然屹立，其强国地位获得了欧洲列强的普遍认可。叶卡捷琳娜二世晚年还念念不忘俄国的世界霸权，她妄图建立一个包括六个都城（彼得堡、莫斯科、柏林、维也纳、君士坦丁堡、阿斯特拉罕）的俄罗斯帝国。女皇哀叹说："要是我能够活上两百岁，整个欧洲必将被置于俄国统治之下。"她引以为傲的是，她这个德意志郡主，两手空空来到俄国，却为俄国赢得了克里米亚和波兰，打通了黑海出海口。

1796 年 11 月 16 日，叶卡捷琳娜二世病逝，她的传奇经历成为历史学家、文学家和小说家津津乐道的话题，她的成功给政界人物提供了极好的教材和范本。她是俄国扩张时代需要的强有力君主，俄罗斯人视她为仅次于彼得大帝的伟大统治者，她的敌人把她看作恶魔的化身，同时代的其他统治者视她为强有力的竞争对手。叶卡捷琳娜二世是复杂的混合体，难以用简单的"好皇帝"或者"坏皇帝"来界定。叶卡捷琳娜二世的千古风流将由后人评说，而任何一部俄罗斯历史都有关于她的浓墨重彩的篇章！

军事天才苏沃洛夫

在叶卡捷琳娜二世统治时期，俄国有一位攻无不克、战无不胜的军事统帅，他一生作战 35 次，无一败绩，可以说是女皇开疆扩土、建立国威过程中不可或缺的人物。这个军事天才就是苏沃洛夫。

投身军旅

1730 年，苏沃洛夫出生在莫斯科一个贵族军官家庭，他的父亲是一位上将参议员，学识渊博，曾参与编撰俄国第一部军事词典。由于家庭环境的熏陶，苏沃洛夫从小就对军事产生了浓厚的兴趣，他在父亲的指导下开始学习炮兵学、筑城学和军事史，崇拜亚历山大、恺撒、汉尼拔、彼得大帝等著名军事统帅。苏沃洛夫从小就向往军旅生活，但因为他矮小瘦弱、体弱多病，时任将军的父亲认为他不适合军队的生活。可好强的苏沃洛夫坚持己见，他开始参加跑步、游泳等体育锻炼，并最终说服父亲，进入军事学校学习。

亚历山大·瓦西里耶维奇·苏沃洛夫（1730—1800 年），俄国伟大的军事家、军事理论家、战略家、统帅，俄国军事学术的奠基人之一，著有军事学名著《制胜的科学》。

12 岁时，苏沃洛夫如愿以偿在近卫军注册，接受军事训练，18 岁时正式成为一名军人。在军营里，他阅读了很多哲学、历史和军事方面的书籍，还学会了法语和德语。聪明好学的苏沃洛夫很快在军队里崭露头角，接连获得提拔，1754 年他被授予中尉军衔，并被派往一个步兵团任职，从此开始了他戎马一生的作战生涯。

常胜将军

苏沃洛夫的战斗生涯开始于七年战争。战争初期，他担任后勤工作。1758 年，他以一级少校军衔为作战军队组建预备营，并在梅梅尔任要塞司令，10 月晋升为中校。1759 年起任俄国作战军队大本营参谋，1762 年 9 月他晋升为上校，任阿斯特拉罕步兵团团长。他不仅圆满完成了指挥员的任务，还有很多新颖独特的见解。他很爱护士兵，总是说："对我而言，士兵比我本人更宝贵。"1770年他晋升少将，次年在镇压波兰贵族起义的斯特洛维奇会战中率军800人打败波兰贵族党人3000余人，并攻占克拉科夫城堡，一时间名声大振。

在俄土战争中，苏沃洛夫的军事才华得到了充分的发挥。1773年9月14日，苏沃洛夫成功防守赫尔绍瓦击退土耳其军队的进攻，并使其遭受重大损失。3月28日，他被晋升为陆军中将，1774年6月20日，苏沃洛夫又率军在科兹卢贾附近击溃土耳其军队4万人。

在第二次俄土战争伊兹梅尔战役中，苏沃洛夫由于其出色的指挥能力蜚声于俄罗斯。伊兹梅尔要塞位于多瑙河右岸，这里地势险峻、易守难攻，土耳其在此投入了10万军队和重型武器，而俄国的军队只有3万人。俄军发动多次进攻，均被守军击溃，俄军的指挥官眼看冬季就要来临，只得向后方求援。苏沃洛夫临危受命，出任总指挥。他很快查看了要塞的水陆通道和建筑特点，命令部下在俄军军营附近仿照要塞的模样修建了一座模型。每天晚上他把军队带到模型旁，反复进行穿越栅栏、竖云梯、炮兵如何压住对方火力等项目的训练。在觉得有取胜的把握以后，他于俄历1790年12月11日下达了总攻令，经过一天激烈的战斗，俄军牺牲了上万士兵，一举攻克了要塞。而在这次战役中，土耳其军队伤亡达2.6万人，其余被俘的几乎都是伤兵。伊兹梅尔战役的胜利成为俄国最后战胜土耳其的关键。

苏沃洛夫于1791年任俄军驻芬兰总司令，1792年任乌克兰南方军队总司令。1794年在成功指挥镇压波兰民族起义后，苏沃洛夫晋升为陆军元帅，1795—1796年任波兰和乌克兰驻军总司令。1796年，新即位的沙皇保罗一世极力推行普鲁士机械式的训练方式，苏沃洛夫对此极力反对，因此在1797年被沙皇免职，回到自己的康昌斯科耶庄园养老。

1798年，俄国参加了欧洲列强组成的第二次反法联盟，在奥地利和英国的强烈要求下，苏沃洛夫被召回，出任意大利北部的俄奥联军司令。此时苏沃洛夫已经两鬓斑白，年近七旬。但他完全不计个人得失，毅然披挂上阵。战争初期，在意大利

苏沃洛夫穿越阿尔卑斯

北部取得的胜利为俄军打通了通往阿尔卑斯山的道路，但在山上，俄军陷入了死胡同，四面受敌。当时，在大雪覆盖的悬崖峭壁和万丈深渊之间只有几条小路可行，但苏沃洛夫不怕艰险，他对士兵们讲："孩子们，我们必须前进迎敌。不要想你们面临着多少个敌人。要知道，你们是来打败敌人的，而不是来数敌人人数的。"在这种精神的鼓舞下，俄军一举翻越了阿尔卑斯山进入瑞士，然后孤军突围返俄，苏沃洛夫也赢得了"前进将军"的称号。

由于苏沃洛夫的杰出表现，他被保罗一世授予全俄武装力量大元帅的军衔，这也是俄军中的最高军衔。1800年10月俄奥同盟破裂后，苏沃洛夫奉诏回国，再遭保罗一世的贬谪。1801年5月18日，这位军事天才在彼得堡附近的宅邸含愤去世。

卓越的军事思想

苏沃洛夫写有《团谕》《制胜的科学》等军事理论著作，提出了一系列新的作战方法和教育训练方法。他主张果断进取和野战歼敌战略，以及同散兵队形相结合的纵队战术。他的作战的战略思想包括"突击"——出其不意地向敌人发动猛攻；"目测"——准确研究战地环境；"迅速"——迅速而秘密地调动军队。"训练多流汗，战时少流泪"也是他给部下的重要教条。

苏沃洛夫摒弃陈旧的封锁线式战略和线式战术，主张集中兵力于主要方向，歼灭敌人有生力量；强调快速机动，积极进攻。这些作战样式和方法大大超越了当时的水平，极大地提高了俄国军事学术水平。他创立了一整套教育和训练军队的先进方法，将人和武器的正确对比关系作为他战术思想的基础。在人和武器的关系中，苏沃洛夫坚决把人置于优先地位，认为人是战争制胜的决定因素。这是俄国进步的军事思想的一个特征。

第六章　蔓延的革命

——从法国大革命到工业革命

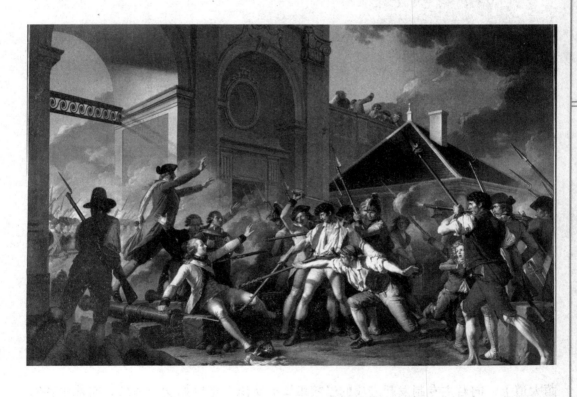

一、法国

1789—1914 年

法国大革命对法国乃至整个欧洲都产生了深远的影响，因为它动摇了构成欧洲政治结构的基本体制。这场由资产阶级领导的革命以取消贵族统治、订立宪法和实现思想自由为目标。然而，由于来自国外的压力，激进主义有时也会把德治转变成某种专制。

在拿破仑的领导下，法国控制了欧洲大部分地区，但拿破仑的独裁统治很快就激起了被占国家的抵抗。1815 年，滑铁卢战役结束了拿破仑的统治。此后，虽然经历了一段时间的复辟，但自由主义的种子已经播下，并且开始生根发芽。

凡尔赛的末日

1789 年 10 月 5 日下午 4 时许，从凡尔赛宫的窗口望去，只见那雾气蒙蒙的林荫大道上，向君主专制发起进攻的巴黎市民的队伍，正以妇女为前列，向凡尔赛宫逼近。顷刻，偌大的王宫到处是一片惊慌和混乱。人们突然觉察到为举行盛大礼仪而建立起的王宫根本经不起围攻，它的通道都洞开着。

自从 7 月 14 日巴黎市民攻占巴士底狱以来，整个国家在顷刻间变得天翻地覆。

第三阶层的制宪议会通过法令，宣布废除封建制度，取消教会和贵族的特权，规定以赎买方式废除封建贡赋。8 月 26 日又通过《人权宣言》，宣布"人们生来而且始终是自由平等的"。波旁王朝在革命的激流中如一叶扁舟般飘忽不定，一切的一切都在预示着，这个历尽百年沧桑洗礼的王室的末日正在到来。

夜幕降临时，巴黎市民已经占领了王宫大院，紧紧包围了精工制作但不结实的铁栅栏。人群不断增加，只见从巨大广场直到王室马厩这一片开阔地上人潮汹涌，一望无际。偌大的王宫脆弱无比，似乎只要被这可怕的洪流一冲击就会坍塌破碎。而守卫它的只有仪仗队、半连警卫、一支瑞士卫队和一部分弗朗德尔团的士兵，他们仓促地在通道上垒起路障，首次关闭了所有的宫门，有些宫门自路易十四起一直敞开着，连门轴都没有转动过。一些可怕的消息不断地传到宫中。人们说继第一批示威队伍之后，大批巴黎人又雄赳赳地结队涌到凡尔赛来了，还说国民自卫军也拖着大炮随后到达了。下雨了，雨夜里人声鼎沸，间或夹杂着嘶喊声、枪声、恫吓叫骂声和激烈的挤轧碰撞声。宫里大臣们使用的两翼建筑物已被占领。从这些对着庄严的大理石王宫正门的房间窗口望出去，不时闪现出一张张吓人的面孔，那是裸露胳膊的家庭妇女，是满脸胡须的汉子，是戴着羊绒小帽的屠夫，他们一个个挥舞着拳头，向着王宫金黄色的阳台和各种雕像吼叫。

素来秩序井然、气氛肃穆的王宫大厅里，今天却是一片慌乱。无事可干的贵族老爷和忧心忡忡的贵妇们在金碧辉煌的厅廊内穿梭般来来往往，相互议论。下午巴黎民众包围凡尔赛时，路易十六正在狩猎场上，他得到消息后慌忙回到凡尔赛，躲进寝宫，闭门不出。而王后呢？王后踌躇不决，她不愿离开国王。夜幕降临了，在王后寝宫的第一间大厅——和平厅内，几支残烛照着高大的厅堂，国王陛下的女眷们聚在一起等候圣旨，有的人坐在凳子上，有的人坐在牌桌旁。骚乱的人群越聚越多，拥挤在宫墙周围，不时用长矛挑刺卫士或守门的士兵，他们把一个士兵揪出来，缴了他的械，拉到人堆中厮打，接着响起一阵"胜利"的欢呼。这欢呼声旋即被那人山人海发出的单调、持续的嘈杂声淹没了。

王室成员、内阁大臣、顾问们正聚集在内阁会议厅议事，而大厅窗外就是可怕的滚滚人潮。大家议论纷纷，莫衷一是。国王疲倦不已，不时从大厅里走出来回到自己的办公室里休息。他似乎有些惊慌失措，对于人们的提问，他都不应答。此时，王宫外面的人潮已经退去，他们疲惫不堪，又被雨淋得湿漉漉的，一个个拖着疲惫的身体沿街寻找住的地方。街上的一些小咖啡馆里很快挤满了人，王宫内大臣们使用的房间里也挤得满满当当，楼道、办公室、大厅到处是人，找不到住处的人干脆躺在泥泞的石板路上睡觉。这是一个寒冷、潮湿的夜晚，四周静悄悄，万籁俱寂。

路易十六被送上绞刑架

国王困顿不已，命侍臣退下。凌晨2时，过厅里的掌门官宣布王后回宫就寝。大家也各自回去安歇，一时门掩烛灭。时间过得真慢，度时如年。拂晓，有个宫女听见王子宫院内和从絮兰唐当斯大街通向王宫的波道上响起了脚步声。就在她正欲上前查看之际，前厅大门突然打开了。"王后陛下，快逃！"卫士一声尖叫，然后赶紧把大门关上了。继之而来的是一阵混乱，你跌我撞，厉声呼叫，令人毛骨悚然……王宫被进占了，因为王子宫院内的一个小栅门被打开了。谁开的？怎么开的？无人知晓。暴乱的人们登上大理石台阶，撞坏了一扇门板，冲进警卫室。王后从睡梦中惊醒，跳下床来就逃，她穿过寝宫到牛睛厅之间隔了几个小厅，正碰上一道筑垒封存闭了门，她用力拍门、喊叫、自报姓名……

之后，正如史书上所写的一样，国王夫妇被迫收拾行装，离开了与他们相伴十几载的凡尔赛宫，四处漂泊，无所依靠，最终，在吉伦特派控制的共和国法庭中被判处绞刑以平息民愤。而波旁王室那曾经属于太阳王的光辉也永远离他们而去，凡尔赛、卢浮、枫丹白露、尚博尔，这些曾经象征着法兰西贵族奢靡与放荡的处所仍在革命的风雨中矗立着。只是，它们的主人已然驾鹤西去，留下的只是这一处处空荡荡的宫殿，那一装装香艳贵族情说以及那一出出至今仍旧令人扼腕的人间悲喜剧作。

罗兰夫人——吉伦特的无冕女王

1792 年，吉伦特派通过政变上台掌权后，一个年纪轻轻却风韵翩翩的女子从幕后走到了台前，她就是罗兰夫人。她以纤弱的力量推动着法国大革命前行，她那几乎完美的人格魅力更使革命中的法兰西精英，无论敌友，皆为之叹服。而她最后为自己行将破灭的理想殉死的决心，又感动了后世无数的历史家和政治家，以致诸如谭嗣同这样的革命志士的死，都可以看作是她——罗兰夫人风骨的延续。

罗兰夫人既不是议员，也从未担任过任何公职，但巴黎政界送给她的头衔是"吉伦特的无冕女王"。这个 39 岁的女子拥有不平凡的容貌和风韵，更拥有不平凡的头脑和文采。为她倾倒的不仅有她的丈夫、吉伦特派领袖之一——罗兰，还包括几乎所有的吉伦特派政治家。她的沙龙是吉伦特派最主要的聚会场所，她的意见左右了吉伦特派的政治走向，而以罗兰名义发出的各种政纲和法令，几乎无不出自她的手笔。身怀抱负的男人们聚集在她的身边密谋，后来曾让整个法国发抖的罗伯斯庇尔刚到巴黎时，也常在她周围混日子。大革命能在巴黎街头风行，她算得上功不可没。她和吉伦特派的同事们齐心协力，呼喊着要推翻贵族，限制国王，让平民获得权力。这原本并没有错，让他们没有预料到的是，革命并不满足于在他们划定的界限内止步。革命者不光要获得权力，他们还要独裁。当国王被处死，血腥味弥漫巴黎街头，他们试图拴住自己养大的狗时，才发现它原来是一条狼。

罗兰夫人

于是，罗兰夫人和她那些真诚的吉伦特派好友，就成了被革命吞噬的革命之子。罗伯斯庇尔已经上台，吉伦特派由革命的推动者变成了革命的绊脚石，他们遭到全城搜捕，有的被投入监狱，折磨至死，有的逃到郊野，自杀身亡。才华横溢、风情万种的罗兰夫人，自然也就只剩下上断头台一条路了。

吉伦特派政客，后来被许多历史学家称为软弱的人，其中一个理由是，他们同意革命，却不同意杀死国王；还有一个理由是，他们在力量上占据优势，原本有机会结束革命的乱象，但面对已经成为死敌的雅各宾派，却仍不愿意痛下杀手。尽管如此，他们在断头台前的表现，总可以为自己在政治上的软弱挽回些颜面。

据说，许多吉伦特派领袖是高歌着走向刑场的——他们也曾高歌着走向革命。据说，有人把脖子搁到断头台上，还不忘开玩笑说，下一次，要让国民公会通过一个宣言，宣布头颅不可侵犯。而其中最让人津津乐道的，当属罗兰夫人的死刑。

1893年11月8日，罗兰夫人走上断头台。今天，这个过程已被很多人用浪漫的笔调书写过千百次，虽然笔调各不相同，但这无疑已成为大革命中的经典一幕。据说，她从容镇定，面带微笑。虽然围观者对她报以怒吼，她却仍然礼貌有加。看到一个一同赴死的囚犯浑身发抖，她还体贴地要求刽子手先杀死他，免得"我的死为你带来更多痛苦"。当刽子手拒绝她的这个要求时，她就像在沙龙里宣讲革命时一样优雅：你忍心拒绝一个女人最后的要求吗？当然，更经典的，还有她最后的遗言："自由啊，多少罪恶假汝之名以行！"

法国大革命的成果之——人权与自由权宣言

吉伦特派流血，象征着革命的刀刃终于伸向革命者自己的脑袋。他们一开始没能设法让变革在适度的界限内进行，后来又没能阻止革命带来的恐惧，最终被狂热时代所抛弃。他们始终没能克服自己理念中的矛盾，既想推进革命，又想遏制革命，却没有预料到，当变革成为革命，所有理性的设计都被冲得粉碎。

吉伦特派最终没能给社会带来真正的自由，而罗兰夫人，这个被称作"吉伦特派的灵魂"的女人，也始终没能从矛盾的生活中解脱。她追随精神导师卢梭，追求绝对美德，虽然有强烈的欲望，却一直用高尚的道德感克制这种欲望。终其一生，也没得到自由。

雅各宾派的恐怖统治

"过路人，不管你是谁，切莫为我的命运悲伤，只要我还活着，你就得死亡。"

这个看上去是给斯芬克斯的墓志铭，却属于法国大革命中的风云人物——罗伯斯庇尔。勒费费尔在《法国革命史》中写道："毫无疑问，生活在大革命时代的人对他们经历的恐怖永远不能忘怀，他们的怨恨也传给了他们的后代。"罗伯斯庇尔的名字一直同恐怖相连，恐怖统治拯救了法兰西，但也最终断送了罗伯斯庇尔的政治生命，并最终将他送上了断头台。

当时的法国，内忧外患。1792年上台的吉伦特派虽然竭力推行维持法国稳定的政策，他们积极同反法同盟作战，但却没有取得决定性的胜利，对内企图继续打击保皇势力并继续推行斐扬派的土地政策，但却拒绝人民要求最高限价的政策而继续推行自由主义的经济政策。但是，一系列的措施并没有取得相应的效果，法国依旧在贫困和外敌入侵中。吉伦特派无力挽救危局，人民只得再选择下一个统治者，于是，激进的雅各宾派被推到法国革命的最前沿。

罗伯斯庇尔

当时全国83个郡有60个郡发生了叛乱，旺代的保皇叛乱一直得不到平息，反法同盟一直攻入法国境内。经济状况恶化，失业激增，物价飞涨，人民不断进行武装示威。万般无奈之下，雅各宾派开始推行恐怖政策。1793年9月，当局开始实行最高限价政策。同年9月17日，颁布《惩治嫌疑犯条例》，该法令的颁布确实起到了镇压反革命、稳定人心的效果。但是，由于法令内容含糊不清，而且打击面要牵连嫌疑人的家人，所以，打击范围不断扩大，到1794年5月，共有近30万嫌疑人被捕入狱。很难想象当时这种极端状况之下，法国还有什么司法可言。最终，恐怖统治恢复了国家的权威，保证了国家的安全，但它也像一匹脱缰的野马，挣脱了控制，开始显露出狰狞的面目。

"大恐怖"之下恐惧的人们

事实上，雅各宾派似乎一开始就控制不住局势，巴黎的断头台格外忙碌，每天都有被革命法庭宣判死刑的反革命叛国者被送上断头台，该法庭只要一经宣判就不得上诉，因此，被告人站在法庭上就像羊羔一样任人宰割。人民开始疯狂了，群众的惩罚行动中开始夹杂起公报私仇的成分。7月—9月间，260名被送到革命法庭的人中有1/4的人被判处死刑，但在1793年最后3个月，这一比例达到了45%。1793年8月底，被拘捕在巴黎监狱的囚犯有1500人，到10月份，数字增长到了2398人，到第二年2月，则达到了惊人的4525人。与此同时，罗伯斯庇尔开始从一个温和派蜕变成一个暴力革命者，也开始以冷酷无情、残忍以及肉体消灭的方式来铲除持不同政见者，布里索、维里奥、罗兰夫人等一批革命同志也被处以极刑。到1794年4月，他甚至积极支持并促成了库东提出的牧月法令，取消辩护人和预审制，在没有证据的情况下，可以根据推理判案。于是大恐怖开始了。从当年4月—7月间，仅巴黎一地就有近2600多人被判处死刑。他宣称：没有美德的恐怖是有害的，没有恐怖的美德则是无力的。最后，他甚至对同党的丹东和埃贝尔也痛下杀手，断头台不够用，还辅以步枪射击来处决犯人。

但是，罗伯斯庇尔没料到自己也是法国大革命的过渡者，小资产阶级共和国无法满足法国资产阶级发展的要求，也不符合时代的规律。所以，资产阶级中上层很快就抛弃了罗伯斯庇尔。1794年7月28日晨，已成为孤家寡人的罗伯斯庇尔，同圣茹斯特、库东等人被一同送上了断头台，和丹东、布里索、罗兰夫人以及数万其他法国人一样，成了革命的殉道者。

中尉副官的崛起

1785 年 9 月 1 日，在圣克卢巡幸的路易十六，拿起一份授予年轻的拿破仑·德·波拿巴中尉军衔的证书，漫不经心在上面签了名。他那种悠然自得的样子自是可以想象的。要是他当时向证书上瞥上一眼的话，肯定会对这谁也没有用过的古怪名字感到奇怪的。不过他哪有这份闲心去注意这类事情？所以大笔一挥，就在证书下方签了个名。可是这个证书却是他签署过的所有文件中最重要的一份，因为这个后来使世界大为震惊的无名小卒，从此正式进入王国的军队，开始了他的戎马生涯。

青年时代的拿破仑

年仅 16 岁的拿破仑拿到这份宝贵的证书后，于 10 月 30 日和他的一位与他同时毕业的同学踏上了旅途。他们每人身上只带了 59 法郎，所以自然是一路风餐露宿，披星戴月。

车到枫丹白露后，拿破仑生来第一次自己掏钱吃了一顿饭，因为在此之前，他压根儿就没有离开过父母或学校。不言而喻，这餐饭一定相当简单，而且由于想快点去看一看枫丹白露宫，三口两口便吃完了……可是数年之后，这个当年将脸贴在王宫前的铁栅栏上久久不愿离去的士官生，却成了这座富丽堂皇的宫殿的主人，在这里宴请教皇陛下了。教皇见到他，是那样战战兢兢，连眼皮也不敢抬……到达军营后，波拿巴暂时到布小姐那里住了下来，而布小姐的咖啡馆也因而一举成名，成为人们竞相前来拜谒的"圣地"。

担任中尉副官的波拿巴日常生活全靠每月 93 利弗尔 4 生丁的微薄薪饷维持。尽管如此，为了减轻母亲的负担，他到奥克松纳服役时，还把 13 岁的弟弟路易从科西嘉带了来。两个人每天只有 3 法郎 5 生丁的生活费，日子之艰难是可想而知了。他们经常自己动手做饭，拿破仑把锅坐在火上后，常常一边看书，一边熬汤。由于弟弟身体矮小，比他瘦得多，他常对弟弟说，为了保证他有足够的营养，使他健康成长，他自己只喝点奶就行了。

但艰苦的生活并没有使拿破仑对前途失去信心，而大革命的爆发恰恰给予了他一个尽情施展抱负的大舞台。当时法国大革命引起了欧洲各国封建王室的惊恐。在他们的支持下，法国保王贵族势力在法国南部发动叛乱，占据了战略要地土伦军港。英国和西班牙的十多艘军舰也开进土伦。收复土伦，成为法国革命政府的当务之急。政府派出两支法国军队围攻土伦，还让特派员萨利切蒂赶去督战。

土伦战役

土伦原本难攻易守，保王军队又有英、西军舰相助，所以更加猖狂。土伦久攻不下，萨利切蒂也束手无策。这天部下报告有人来访。随即，一位个头不高、脸色苍白、鼻梁笔挺的青年军官走了进来，他带科西嘉土音的问候使萨利切蒂顿感亲切。他俩都是科西嘉人。来客是奉命去阿尔卑斯山地区的炮兵尉官拿破仑·波拿巴。他路过此地，听说同乡兼至交萨利切蒂在这里，就来相聚。看到萨利切蒂愁眉不展，拿破仑询问原因后立即转身观看土伦地图。对了，萨利切蒂猛然想起，拿破仑读过军校，因成绩优秀被保送巴黎军官学校，最出色的科目之一就是地理，而且又拥护法国大革命，于是就向他求助。拿破仑看着土伦港口地形图，略做沉思，那双如鹰隼般锐利四顾的蓝眼睛顿时神采飞扬。他指着地图上土伦港口的里卡尔半岛，向萨利切蒂说出了先攻占里卡尔半岛，然后在半岛上集中炮兵火力，就可内轰土伦城保王军，外击英西舰队的取胜之道。萨利切蒂大喜过望，立即向法军司令全力推荐拿破仑，请他出任攻击土伦的炮兵指挥。1793 年 12 月 16 日，按拿破仑的作战方案，法军经过三个梯队的冲锋，拿下了里卡尔半岛。拿破仑参加第三梯队作战时受了轻伤，他军裤沾着血迹，但仍沉着指挥法军用里卡尔半岛的所有大炮轰击敌军，果然立即见效。土伦终于收复。

一份土伦之战的报告被送到巴黎公安委员会，其中写道："……无法用文字形容拿破仑这一战的功绩，他具备伟大的知识以及同样伟大的智慧和勇气，遗憾的是，用这些语言对于极有天赋的将才而言，仅仅是一种空泛的评价……"三天后，公安委员会命令陆军部将尉官拿破仑破格提升为将军。凑巧的是当时法国最有权力的公安委员会核心人员，罗伯斯庇尔的弟弟，正巧也在土伦。他把亲眼目睹的拿破仑功绩，也详细地用书面报告送达巴黎。罗伯斯庇尔大喜过望，于是，在他的大力提携下，科西嘉雄鹰开始展翅高飞。

马背上的将军的文治韬略

拿破仑于 1821 年病死在圣赫勒拿岛，他在临死前曾说："我一生 40 次战争胜利的光荣，被滑铁卢一战就抹去了，但我有一件功绩是永垂不朽的，这就是我的法典。"

的确，拿破仑·波拿巴是一位极具传奇色彩的人物。除了赫赫战功与政治成就外，拿破仑更大的贡献是推行经济改革，加强资产阶级法制建设。在改革经济方面，包括设立法兰西银行、资助新企业、奖励发明等措施。

大革命前的法国，没有统一的民法，南部地区实行的是成文法，北部地区奉行的是习惯法。1789 年法国大革命推翻了封建专制制度，建立了资产阶级共和国。取得革命胜利的资产阶级着手制订统一的符合自己阶级意志的新民法来巩固胜利成果，并发展资本主义，但是因为种种原因，草案四度拟订都未有成果。

1800 年，当时还是执政府第一执政官的拿破仑任命了由第二执政官康巴塞雷斯领导，J·E·M 波塔利斯、F·D 特龙谢、F·J·J 比戈·德·普雷阿梅讷和 J·马尔维尔四位法学家组成的委员会起草《民法典》，并规定委员必须在 11 月内完成民法起草。起草委员会按期完成了民法草案，经大理院和上诉院研究修改后，提交参政院讨论修改。参政院围绕民法草案，共召开了 102 次讨论会，拿破仑亲任主席并参加会议 97 次。这部人类历史上的典范性法典最后经立法院一致通过，于 1804 年 3 月 21 日正式公布。该法典的立法原则是自由和平等原则、所有权原则和契约原则。上述原则充分反映了资产阶级革命的成果，废除了旧法律加之于广大人民的各种政治歧视、人身束缚和苛捐杂税等，为资产阶级自由经营工商业扫清了障碍，也有利于广大劳动者"自由"地受雇于资本家，从而创造价值。这对于确立和稳定资本主义社会秩序和生活，激发人们的创造性具有重要意义。法典肯定了资本家获取利润的合法性，确立了资本主义私有财产所有权，为资产阶级自由地利用所掌握的生产资料进行经营活动创造了有利条件，从而保障了资本主义经济活动机制的正常运转。《拿破仑法典》的内容除总则以外，共有 3 编 2281 条。第 1 编是人法，是关于个人和亲属法的规定，实际上是关于民事权利主体的规定；第 2 编是物法，规定了各种财产和所有权及其他物权；第 3 编是关于取得所有权的各种方法，这一编规定了继承、赠予、遗嘱和夫妻财产制，还规定了债法等。总之，法律门类众多，功能齐全。

《拿破仑法典》是人类历史上资产阶级国家的第一部民法典，原则鲜明，编排合理，逻辑严谨，语言简洁，是世界法制史上的一个里程碑。这部诞生于 1804 年为保卫资产阶级革命的胜利果实而制定的民法典，至今仍在使用。而且这部法典的立法精神和原则也为后来许多欧洲国家借鉴和效仿。例如，卢森堡和比利时至今仍然把它作为自己的法典使用，一些法国的前殖民地也在使用这部法典。同时，很多

原版《拿破仑法典》

国家在制定本国的民法典时以这部法典为蓝本或是做参考。如丹麦和希腊的民法典就是以它为蓝本制定的，而德国、瑞士、葡萄牙、巴西等国的民法典明显受到了《拿破仑法典》的影响。由于该法典具有鲜明的系统性、完整性和规范性，因而对后来其他资本主义国家的立法产生了巨大影响，起到了立法规范的作用，从而具有了广泛的世界意义，其内在的价值和思想即使在今天也仍然光彩夺目。

新皇帝的登基

1804 年 11 月 12 日，教皇庇护七世从罗马动身，来巴黎为拿破仑举行加冕典礼。

24 日上午 10 时许，教皇陛下抵达枫丹白露郊外。半小时后，教皇一行进入茂密的丛林。车到圣艾伦十字路口——一块很大的林间空地时，恰与一些猎手相遇。他们正带着 50 来条猎犬站在那里。其中一人身着猎装，脚蹬长筒靴，靴子上带着马刺，他就是皇帝。只见他打了个手势，教皇的车子停了下来。一个专管猎犬的仆人随即走上前去，将左边的车门打开。

拿破仑骑着马站在几步以外的地方，动也不动。教皇意识到自己应该走下车来，可是他有点犹豫不定，因为地上一片泥泞，他穿着那双雪白的绸面鞋，简直不知往哪儿落脚。不过，他还是下来了。这一切都是事先安排好的，但没有通知罗马教廷，其目的无非是要显示一下这位新主至高无上的权威。待教皇向他走了几步后，拿破仑这才跳下马来向老人走过去，亲了亲他的面颊。这场低级无聊的恶作剧据说是后来被封为公爵的罗维戈精心策划的，"甚至脚步也由人数过"。

下午1.30分教皇一行到达枫丹白露，天黑之后，他们不声不响地进入了巴黎。第二天上午7时，以巴黎圣母院为首的全城各教堂响起了震耳欲聋的钟声，这是告诉大家教皇陛下已经到来。居民们立刻冲出家门，大街上出现了一股股拥向杜伊勒里宫的人流。晨光下，街心公园、人行道上、塞纳河边、大桥上，到处挤满了虔敬的人群，虽然他们都经历过6月20日、8月10日和牧月事件，以为今生今世再也不会对什么事情感兴趣了。但如今由于拿破仑考虑周到，把教皇从罗马给他们弄了来，不想竟使他们得到了一种意外的乐趣。仅从这一点而言，对教皇来说，也可以说是不虚此行。不过，对于这狂热的场面，有人心中并不乐意，那就是拿破仑。他产生了嫉妒之心，感到巴黎人对这位教皇的欢呼，实际上是在不知不觉地向一个不可动摇、万世永存的神权表示欢迎，从而使他那刚刚建立不久的政权显得非常脆弱不稳。于是，他"作了一些安排，使得教皇无法再去迎合教徒们的狂热心情"。不厌其烦地以整版篇幅报道加冕典礼准备情况的各家大报，也在突然之间很少提及教皇在巴黎的行踪了。处事老练的教皇因而变得越发谨慎起来。

为拿破仑加冕的教皇庇护七世

教皇对于拿破仑的嫉妒心理看得一清二楚。为了不给他火上浇油，他整天闭门不出。再说他在宫里受到的接待，已经令人目不暇接了。这位谦逊的老人平素只戴着一顶普通的圆白帽，但拿破仑却花了18万法郎让工匠奥古斯特给他做了一顶三重冕，上面镶有2000多颗钻石，总重量为358克拉。其他就更不用说了。弗洛尔宫内的御膳房提供了24只肥母鸡，猪脑4个，大鳗鱼4条，中等鳗鱼2条，鲤鱼8条，蹄髈4个，胡瓜鱼若干条，牡蛎24个以及一些鳀鱼和鲑鱼，还有圣热尔曼上等梨25个，克勒兹上等梨25个，稀释奶油4品脱，鲜奶2品脱，奶油面包4个，红菜头6个，栗子200个和卡尔维苹果25个。宫内面包师在那霜月共"为教皇陛下"制作普通面包1000个，四斤重面包320个，两斤重面包200个，早餐面包80个，三斤重面包55个和软面包7个。这庞大的账单实在叫人纳闷，因为庇护七世每餐饭只是吃点意大利猪肉糜、巴马干酪、鲁昂苹果冻和糖拌橙花精，其他的也就是些凉拌生菜，一点以橙花精为调料的粉丝汤而已。

还是让我们把注意力从教皇的菜单转到加冕典礼这个曾使整个世界为之震惊的重大日子吧！12月2日晨，天还没有亮，杜伊勒里宫已经是一片喧闹。人们已经两天两夜没有合眼了。从骑兵竞技场走过的行人可以看到，整个杜伊勒里宫彻夜灯火通明，如同国民议会各委员会在这里举行紧张会议的时期一样。

教皇仍像平素一样，清晨4时就起床，接着便是祷告。按规定，他应当在8点钟离开弗洛宫，到加冕典礼的举行场所——巴黎圣母院去。可是临行之际，忽然发生了一件很有意思的事情。罗马有这样一个习俗：每当教皇离开梵蒂冈，到附近某个教堂做弥撒时，必须有个侍从骑着驴，带上大十字架，赶在他之前先走一步。可是法国人对此一无所知，连杜伊勒里宫专门负责盛大庆典的人也不知道，到出发的时候才有人告诉他们。虽经苦苦哀求，侍从仍拒不同意打破此例，负责庆典的人只好立即派宫内养马倌去各处搜寻。后来总算找到一头身子比较干净的驴，于是赶忙替它披红挂绿，着意装扮了一下。侍从骑着它，泰然自若地走到了街上，河边挤满看热闹的人群。虽然怀着一片虔诚，他们见了这意外而又奇怪的场面，仍然撑不住要笑。

十点左右，一辆顶篷放着一顶金碧辉煌的三重冕、由八匹毛色斑驳的骏马拉着

加冕典礼的举办地——巴黎圣母院

的华丽马车，载着教皇到了圣母院。为了迎接这次加冕典礼，圣母院已粉刷一新，布置得像节日一般。到了正午时分，忽然礼炮齐鸣，教堂里的钟声从昨天以来就没有停息过，现在更是震耳欲聋了。由八匹浅栗色骏马拉着的御驾，载着皇帝和皇后，绕过河沿街拐角，到了圣母院前面的广场。下车后，他们一径走到总主教府的客厅里，然后与皇室成员和文武百官一起，沿着一条专为此次加冕典礼而修建的长廊，向圣母院走去。

皇帝终于来到了祭台上。走在他前面的，是戴着勋章的帝国元帅和其他高级将领。他披了一件特别大的深红色天鹅绒斗篷，斗篷上绣满金星，里子是白鼬皮的，总重量为80斤，打开来可达176平方尺。他头上戴着一顶帽子，面色苍白，神情激动，既严肃又有点窘。教皇登上祭坛，弥撒开始。仪式十分隆重，时间也拖得很长。在典礼进行期间，皇帝一直"呵欠连天"，大概是累了，也可能是身体有点不适。献过祭品后，皇帝走下宝座，与皇后一起走到祭坛旁，跪在一条跪凳上。教皇捧着一顶皇冠走到拿破仑面前，拿破仑双手接过来，戴到自己头上，但随即又让皇后戴了戴，再放到座垫上。约瑟芬接着戴了一顶较小的凤冠，由于心中特别高兴，

登基典礼上拿破仑替皇后戴上皇冠

这顶凤冠直到晚上就寝时她才摘下。皇帝这时一定是思潮起伏，想起了他凄凉的童年、阿雅克肖的简陋房舍和在兵营服役期间的艰难生活，只见他转过身来，向他的弟弟说道："约瑟夫，父亲要是能活到今天，该有多好！"

晚上七时，人们才离开圣母院，穿过一条条灯火通明的大街和一座座蔚为壮观的彩楼，回到杜伊勒里宫。皇帝走了一刻钟后，教皇才离去。他在圣母院一直待了整整八小时！晚上又去参加为庆祝加冕典礼而举行的盛宴。正如孔萨维红衣主教所说，他在宴会上只占了个很次要的位置。第二天，他又过起了深居简出的生活。

四月底，教皇才离开法国踏上归途。八年后，他又回到法国，不过这一次，他是作为自己曾以天主的名义为之加冕的拿破仑的阶下囚被人押回来的。

昙花一现的百日王朝

莱比锡一战，英、普、奥等组成的第六次反法联盟，终于打败了拿破仑，拿破仑被迫退位，被放逐到他的领地厄尔巴岛上，波旁王朝复辟。

拿破仑在厄尔巴岛很不自在地度过了 11 个月，但他并不甘心自己的这次失败，仍然在关心着时局的发展。1815 年初，反法联盟在维也纳开会，联盟内部由于分赃不均而大吵大闹，以至于剑拔弩张、横刀相向（俄国沙皇亚历山大一世蠢蠢欲动，因为企图与普鲁士共谋波兰与萨克森的领地，差点儿同维也纳会议的其他代表国开

一二四二

战）。就在众强国不和之时，俄罗斯、普鲁士、英国与西班牙释放法军俘虏的决定，更是给拿破仑提供了强大的军力。与此同时，由于波旁贵族的残酷统治，法国人民越来越不满复辟的现状，更加怀念拿破仑时代。拿破仑见时机已成熟，便决定东山再起。

重新回归的拿破仑

拿破仑东山再起的方式非常特别。1815 年 2 月 26 日夜，趁英法警卫舰队不在，拿破仑率领 1050 名官兵，分乘 6 艘小船，逃离厄尔巴岛，经过三天三夜的航行，于 3 月 1 日到达法国地中海南岸。登陆后，拿破仑一路发表演讲，宣布自己将给法国带来和平，不再向外扩张，而且他不会再实行专制统治，将改为君主立宪制以确保人民的自由。国王屡次派兵堵截，但是所有军队一见到皇帝就阵前倒戈。士兵们紧紧把他包围起来，吻他的手，吻他的膝，高兴得哭了起来，像是群众性的癫狂症的发作。从这时起，拿破仑的北进变成了一次凯旋式。所有派来阻止拿破仑前进的军队，都一团一团地跑到拿破仑那边去了，他们对波旁王室毫无好感，所以拿破仑没费多少工夫，就重夺权力。他马上重建势力，康巴塞雷斯、达武、马雷、内伊、苏尔特等文武大臣又回到了他身边。到3月20日拿破仑回到巴黎时，他已经拥有了一个14万人的正规军和20万人的志愿军，路易十八逃跑了，百日王朝开始。

欧洲各国君主原本认为拿破仑已经被打入了地狱的深渊，并且再也没有机会爬出来了。所以当拿破仑复辟的消息传到正在维也纳因分赃不均而争吵得面红耳赤的君主们耳朵里时，他们立即搁下彼此之间的矛盾与怨恨，再度联合起来！因为此时拿破仑给他们的恐惧感更甚于"三皇战役"结束之时，他们从没有想到拿破仑在法国的地位竟是如此高高在上——不放一枪便能进入巴黎。当然能这么做的，也只有拿破仑一人而已！尽管拿破仑在重返皇位之后宣布自己的"和平主张"，但这并未缓解各国君主的敌意。一日纵敌，将成数世之患！拿破仑曾经让整个欧洲颤抖，不能不消灭——他们不敢与"科西嘉怪物"和平相处。于是，欧洲各国迅速组成第七次反法同盟，他们一共有70万人的军队，法国却只有28.4万人。拿破仑分析了形势，认为俄奥联军只需要用少数兵力牵制，重点打击对象是在比利时的英普联军。6月6日，他率军北上比利时，决定攻占布鲁塞尔。6月16日，拿破仑出其不意地在林尼战役中击溃普军，由于法军行动迟缓，拿破仑本来计划是歼灭普军，但是林尼战役仅仅变成了击溃战，拿破仑只好派格鲁希元帅率领一些军队追击普军。

滑铁卢之战中冲锋陷阵的法军胸甲骑兵

1815年6月18日，滑铁卢战役打响了。英军的指挥官是威灵顿公爵。7.2万法军和6.8万英军在小镇滑铁卢附近打了一场改变了19世纪的大决战。鏖战一日，英军和法军都死伤惨重，但就在临近黄昏法军已经占了上风时，普鲁士军队在比洛副司令的率领下突然杀了出来。法军惨败，他们拼命溃逃，尽管拿破仑和内伊企图力挽狂澜，但是一切都没有用。康布罗纳将军的最后一个法军方阵已经覆没，滑铁卢满是逃兵，拿破仑不得不随军败走。滑铁卢战役的惨败，导致百日王朝彻底垮台。

6月22日，拿破仑宣布退位，英国人决定把他流放到圣赫勒拿岛，而且对他很不客气，也没有给他留下皇帝的名号。

"百日王朝"是拿破仑人生的又一个巅峰，也是他最后一个巅峰，它既是拿破仑政治生涯的黄昏，也堪称历史的一个奇迹。"百日王朝"犹如金字塔上的黄昏，后来的每一个世纪都在仰视着它！

第二帝国的崛起

1851年12月2日，拿破仑·波拿巴的侄子——路易·波拿巴为了最终攫取政权，在他的异母兄弟莫吕和他的老帮凶波西尼的阴谋策划下，发动了政变。他设立了特别法庭审判他的反对者，用这种方法威吓政敌，摧毁共和党派的力量。同时他又呼吁法国人民参加全国公民投票，裁决他的行动，以强奸民意的手段使他的政变合法化。接着，他修改了法兰西第二共和国的宪法，规定总统任期十年，作为恢复帝制的过渡。1852年，他再一次举行公民投票，批准他恢复帝国。当年12月2日，路易·波拿巴自封为皇帝，称拿破仑三世。法兰西第二帝国正式成立。

正如叔父拿破仑一世一样，拿破仑三世之所以能够掌握政权，是因为在名誉扫地的共和国内部存在着对激进主义的恐惧。除此之外，他就和他那著名的叔父相像甚少了。他既不是职业军人，也不是个伟大的组织者。在40岁当上法兰西第二共和国总统时，他是个职业的投机家和阴谋家。不过，毫无疑问，他比他叔父更关心工人阶级的处境。拿破仑一世藐视公共舆论，而他的侄儿却充分调动了公共舆论服务于他自己。他通过给予选举权（尽管是无用的）、应允保持国家繁荣和举行盛典

法兰西第二帝国皇帝——拿破仑三世

等各种吸引眼球的方法谋取群众的支持。他完全懂得，一个靠舆论包装出来的独一无二的领袖比民主选举的议会更有用。他以现在的进步而自豪，大胆将自己装扮成一个崭新世界的强有力的领导者。像他的叔父一样，他宣称，自己是人民主权的化身，复辟的七月王朝和波旁王朝是受特殊利益集团支配的，1848年共和国则是暴力的、无政府主义的。法国将从帝国那里找寻到一条繁荣富强之路。为了吸引公众注意力并炫耀拿破仑的名字，新皇帝在杜伊勒里建造了一个豪华的宫殿。帝国宫廷生活的华美与炫耀，超过了当时的圣彼得堡和维也纳。

拿破仑三世时期整修一新的协和广场

巴黎在拿破仑三世统治时期，变成了一个大拆大建、永无休止的大工地：拆除旧建筑约 2.5 万座，新建 7.5 万座。巴黎的主要街道得以拉直、拓宽，其中"林荫大道"尤为著名；在塞纳河新架设十几座桥梁；完成了功能强大、几乎可以一劳永逸解决巴黎地下排水问题的地下排水系统；在东西两侧建造了规模宏大的万森林苑和布洛涅林苑。当时的巴黎已呈现现代巴黎的雏形。对于最高统治者拿破仑三世来说，巴黎大改造当然是表现他政绩的形象工程。路易·波拿巴最为得意的时刻是1867年4月1日——有众多的国王、总统、苏丹、帕夏、王子出席的，由他与皇后欧仁妮共同揭幕的巴黎世博会：巨大的展厅里放满了历代的财富，游行的队伍在奥芬巴赫音乐伴奏下在新建的大道上昂首前进……

当然，比起无休止的"秀"，拿破仑三世更喜欢自己作为一个伟大的社会改革家而著称于世。为了真正发挥出金融业对国民经济的作用，拿破仑三世对旧的银行系统进行了结构性调整，使经济金融市场逐渐统一，地区银行业进一步扩展，各大银行在全国建立分行，即使在偏远的乡村，中小规模的银行也在不断出现。到1870年，全国银行超过2000家，金融市场的完善，使之像燃料一样为法国工业革命提供了可靠的资金支持。与此同时，拿破仑三世加大铁路建设力度，推动七月王朝未能实现的"蜘蛛网计划"，使法国进入了名副其实的"铁轨时代"。全国铁路线总长度从1851年的3248公里增加到1869年的16465公里，建成了全国铁路网，巴黎则以12个火车站成为世界最大的交通枢纽之一。水运方面，铁质的蒸汽轮船代替了木帆船，连接红海与地中海的苏伊士运河也开凿成功。皇帝还热切希望在现行制度范围内为工人做一些实事。当时，工作机会很多，工资待遇也很优厚。若干的医院和救济院得以设立，一些药品得以免费分发。甚至到1864年，有组织的工人罢工也是合法的。对于工人来说，这些当然还不太够，但在当时的中产阶级眼里，拿破仑三世本人几乎已完全等同于"社会主义者"了。外贸方面，拿破仑三世笃信自由贸易。1860年，法国与英国签订自由贸易协定，彼此给予10年最惠国待遇。此后，法国、意大利、西班牙、奥地利等欧洲国家都签订了类似协定，法国外贸额在5年内增加了3倍。这一系列的努力使得19世纪60年代的欧洲仿佛真的要成为自由贸易的天堂了。

"帝国就是和平"，上台伊始他便向法国人做出了这样的承诺，但这也只是一张

血腥的克里米亚战争——塞瓦斯托波尔争夺战

空头支票而已。当时的法国，是欧陆首屈一指的第一强国，而新皇帝的名字又是拿破仑。于是，在帝国宣布成立不到一年半后，法国便同第一个国家开战了。这是自滑铁卢来的第一场战争，而敌人就是俄国。最终，不可一世的俄国熊被迫退出了克里米亚半岛，高卢雄鸡一战成名，扬威四海，而第二帝国也就此开始崛起。

艺术与世博的邂逅——1855 年巴黎世界博览会

1855 年之前，世博会给予人的印象似乎只是瓦特的蒸汽机而已。但当世博会落到生性浪漫的法国人手里时，便首次被融入了艺术气息。法国人第一次创造性地将工业展览与艺术展览结合起来，他们把 1855 年的这届世博会叫作巴黎世界工农业和艺术博览会，艺术展也从此成为世博会不可或缺的重要组成部分。

1855 年 5 月 11 日，人们蜂拥在香榭丽舍大街，在着装绚丽的龙骑兵的护卫下，拿破仑三世和王后从杜伊勒里宫来到位于香榭丽舍大街和塞纳河之间的工业宫，为世界博览会揭幕，共有 11986 名法国人和 11968 名外国人带着他们的作品和产品前来参展。各国的展品被分成 27 类，展会展出了当时新发明的混凝土、铝制品和橡胶等材料。但这次巴黎世博会的经典却不是那数不清的玻璃瓶里的农作物种子，不是那大块的肥皂，不是那搞得人头晕眼花的齿轮和曲轴，而是艺术宫的无数经典：

今日的巴黎时装早已成为国际流行趋势的风向标，而巴黎繁荣的时装的缘起则

巴黎世博会的工业展览馆

要追溯到这一盛会。当时的开拓者是一位名叫查理·沃斯的英国人。1855 年，沃斯以层叠的布料衬裙取代了传统的裙箍设计，将妇女们的身体从夸张的"母鸡笼"里解救了出来。拿破仑三世的妻子欧仁妮皇后非常喜欢沃斯服装体现出的优雅、高贵与奢华，她建议并促成沃斯在 1855 年世博会上展出了他最新设计的样式。当时，沃斯展出了一种新礼服，肩部下垂，线条别具一格，几乎吸引了每一位女士艳羡的眼神，最终荣获金牌。为了这件礼服的设计，沃斯请其夫人一遍一遍试穿并走动展示以观察和修正效果，这种以实际人体着衣的模特展示，成为后来时装模特表演的开端。从此，他由一个宫廷裁缝一跃成为"世界时装之父"。

萨克斯管的发明人阿道夫·萨克斯萨克斯管

　　萨克斯管的风靡全球也应归功于这届盛会。萨克斯管的发明人阿道夫·萨克斯是比利时人。他于 1841 年发明制成了这种神奇的乐器，人们便以阿道夫·萨克斯的姓把它命名为"萨克斯管"。1841 年萨克斯管在布鲁塞尔工业博览会上首次亮相，但由于萨克斯害怕对手竞争仿制，他仅在幕后吹奏一曲便一走了之。1855 年在巴黎世博会上，萨克斯管正式亮相，并立刻成为世博会最风光的展品之一。然而萨克斯和他的发明在其生前并不幸运。当时，法国和比利时的铜管乐器制造商联合起来，专门建立了一个反萨克斯管协会，宣称协会的目标就是反对这个新颖的发明创造并使这位发明家流落街头。但无论如何，一百五十多年来，萨克斯的发明创造被世博会铭记史册并得以流传，成为世界最受欢迎的乐器之一，直到今天萨克斯管仍是时尚的标志。

享誉世界的法国葡萄酒

而享誉世界的法国葡萄酒的第一个官方葡萄酒分级制度也是在 1855 年巴黎世博会上诞生的。19 世纪初葡萄酒行业的发展进入了一个新的黄金时代，葡萄酒产销量成倍增长。与此同时，市场对葡萄酒的品质要求也不断提高。拿破仑三世希望借世博会之机将法国葡萄酒推向全世界。于是，他要求每个出产葡萄酒的葡萄种植区建立一个分级制度。1855 年 4 月 18 日，葡萄酒分级制度建立。名单共包括 61 个红酒酒庄，由高到低分为 5 个等级，其中一级酒庄 5 个，二级和三级酒庄各 14 个，四级酒庄 10 个，五级酒庄 18 个。时至今日，这一分级制度依然为葡萄酒爱好者所津津乐道，被谈起的还有法国葡萄酒的世界声誉以及法国人对葡萄酒的自豪感。

1855 年 11 月 15 日，巴黎世博会落下帷幕。不过，富有创造性的巴黎世博会却给世人留下了许多值得回味的财富。那悠扬的萨克斯声，时时闪现在人们心中，令人回味无穷。

星期一的故事——都德眼中的普法战争

《星期一的故事》中的名篇《柏林之围》胡适很早就翻译过，也难怪五四时期的知识分子和陆谷孙的父亲陆达成一样都对都德情有独钟，一个被压迫的民族的伤感与尊严在《最后一课》中都得到了最充分的体现。

普法战争中的法军枪骑兵

这是一部法国的《骑兵军》吗？虽然以一种素雅清新的笔调，却掩饰不了战争的残酷：进攻，再退却，屡遭蹂躏的城市和破产了的、胆战心惊的农民，无休止的杀戮，受到践踏的田野……毫无疑问，普法战争的失败给了都德以巨大的打击。面对阿尔萨斯和洛林两个省被割让给德国的残酷事实，这位曾经的法国老兵痛心疾首，所以用二十多则短篇文章来表达他那一腔的爱国与愤懑之情。

19 世纪 60 年代，普鲁士为了统一德国，先后击败了丹麦及奥地利。拿破仑三世自然不希望有一个强大的德国和他争夺欧洲大陆的霸权，于是他在幕后操控着南德意志诸邦，阻碍德国统一。1870 年，两国为西班牙王位继承问题而发生的争执成了战争的导火索。普法战争前，拿破仑三世曾吹嘘说，这只是一次"到柏林的军事散步"。但他怎么也想不到，他碰到的已不是昔日的普鲁士，而是一个强大的、坚决反对分裂的德意志民族。当时在普鲁士说了算的正是以铁血闻名的奥托·冯·俾斯麦亲王。他不仅心狠手辣，而且比拿破仑三世更有头脑。他将德国国王和法国大使在柏林的一次小小的对峙写成了一条新闻电讯，依靠媒体的力量，让普鲁士人民认为，他们的国王遭受了一次奇耻大辱。法国人觉得他们可以像在 1806 年的耶拿·奥尔之战中那样控制住战争的局面，但这次他们错了。法国人的盲目自信早已决定了这场战争将以法国被挫败而告终。

色当会战中，拿破仑三世与俾斯麦举行会谈

1870 年 7 月 19 日，法国正式对普鲁士宣战，但之后近两周内，法军始终处于混乱状态。到 7 月 31 日，普鲁士已陈兵 38 万于普法边境，同时还有 9.5 万人在监视奥地利（以防奥地利人在普法战争打响后站错位置），而法国在边境的军队总数却只有 22.4 万人，居于绝对劣势。正如都德在《将军在打落袋球》中所无奈描写的，法国一方的将军们对战争显得漫不经心。一开始的几场野战显示了法国士兵的机动能力和蔡斯波特步枪的威力，但也显示出法军整体作战能力的低下，这很大程度上要归咎于那些将军们的自以为是。到 8 月初，法军在两天内就从"侵略者"变为"被侵略者"，不仅被赶回本国境内，还在魏森堡被俘虏了近 6000 名士兵。但 8 月 18 日，法军却几乎赢得了一次可以扭转战局的战役的胜利。当时在圣普里瓦，巴赞元帅的第六军将普军 10 万人拖住了整整一天，而巴赞的手下只有区区 2.3 万人而已。此外，另外两支向法国腹地挺进的普鲁士军队也遭到了法军的顽强阻击。但是不知道出于什么原因，这几支法国军队拒绝相互协同作战，进而错失了歼敌的重要战机（当然人数上的劣势，也是他们不敢轻举妄动的原因之一）。德军统帅毛奇抓住喘息之机，于 10 月将梅斯的法军全歼。都德在《旗手》中写下当时的景象：

"屋角，巴赞元帅部队的军旗全堆在那里，在污泥的地上乱作一堆。再没有比这场面更惨不忍睹的了：这些颜色鲜艳的破绸布，这些金色穗条的残余以及雕刻精美的旗杆，这一切光荣的标志此刻都被丢在地上，被雨水及污泥玷污着。"

毛奇乘胜进军法国首都巴黎。而此时，为了安慰中风了的尤伏上校，都德那《柏林之围》中的好心人开始向尤伏上校报喜不报忧，他们跟他说，法国军队正在步步紧逼普鲁士的都城柏林，很快就要拿下它了。然而，这个美丽的谎言最终却成了残酷的事实：巴黎被围，巴黎沦陷。自然，这位心脏功能不够强大的中风病人经不住这样的打击，在人们为了他能长命百岁而编造的谎言惊醒之后溘然长逝。

《暴动掠影》中的人们喊着："快，同志们！普鲁士人攻来了！"虽然拿破仑三世的法兰西第二帝国已经像《布吉维尔的钟》的那座微型钟一样成了普鲁士人的玩物（尽管都德还要给予它一些魔幻的传染病似的功能），但法国人依旧是一团散沙。都德所面对的是这样的情景："巴别塔似的巴黎市郊乱作一锅粥，从特罗纳广场到巴士底狱，出人意料的事层出不穷。到处都有殴斗和搜捕，到处都是露天集会；人们虔敬地往七月纪念柱涌去；醉酒的巡逻兵忘了口令；步枪不慎走火；蟊贼被押往巴弗瓦街的委员会去；鼓声传出战斗号令；将军的嗓音和警钟声传遍四方。"

一切都混乱不堪。这场短暂的战争摧毁了法兰西第二帝国，也让都德的心中蒙上了一层深深的阴影，对于这位爱国者来说，重新回忆一下在阿尔萨斯徒步旅行时的有趣往事此时成了他唯一可做的事（《忆阿尔萨斯》），而伤感和愤怒也在他的心中熊熊燃烧。

欠了一屁股债的巴尔扎克

"拿破仑，整个世界都在他面前发抖，我要用笔来完成他用剑没完成的事业！"1829年夏天，巴黎贫穷的圣安东郊区莱特居耶尔街9号，一座5层楼的阁楼上，一位30岁左右的年轻人雄心勃勃地对前来探望他的妹妹说道。这位雄心勃勃的年轻人，名叫奥诺雷·巴尔扎克，后来他成为世界文学史上伟大的现实主义大师，被后人尊称为"现代小说之父"。

奥诺雷·巴尔扎克，1799 年 5 月 20 日生于法国南部一个小城木尔。他父亲原是个农民，后来在大革命时代靠着巧妙钻营大发横财，成了暴发户。巴尔扎克从小一点也不讨父母的欢心，刚满两岁就被送到一个警察家里寄养，没得到过父母的疼爱。8 岁时，巴尔扎克又被送到当地的一所教会学校寄读。学校的环境肮脏闭塞，教师冷漠残酷，学习单调乏味，制度严格古板，巴尔扎克天性活泼好动，觉得很压抑，每天只顾找自己喜欢的书看，至于老师讲些什么，他根本不关心。所

巴尔扎克

以，每次考试，巴尔扎克的成绩都很差，有一次拉丁文考试，全班 35 名学生，他名列第 32 名。父母和老师都没对他抱任何希望，觉得他将来不会有什么出息。

1816—1819 年，巴尔扎克进入大学法律系读书，同时在律师迈维尔和公证人巴塞的事务所当律师。大学毕业后，他本应该进律师事务所，却突然对家里人宣布，他要当作家。他的决定遭到了父亲的激烈反对："奥诺雷，你疯了吗？这真是莫名其妙，异想天开！"贝尔纳急得直跳："我根本就不相信你会成功，无论在哪方面你也不会成功，你是个十足的笨蛋。伟大的诗人 8 岁就开始写诗了，可你在 16 岁时连作文还写不好！现在却对我说你要当作家！一定是魔鬼把这个念头送进你脑子里的，我可不想听你胡说八道，你给我走开，走开，老老实实进律师事务所吧！"贝尔纳一会儿耸肩，一会摆手，在屋里转来转去，对儿子说的话一点也听不进去，甚至威胁停止给巴尔扎克的经济供给。

父亲的威胁没有瓦解巴尔扎克的意志，贝尔纳对儿子的执拗一点办法也没有。最后终于答应给巴尔扎克两年的试验期，如果在此期间巴尔扎克没有表现出足够的才能，取得令人信服的成绩，他就必须回到事务所。1820 年 4 月底，经过几个月的努力，巴尔扎克写出了一个诗体悲剧《克伦威尔》。他在家里举行朗诵会，结果听

巴尔扎克的巨著——人间喜剧

的人都睡着了。

　　第一次创作的失败没有动摇巴尔扎克的决心，他发现自己在悲剧创作上缺乏天赋，决定转而写小说，但他同样失败了。1821 年，两年试验期已过，巴尔扎克没有写出像样的作品来，但他仍然坚持自己的想法。恼羞成怒的贝尔纳决定惩罚儿子，断绝了他的经济来源。失去了家里经济支持的巴尔扎克，立即陷入贫困的境地。他在给妹妹玛格丽特的信中说："你那注定应享有伟大荣誉的哥哥，饮食起居也像一个伟人，那就是说，他快饿死了。"这期间，巴尔扎克的生活越来越困难，迫使他不得不考虑金钱问题。1821—1824 年间，他与别人合作，写了许多迎合当时庸俗的社会风气、内容粗鄙、情节荒诞的神怪小说，想借此摆脱经济上的贫困。这种卖文生涯十分痛苦。后来，写作没有成功，他便制定各种各样的发财致富的计划。他先是与出版商合作，想通过出版一些古代著名文学家的袖珍本全集来赚钱。列入最初计划的是莫里哀和拉·封丹的作品。经过一年多的苦心经营，书终于出版。他亲自写序，并配有精美的插图，结果十分令人失望，初版印刷 1000 册，竟然只卖出 20 本，巴尔扎克为此欠债 1 万多法郎。后来他又经营铸字厂和印刷厂，结果两厂 1828 年底先后倒闭，巴尔扎克欠债 6 万法郎。

　　这段经历使巴尔扎克真正认识了法国社会。为了躲债，他经常去贫民区，在那里他了解到下层人民贫困的生活，他衣衫褴褛，形容憔悴，又不拘礼节，和贫民区的工人几乎没什么两样。他和他们混在一起，看他们做买卖，看他们争吵，和他们谈话，常常体会到他们内心的痛苦。

　　这段时间使巴尔扎克深刻体验到了资本主义社会人与人之间冷酷的金钱关系，

成了后来他小说中最重要的主题。经商的失败，使巴尔扎克重新回到文学创作上来。1829年3月，他出版了长篇小说《朱安党人》，开始成为引人注目的作家。从此，他一发而不可收，作品一部接一部出版。在19世纪的三四十年代的大约20年时间里，巴尔扎克以惊人的毅力和速度从事创作。

他经常每天工作18个小时，不分白天黑夜，每当疲劳时，他就喝浓烈的黑咖啡来提神，据说他一共喝了5万杯。他的时间是这样安排的：从半夜12点到第二天中午12点写作，也就是说要在椅子上整整坐12个小时；从中午到下午4点修改校样，五点半上床睡觉，半夜又起来工作。他写作的速度也相当惊人，有时候一天晚上写两个短篇小说，三天写一个中篇小说，两个星期就写完一部长篇小说。当然，写得多并不是粗制滥造，巴尔扎克非常严肃认真，他一遍又一遍地修改，力求精益求精。巴尔扎克创作时经常进入他想象的世界里，把小说当成了现实。有一次，一个朋友来拜访他，听见他在里面放声痛哭。朋友进了门，吃惊地问他怎么回事。他答道："高老头刚刚死了。"

1841年，巴尔扎克制定了一个宏伟的创作计划，决定写137部小说，分风俗研究、哲理研究、分析研究三大部分，总名字叫《人间喜剧》，全面反映19世纪法国的社会生活，写出一部法国的社会风俗史。到巴尔扎克逝世时，《人间喜剧》已完成了91部小说。这些小说中最有名的就是《欧也妮·葛朗台》和《高老头》。《欧也妮·葛朗台》主要写一个贪婪、吝啬的老头如何毁掉自己女儿一生幸福。老葛朗台原来是个木匠，在大革命期间，他靠着脑子灵活，善于投机钻营发了大财。他不择手段地攫取金钱，成了百万富翁。他虽然有钱，却从不舍得花，家里过着穷酸的日子，甚至连自家的楼梯坏了也不修一修。他把自己的女儿当作鱼饵，诱惑那些向女儿求婚的人，自己好从中渔利。他的女儿欧也妮像只洁白的羔羊一样纯洁，她爱上了自己的堂兄弟查理，老葛朗台却将查理从家里赶走，还把欧也妮关在阁楼上惩罚她，每天只让她喝冷水，吃劣质面包，冬天也不让她生火。后来，老头死了，给女儿留下1800万法郎的遗产，可女儿已失去了青春、爱情和幸福。《高老头》主要写一个退休的面粉商人高里奥的故事。他有两个女儿，一个嫁给了大贵族，一个成了银行家的太太，女儿出嫁时，高老头把自己的钱全分给了两个女儿做嫁妆。但女儿出嫁之后就把父亲抛弃了，连理都不理他。高老头一气之下得了重病，临死的时候希望见女儿一面，可两个女儿都参加舞会去了。高老头死后，两个女儿连棺材钱也不出，甚至都不来看一眼，还是一个名叫拉斯蒂涅的穷大学生想办法安葬了他。这两部小说都表现了资产阶级的唯利是图，自私自利，揭露了资本主义社会人与人之间赤裸裸的金钱关系。

长期的辛劳严重损害了巴尔扎克的健康，刚过 50 岁，他就重病缠身了。在巴尔扎克生命垂危时刻，他仍然沉浸在自己制造的世界里，他恳求医生延长他的生命，他就能再写出一部作品。他不断呼喊自己笔下的人物："高里奥、葛朗台、皮罗多……"

1850 年 8 月 18 日晚上 11 点半，巴尔扎克永远闭上了他那双洞察一切的眼睛，结束了他辛勤劳累的一生。

第三共和国

第二帝国之后，第三共和国建立。虽然国内政治丑闻不断，但在国际上，法国得以逐步再次跻身欧洲强国之列。

1871 年 5 月 24 日被公社社员焚毁的巴黎市政厅废墟

在普法战争后期，法军在莫里斯·麦克马洪伯爵率领下在色当投降。此后不久，第三共和国在巴黎宣告成立。1871 年，国民议会选举阿道夫·梯也尔为新政府首脑。

对"国防政府"不满的巴黎民众联合起来成立巴黎公社，但在 5 月麦克马洪率军血腥镇压，制造了"五月流血周"。麦克马洪被保守多数派推选为总统，但由于共和派势力的不断壮大，他于 1879 年下台。

在总统格雷维的领导下，温和的共和派在议会中占据多数派地位，这一状况一直持续到 1887 年。因为层出不穷的危机和丑闻，共和派逐渐失势。1882 年的经济危机加重了人们的不满情绪，也助长了保守派的气焰。因为 1871 年的《法兰克福

莫里斯·麦克马洪伯爵、元帅，

第三共和国第二任总统。

条约》失去阿尔萨斯和洛林，乔治·布朗热积极主张对德复仇，他联合保守派、激进派和君主派，发动了一场被称为"不满党"的独裁主义和民族主义运动，对共和国产生了严重的威胁。1889 年共和派在大选中获胜，防止了布朗热派的独裁。

在 19 世纪 90 年代，共和国由于巴拿马丑闻和德雷福斯事件受到了严重的影响，并由此影响了政治的两极分化。自 1898 年起，由共和派和左翼激进派组成的多数派联盟执政，他们反对教会干预政治，于是在 1905 年颁布法令实行政教分离，并改善社会福利政策。

上任不久的雷蒙·庞克里总统，

1913 年 1 月 26 日的《小报》封面。

　　在外交上，法国推行结盟政策，以维护其殖民地利益，并在可能与德国发生的战争中进行自卫。1902 年，它得到了意大利的保证，一旦德国进攻，意大利将保持中立。1894 年，法俄同盟建立，两国约定：如果法国遭到意大利的进攻，或是俄国遭到德国和奥匈帝国夹攻，对方应予以全力支援。1907 年，英国加入并形成三国协约。法国人的反德情绪在摩洛哥危机中进一步加重，这在总统雷蒙·庞克里身上得到了集中的体现，他一心想要收回割让给普鲁士的土地。

专题　法国大革命

法国大革命的主要人物

让-保罗·马拉（1743—1793 年）

颇受欢迎并富有影响力的演说家和煽动政治家；先后和不同的激进派团体结成

利益同盟；1792 年入选巴黎市议会和国民公会；"九月大屠杀"的主要策划者之一；主张对保皇党和吉伦特派采取死刑；1793 年个人声望达到顶峰；1793 年 7 月 13 日遇刺身亡。

奥诺雷·加布里埃尔·德·里凯蒂·米拉波（1749—1791 年）

贵族和社会煽动家，1789 年参加国民议会并投入第三等级阵营；强烈主张君主立宪制，但由于其傲慢自大和缺乏预见，最终引起猜疑，在国民公会中被孤立；以喜好女色闻名；试图为大革命寻找一条和平的道路。

拉扎尔·卡尔诺（1753—1823 年）

1791 年参加国民公会；1793 年 8 月成为公安委员会委员，负责监督革命军的军事事务及征兵工作；1797 年被督政府免职；1801 年被拿破仑任命为国防部长；反对帝制；1815 年加入临时政府；后流亡普鲁士。

雅克·皮埃尔·布里索（1754—1793 年）

1788 年赴美参加废奴运动；1789 年任巴黎自治公社成员；吉伦特派主要的思想家；起草了法国对奥地利的宣战书（1792 年）和对荷兰的宣战书（1793 年）；反对恐怖统治，1793 年随吉伦特派一起下台；逃离巴黎失败并被捕，1793 年 10 月 31 日被处决。

雅克·勒内·埃贝尔（1757—1794 年）

激进的雅各宾派成员，1789 年创办报纸《杜申老爹》；1792 年参加巴黎当地的革命议会；参与领导了"九月大屠杀"；担任极左翼社会革命派的领袖；主张权力向巴黎自治公社转移，提出废除教会；在和罗伯斯庇尔的权力斗争中落败，1794 年 3 月 24 日被处死。

马克西米利安·德·罗伯斯庇尔（1758—1794 年）

律师，1789 年参加国民议会；1793 年成为雅各宾俱乐部主席；推行激进路线，力主铲除君主制和吉伦特派；密谋推翻吉伦特派统治，与圣-茹斯特和库东共掌公安委员会大权；推行恐怖统治，用军事化的条例对法国境内所有反对派进行彻底整肃；被国民公会罢免，1794 年 7 月被处死。

乔治·丹东（1759—1794 年）

律师和卓越的政治演说家，参与了 1789 年攻占巴士底狱的战斗；科德利埃俱乐部的创始人之一，并由此在巴黎建立起政治权力基础；发动了 1792 年攻占杜伊勒里宫的事变；作为司法部长，为"九月大屠杀"制造政治气氛；1793 年转向温和，主张避免暴民统治；1794 年初，在与激进的雅各宾派的权力斗争中失利，1794 年 4 月 5 日被处死。

卡米耶·德穆兰（1760—1794 年）

律师和政论作家，追随丹东共同创办科德利埃俱乐部；协助组织杜伊勒里宫事变和"九月大屠杀"；1793 年试图挽救吉伦特派，但失败；1794 年在其创办的小报《科德利埃老头》上攻击雅各宾派的恐怖政策，因此成为雅各宾派领导人的眼中钉；与好友丹东一起被捕，1794 年 4 月 5 日被处死。

路易·安托万·德·圣-茹斯特（1767—1794 年）

1792 年成为国民公会最年轻的成员；宣扬一种严酷的集体主义，个人意志必须屈从于多数人的意见；1793 年进入公安委员会；1794 年初成为高居军队之上并拥有处罚权的"政治官"；在"恐怖统治"期间，与罗伯斯庇尔、库东为三大领袖；1794 年 7 月被处死。

让-朗贝尔·塔利安（1769—1820 年）

曾任新成立的巴黎自治公社的秘书长；1794 年带头推翻了罗伯斯庇尔统治；作为公安委员会成员，查封雅各宾俱乐部并成功结束了激进派的恐怖统治；其影响力随着国民公会的解散而逐渐丧失；1795 年成为"五百人议会"成员。

法国大革命（1789—1799 年）

1789 年

5 月 4 日：三级会议（贵族、教士、资产阶级的代表）在巴黎召开，商讨关于这个濒临破产的国家的财政问题。

6月17日：在一项革命法案中，第三等级宣告成立新的国民议会。

6月20日：教士和资产阶级的代表在网球厅宣誓，表示对王权的要求没有得到满足就决不解散。

6月27日：在巴黎人民的压力之下，路易十六召集所有教士和贵族的代表参加国民议会。

7月9日：国民议会宣告自己成为拥有制宪权力的机构（制宪议会）。

7月：政府官员和贵族首次沦为公众愤怒的受害者。

7月14日：巴黎人民攻陷象征万恶的旧制度的国家监狱——巴士底狱。这一事件被看作是大革命真正的开始。

7月17日：蓝、白、红三色旗成为革命的象征。

8月26日：总共17条的《人权宣言》宣告了每个人都有自由和平等的权利，以及财产、安全、反抗压迫的权利。它被认为是通向现代道路的里程碑。

9月12日：马拉的激进派报纸《人民之友》首次出版。

9月29日：国民议会通过一项投票法令，仍旧以人口（拥有土地的人）数量进行统计。在讨论进行过程中，激进派首次提出普遍的投票权的要求。

10月：西班牙统治下的殖民地国家起义，并持续至1790年2月。一些革命者计划让平等者腓力浦（奥尔良公爵）担任"已经解放了的比利时"的国王。他加入了激进派。

10月5日：饥饿难耐的巴黎妇女向凡尔赛宫发起"面包进军"。抗议者迫使法院移到巴黎。奥尔良公爵是否是这起事件的潜在策划者至今还存有争议。

10月至11月：第一批沿袭英国模式的政治俱乐部在巴黎创立。其中最为著名的有较为温和的斐扬俱乐部（以拉法耶特侯爵为代表）、较为激进的科德利埃俱乐部（以丹东、德穆兰和马拉为代表）以及最为激进的雅各宾俱乐部（以罗伯斯庇尔、圣-茹斯特和库东为代表）。这些俱乐部认为自己是革命的"神圣同盟"。

11月2日：在革命早期最强有力的演说家米拉波的提议下，议会决心把教会财产收归国有。

12 月：抗议者得到被动投票权。

1790 年

1 月 15 日：法国划分为 83 个郡，各自有固定的边界和首府。

2 月 13 日：在参与革命的主教塔列朗的提议下，议会废除了所有的修道院和宗教修会。

6 月 19 日：废除世袭贵族，取消一切贵族头衔和盾形纹章，只有家族名称仍旧有效。

7 月 14 日：在攻占巴士底狱一周年之时，3 万民众在马尔斯校场庆祝结盟节，王室成员和所有郡的代表也在场。其中，拉法耶特对宪法宣誓，现在的宪法已具有约束力。

11 月 27 日：《教士公民组织法》的实行把教士放到与文职人员同等的地位，并规定神父要宣誓效忠宪法。只有半数不到的教士拒绝接受并被移出法国。

12 月：雅各宾派推行红色鸡冠帽，这在法国原先是苦役的标记，现在作为激进派革命党人荣誉的装饰。

1791 年

4 月：教皇庇护六世谴责《教士公民组织法》，因为该法案主张由政治主体来选举教士。他的抗议导致了教会的分裂，路易十六也因此彻底拒绝革命。

4 月 2 日：米拉波去世，他是温和派出色的发言人和领袖，支持君主立宪。此后，激进派垄断了发言人的位置。

5 月 3 日：受法国大革命影响，波兰成为第一个出台成文宪法的欧洲国家。

6 月 20—21 日：皇室欲伪装出逃至蒙美第，但在瓦雷纳被拦截，而普罗旺斯公爵（后来的路易十八）逃至比利时。

7 月 17 日：雅各宾派抗议对国王宽恕，他们聚集在马尔斯校场，要求把国王送

蔓延的革命

上法庭。被煽动的民众私自处死两个被认为是"保皇主义间谍"的嫌疑犯。国民自卫军肃清校场。这起"马尔斯校场流血事件"导致 50 人死亡，并且导致温和派与激进派最终分裂。

8 月 25 日：在《庇尔尼茨宣言》里，奥地利皇帝列奥波德二世以及普鲁士皇帝腓特烈·威廉二世达成反对革命的初步协定。

9 月：法国吞并了自 1348 年起隶属教皇领地的阿维尼翁，这加强了欧洲势力对革命的反抗。

9 月 14 日：路易十六在国民议会签署法国新宪法并且对宪法宣誓。由此，法国正式成为一个君主立宪国家。

9 月 30 日：制宪议会解散。

10 月 1 日：新选举的立法议会开始工作。

10 月 20 日：吉伦特派的发言人布里索发起主张进行战争的宣传。

11 月 8 日：从法国移民的人口数在 1791 年达到高峰，他们在缺席的情况下被宣判死刑并被没收财产。

12 月 3 日：路易十六秘密请求普鲁士的干涉。

1792 年

1 月 6 日：由于日益担心遭受德国军队的袭击，吉伦特派在法国北部边境集结了一大批由志愿者组成的三军将士。前来登记的志愿者为数众多。

2 月 7 日：奥地利与普鲁士形成反法联盟。

3 月 23 日：温和的斐扬派政府倒台。在主战的吉伦特派的压力下，国王委任罗兰为内政大臣，委任杜穆里埃将军为外交大臣。

4 月 20 日：立法议会和国王正式向奥地利宣战。与此同时，卢热·德·利尔在斯特拉斯堡写出《马赛曲》，后来该曲被正式用作革命进行曲。

4 月 25 日：由内科医生吉约坦发明的断头台首次使用，实施 1791 年 5 月 3 日达成的决议。斩首成为死刑的处决方式。断头台成为革命的处决工具以及恐怖统治的象征。

5月：法国的第一次进攻失败。国王否决了对于不愿对法国宣誓效忠的教士的驱逐令，由此被人们戏称为"否决先生"。

6月20日：上千名由巴黎人民组成的武装"无套裤汉"闯入杜伊勒里宫并且摧毁王宫。他们嘲笑国王，迫使他戴上象征雅各宾派的帽子，为"无套裤汉"的健康而干杯。

7月25日：奥普联军的指挥官布伦瑞克公爵下最后通牒，巴黎即将沦陷。这激起了巴黎人民的爱国热情。"全民皆兵"的概念也由此诞生。

8月3日：巴黎参与革命的各方要求废黜国王。

8月10日：杜伊勒里宫再次被8万名"无套裤汉"攻占。王室逃逸，王室近卫军被击溃。这场近乎内战的冲突致使4000人丧生。

8月13日：王室被囚禁在圣殿骑士团驻扎的寺院。吉伦特派承担了所有政府权力，丹东成为司法大臣。

8月17日：第一批革命法庭建立。

8月19日：拉法耶特将军投靠奥地利。

9月2—6日："九月大屠杀"：激进派鼓动者马拉发表煽动性的演说之后，在司法大臣丹东心照不宣的允许之下，约1100个"革命的敌人"在巴黎监狱里被群情激奋的民众所杀，其中有许多顽固的不愿宣誓的教士。"无套裤汉"成立"人民的法庭"。

9月20日：革命军在瓦尔密战胜普鲁士军队和逃亡者军队。革命军继续前行并穿越边境进入比利时境内的莱茵河地带以及低地国家。

9月22日：推行革命历法。共和国二年开始于1793年1月1日。

10月20日：最后一批侵略军被逐出巴黎。居斯蒂纳将军的部队占领法兰克福。

10月21日：居斯蒂纳将军入侵美因兹。一个仿效法国模式的共和国在这个城市建立。

12月11日：开始审判"叛国者路易·加佩"，即路易十六，他与外国势力暗中勾结的通信被发现。

1793 年

1 月 16 日：国民公会以 36l 对 360 的投票结果赞成对路易十六处以死刑。他的表弟平等者腓力浦投票赞成实施处决，但吉伦特派反对。

1 月 21 日：路易十六在巴黎被推上断头台。

2 月 24 日：由于食品短缺，巴黎开始进入持续的混乱状态。

3 月 3 日：创设革命法庭来对政治对手进行判决。

3 月 17 日：国民公会在美因兹召开，宣告成立莱茵-德意志共和国。法国与其结成联盟。

3 月 19 日：规模最大的王室叛乱在旺代发生。后来该叛乱转化成一场残酷的游击战，直至 1794 年初才宣告结束。但不久之后，在 1795 年又爆发了新一轮的游击战。巴黎不得不一次次从边境上调来部队驻扎到旺代。

4 月 4 日：由于革命将领——杜穆里埃和未来的"人民的国王"——奥尔良的路易·腓力浦逃跑至奥地利，革命法庭加紧了审判。

4 月 6 日：在丹东的提议下，救国委员会成立并且不久就成为真正的决策机构。

5 月 20 日：颁布法令要求国家有义务从富人那里获得总共十亿的贷款。

5 月 22 日：在吉伦特派与激进派的权利斗争中，革命的巴黎公社发言人埃贝尔被捕，但在 5 月 27 日被人民释放。马拉号召推翻吉伦特派。

6 月 2 日：吉伦特派被推翻，并且主要领导人在这一年内都被处决。马赛等城镇随后起来反抗以支持吉伦特派。马拉作为人民的保民官统治巴黎，以埃贝尔为中心的左翼激进派与以丹东及罗伯斯庇尔为中心的雅各宾派联合在一起。

7 月 13 日："人民之友"马拉被夏洛特·科代刺杀，马拉一跃成为革命的传奇人物。

7 月 16 日：里昂发生反对雅各宾派的起义。巴黎特派官员科洛·德布瓦和约瑟夫·福歇命令处死 5000 多人。起义直到 1794 年 2 月才平息下来。

7 月 17 日：农民最终获得自由，但没有补偿。

7 月 28 日：罗伯斯庇尔把丹东从救国委员会的主席位上赶出。在雅各宾派内部，在支持丹东的温和派与支持罗伯斯庇尔的激进派之间展开了权力争斗。

8月25日：在卡尔诺的提议下，《全民皆兵法令》被正式批准。他在1793年总共招募了100万人组成11支军队，并且在历史上首先推行义务兵役制度。

9月5日：巴黎的"无套裤汉"试图起义反抗国民公会。

9月17日：召集委员会决定以法律规定捕捉嫌疑犯。在发生骚动的南特和里昂两个郡内，国民公会的特派官员发出处以大规模死刑的决议。

10月16日：玛丽·安东奈特王后被处决。

11月6日：平等者腓力浦由于被控告对法国王位有野心而被处决。

11月10日：埃贝尔宣布巴黎圣母院为"理性的寺庙"，并命令废除教堂。巴黎随即开始对教堂的掠夺。

12月19日：法国推行义务制学校教育。

1794 年

2月4日：国民公会一致同意在殖民地废除奴隶制。

2月8日：埃贝尔向救国委员会提议在巴黎组织一天"革命日"，并且控告雅各宾派限制人们的自由。

3月13日：1793年9月17日制定的《嫌疑犯法令》得到加强。

3月24日：埃贝尔和巴黎公社左翼激进派成员（埃贝尔派）以"煽动民众"的罪名被处死。

4月5日：丹东与德穆兰被处死，他们在审判时又一次展现了他们的演讲才能。这起事件震住了雅各宾派内部那些希望制止暴力的温和派，并且开启了极端恐怖统治阶段。罗伯斯庇尔、圣-茹斯特和库东三巨头掌控着救国委员会。

6月8日："最高主宰节"仪式，一种革命理性的宗教仪式，在马尔斯校场举行。

6月10日：三巨头制定声名狼藉的牧月22日法令，把死刑的罪名扩展到几乎包括所有的"反共和国罪"，这是恐怖统治达到顶点的标识。

7月26日：罗伯斯庇尔在国民公会上演讲时遭到公开的反抗。

7月27—28日：三巨头被国民公会以暴力形式推翻。罗伯斯庇尔、圣-茹斯特、库东和其他主要的雅各宾派成员，于7月28日被处死，温和雅各宾派即热月党人开始执政。

8月1日：恐怖统治下的牧月22日法令被废止。

8月至9月：温和派继续对剩余的激进雅各宾派实行"白色恐怖"。

10月16日：政治俱乐部结束。

11月11日：雅各宾派解散。最后一次由比约·瓦雷纳和科洛·德布瓦组织激进派进行起义的尝试被瓦解，起义领导人被驱逐至法属奎亚那（1795年6月）。

1795—1799年

1795年2月3日：法国军队攻占低地国家并宣告其成为巴达维亚共和国。根据《巴塞尔和平条约》，普鲁士与西班牙脱离欧洲军事联盟。

1795年2月21日：国民公会制定教会与国家分离的法律，效力沿袭至今。

1795年3月至5月：巴黎民众发生"面包骚乱"。

1795年5月25日：革命法庭关闭。

1795年5月至6月：随着尚未被判决的囚犯被释放出狱，恐怖统治结束，巴黎人民庆祝胜利。

1795年8月22日：法国制定新的宪法，成立五人督政的执政委员会，领导成员有巴拉斯、塔利安和卡尔诺。

1795年9月6日：法国军队在杜塞尔多夫跨过莱茵河。

1795年9月30日：督政府宣告国家破产。

1795年10月4日：巴黎发生保王党人的武装叛乱。督政官巴拉斯请拿破仑·波拿巴将军来帮助平息叛乱。

1795年10月26日：国民议会召开最后一次会议，随后督政府接管权力。

1799年11月9日：拿破仑发动政变，以第一执政的身份在"五百人议会"掌权。

1795年至1799年：督政府统治时期（共和党人卡尔诺于1797年辞职）。革命军在西欧遭到惨痛的损失后获胜，并在很多国家成立了"姐妹共和国"。

法国大革命的起因与影响

在路易十六统治期间，君主专制的严重弊端在法国比其他邻国暴露得更为明显。"七年战争"、在北美殖民地的战事，还有王室的财政支出，使得国库空虚、负债累累，甚至许多贵族也不堪忍受凡尔赛宫廷的铺张浪费。

国内政治腐败不堪，对外方面也屡遭失败。"七年战争"中，法国丢了大片海外殖民地，国际地位一落千丈。到18世纪80年代末，在国王的堂兄弟奥尔良公爵领导下，一个公开反对王室的集团已经形成。

表现等级间关系的漫画，喻指农民深受贵族和教士的重压。

与此同时，在城镇和乡村，贫苦饥饿的人们为争夺粮食而不断起来反抗。尤其是在1787—1788年，法国国内爆发大规模的经济危机，生产萎缩，粮食价格大幅上扬，普通民众的不满情绪加剧，社会更加动荡不安。

另外，18世纪的法国是启蒙运动的中心，它营造了当时的思想氛围。启蒙思想家们公开批评贵族和教会的特权以及国家在政治、社会方面的落后状况。这些都为 1789 年大革命的爆发做好了充足的准备。

大革命后，对法国国内局势发展的恐慌情绪在欧洲其他国家中日益强烈。这种情绪又由于大量逃亡到德国和英国的流亡者进一步得到增强和激化。1791 年 8 月，奥地利皇帝和普鲁士国王发表联合声明，要求在法国全面恢复王室贵族的统治。德、奥的公然敌视和咄咄逼人的军事态势在法国煽起了怒火和民族热情。战争随之爆发。

从 1792 年开始，法国革命军取得了节节胜利，最终使得共和体制在法国得以确立，并且为整个欧洲所仿效。1795 年在荷兰和比利时，1797 年在意大利北部，1798 年在瑞士，以及 1799 年在那不勒斯和意大利南部，这些地方都宣布成立了共和国。

然而，大革命的影响并不仅限于此。继之而起的拿破仑统治时期可以看作是法国大革命的最高潮，至少从其法典的推行这一点来说，此言毫不为过。它在中欧的思想意识中确立了法国大革命所提出的大部分基本权利。

日后欧洲大多数民主国家都引述了《人权宣言》，并仿效法国在 1789 年所开创的代议制度。

二、欧洲的工业革命

约 1750—1848 年

19 世纪，欧洲经历的最为重大的转变当属工业革命。它在开始时只是一次重要的技术革新，但最终引发了一次巨大的社会转型。维也纳会议后，欧洲列强试图恢复拿破仑之前的政治和社会格局，然而，作为新的欧洲政治基石的梅特涅体系很快夭折。一个自由的西欧与一个保守的中东欧相向而立。尽管遭到重重镇压，民主运动还是席卷了整个欧洲，并在 1848 年革命中达到了高潮。

工业革命的诞生之谜

马克思说："18 世纪综合了过去历史上一直是零散地、偶然地出现的成果，并且揭示了它们的必然性和它们的内部联系。"这表明，工业革命之所以在 18 世纪发生并非偶然的。在工业化开始的一百多年以前，甚至更早，从英国社会内部形成了工业化的必要条件。很幸运，英国奇迹般地集中了所有可能有利于工业革命的条件。

当伟大的英国工业革命在英格兰中部地区逐步扩展开来的时候，在欧洲大陆上，法国大革命正在轰轰烈烈的进行；人们的注意力都被法国大革命血与火的暴力场面所吸引，没有太注意在英国发生的不大喧嚣的经济技术变革进程。但一个世纪以后，工业革命的深远后果却日益显现了出来。它不但在经济上和生产技术上引起了巨大变革，而且导致了社会结构的剧烈变化。

英国工业革命时期发明的火车

18 世纪的英国工业革命是世界现代化进程的起点，其思想源头可以追溯到14—16 世纪的欧洲文艺复兴，文艺复兴带来一段科学与艺术革命时期，揭开了现代欧洲历史的序幕。那么，是什么原因导致工业革命在英国而不是其他欧洲国家发生呢？这个问题曾经吸引了很多专家学者。麻省理工学院的强森等人研究发现，当时西班牙、葡萄牙发生工业革命的客观条件远远比英国要好：

一是西、葡较早掌握并拥有相对优良的航海技术和经验。

二是西、葡早于英国从事航海贸易，率先占领了自然条件优于北美的南美洲，有更好的自然资源进行国际贸易。

三是资本主义的发展必须以剥削为手段，但英国对各殖民地的治理并非以剥削殖民地而满足祖国为目的，而西班牙和葡萄牙却对殖民地进行剥削。所以，依照一些边缘理论的说法，西班牙和葡萄牙的资本主义发展，应该使工业革命发生在西、葡两国。

但历史却让工业革命在英国发生而不在西班牙发生，面对这种历史矛盾，强森等人提出三个重要的假说：（1）大西洋贸易对欧洲的经济发展有关键的影响。（2）

大西洋贸易的利益能催化制度转变。（3）制度转变的前提条件与国王和皇室专制权力的强弱有关。

即大西洋贸易冲垮了英国社会等级制度的藩篱，英国对专制王权的限制明显多于西、葡，一般人均能分享大西洋贸易的利益，好处不被国家垄断独占，并且有效地保护私有财产；而西班牙从事大西洋贸易所得到的好处却由皇室所垄断。换句话说，英国是由民间自发地参与大西洋贸易，是"私营"，而不是王室出资靠"国营"，因此，工业革命必然发生在英国而不是在西班牙。

现在看来，当时的英国已经具备了工业革命的条件：

政治条件

17 世纪所发生的英国资产阶级革命，推翻了封建专制的君主制，形成了君主立宪制，从而建立了资产阶级和新贵族的统治，建立了比较完善的资本主义政治制度。资产阶级通过国家政权推行符合自己利益的土地政策、殖民政策，并且随着英国逐步走上法制社会的道路，资产阶级从法律上政治上保证了资本主义经济发展各要素的自由流通，从而为工业革命提供了有利的政治前提。

经济条件

18 世纪中期以后，英国已成为世界上最大的殖民国家，登上殖民霸主的宝座。英国资产阶级积极发展海外贸易，扩展海外市场，积聚了丰厚的资本，完成了资本原始积累，从而为工业革命提供了资本条件。

劳动力条件

从 15 世纪晚期开始的圈地运动，在资产阶级革命完成以后得以公开地、大规模地进行。到 18 世纪中期，自耕农作为一个阶级在英国已不复存在了。大批农民离开土地，成为一无所有的游民，创造出庞大的无产者队伍，从而为工业革命提供了劳动力的来源。

科学技术条件

16 世纪中期至 18 世纪末期，工场手工业迅速发展，积累了丰富的生产实践和技术革新的经验，奠定了技术基础。工场手工业内部分工也同时发展起来，精细的分工导致了生产工具的专门化，每一种工具都只有一种特定的性能与用途，劳动工具日趋专门化，为过渡到大机器生产准备了物质技术条件。

文化知识条件

欧洲文艺复兴和思想启蒙运动极大地促进了自然科学的发展，经典力学、热力学等学科的理论创新为工业革命带来了契机，提供了知识条件。

社会环境

18 世纪英国完成了资产阶级革命，基本确立了资本主义的统治，为工业革命创造了一个稳定的政治环境。同时，政治和行政的统一，资本主义经济获得了迅速发展的广阔空间，为工业革命创造了一个统一的市场和宽松的自由竞争环境。

社会心态

18 世纪的英国社会正在向高度世俗化方向发展，经过积极的海外扩张，人们的心理发生了变化，追求利益财富的愿望日益强烈，这是财富增加必不可少的条件。

就这样，上天奇迹般地把可能引发工业革命的一切有利条件集中到这个幸运的小小岛国头上。一切都具备了，工业革命之所以首先在英伦发生便因为这"一切具备"。科技成了这场伟大革命的杠杆，发明家手中的一个个新奇事物把整个人类带进了一个以往人们从不敢想象的翻天覆地的新时代。

工业革命时期的发明

1866 年，英国的《工程学》杂志写道："就改造社会而言，工程比战争和外交做得多，比抽象的哲学和文学做得多，也比我们的法律做得多。我们已进入享乐的时代，而又不带丝毫的脂粉气，我们的中等阶级没有几个人会愿意拿自己的住宅和舒适的用具去换古罗马最高贵的别墅。"

工业革命不能仅仅归因于一小群发明者的天才，天才起了一定的促进作用，然而，更重要的是 18 世纪后期起作用的种种有利力量的结合。除了在强有力的需要的刺激下，发明者很少做出发明。作为种种新发明的基础的许多原理在工业革命前数世纪已为人们所知悉，但是，由于缺乏刺激，它们未被应用于工业中。例如，蒸汽动力的情况就是如此。蒸汽动力在希腊化时代的埃及已为人们所熟知，甚至得到应用，但是，仅仅用于开关庙宇大门。不过，在英国，为了从矿井里抽水和转动新机械的机轮，急需有一种新的动力之源，结果引起了一系列发明和改进，直到最后研制出适宜大量生产的蒸汽机。

这种由需要导致发明的模式从棉纺织工业的发展中可清楚地觉察出来。棉纺织工业最先实现机械化，因为英国公众已愈来愈喜爱最初从印度进口的棉织品。事实上，对棉织品的使用已非常广泛，因此，强大的旧毛纺行业在 1700 年设法通过了禁止进口棉布或棉织品的法律。不过，这条法律并未禁止棉布的制造。这就为当地工业创造了一个独特的机会，有魄力的中间人很快就完全利用了这一机会。当时的问题在于如何充分地加速纺纱和织布，以满足巨大的、受保护的国内市场的需要。那时所采用的工具基本上和罗马人所使用的工具相同，唯一的例外是约翰·凯斯发明的、于 1733 年取得其专利权的"飞梭"——一种能使纬纱来回穿越经纱使速度加快的简单的弹跳装置。但是，仅有飞梭是不够的，于是，人们为鼓励那些促进生产的发明，谨慎地开展了一场协调一致的运动。1754 年，"技艺、制造业及商业奖励会"成立，该会为已被确定的成就提供金钱、奖章和其他报酬。例如，1760 年，它为一台纺纱机提供了一笔奖金，并解释道，"毛织品、亚麻织物和棉布的制造商发现，要在夏季即纺纱工人忙于收割庄稼时获得足够数量的人手，是极其困难的。"

这些有利条件导致了一系列发明，使棉纺织工业有可能到 1830 年时完全实现机械化。新发明中，理查德·阿克赖特的水力纺纱机（1769 年）、詹姆斯·哈格里夫斯的多轴纺纱机（1770 年）和塞缪尔·克朗普顿的走锭纺纱机（1779 年）是十分出色的。水力纺纱机能在皮辊之间纺出又细又结实的纱；用多轴纺纱机，一个人能同时纺 8 根纱线，后来是 16 根纱线，最后为 100 多根纱线；走锭纺纱机也称为"缪尔"（骡子）纺纱机，因为它结合了水力纺纱机和多轴纺纱机的优点。所有这些新纺纱机很快就在生产出比织布工所能处理的多得多的纱线。到 19 世纪 20 年代，动力纺织机在棉纺织工业中基本上已取代了手织织布工。

瓦特发明的蒸汽机

正如纺纱方面的发明导致织布方面相应的发明一样，某一工业中的发明促进了其他工业中相应的发明。约 1702 年前后，一台原始的蒸汽机已由托马斯·纽科门制成，并被广泛地用于从煤矿里抽水。但是，比起它所提供的动力来，它消耗燃料太多，所以经济上仅适用于煤田本身。1763 年，格拉斯哥大学的技师詹姆斯·瓦特开始改进纽科门的蒸汽机。他同制造商马修·博尔顿结成事业上的伙伴关系。博尔顿为相当昂贵的实验和初始的模型筹措资金，这一事业证明是极其成功的。到 1800 年，即瓦特的基本专利权期满终止时，已有 500 台左右的博尔顿-瓦特蒸汽机在使用中。其中，38% 的蒸汽机用于抽水，剩下的用于为纺织厂、炼铁炉、面粉厂和其他工业提供旋转式动力。

蒸汽机的历史意义，无论怎样夸大也不为过。它提供了治理和利用热能、为机械供给推动力的手段，因而结束了人类对畜力、风力和水力的由来已久的依赖。这时，一个巨大的新能源已为人类所获得，而且不久，人类还能开发蕴藏在地球中的其他矿物燃料，即石油和天然气。可以说，19 世纪欧洲对世界的支配与其说是以其他任何一种手段或力量为基础，不如说是以蒸汽机为基础。

新的棉纺机和蒸汽机需要铁、钢和煤的供应量增加，这需要通过采矿和冶金术方面的一系列改进得到满足。原先，铁矿石是放在填满木炭的小熔炉里熔炼，森林的耗损迫使制造人求助于煤。1709 年，亚伯拉罕·达比发现，煤能够变为焦炭，正如木头可以变成木炭一样，而且焦炭和木炭一样有效却便宜得多。达比的儿子研制出一个由水车驱动的巨大风箱，从而制成第一台由机械操纵的鼓风炉，大大降低了铁的成本。1760 年，约翰·斯米顿又做了进一步的改进。更为重要的是亨利·科特做出的改进，他于 1784 年发明了除去熔融生铁中的杂质的"搅炼"法。科特把熔融生铁放在一个反射炉里，加以搅动或"搅炼"。这样，通过在熔融体中环流的空气中的氧，除去熔融体中的碳。除去碳和其他杂质后，就生产出比原先易碎的熔融生铁或生铁更有韧性的热铁。当时，为了跟上制铁工业的不断上升的需要，采煤技术也有了改善，蒸汽机用于矿井排水，还有就是 1815 年汉弗莱·戴维爵士发明了安全灯，使用安全灯大大减少了开矿中的危险。

由于这种种发展的结果，英国到 1800 年时生产的煤和铁比世界其余地区合在一起生产的还多。更明确地说，英国的煤产量从 1770 年的 600 万吨上升到 1800 年的 1200 万吨，进而上升到 1861 年的 5700 万吨。同样，英国的铁产量从 1770 年的 5 万吨增长到 1800 年的 13 万吨，进而增长到 1861 年的 380 万吨。铁已丰富和便宜到足以用于一般的建设，因而，人类不仅进入了蒸汽时代，也跨入了钢铁时代。

纺织工业、采矿工业和冶金工业的发展引起对改进过的运输工具的需要，这种运输工具可以运送大宗的煤和矿石。朝这方向的最重要的一步是在 1761 年迈出的，那年，布里奇沃特公爵在曼彻斯特和沃斯利的煤矿之间开了一条长 7 英里的运河，曼彻斯特的煤的价格下降了一半。后来，这位公爵又使他的运河伸展到默西河，为此耗去的费用仅为陆上搬运者所索取的价格的 1/6。这些惊人的成果引起运河开凿热，使英国到 1830 年时拥有了长达 2500 英里的运河。

与运河时代平行的是伟大的筑路时期。道路起初非常原始，人们只能步行或骑马旅行；逢上雨季，装载货物的运货车在这种道路上几乎无法用马拉动。1750 年以后，一批筑路工程师——约翰·梅特卡夫、托马斯·特尔福德和约翰·麦克亚当，发明了修筑铺有硬质路面、能全年承受交通的道路的技术，使乘四轮大马车行进的速度从每小时 4 英里增至 6 英里、8 英里，甚至 10 英里。夜间旅行也成为可能，因此，从爱丁堡到伦敦的旅行，以往要花费 14 天，这时仅需 44 小时。

1830 年以后，公路和水路受到了铁路的挑战。这种新的运输方式分两个阶段实现。首先出现的是到 18 世纪中叶已被普遍使用的钢轨或铁轨，它们是供将煤从矿井口运到某条水路或烧煤的地方用的。据说，在轨道上，一个妇女或一个孩子能拉一辆载重四分之三吨的货车，一匹马能干 22 匹马在普通的道路上所干的活。第二个阶段是将蒸汽机安装在货车上。这方面的主要人物是采矿工程师乔治·斯蒂芬森，他首先利用一辆机车把数辆煤车从矿井拉到泰恩河。1830 年，他的机车"火箭号"以平均每小时 14 英里的速度行驶了 31 英里，将一列火车从利物浦牵引到曼彻斯特。短短数年内，铁路就支配了长途运输，能够以比在公路或运河上所可能有的更快的速度和更低廉的成本运送旅客和货物。到 1838 年，英国已拥有 500 英里长铁路；到 1850 年，铁路延长至 6600 英里；到 1870 年，则达到 15500 英里。

总之，这场发生在 18 世纪 60 年代、完成于 19 世纪 40 年代、最早在英国发生的工业革命，是资本主义由市场手工业到大机器大生产的一个飞跃，它是生产领域里的一场大变革，又是社会方面的一场革命，是资本主义发展史上的重要阶段，在世界发展史上产生了巨大的影响。

工业革命之父瓦特

格拉斯哥是英国第三大城市，它也是"工业革命之父"、万能蒸汽机的发明者瓦特的故乡。1736 年，瓦特就出生在这里。童年时代的瓦特曾在文法学校念过书，然而他没有受过系统教育。瓦特在父亲做工的工厂里学到许多机械制造知识，以后他到伦敦的一家钟表店当学徒。1763年瓦特到格拉斯哥大学工作，修理教学仪器。在大学里他经常和教授讨论理论和技术问题。为了纪念这位蒸汽机的发明者，如今，在他当年诞生的地方，格拉斯哥市建立了一家以他的名字命名的酒店——詹姆斯·瓦特酒店。

　　瓦特从小身体虚弱，到了入学年龄，仍不能去上学。过了入学年龄好几年，他才到镇上的学校学习。在学校里，他不喜欢与小朋友们打闹，只爱独自沉思默想。关于他的童年，曾有过一个广为人知的传说：有一天，小瓦特在家里看见一壶水开了，蒸汽把壶盖顶得噗噗地跳。这种常人司空见惯的现象却引起了他极浓厚的兴趣。他目不转睛地凝视那跳动的壶盖和冒出的蒸汽，苦思冥想其中的奥秘，一直看了一个多小时。由于瓦特常常会对他不熟悉、不认识的许多现象长时间地默默观察，有人因此说他是个"懒孩子"。其实正是这种好奇心和寻根问底的精神，后来引导他去努力探索世界的种种奥秘，攀登上科学的高峰。

工业革命之父瓦特雕像

　　13岁那年，瓦特对几何学发生了兴趣，15岁就读完了《几何学原理》这样艰深的书籍。后来他进入文法学校，数学成绩特别优秀。由于身体不好，他没到毕业就退学了。但是，他在家里坚持自学了天文学、化学、物理学和解剖学等多学科知识，并自学了好几种外语。瓦特17岁时到格拉斯哥的一家钟表店里当学徒。他在业余时间刻苦学习，进一步掌握了许多科技原理。在当学徒时他曾经动手制造过技术要求较高的罗盘、经纬仪等。21岁那年，他来到了格拉斯哥大学当教具实验员，负责修理和制造仪器，进一步熟悉了当时一些较先进的机械技术。在工作之余，他还埋头读书，并经常向老师和同学虚心求教，提高了自己的科学理论水平。

当时的格拉斯哥市是欧洲的烟草中心，这里的烟草商垄断了英国半数以上的烟草进口，瓦特的祖父就是他们之中的一员。烟草商赚钱的方式很简单，瓦特的祖父将满载着英国纺织品和其他制成品的大船，沿着哥伦布开辟的航线，开往北美洲英国的殖民地弗吉尼亚，卖掉之后，他又将从那里收购的烟草运回格拉斯哥，然后再转运到欧洲各地。由于船只往返都装满了货物，因此这种贸易方式赚钱很快，吸引了许多人参加。

瓦特父亲的生意比前辈更进一步，他成立了一个造船作坊，这个作坊同遍布英国的手工工场一样，没有什么机器，基本上靠工匠的手工技艺，虽然规模不大，但也吸引了几个因为圈地运动而失去土地的农民。凭借着与殖民地或直接或间接的贸易，瓦特的祖父和父亲都积累了不少财富，他们成了当地有名的财主，两人都当选过市参议员，瓦特的父亲甚至还当选过市长。工业革命前的英国，有很多像瓦特家族这样的家庭，在新教思想影响下，他们抛却了过去安贫乐道的价值观念，开始想办法发家致富。

当整个英国，甚至整个欧洲，都在伸直了脖子眼巴巴地盼望着那台可以产生无穷动力的机器的时候，最终制造出"万能蒸汽发动机"的瓦特，却正面临着一场前所未有的危机。1773 年 3 月，瓦特的合伙人破产了，这不仅使他失去了稳定的收入，而且不得不变卖家产来还债。他向朋友抱怨说："我还有妻子儿女，眼看自己变得雪染双鬓，却没有任何固定的职业来供养他们。"

不久，新的打击又降临到了不幸的瓦特头上。和他共同生活了 10 年，为他养育了 4 个儿女的妻子去世了，生活在瓦特面前崩溃了。1773 年秋天，经历了破产和丧妻的双重打击之后，37 岁的瓦特决定接受一位朋友的邀请前往俄国。他对自己的友人说："眼下还有那么多的事情要做，可我又是这样的贫困。我对这片故土感到十分沮丧。"

但是此时的英国，这片让瓦特先生沮丧的故土，也许会让一个不成功的商人离开，但是绝不会让一个伟大的发明家就这样走出自己的视野，因为它早已建立起了将聪明才智纳入实用轨道的各种机制。这个机制的基石就是世界上第一部具有现代意义的专利法《垄断法规》。早在 1624 年，英国就已经开始实施《垄断法规》，其中明确规定：把专利权授予最早的发明者，专利权的对象是新创工业领域中的最早的发明，专利年限在 14 年以内。据统计，到 1851 年为止，英国总共颁发了 13023 项专利。英国政府通过法律的手段，有力地促进和保护了私人的发明积极性。

为了鼓励创新和发明，英国还授予水力纺纱机的发明者爵士头衔；奖给骡机发明者 5000 英镑；奖给水力织布机的发明者 1 万英镑。对财富和荣誉的渴求，使几乎所有的英国人都陷入了一种对新技术、新发明的狂热崇拜之中。一本英国刊物称："工程技术的贡献大于战争和外交；它的贡献大于教堂和大学；它的贡献大于抽象的哲学和文学；在改变社会方面，它的贡献大于我们法律所做的贡献……"

在这种全民性的技术崇拜中，一个新兴阶层表现得最为虔诚，因为技术和发明与他们有着最为密切的利益关系。这个阶层当时被叫作"工厂主"，今天则被称为"企业家"。

1773 年，正是他们中的一员挽留住了即将离去的瓦特，他的名字叫马修·博尔顿。博尔顿出生在英国伯明翰，1760 年，他建造了一家当时最现代化的大工厂，工厂中装配了几十台机器，由 1000 名工人操作。在这家工厂里，生产着从发卡到望远镜等大小几十种当时被视为十分时髦的工业产品。

博尔顿家族几乎是在一无所有的情况下踏上了追逐财富的路途，起步时唯一可以依靠的就是勤奋。英国最初的一批工厂主大多和博尔顿家族有着类似的创业经历，当他们成功时，英国人干脆用 industry 这个词来称呼他们创造的生产部门。直到今天，在英语中"工业"和"勤奋"还是同一个词。

在博尔顿的身上除了勤奋的品质之外，还具备两种大多数商人所缺乏的品质：首创精神和卓越的商业判断力。几乎可以说，他是第一个意识到瓦特制造的机器将改变世界的人，而当时甚至连瓦特本人都没有意识到这一点。

后来当他和瓦特联手制造出第一台蒸汽机时，英国国王前来参观他的工厂，当国王问博尔顿正在忙什么时，他说："陛下，我正忙于制造一种君主们梦寐以求的商品。"当国王大惑不解地问这种商品到底是什么时，博尔顿回答道："是力量，陛下。"

正是由于这种远见卓识，博尔顿极力挽留瓦特，他在写给瓦特的信中说："我将为发动机的竣工创造一切必要的条件，我们将向全世界提供各种规格的发动机。您需要一位'助产士'来减轻负担，并且把您的产儿介绍给全世界。"

为了吸引瓦特留下来专心从事他的发明，博尔顿早已为瓦特准备好了需要的一切，他为瓦特建造了制造蒸汽机所必需的试验车间和厂房，他向瓦特保证制造蒸汽机所带来的一半收入将归瓦特所有，他甚至不惜让出了自己的旧居给瓦特一家居住。最终，犹豫再三的瓦特接受了博尔顿的盛情邀请，在博尔顿的工厂中重新开始了"蒸汽发动机"的研制工作。

1782 年，一种全新的联动式蒸汽机在瓦特的手里诞生了。后来，人们把这种高效能蒸汽机看作是世界上第一次工业革命的图腾，瓦特也由此被称为"工业革命之父"。

瓦特是这样评价他自己的发明的："蒸汽具有不可思议的力量，从来不曾有过哪一个巨人能具有这么大的力量。只消我们知道怎样去驾驶它，那么我们可以利用它来做的事将是无穷尽的。它不仅可以举动重物，还能够转动所有的机器。它将为我们拉动货车，推动船只，它能够耕田种地，它可以纺纱织布。几千年来，人们一直在做工，然而对它，却做梦也不曾想到去驾驶使之成为自己的仆人。"瓦特在工业革命中众多发明家中最为引人注目，他的发明运用范围之广和影响力之持久是无与伦比的。

蒸汽机的发明是工业革命具有决定性阶段的开始。短短几十年间，喧嚣嘈杂的工业社会取代了中世纪宁静的田园生活，工厂在英国各处像雨后春笋般建立起来，千百根烟囱、千百座厂房拔地而起，财富不知从什么地方涌现出来，棉、铁、煤滚滚涌向世界。城市逐渐取代农村。一个崭新的工业社会诞生了。

叩响电气时代大门的法拉第

曾有一个政治家问法拉第，他的发明有什么用处。他回答说："我现在还不知道，但有一天你将从它们身上去抽税。"

法拉第在 1831 年发现的电磁感应现象，预告了发电机的诞生，开创了电气化的新时代。他毕生致力于研究的科学理论——场的理论，引起了物理学的革命。

1791 年 9 月 22 日，迈克尔·法拉第诞生在英国伦敦城郊，父亲詹姆斯·法拉第当时只有 30 岁。他原来住在约克郡乡下，是个乡村铁匠，5 年以前，他和一个有爱尔兰血统的农家姑娘结了婚，婚后不久，他就带着新娘，离乡背井，来到伦敦城南萨里郡的纽英顿镇，租下几间屋子，开了一个小铁匠铺。他父亲体弱多病，铁匠铺开不下去了，最后只好盘给人家，自己去当帮工。为了维持生活，法拉第 12 岁当报童，13 岁去里波先生的书店里当学徒，学装订手艺。从此，法拉第走上了生活的道路。

在里波先生的书店里，有无数的藏书，书籍是智慧的源泉，是知识的海洋。法拉第每天在劳动了一天之后，在微弱的灯光下面拼命地读书，如痴如醉。法拉第最喜欢的是书中讲的那些电的现象和化学实验，这些东西把法拉第深深地迷住了。

里波先生的书店在伦敦很有名气，加上法拉第手艺出众，态度和气，赢得了顾客的好感，因此，皇家学会很多会员都乐意把自己的科技书籍送来装订。顾客中有位当斯先生很喜欢法拉第，有一次他送给法拉第几张入场券，让他去皇家学院听大化学家戴维的讲座。第一次聆听戴维的讲座，法拉第就被这个智慧的人物吸引住了，他感觉到了戴维天才的光华和热力，后来他一共听了四次戴维的讲座，并仔细地做了笔记。

1812 年的冬天，21 岁的法拉第来到了伦敦皇家学院，他要求和著名的院长戴维见面谈话。作为自荐书，他带来了一本簿子，里面是他听戴维讲演时记下的笔记。这本簿子装订得整齐美观，这位青年给戴维留下了很好的印象。于是法拉第来到皇家学院化学实验室当了戴维的助手。科学圣殿的大门向学徒出身的法拉第打开了！

当上了戴维的助手后，不久他就成了皇家学院的一员。1813年戴维夫妇决定去欧洲大陆游历，他们带着法拉第作为秘书。这次旅游共进行了18个月，这对法拉第的教育起了重大作用。他见到了许多著名的科学家，像安培、伏特、阿拉戈和盖·吕萨克等，其中几位学者立即发现了这位陪伴戴维的朴实年轻人的才华。

法拉第的科学活动是惊人的。他从欧洲大陆旅游回来后，几年内都致力于化学分析，并在皇家学院担任助手工作，其中包括对戴维的重要协助。他在1816年发表的第一篇论文，是论述托斯卡纳生石灰的性质的。1860年前后，法拉第的研究活动结束时，他的实验笔记已达到1.6万多条，他仔细地依次编号，分订成许多卷，在这里法拉第快乐地显示了他过去当装订工时学会的高超技能。这些笔记以及其他在装订成书以前或以后的几百条笔记，都已编成书分卷出版，其中最著名的是他的《电学实验研究》。

大约1830年以前，法拉第主要是一位化学家，但他曾在1821年第一次着手研究电和磁，可能由此而种下了种子，10年以后即有了伟大的发现。法拉第的第一个科学活动时期终止于1830年，那时他已成为很有成就的专业分析化学和实验顾问，而且更重要的是，由于他的坚实的科学成就，很快就赢得了国际声誉。这些科学成就包括制备一些新的碳化合物，如由他命名的"高氯化碳"或现代命名的六氯乙烷和四氯乙烯，以及研究伦敦照明用的气体（法拉第的哥哥在该部门工作）。这种气体是用动物油加热而制成的，储存在圆柱形铁罐内，它往往在铁罐内残留下一种液体。法拉第非常仔细而巧妙地对这种残余液体进行了分析，发现它含有一种沸点固定在80℃的成分，它的大致组分为CH，这就是苯，它是有机化学的主要支柱之一。但是法拉第发现苯时，并没有认识到它在后来的重要性，当然也不了解它的奇异的分子结构。这些发明和发现表明，如果法拉第没有其他贡献，他也将被认为是杰出的化学家。

1818年起，法拉第和一位外科医生、皇家学会会员斯托达特合作了几年，试图制造出一种改良钢，它的防锈能力要比英国当时所用的钢产品更强，能用来制造更锋利的刀片。当时的冶金技术仍然偏重于经验技术。印度生产的一种"乌兹钢"，是当时最优质的刀片钢。法拉第和斯托达特在铁内掺入其他金属，例如铂、银、钯、铬等，制成了各种合金钢，但斯托达特在1823年去世，法拉第于是转到其他工作上去了。他们当时是有可能发现现代冶金学的一些重要结果的。他们所制刀片的一些样品至今仍保存着，其中有一些质量很高。

所有这些工作都证明了法拉第卓越的化学才能和工艺才能。他把自己的丰富经验总结为一本600多页的巨著《化学操作》中，于1827年出版。这是法拉第除了电学研究和其他研究论文集外所写的唯一的一本书。就是在今天仔细阅读它，也会给人一种直接和新颖的非凡印象。

法拉第在皇家学院讲演

戴维曾想表示他对法拉第的感激，但皇家学院经济一直很困难。1825年他建议任命法拉第为实验室主任，以表示他的敬意。此后不久，法拉第创办了一个定期的"星期五晚讲座"，至今仍延续下来。法拉第曾花费了许多精力来提高他的讲演艺术，并且为此而名声卓著。他对讲演提出了各种建议和准则，完善到包括一切细节，这些建议和准则一直传给了皇家学院现在的讲演人。尽管皇家学院的听讲费颇为昂贵，但只要是法拉第讲演，讲演大厅里就会挤得水泄不通。除了星期五晚讲座外，法拉第还为儿童设立了专门的通俗讲演，在圣诞节期间举行，他的圣诞节讲座的主题之一是《蜡烛的化学史》。一个多世纪以来，它曾经鼓舞了无数青年人，使他们从中获得快乐。这本书已被译成了许多种文字。一旦有了可能，法拉第就拒绝大部分兼职工作,严格地削减社会活动,而把全部精力用于实验研究。人们得到的印象是,只有实验研究才是他真正的兴趣所在。他不参加任何社会活动,并且拒绝了许多授给他的荣誉,包括1857年要选他为皇家学会会长。

法拉第成就最大的时期是1830—1839年,当时他是对现代电学发现做出贡献的第一流科学家。1821年,他研究了奥斯特发现的电流的磁作用,取得了一项重大发现:磁作用的方向是与产生磁作用的电流的方向垂直的。法拉第还制成了一种电动机,证明了导线在恒定磁场内的转动,他甚至还证明了在地磁场内的这种转动,这个实验给他本人和他的同时代人都留下了深刻的印象。

法拉第坚信,电与磁的关系必须被推广,如果电流能产生磁场,磁场也一定能产生电流。法拉第为此冥思苦想了10年。他做了许多次实验结果都失败了。直到1831年年底,他才取得了巨大的突破。他发明了一种电磁电流发生器,这就是最原始的发电机。这时的法拉第不仅做出了跨时代的贡献,而且奠定了未来电力工业的基础。

19世纪50年代,法拉第的科学活动能力有所减弱。他又为记忆力和身体日益衰退而苦恼,虽然仍能做些实验,但速度已不如前。他力图找出重力和电之间的相互作用,结果是否定的。但这种探索从法拉第到爱因斯坦,一直到现在,仍在继续进行。1862年,法拉第做了最后一次实验,试图发现磁场对放在磁场内的光源发出的光线的影响,但结果是否定的,因为他用的仪器还不够灵敏,不能探测到这种微细的效应。30年后,当时还是青年的塞曼,从阅读法拉第的实验计划中受到启发,他用更精密的仪器重新做实验,结果发现了塞曼效应,它是新原子物理学的先兆之一。

法拉第被公认为世界上最伟大的"自然哲学家"之一。法拉第的伟大成功也许部分地正是由于他所生活的时代。丰富的想象力加上足智多谋的实验才能,工作热情和相应的耐性,使他能够迅速地分辨假象,统观一切。他具有哲学思想,他在几何学和空间上的洞察力,以及善于持久思考的能力,正好补偿了他数学上的不足。在他留下来的笔记中,有下面一段话:

"我一直冥思苦索什么是使哲学家获得成功的条件。是勤奋和坚韧精神加上良好的感觉能力和机智吗？难道适度的自信和认真精神不是必要的条件吗？许多人的失败难道不是因为他们所向往的是猎取名望，而不是纯真地追求知识，以及因获得知识而使心灵得到满足的快乐吗？我相信，我已见到过许多人，他们是矢志献身于科学的、高尚的和成功的人，他们为自己获得了很高名望，但是他们心灵上总是存在着妒忌或后悔的阴影，我不能设想一个人有了这种感情能够取得科学发现。至于天才及其威力，可能是存在的，我也相信是存在的，但是，我长期以来为我们实验室寻找天才却从未找到过。不过我看到了许多人，如果他们真能严格要求自己，我想他们已成为有成就的实验哲学家了。"

开尔文勋爵对法拉第非常了解，他在纪念法拉第的文章中说："他的敏捷和活跃的品质，难以用言语形容。他的天才光辉四射，使他的出现呈现出智慧之光，他的神态有一种独特之美，这有幸在他家里和皇家学院见过他的任何人都会感觉到的，从思想最深刻的哲学家到最质朴的儿童。"

1860 年，法拉第发表了他最后一次圣诞节讲演，1864 年，他辞去了皇家学院教授职务。他于 1867 去世，终年 76 岁。

欧洲的复辟与革命 （1815—1830 年）

梅特涅使几乎所有欧洲国家共同结成为一个"神圣同盟"，希望借此恢复旧的政治秩序。

奥地利外交大臣和后来的首相梅特涅亲王，一直试图在欧洲恢复专制的、君主制的国家秩序，以此来取缔自 1789 年以来平民所赢得的自由。

他所要求的"体系"收录在 1815 年签订的长达六十五章的同盟法案之中。这一文件是维也纳会议最后决议的一项补充。

1820 年 7 月 20 日，经由法兰克福召开的德意志邦联议会批准，这份文件被作为邦联的一项基本的法令予以实施。其中表述的复辟战略得到了来自中东欧的保守

维也纳会议，1815 年的彩色版画。

势力——由奥地利、普鲁士和俄罗斯所组成的"神圣同盟"的认可。

在维也纳会议结束后，1815 年 9 月 26 日，俄国沙皇亚历山大一世、奥地利皇帝弗兰茨一世和普鲁士国王腓特烈·威廉三世共同签署同盟条约。后来，除了英国、梵蒂冈和奥斯曼帝国外，所有的欧洲国家都加入了"神圣同盟"。

因讥讽民族主义激进派的大学生联合会，诗人科策布（1761—1819 年）被刺杀。之后梅特涅立即颁布了《卡尔斯巴德决议》，明确规定了新闻审查制度，并取缔大学生联合会。

为了反抗梅特涅的"高压"政策，自由主义和民族主义力量走到了一起，他们还同进步力量结盟，特别是同法国的进步势力。

维也纳会议政策的失败和自由主义运动的发展

通过"四国联盟"，梅特涅组织起一个欧洲列强同盟，企图以此实现它们之间的利益平衡，但最后却并不成功。法国很快被迫修正复辟旧制度的国内政策。

在梅特涅的力主下，奥地利、普鲁士、俄罗斯三国在巴黎发表宣言，缔结"神圣同盟"，公开宣称要以军事力量共同保卫君主政体，不久之后，英国加入，组成"四国联盟"。为了实现复辟，他们不断会晤商谈，以平衡各自的利益和领土要求。

1815 年的神圣同盟：皇帝弗兰茨一世在维也纳迎

接沙皇亚历山大一世和国王腓特烈·威廉三世。

1820 年，他们通过了一项极端保守的政策，即允许对国内和国际上的自由主义运动予以干涉。但这一政策与英国的意愿相违背，因为英国正在不断积极地支持欧洲各地的自由主义运动。

那瓦里诺海战

　　由于在一系列问题上的看法，特别是各国对希腊从奥斯曼帝国争取独立的斗争意见相左，四国联盟及神圣同盟终于土崩瓦解。英国、法国和俄罗斯为了支持希腊而插手干涉，而普、奥则置身事外，无意削弱奥斯曼帝国的力量。在 1827 年的那瓦里诺海战中，英国摧毁了土耳其舰队，使希腊得以于 1829 年实现了独立。

　　路易十八是 1793 年被送上断头台的路易十六的弟弟，他在拿破仑垮台后复辟

1830 年巴黎的七月革命

波旁王朝，又一次成了法国的统治者。虽然最初路易十八试图在国内推行和解政策，但在 1815 年后他逐渐受到其保守反动的弟弟阿图瓦伯爵的影响。阿图瓦伯爵在路易十八死后于 1824 年继位为查理十世，他企图重建君主专制统治。

查理十世的倒行逆施引起了人们的极大不满，在 1830 年的七月革命时，巴黎人民举行暴动，查理十世于 8 月 2 日被迫黯然退位。

七月革命的成功大大鼓舞了整个欧洲民主运动的信心，它说明自由主义宪政制度可以在每个国家实现。

尽管复辟势力大量迫害自由主义和民族主义政治家、思想家，如作家恩斯特·莫里茨·阿恩特和弗里德里希·路德维希·雅恩，但已经无法扑灭向往民主自由和民族团结的热情，无法阻止日益高涨的废除审查制度的呼声，更无法忽视自信而有教养的资产阶级强烈的政治要求。

这些要求为后来燃遍欧洲的 1848 年革命铺平了道路，也是复辟运动在欧洲彻底失败的原因所在。

欧洲 1848 年革命

随着 1848 年的二月革命，自由主义革命的火种从法国四散蔓延。革命波及了除英国和俄罗斯以外的所有欧洲国家。

1848 年 2 月，名为"宴会运动"的一系列激进政治集会被禁，军队和反对派

弗里德里希·路德维希·雅恩

在巴黎街头爆发了激烈的巷战。起义军攻占王宫，并迫使"平民国王"路易·腓力浦下台流亡，革命达到了高潮。

　　法兰西第二共和国随即宣布成立，并组建了阿尔方斯·德·拉马丁为首脑的临时政府。

1848 年二月革命中巴黎街头的对垒

　　第二共和国由自由派和温和的社会党人掌权，他们颁布法令确保了全民工作权

和男性普选权。

巴黎群众攻占王宫

拉马丁被免职后，新的保守派国民大会下令关闭了为失业者提供工作岗位而成立不久的国家工厂，这导致了在6月爆发了欧洲历史上无产阶级与资产阶级的第一次伟大战斗——六月起义。

然而，它很快被残酷镇压，临时政府随之迅速建立起一个军事独裁政府。

1848年12月，大多数渴望安定的法国选民选举拿破仑·波拿巴的侄子路易·波拿巴为共和国总统。

三年后，路易发动政变，成了法国的独裁者，接着又于1852年末自立为帝，史称拿破仑三世。无论在政策上还是在个人习惯上，他都竭力模仿其著名的伯父。这一企图被证明是徒劳无功的，并没能带来他拼命想要的爱戴和支持。

在维也纳，工人和学生的起义迫使政府于1848年3月取消人口普查，在宪法中也扩大了选举权范围，首相梅特涅被解职并旋即仓皇出逃。

在多民族的奥地利，随着自由主义者为了理想而起来战斗，那些非德意志的民族也奋力争取独立。

拉约什·科苏特

捷克人为反抗哈布斯堡家族统治发动了布拉格圣灵降临节起义。匈牙利贵族也提出要求自治。1848年3月，拉约什·科苏特呼吁人民起义，并宣告成立匈牙利政府。一年之后，匈牙利宣布独立，但奥地利在俄罗斯的帮助下将其击败，解散了自治政府。匈牙利的革命战争失败后，科苏特流亡土耳其，奥地利政府在其缺席的情况下将他判处死刑。

1849年3月，新任奥地利皇帝弗兰茨·约瑟夫一世颁布了新的奥匈宪法，成立了一个两院制议会，其中下议院成员多在富有的有产者中选出。

意大利的起义和德国的三月革命

在意大利和德国，实现国家统一是革命者的基本目标。当意大利的起义被当局镇压后，德国的三月革命促使第一次民主立宪会议召开，并组建了"三月内阁"，但它最终也没能实现预定的目标。

在意大利，革命运动不仅是为了争取民主改革，同时更是想要在这个民族意识

那不勒斯起义遭镇压，1848 年。

淡薄的国家里，创建一个统一的意大利民族国家。早在 1848 年 1 月，西西里发生暴动，迫使国王斐迪南二世承诺实施宪法。然而不久之后，有"炮弹国王"之称的斐迪南为了镇压起义，下令炮轰西西里城镇，在意大利其他地方，反抗奥地利占领的斗争也纷纷失败。1848 年 11 月在罗马爆发的起义，也被罗马教皇庇护九世邀请而来的法国和奥地利军队所镇压。

1848 年 3 月 18 日—19 日，柏林

巷战中保卫街垒的人们。

在德意志各邦国，巴黎的二月革命也激起了广泛的革命反响。各地民众，尤其在德意志西南部，纷纷展开争取民主权利的斗争。作为对此的回应，许多较小的邦

国成立了资产阶级自由派主导的"三月内阁"。普鲁士国王腓特烈·威廉四世决定向自由派做出让步。当他向聚集在柏林王宫前的人群宣布诏令的时候，他的卫队突然向人群开火，这导致了一场激烈的巷战，有三百多人在战斗中丧生。腓特烈·威廉身着代表民主运动的黑、红、黄三色肩带骑马穿过柏林，向在三月革命中阵亡的平民致敬。但是，政府对人民的认同并没有持续多长时间：1848 年 11 月，新的自由派内阁便被保守派所取代。

柏林巷战中人们挥舞德国国旗，1848 年。

1848 年 5 月，德意志全民族大会在法兰克福召开，为一个统一的德国拟定了一部自由主义宪法。他们的努力被普鲁士国王轻描淡写地一笔勾销，由此宣告了 1848 年革命全面失败，而以自由民主的方式实现德国统一的道路也毫不可取。它必须依靠普鲁士的军事力量和首相俾斯麦的领导方能实现。

三、德意志国家与奥匈帝国

1815—1914 年

维也纳会议后，奥地利谋求在整个欧洲发挥影响，普鲁士的情况则恰恰相反，这两个最大的德意志国家最终成了对手。这也解释了为什么俾斯麦能够在19世纪60年代不借助奥地利支持就统一了德国，而同时又得到了人民普遍的认同。

1890年俾斯麦被解职后，德意志帝国发现自己夹在法俄同盟的两线包围之中，而这种处境正是它极力想要避免的。所谓"美好年代"，不论在国内还是在国际政治中，都是一个危机四伏的年代。由于在国内外政治实力衰弱，奥地利在1866年败于普鲁士之后，被迫放弃其在德意志的领导地位。

奥地利：衰微与内部的停滞

保守的梅特涅体系寻求在欧洲形成均势，但使奥地利帝国的发展逐渐落后于大多数近代中晚期欧洲国家。

随着工业化的开始，日益强大的欧洲资产阶级也积极地要求参与到政治进程之中，而各类社会抗议运动也呼吁减轻贫苦与穷困。但是，梅特涅的复辟政策却试图在拿破仑·波拿巴的革命战争后在整个欧洲建立起保守的政治氛围，遏制一切社会政治领域的自由化倾向。然而，仅仅依靠镇压是无法阻挡人民的改革要求的，梅特

从维也纳至巴登的奥地利南部铁路，1847 年的水彩画。

涅并没有足够的高瞻远瞩预见到必须寻求其他的方式。

1835 年，梅特涅遇到了对手，国务大臣弗兰茨·冯·科洛夫拉特-利布施泰因斯基计划推行的改革政策虽然受到了保守的官僚体制的阻碍而没有得以实施，却已经大大削弱了梅特涅的影响。

1848 年 6 月 12 日捷克示威者与帝国军队在布拉格发生冲突

奥地利作为一个多民族的国家，特别容易受到相互冲突的民族主义兴起所产生的冲击。19 世纪 30 年代，在哈布斯堡家族统治的斯拉夫国家开始出现了泛斯拉夫运动。这一运动主张确立斯拉夫人的民族身份，要求在帝国内拥有更多的影响力。

在匈牙利，民族主义情绪在 1815 年后日益高涨，从而兴起了要求独立的运动。

斯拉夫民族运动源于 19 世纪的泛斯拉夫主义，尤其活跃于奥地利帝国境内，因此又称为"奥地利—斯拉夫主义"。捷克人特别希望在这个多民族国家内，受到

1848 年革命期间，布拉格的德意志波希米亚人与捷克人分离。

与德意志人和匈牙利人同等的对待。

1848 年 3 月，在历史学家弗兰蒂塞克·帕拉茨基领导下，捷克人在布拉格举行了第一届斯拉夫代表大会。

通过自己主办的《波希米亚博物馆杂志》及撰写的关于波希米亚史的论文，帕拉茨基积极推动了捷克的民族认同，后来进入了奥地利上议院和波希米亚省议会。他被看作是近代中晚期捷克民族主义之父。

普鲁士崛起与德意志统一的希望

对德国而言，七年战争使得普鲁士崛起，正式成为英、法、奥、俄外的欧洲列强之一，但也使王国本土成为一片废墟。不过战后，弗里德里希二世（腓特烈二世）全力投入重建和平和经济的工作，普鲁士的地位变得稳定，而弗里德里希二世亦因这场战事被冠而"军事天才"及"大帝"的荣誉。普鲁士的崛起，预示着德意志从分裂走向统一，并最终以武力的方式结束了德意志长期以来分裂的局面。

沙砾罐头

普鲁士是德意志东部一个小小的蛮荒地区。一个被人称为"神圣罗马帝国的沙砾罐头"的地方。普鲁士国家的核心是勃兰登堡和普鲁士。勃兰登堡处在易北河和奥得河之间，是东西方的交界地，12 世纪之后成为帝国的边区。地处波罗的海沿岸的普鲁士，离勃兰登堡甚远，因其居民主要为普鲁士人而得名。当时，普鲁士还并未完全独立，而是同波兰保持着宗主关系。应该说，勃兰登堡和普鲁士在几个世纪内是并行和独立发展的，直到 1618 年，由于霍亨索伦家族的勃兰登堡选侯继承了普鲁士的统治权，这两地才成为一体。

霍亨索伦家族是德意志的高级贵族和王家世系。1417 年，德意志国王正式把勃兰登堡和选侯爵位一起赐给了霍亨索伦家族的弗里德里希一世，从此开始了霍亨索伦家族在勃兰登堡的统治。他们把勃兰登堡作为自己的安身立命之所，利用婚姻关系、继承协定等手段悉心经营和扩张其统治范围。16 世纪宗教改革时期，勃兰登堡和普鲁士两地的霍亨索伦人都相继改奉新教，这在一定程度上增加了双方的亲和感。1618 年，勃兰登堡-普鲁士公国正式形成。虽然这个邦国在地理上不是连成一片的，也并非由单一民族所构成，却具有强大的凝聚力，初步形成了后来普鲁士王国的规模。德国历史学家兰克认为："这对于国家和民族来说，确实前进了一大步。"

1640 年，弗里德里希·威廉即选侯位。这是一位具有雄才大略的年轻君主，被后世称为"大选侯"，他是把普鲁士真正塑造成强权国家的奠基人。

在初登王位之时，他面对的是残垣断壁，而且在本国贵族、容克（容克原指无骑士称号的贵族子弟，后来泛指普鲁士贵族和大地主）、分离主义势力和国外强权面前。地位虚弱，但他决心打破这种局面。三十年战争留给这位"大选侯"两大教益：必须拥有一支独立的、听命于自己的具有战斗力的常备军；还要利用帝国全面衰落、无中央皇权可言之机，建立勃兰登堡-普鲁士的专政体制，在本邦内部实行中央集权的君主专制主义的同时，在帝国范围内扩展势力和影响。为此，他建立了君主专制政体，推行重商主义政策。为了建立一个稳定的官僚系统，并使勃兰登堡-普鲁士成为自立自主的富强国家。弗里德里希·威廉委派官吏管理城市的行政事务，还增设税务专员负责城市的税收工作。他还在农村设立了行政公署，在广大平原地区履行税收职能。这些人逐渐形成了一个官僚集团。另外。重商主义经济政策的推行也促进了勃兰登堡-普鲁士的经济发展。世界商路向大西洋和北海的转移，并没有对勃兰登堡-普鲁士构成太大的威胁。不仅如此，勃兰登堡

弗里德里希·威廉

-普鲁士还利用有利的地理位置，向西欧各国输出谷物，使因三十年战争而受到严重削弱的经济逐渐得以恢复。

为了克服容克和贵族等级的反抗，给邦国带来效率与秩序，1653 年，弗里德里希·威廉同容克之间达成了《勃兰登堡邦议会协定》。协定承认容克对农民有专门的特权，作为交换条件，容克必须同意建立一支以选侯为最高统帅的常备军，并允许为维持和装备常备军而增加税收。这项协定是大选侯同容克之间的一种妥协。邦议会协定使容克在政治和经济上的统治地位在勃兰登堡-普鲁士得以巩固，加之规定只有容克出身的人才有权担任常备军军官，因此使容克在军事方面具有了决定性的影响。容克阶级成了大选侯统治的阶级基础，也成为霍亨索伦家族在德意志的主要支柱和使德意志普鲁士化的主要力量。官僚集团和军官集团一起成为勃兰登堡-普鲁士的两大支柱。显然，勃兰登堡-普鲁士的专政体制，并非建立在社会内部资产阶级同封建贵族之间力量的均衡上，而是建立在君主同贵族相互妥协的基础之上。

给勃兰登堡-普鲁士经济发展带来巨大裨益的另一项重大举措是接收了大批移民。1685 年，弗里德里希·威廉在《波茨坦敕令》中准许涌入勃兰登堡-普鲁士的

2 万余名被法国驱逐的胡格诺派新教徒居留避难。这批新教徒大部分是有资本、有实力、有技术的人，他们把极有价值的生产经验和资本从经济上远为发达的法国带到勃兰登堡-普鲁士，在此开办各种工场和企业，促进了勃兰登堡-普鲁士经济的极大发展，结果使勃兰登堡-普鲁士的国家收入在 30 年内增加了七倍。

弗里德里希·威廉在位期间，尽管军队已初具规模，并开始显示威力，但他在更多的时候则是以实力为后盾，运用外交手段为本邦谋取利益的最大化。1688 年，当他离开人世时，普鲁士已经从波兰的控制下解放出来，他还为继任者留下了"一支强大的军队，一个由若干零乱的领地聚合在一起、却井然有序的国家和一种因多次军事胜利的光荣赋予臣民的初步的民族生存意识"。在这样一个发展过程中，勃兰登堡-普鲁士越来越多地带上了典型的专制主义色彩，逐渐变成了一个军人和官僚的国家，其军事力量和版图已不亚于欧洲其他王国。

军事立国

真正建设普鲁士王国的，不是弗里德里希·威廉（弗里德里希一世），而是他的儿子普鲁士国王、勃兰登堡选侯弗里德里希·威廉一世。威廉一世在位期间，普鲁士王国的发展趋势明朗化。

弗里德里希·威廉一世虽在历史上经常遭到诋毁，但这种诋毁多半是出于对他本性"吝啬"和行事"粗暴不文"的批评，而不是真正从他为政的客观作用出发做出的评价。弗里德里希·威廉一世事必躬亲，勤奋工作，一生都致力于对普鲁士进行加强君主专制和军国主义的强制改造。他是欧洲历史上第一个穿军服的君主。在波茨坦无忧宫的练兵场上，他提着棍棒亲自训练士兵，长此不懈，因此被称为"士兵王"。他几乎把全部身心都献给了他的军队。并把全国的居民生活不断纳入军事形式之中。为了维持和加强军队，"士兵王"执政后立即削减了王室费用的四分之三，用于军队的建设。除了军队，他对钱财极为吝啬。他仅用 2547 个银币就完成了自己的加冕典礼，而他的父亲为此所花费的则是整整 500 万个银币。

弗里德里希·威廉一世的内政方针就是依靠强大的军队打破容克在国内的独立

地位。在他的苦心经营下，普鲁士军队的人数从 3.8 万扩充到 8.3 万，国家越来越具有军国主义性质。他的建军和扩军思想，虽然继承祖父一脉，但与其不同的是他坚决终止了外国的"补助费"，把军队全部置于本国经济供养的基础上，实行自主的方针。

弗里德里希·威廉一世最初并不赞成某些欧洲国家采用义务兵役制来解决兵员不足的问题，认为只有完全与自己有关系的人组成的军队才放心满意，特别是在农民和市民对容克存在依附关系的情况下，雇佣兵队更加适合。他的雇佣兵是靠买和抢的方法来补充的，募兵实际上变成了一种有组织的绑架人员活动。这种做法遭到了德意志其他邦国的反对，迫使他采取了新的征兵制。1733 年，弗里德里希·威廉一世发布了《征兵区条例》，规定每一个团划定一定的区域作为征兵的范围，此后每一个团都从自己的征兵区里补充兵员。当然，军队中的军官职位仍然是保留给贵族和容克的。征兵区条例打破了容克在乡村"一统天下"的局面，依附于容克的农民和市民都有了服兵役的义务，除了继承土地的长子以外，其余的容克子弟几乎都参加了军队。这就是为实行全民兵役制铺平了道路。他还创办了贵族军官学校，专门为他的军队培养廉洁、高效和富有自信的军官队伍。这些都为他的继承者所仿效。

普鲁士规定士兵的服役期为 25 年，对于士兵来说，这段漫长的服役生活是极其痛苦的，需要常常忍受残酷的折磨。"士兵王"训练部队的方法，一是操练，二是体罚。训练的最高目标是把士兵变成没有意志、没有思想、对上级的命令盲目服从的工具。维持这样一支和国土大小不成比例的庞大的军队，需要一笔极其可观的经费。在弗里德里希·威廉一世统治末期。国家岁入增大到约 700 万塔勒（当时的一种货币），而其中的 600 万塔勒被花费在军队上。普鲁士军队不仅被置于国家的中心地位，而且成为"国中之国"。国王主要用这支军队来贯彻自己的专制统治，打破容克的独立地位，削弱了贵族等级对政府事务的直接干预，无疑在内政方面取得了很大的成功。

1740 年，当这位"普鲁士国家的建筑大师"离开人世时，给后人留下了一笔可观的"军事宝藏"：约1000万塔勒的钱财和一支训练有素、战斗力堪称欧洲之冠的强大军队，他还把整个国家生活都纳入了军事主义的轨道。

弗里德里希二世

在威廉一世死后，他的二儿子弗里德里希二世（腓特烈二世）即位。这位君主是一位十分复杂而矛盾的双面人，他表面上十分谦和、热情，但骨子里异常冷漠、严峻。一方面，他称自己是"国王哲学家""误生王家的艺术家"，提倡国家应实行理性主义的统治；但另一方面，他在恪守普鲁士传统方面又异常严格，要求臣民一丝不苟地遵守秩序和纪律，凡事无条件听从他的独断。他一生追求"国家利益至上"，并且获得了"大帝"的称号。

利用父亲留下来的这一支所向无敌的军队，弗里德里希二世开始了无休无止的对外战争。对他而言，不需要任何借口，仅为了"国家利益"就可以破坏任何条约，也可以发起任意攻击。他曾对自己的继承人说："要记住，任何一位伟大君主的脑子里都在想扩大自己的统治。"他奉行"强权即公理"的准则，即位伊始就发动了对奥地利的战争，目标是夺取奥地利最富饶的省份西里西亚。普鲁士成为西里西亚战争的最大获益者，不仅取得了西里西亚的巨大财富和众多人口，而且在德意志内部的地位大大加强。这场战争是普鲁士崛起以来，对德意志帝国的皇帝和哈布斯堡强权发起的第一次军事挑战，结果造成了普奥争霸、两强并立的局面。普鲁士和奥地利都成为欧洲政治多极世界中的一极，它们不约而同地选择了通过战争的方式，来达到称霸德意志的目的。

西里西亚战争后期，弗里德里希二世继续从事军事改革，以适应对外扩张的需要。他采取一种普遍的强制义务兵役制，还在军队中推行论功行赏、赏罚分明的原则。普鲁士的军事组织被认为是当时最好的范例，受到各国的纷纷效仿，弗里德里希二世在军事艺术上的最大创新是采用新的战略战术，他惯以突然的、出敌不意的进攻开始作战行动，在与数个敌手同时交战时，力图各个击破。作战中善于合理使用兵力，大胆实施机动。

弗里德里希二世为了争霸德意志，再次参加战争，这就是"七年战争"。在七年战争中，奥地利加入法国方面，企图夺回西里西亚。而弗里德里希二世则加入了英国方面，一方面想教训奥地利，另一方面想摆脱普鲁士一直持续的"边角料诸侯"，成为欧洲大国。

1756年8月，弗里德里希二世率领9.5万人突袭萨克森，拉开了战幕。起初，他取得了一些胜利，但随即法国和俄国结盟，联军发起对普鲁士的猛攻，占领了柯尼斯堡，弗里德里希二世企图各个击破，结果导致惨败。昆尔斯多夫战役使普军彻底陷入绝境，弗里德里希二世甚至想到了自杀。但接着奇迹出现了，俄国女皇去世，俄国退出战争。1763年2月，普鲁士连同奥地利、萨克森签订了《胡贝尔图斯堡和约》，普军退出萨克森，奥地利放弃西里西亚。七年战争后，普鲁士牢固地确立了自己的大国地位，德意志兰的"二元制"统治局面进一步固定。

在七年战争中，弗里德里希二世的国家和军队都经受住了严峻的考验，几乎单独抵挡了奥、俄、法三国的联合进攻，并且保住了富饶的西里西亚，使普鲁士的国际威望大增，他本人也赢得了"18世纪三大军事天才之一"的美誉。

1763年后，弗里德里希二世开始了国家的"重建"工作。他采取了一系列改革措施来恢复和发展国力，但这一切也依然是为军队建设服务的。到1780年，普军人数已扩充到24万人，平均每32个居民中就有一个士兵。普鲁士变成了"和平时期的兵营"。法国政治家米拉波曾对此评价道："其他西方国家有一支军队，普鲁士军队有一个国家。"

拿破仑战争

1799年，拿破仑战争爆发。它的影响非常大，对于德意志来说，拿破仑战争无异于一柄历史的"双刃剑"，一方面，它对德意志人民的掠夺与镇压，抑制了德意志民族崛起的脚步,使其面临严重的民族危机和国内矛盾;另一方面,它也在德意志引起了革命性的巨变,激发了德意志民族解放运动的发展。它充当了历史的工具,摧毁了古老德意志的旧的社会秩序,产生了新社会的基础和民族主义的活力。对于拿破仑战争的影响,德意志人从感情上来说是难以接受的,但它对德意志特别是普鲁士产生了极为有益的推动作用,不仅促成了普鲁士施泰因和哈登堡改革,使普鲁士走上了现代化的发展道路,从此如同获得了新生,还激发了德意志民族的解放战争,使普鲁士有机会成为这场战争的"希望之星"。正如著名诗人歌德在《给祖莱卡》一诗中所吟唱的:"既然痛苦是快乐的源泉,那又何必因痛苦而伤心?"

1806 年,普鲁士在拿破仑战争中遭到了毁灭性的打击,被迫签订了《提尔西特和约》,从而面临着亡国的灾难。正当普鲁士王室和容克阶级对自身的统治和生存自顾不暇之时,普鲁士的德意志自由主义贵族和政治民族主义者却想利用这个时机,从基础上改革普鲁士,以拯救德意志。1807 年 9 月 30 日,普鲁士国王弗里德里希·威廉三世任命施泰因为政府首席大臣,开始了具有划时代意义的改革。

农业立法是施泰因和哈登堡改革中最关键、最基础的部分,其影响也最为深远。它实际上是一场土地革命,把封建地产制转变为资本主义自由地产制,直接引发了普鲁士社会经济结构和社会性质的转变。在财政方面的改革同样具有重大意义。1818 年,政府颁布了新关税法,废除了普鲁士王国境内所有关卡和关税,实行对外关税统一,并规定由政府制定每种产品的出口税率。普鲁士工商业自此摆脱了内部重重关税的束缚,一个

弗里德里希·威廉三世

统一的国内市场开始形成,并对德意志关税同盟的最终建立起到了决定性的作用。施泰因和哈登堡改革也广泛涉及军事和教育领域。军事改革的主要目标是建立一支以法国军队为楷模的、由爱国的自由公民组成的普鲁士国民军,以推翻异族统治。

它废除了普军原有的封建等级制度，提高了士兵的地位。还新设陆军部作为军队行政和指挥的最高机构，便于军队指挥权的集中统一。军事改革不仅促进了军队的现代化建设，而且激发了普鲁士人的民族精神，出现了"全民皆兵"抗击拿破仑统治的局面。此外，教育改革也适应了新崛起的德意志工商资产阶级的需求，特别是对普鲁士的年轻资产阶级反对封建专制，实现本民族的独立以及建立资产阶级民族国家产生了不可低估的作用。

需要指出的是，尽管改革使普鲁士的经济迅速走上了资本主义的发展道路，但是由于封建势力在社会的转变过程中没有受到摧毁和打击，甚至在国家政治生活中继续居于主导地位，这就使得普鲁士乃至日后统一的德意志，在其发展过程上都不可避免地打上了封建主义的烙印，始终呈现出一种保守的色彩。

19世纪初的德意志民族解放战争，是同欧洲的民族解放战争和以英俄为首的反法联盟发动的反法战争混为一体的，情况复杂，性质多重。但就德意志民族本身而言，要求解放，追求统一则是主流，是关乎德意志民族生存和发展的大问题。一般认为，德意志民族解放战争是从拿破仑侵俄失败时开始的。1812年3月16日，普鲁士正式对法国宣战。翌日，普鲁士国王弗里德里希·威廉三世发表《致人民公告》，呼吁人民参加战斗。普鲁士人民如潮水般应征入伍，拿起武器，为维护国家的独立和统一而战。到1813年5月，一场真正的具有广泛群众基础的德意志民族解放运动已初具规模，并最终赢得了民族独立战争的胜利，为未来德意志民族和国家的统一创造了条件。战争的胜利，也极大地提高了普鲁士在德意志民族中的地位，为它日后担当起统一领袖的重任奠定了基础。但1815年反法战争胜利后，在"神圣罗马帝国"的废墟上站立起来的依然是一个由多达38个小邦组成的松散的德意志邦联，德意志由普鲁士和奥地利两强共同支配的分裂局面仍未改变。

实际上，在由普鲁士领导的德意志民族解放战争所追逐的目标中，始终蕴藏着民族统一的内涵。但1814年，当整个反法战争胜利结束时，由于欧洲大国之间的利益之争，使它们更希望维持一种均势的状态，而不愿看到一个统一强大的德国出现在欧洲的中部。奥地利首相梅特涅就是这种思想的代表人物。他从心底里渴望恢复欧洲各国的封建专制制度，因而热衷于维护欧洲均势之下的"和平"，坚决反对一切革命运动，生怕由于打破了原有的封建秩序的平衡，而影响奥地利自身的地位。梅特涅把他的保守理念完全付诸行动中，在整个欧洲掀起了一股维护封建统治的反动逆流。19世纪上半叶的欧洲成了"梅特涅的时代"。这种力量尽管暂时抑制了德意志统一的脚步，但历史的潮流终究是不可阻挡的，几个世纪以来不断兴起的德意志政治的发展要求和经济、民心日趋融合的内在力量，必将把处于四分五裂的民族和国家统一为一个整体。

德意志民族的统一大业

普鲁士首相奥托·冯·俾斯麦成功统一了多个德意志邦国，建立了德意志帝国。1871年1月18日，时值普法战争结束且法国战败之际，德意志各邦国的贵族在凡尔赛宫聚集一堂，宣布德意志帝国成立，并拥立普鲁士国王威廉一世为德意志帝国皇帝。这位使用战争手段的革命家摧毁了阻碍德国统一的内外势力和德意志联邦的全部旧有关系，完成300多年来的德意志民族统一大业，并把德国带入现代化发达国家之列。

铁血宰相俾斯麦

19世纪50年代德意志的工业革命和经济发展，已成为一种推动统一的强制力量，这是资产阶级的迫切需要，甚至连一些邦的诸侯也感到，如果他们对抗统一的潮流，将会被德意志和历史所抛弃。当时，统一德国的任务历史性地落在了容克的肩上，因为德国的资产阶级太不幸，它生来得太晚了。当它兴盛的时候，德国的无产阶级运动已经日趋活跃，这使它惧怕同无产阶级和人民结成同盟。因此，德国资产阶级手中既无有组织的国家暴力，又抛开了人民群众这一无组织的暴力，无力承担实现统一的领导重任，只能对统治阶级统一德国的道路报以热烈地支持。而对德国的无产阶级来说，它在政治上和组织上还不成熟，还不足以使德意志的民族运动转变为人民革命，所以，马克思和恩格斯所设想的无产阶级革命统一的道路还难以付诸实践。尽管在德意志存在着统一的潮流和众多可能选择的道路，但根据当时的力量对比来看，只有普鲁士与俾斯麦的统一道路最有可能取得成功。而事实上，也正是俾斯麦通过发动王朝战争自上而下地完成了德国的统一。

奥托·爱德华·利奥波德·冯·俾斯麦出生于 1815 年 4 月 1 日，是勃兰登堡下层贵族的后裔。两岁时随家迁往波美拉尼亚的克尼帕霍夫庄园。就其财富和社会地位来说，俾斯麦的家族不是第一流的，但容克的那种专横暴戾作风在他身上却很明显，据说大学期间他曾与人进行过 13 次决斗。俾斯麦的母亲来自有名望的资产阶级家庭，给俾斯麦诸多的影响，他又在学习中进一步受到了资产阶级的教育和影响。

在大学法学专业毕业后，24 岁的他经营起他的第一份贫瘠地产——波莫瑞的克尼帕霍夫庄园。父亲去世后，他迁往父亲在柏林附近的舍恩豪森庄园，并投身到业已在波莫瑞开始的地方政治之中。

1849 年，他把自己的庄园租赁出去，前往普鲁士的首都柏林从事政治活动。作为极端保守派、1848 年民主革命的批判者，他引起了世人的关注。两年之后，普鲁士议会派遣他作为公使参加了在法兰克福召开的邦联议会。在那里，他代表普鲁士同奥地利在德国的霸权地位进行了长达 9 年的不懈斗争。

从 19 世纪 50 年代起，俾斯麦的政治思想有了明显的变化，即从一个极端保守派转变成一个现实主义的强权政治家。1859 年 3 月，俾斯麦被免去长达 9 年的驻联邦议会公使之职，调任驻俄公使，1861 年转任驻法公使。在这些任内，他已充分了解到德意志的东西强邻都反对德意志统一。他也感到很失望，因为他未能进入权力中心。他把去圣彼得堡叫作"光荣流放"。尽管如此，俾斯麦仍然不断地向摄政、1861 年即位的威廉一世上书献策，提供"拯救之道"。军事改革引起的宪法纠纷，为俾斯麦提供了良机。1861 年 7 月 2 日，他写信给好友、陆军大臣罗恩，提出王权只有通过掌握统一运动才能获得拯救。这年夏天，普鲁士国王正式召见他，向他咨询救国之道。10 月，俾斯麦把自己的意见最后加工成所谓的

《莱恩菲尔德备忘录》，对整个形势和事务作了纲领性的说明。他说："需要把德意志人民发展起来的力量比较严格地、统一地结合起来。在整个时代潮流中复苏的民族感情，同时连同确保反对外部进攻的要求，迫使我们走向比较紧密地统一德意志的目标。"1862 年 6 月，俾斯麦在访英时，毫不隐瞒地向英国反对党领袖说："必须解散德意志邦联，使中小邦屈服，在普鲁士的领导下使德意志获得民族统一。"

此时的威廉一世已经走投无路了，他深知采取军事政变和武力镇压一定会激发自下的革命。于是，在这年 9 月中，威廉一世同意外交大臣发电报给在法国的俾斯麦，要求他"立即回来"。

9 月 18 日，柏林的普鲁士陆军部长罗恩再次发报："柏林，1862 年 9 月 18 日。危险临近！速回！"

4 天之后，俾斯麦侍立于普鲁士国王威廉一世面前。国王正准备退位，因为大臣们一致反对他要推行的普鲁士政策。惊诧于国王一筹莫展的态度，俾斯麦向他保证愿为他组阁。他甚至准备对军队进行改革，而这项改革尚在争议之中，并遭到下议院多数派的反对。俾斯麦不久即被任命为普鲁士首相，他向国王表示："在这种形势下，我宁可与陛下同归于尽，也不会在您同国会统治者的斗争中袖手旁观。"

俾斯麦

没有人预料到这种君主与首相之间的协作竟持续了几乎达 30 年之久。同样，几乎没有人猜想到俾斯麦统一德国的目标会在那样短的时间内实现。

从此以后，俾斯麦便决定实行强权政治。作为首相，他在 1862 年发表的演说中便宣布："德国期待的不是自由主义而是权力。"同时，他决然否定了民主议会的原则："时代的重大问题不是通过空谈和多数决议就能解决的……而是要通过铁与血。"

这篇讲话稿引起了极大的争议，俾斯麦讲话的矛头完全是针对那些阻碍德意志统一的势力的。"铁血演说"表明俾斯麦已经从一个普鲁士容克转变为德意志政治家。于是出现了反对这样一位首相的怒潮，人们谴责这位"牛皮大王"和"战争煽动者"追求暴力而置正义于不顾。王后也苦劝国王辞退这个"危险的俾斯麦"，然而他依然在职。

俾斯麦是个崇尚实力的人。他感到德国必须统一，才能在欧洲和世界有一席之地。要统一，就必须依靠普鲁士的实力，所以，一切都要从增强实力的原则出发。在成为宰相之后的演说中，他称普鲁士的实力和威力就是要靠"铁和血"来实现，也就是靠暴力和专制来实现。他认为议会的空谈是没有意义的，上台伊始他就抛开议会，实行军事独裁统治。

德丹战争

德意志的统一是经过三次王朝战争达成的，这三次战争分别是德丹战争、普奥战争和德法战争。第一次战争使得俾斯麦巩固了在普鲁士的地位，并为击溃议会反对派奠定了基础；第二次战争把奥地利排挤出德意志邦联，消除了奥地利在德意志邦联中的领导地位，使普鲁士在北德的霸权得以确立；第三次战争使南德诸邦接受普鲁士的保护。俾斯麦把铁血政策贯彻到底，通过白色革命完成了德国统一。

俾斯麦上台以前，普奥之间的关系就已经日趋紧张。俾斯麦力图把德意志两大强权之间纯粹的权力和利益之争尽可能同德意志民族问题联系在一起，把奥地利突出成阻碍和破坏德意志民族统一的力量，而把自己充作民族运动的"矛尖"。

1863年秋，当俾斯麦发现重新激化了的石勒苏益格-荷尔斯泰因问题是同德意志民族运动和自由主义的努力紧密联系在一起时，他就立即介入了这场民族运动。这个问题涉及的是石勒苏益格、荷尔斯泰因和劳恩堡三个易北河地区的公国，后两个公国的居民基本上是德意志人，而前一个公国却杂居着德意志人和丹麦人。根据

1852 年由英、俄、法、瑞典、丹、奥和普共同签订的《伦敦议定书》，这三个公国同丹麦结成同盟，而荷尔斯泰因和劳恩堡同时是德意志邦联的成员。但丹麦的民族运动却力图将这些公国纳入丹麦的版图，德意志邦联则要求按照德意志的意愿解决石勒苏益格-荷尔斯泰因问题。1863 年 11 月，丹麦议会通过新宪法，加快推行合并石勒苏益格的计划。这无疑将两国民族运动的矛盾冲突推上了新的高峰。就在丹麦新宪法通过两天后，丹麦国王去世，新国王签署批准《丹麦-石勒苏益格新宪法》。但他对石勒苏益格-荷尔斯泰因的继承权却没有得到当地社会各阶层的承认，于是引发了关于公国王位继承权的争执。这激起了整个德意志民族感情的巨大浪潮，要求对丹麦采取强有力的行动。在这种形势下，俾斯麦采取了明智的策略。他打出维护 1852 年《伦敦议定书》的旗帜，堂而皇之地避免了英、法、俄等国的干涉。他还拉着奥地利一起行动，既可以掩饰普鲁士吞并两公国的野心，又能使奥地利紧随普鲁士的政策，从而使普鲁士掌握德国统一运动的领导权，也为日后发动对奥战争埋下了引线，真可谓一举三得。经过周密策划，普奥两国于 1864 年 2 月联合进攻石勒苏益格，迅速击败了丹麦军队。丹麦政府在求援无望的情况下，被迫签订了《维也纳和约》，将三个公国交给了普奥两国。

德意志各中、小邦一直呼吁由奥古斯滕贝格公爵为三个公国的公爵，奥地利稍后也予以支持。俾斯麦却独排众议，坚决反对这种想法。因为他相信，出现一个独立的诸侯不会给德意志统一带来任何好处；相反，如果石勒苏益格-荷尔斯泰因成为诸侯独立邦并获得邦联和国际列强保证的话，就会形成一种原则范例，即必须保证德意志邦联中所有中、小邦的独立地位，而这是普鲁士所不愿看到的。普鲁士不仅不能统一"小德意志"，甚至也无法实现普鲁士在北德意志的霸权。1865 年 8 月 4 日，普奥签订了关于共管易北河诸公国的《加斯坦因协定》，规定石勒苏益格由普鲁士管理，荷尔斯泰因由奥地利管理，而小小的劳恩堡公国干脆以 250 万塔勒的价格卖给了普鲁士。

俾斯麦根本没有把这种安排当作最后的解决办法。他一直认为，普奥两方在解释协定条款上会发生摩擦和冲突。他设定的唯一出路是由普鲁士"统一"两个公国，这样做最终能得到"小德意志"民族运动的支持，而且为了达到此目的，当然也无须惧怕一场普奥战争。

普奥战争

俾斯麦为统一德国所发动的第二场王朝战争是对奥地利的战争。俾斯麦根据以往的经验得出结论：要实现普鲁士主导下的德国统一，必须用军事手段排除奥地利的阻挠。因此，他一结束对丹麦的战争，就将尚未冷却的枪口对准了奥地利。

俾斯麦首先着手在国际上孤立奥地利的准备。当时，对普鲁士和奥地利的争霸具有决定性影响的国际因素主要是俄、法两大邻国的态度。由于奥地利在克里木战争中反对俄国，因此俄国自然站到普鲁士一边。对法国，俾斯麦主要采用了拉拢诱惑的办法，主动向法国发出暗示，表示将承认它对比利时的占有权。法皇拿破仑三世信以为真，表明将不会站在奥地利一边。此外，俾斯麦还笼络了希望从奥地利手中收复威尼托地区的意大利，与之签订了同盟条约。

俾斯麦在一切准备就绪后，向奥地利提出了貌似公允、实则令对方难以接受的条件，要求在不将其并入普鲁士的前提下，将石勒苏益格、荷尔斯泰因两个公国交由普鲁士国王管理。奥地利对普鲁士吞并两个公国的企图心知肚明，为了打击普鲁士的野心，提出将两个公国的前途交由德意志邦联议会决议，以便使普鲁士与整个邦联为敌。但这正是俾斯麦等待的机会。他立即宣称，奥地利此举破坏了奥普两国的协定，于是命普军于6月7日开进荷尔斯泰因。

6月11日，奥地利号召联邦军队对普鲁士作战。6月14日，德意志邦联议会通过反对普鲁士的议案，普鲁士则以邦联议会越权为由，宣布邦联议会解散，战争正式开始。15日，普鲁士军队首先开进相邻的萨克森、汉诺威和库尔黑森诸邦，在很短时间就控制了整个北德，意大利立即加入普鲁士一方作战，从南方牵制奥军。主要战场越来越移向波希米亚。1866年7月3日在柯尼希格雷茨附近的萨多瓦村进行决战。在这块小小的狭长地带集中了大约23.8万奥军和29.1万普军。这种密集程度在欧洲战争史上是空前的。普军三大军团在总参谋长毛奇统一指挥下，分兵合击，到第三天才扭转战局，最终打垮了奥军主力。萨多瓦战役所解决的，是建立德意志民族资本主义国际的霸权究竟属于普奥这两个资产阶级君主国中哪一个的问题。

萨多瓦战役

战争一共进行了七周，萨多瓦战役的决定性转折使战争迅速结束。法国应奥地利的请求出面调解，普鲁士难以拒绝，但是普军一直推进到维也纳近郊。7 月 20 日，普奥缔结停战协定，接着缔结《尼古尔斯堡预备和约》，最后于 8 月 23 日缔结了《布拉格和约》。奥地利把威尼托地区让给意大利。

战后，在和约谈判和处理战后德意志事务方面，俾斯麦施展了极为灵活的政治手腕。他不仅及时阻止了威廉一世要进军维也纳、羞辱奥地利的计划，而且签订了一项对奥地利来说远为宽容的和约。在他看来，奥地利已不再具备称霸德意志的条件，而真正的危险则是来自欧洲列强的干涉，首先就是法国的战争威胁，因而必须以获得战争的主要结果为满足。普奥战争的结果之一是产生了一个北德意志联邦，这对促进德意志资本主义的发展起了重要的作用。1867 年，在北德联邦和南德诸邦之间缔结了协定，规定了共同的关税和贸易措施，从而在实现政治统一以前，首先在经济领域形成了一个非常重要的全德机构。这个在德国历史上"不出名的普鲁士——德意志国家"是德意志帝国成立的预备阶段。普奥战争的结局还使奥地利被排除在德意志之外，这是继 1648 年瑞士脱离德意志之后又一块重要的德意志土地被剥离出去。

1867 年 2 月，奥地利统治集团为了摆脱因战争失败而激化的国内矛盾，被迫对地主贵族进行妥协，将奥地利帝国改组为二元制君主国——奥匈帝国。奥匈帝国的建立不仅标志着奥地利帝国资产阶级改革运动的完成，而且也标志着曾经由普奥两国共同主导的德意志历史的"终结"。普鲁士统一德国的时机进一步成熟。

普法战争

由于法国的干涉，南德的四个邦依然滞留在北德意志联邦之外。法皇拿破仑三世宣称："德意志应划分为三块，永远不得统一"，如果把南德意志诸邦拉进北德意志联邦，法国的"大炮就会自动发射"。因此，普鲁士要最终完成德国的统一，就必须克服法国的阻挠。1867 年，俾斯麦指出："与法国的战争肯定会到来，法国皇帝显然要把战争强加在我们头上。"于是，他决定发动第三场王朝战争，向法国开战。

拿破仑三世也同样在进行战争准备。相比之下，俾斯麦的处境要更为有利，因为统一的形势已日新月异，德意志各邦的民族运动给了他足够的支持。同时，俾斯麦还于 1868 年同俄国缔结了一项互助条约，规定两国中的任何一国如在战争中受到威胁，互助将立即生效。这无疑给普鲁士增添了一个非常强大的后盾。此时，对于俾斯麦来说，唯一缺少的就是一个与法国决裂的适宜的借口，这个借口最好能给人一种印象，即侵略者不是普鲁士而是法国。他注意到，如果使普法战争的性质变成民族防卫战，就可能使南德诸邦同情北德联邦的统一计划。他指出："鉴于法国的态度，我认为我们的民族荣誉感迫使我们进行战争。"拿破仑法国对德意志事务表现出的咄咄逼人的干涉态度，恰恰为俾斯麦所利用。

这时，霍亨索伦亲王利奥波德竞选西班牙王位一事成为普法战争的导火索。1868 年，西班牙女王被推翻，霍亨索伦家族的利奥波德是王位候选人中的一位。但法国却坚决不同意这位亲王参选，担心如果西班牙和北德联成一体，那么自己将来会腹背受敌。普鲁士国王威廉一世慑于法国的战争威胁，在同法国驻普大使的会谈中答应劝说亲王放弃王位候选。7月13日，在法国大使的强烈要求下，威廉一世委托普鲁士外交部将此事电告身在柏林的俾斯麦，并允许他转告新闻界和普鲁士驻外使节，普法战争的危险似乎已经远去。但就在这一天，发生了"德国历史上最富有戏剧性和最具有决定意义"的一件事。由于国王同意了法国的要求，俾斯麦的感情受到了激怒和伤害，感觉自己的全部计划正面临失败。正当他闷闷不乐地和将军毛奇一起喝酒，并准备愤然辞职时，突然接到了外交部发来的那份电文。俾斯麦发现急电可能大有用场，于是立即动手进行了删节，尽管未加一词，却语意大变，使电文读起来像是"对挑战的耀武扬威的答复"。俾斯麦估计，电文一旦在报纸上发表，很快就会传到巴黎，到时"将对高卢牛起到一块红布的效果"。事实果然不出俾斯麦所料，稍加改动的电文在巴黎引起了愤懑和狂怒。

1870年7月19日，普法战争正式爆发。法国的挑战激起了德意志民族巨大的爱国热情。在民族情绪的压力之下，南德意志各邦积极履行盟约，派出军队与普鲁士共同作战。奥地利迫于压力，在战争中宣布中立。在这种有利形势下，普鲁士展开了政治和军事两方面的攻势。政治斗争主要由俾斯麦进行。他施展外交手腕，排除了第三国干涉的可能，迫使法国议和，并且分别和南德四个邦举行秘密谈判，促使他们加入北德意志联邦。

政治斗争的基础是战场上的胜利。总参谋长毛奇体现了卓越的军事指挥才能。战争开始后，法军分两路出击，巴赞和麦克–马洪各任统帅。普军则分三路迎敌。毛奇指挥第一、二路军紧紧咬住巴赞部队，迫使巴赞退困于梅斯要塞。尔后。毛奇又命令一支部队迅速进击巴黎，另一支部队则堵截来解梅斯之围的麦克–马洪，将其重重包围于色当附近。9月2日，麦克—马洪被迫投降，俘虏中竟然还有法国的皇帝拿破仑三世。9月4日，巴黎发生革命，成立了第三共和国国防政府。9月19日，普军兵临巴黎城下。10月27日，梅斯的17万法军宣布投降。1871年1月28日，国防政府与德国签订停战协定。5月10日，梯也尔新政府在凡尔赛与德国签订《法兰克福和约》。和约规定法国向德国赔款50亿法郎，以法国北方六省当抵押，将阿尔萨斯全部及洛林的部分土地割让给德国。

德意志帝国成立仪式

随着对法战争的节节胜利，德意志统一的步伐迅速加快了。1870 年 11 月，南德各邦与北德意志联邦合并，德意志帝国成立。1871 年 1 月 18 日，普鲁士国王威廉一世在所占领的法国凡尔赛宫镜厅正式即位为德意志帝国皇帝。德国的统一最后完成，德国历史也进入了一个新阶段。

普鲁士国王威廉一世登上德国皇帝的宝座之后，俾斯麦——这位帝国的缔造者——也晋升为帝国宰相并加封公爵。他影响至今的伟大历史功绩之一便是在以后数年中采取的社会政策：提倡并推广了社会医疗、事故、养老及伤残保险制度。

差不多 20 年之后，威廉一世之孙——威廉二世皇帝才解除了这位白发苍苍的帝国宰相的职务。当威廉二世于 1888 年加冕为德国皇帝之时，种种迹象就已表明：这位年方 29 岁的统治者希望尽快甩掉他已 73 岁高龄的宰相。雄心勃勃的年轻皇帝在同年 8 月就有相应表示："我想让这个老头再喘息 6 个月，然后我就要自己执政了。"

年轻的皇帝不论在内政还是在外交上均与宰相有着不同的见解。继位不到两年，皇帝便要求俾斯麦写辞呈，辞呈写得十分巧妙——俾斯麦让皇帝承担因他辞职而导致的全部政治后果。这样，威廉二世别无选择，只能禁止发表辞呈。在正式的卸任典礼上，皇帝告诉年迈的宰相"只是因忧虑他的健康"才促使自己接受了辞呈，俾斯麦以他的健康状况"从没有像最近几年这样好"来回击皇帝虚伪的套辞。当俾斯麦离开柏林时，大街小巷挤满了市民。面对火车站里为他送行的仪仗队和男声合唱团，他颇为凄楚地说道："这是一流的葬礼。"

此后几天，皇帝曾发出一封电报，里面宣称："我喜欢巡视军官的职务。依照原有路线，现在，全速前进！"英国政治讽刺画报《笨拙》发表了一幅漫画，画上的俾斯麦穿着油布夹克和高腰航海皮靴，正顺着轮船舷梯向下行走；身着海军将军服的皇帝依靠在船舷边，正望着下面的他。画的标题是"领港员离船了"。

1898 年 7 月 30 日，俾斯麦逝世。举行葬礼的日期恰好与 1888 年威廉一世安葬的日期相同。也许这并不是巧合，俾斯麦的石棺上刻着他自题的墓志铭："这里安息着俾斯麦公爵，皇帝威廉一世忠实的德国仆人。"

德意志帝国："新路线"（1890—1914 年）

1890 年，威廉二世继位仅两年，便将帝国首相俾斯麦解职，由此开启了一个新时代。然而，威廉时代的德国社会依然固守着陈旧的传统。

威廉二世没有继续推行俾斯麦的强硬政策，他许诺要推行"新路线"，结束国内政治的停滞状态。在"文化斗争"中被孤立的天主教重新回到主流社会；《反社会党人法》也停止了施行；新颁的劳动法中明令禁止使用童工，表现出国家保护工人阶级的一面。但是皇帝的这些"礼物"不但没能使工人放弃支持社会民主党，反而使他失去了对社会改革的兴趣。不过，威廉统治初期对社会主义组织的宽容，赢得了公众的正面评价。

威廉改任列奥·冯·卡普里维伯爵为帝国首相。卡普里维没有俾斯麦那么强硬专权，因此可以站在皇帝一边，不会妨碍威廉的"亲政"。

然而，卡普里维在位时间并不长。其务实缓和的国内政策逐渐令保守派无法接受，而他的贸易政策虽使德国于 19 世纪 90 年代成为一个世界性的经济强国，但却引起了大地主阶层的不满。由于他计划像其前任俾斯麦一样推翻帝国议会，卡普里维于1892年被迫辞去普鲁士首相的职务，又于1894年辞去了帝国首相的职务。

德皇威廉二世

威廉时代一个最大的特点是经济现代化与上层精英阶层的传统保守之间的矛盾。

贵族阶层决定了社会的基调，他们试图继续占据原来的统治地位。然而，经济领导权早已落到了资产阶级上层手中，他们牢牢控制了工商业和金融市场。

但是在帝国之中最具影响的普鲁士，相应的现代化进程迟迟未能展开。直到1918年，普鲁士州议会的组建仍然由三级特权所决定，这与较为进步的帝国议会逐渐形成了强烈的反差。

1913年的察贝恩事件证明了一个可以适用于整个威廉时代的事实：面对一个仅向德皇负责的独裁政府，议会只能无所作为。

不成熟的外交

威廉二世在对外事务上缺乏技巧。由于外交政策的轻率鲁莽。德国在欧洲日益被孤立。

威廉二世抛弃了俾斯麦维持欧洲均势的方针，着手实施其"新路线"中的外交政策。德国的目标在于建立一个帝国主义世界。在新任首相卡普里维拒绝与俄罗斯续订1890年的《再保险条约》后，法国借机于1894年同俄罗斯结盟，这使德国有可能陷入两线作战的窘境。

虽然一般人都认为英德两国的敌对不可避免，但威廉还是试图与英国密切接触，他承认桑给巴尔受英国保护以换取英国对德国控制赫利戈兰的支持，但1896

年的克鲁格电报却激怒了英国。在电报中威廉就布尔人战胜英国向南非的德兰士瓦共和国总统保罗·克鲁格表示了祝贺。

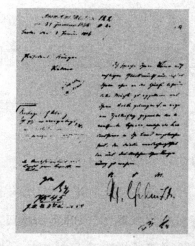

克鲁格电报：威廉向布尔人总统保罗·克鲁格祝贺其战败英军。

此外，在阿德迈尔·冯·提尔匹茨的帮助下，威廉想要建立起一支强大的德国海军，由此在19世纪90年代中期同英国展开了激烈的军备竞赛，令德国财政几乎因此耗尽。1898年，德国同奥斯曼帝国进行接触，开始计划在近东修建从柏林到巴格达的铁路。英国认为此举侵犯了其势力范围，于是在1904年先与法国结盟，接着又于1907年与俄罗斯结盟，由此形成了三国协约，这使得德国除了奥匈帝国这个盟友外完全处于孤立状态。

在殖民地问题上，如外交大臣冯·比洛在1897年所说的，德意志帝国积极地要获取"一个在太阳下的位置"。德国大举入侵非洲、中国和太平洋地区。殖民地的起义被残酷镇压，如德属西南非洲的荷若鲁人和霍屯督人起义。1905年和1911年德国在摩洛哥危机中与法国发生摩擦，使自己在欧洲陷于孤立。

除了奥匈帝国之外，德国已经没有任何的盟友，在军事上也陷入了重重包围之中。虽然英国保持善意，但是德国一心扩充其海陆军力量。当1914年奥地利王储在萨拉热窝被刺时，第一次世界大战的爆发已不可避免了。

"S. M. S. 凯瑟琳·奥古斯塔"号，二级武装巡洋舰。

二元君主体制

1867 年，奥地利与匈牙利在皇帝个人的名义下实现了联合。在之后的解放斗争期间，民族主义和反犹主义暗流也变得愈发明显。

在 1848 年革命期间短暂存在的匈牙利议会于 1867 年重建，并成立了一个匈牙利人的政府。奥地利帝国首相冯·博伊斯特伯爵被迫对匈牙利代表费伦茨·代阿克和久拉·安德拉希伯爵做出妥协。奥地利与匈牙利的联合仅仅是出于实际需要，而且是通过一个共同的君主——奥地利皇帝才得以联合在一起。奥地利皇帝同时也是匈牙利国王，它们拥有统一的军队和共同的外交、国防和财政部门。

1867 年 12 月 21 日，弗兰茨·约瑟夫一世皇帝颁布《十二月宪法》，明确了议会在这两个国家中的权力，并指明议会与君主共同决定国家的决策。该宪法一直沿用至 1918 年。1868 年，卡尔·阿奥斯佩格亲王任政府首脑，他将自由派人士收入内阁。由此，一场为期十年的解放运动开始了。在此期间，大量进步的法案被实

冯·博伊斯特伯爵弗里德里希·费迪南，木刻版画。

1867年6月8日，弗兰茨·约瑟夫一世在布达佩斯加冕为匈牙利国
王，1889年的木刻版画。

施。1868年，天主教会在教育和家庭政策方面的影响终结。此后，又施行了普遍义
务兵役制和自由义务教育。

冯·塔弗伯爵，作为奥地利总理，对天主教保守势力采取强硬手段，为奥地利
在社会福利措施方面的改善奠定了基石。然而，为了争取议会多数票，他不得不向
帝国议会中的斯拉夫籍成员寻求支持，并顾及到了捷克等民族的利益。

1880年，捷克语成为波希米亚地区的官方语言，并在1882年成为布拉格大学的教学语言。

通过其"亲斯拉夫"的多民族政策，塔弗培养了民族主义者和反犹主义者等保守势力的强烈偏见，如维也纳市市长卡尔·吕格尔即为一例。

"多瑙河帝国"的结盟政策

多民族的奥地利在多民族政策上失败了。与此同时，这个"多瑙河帝国"试图与德意志结盟共同对抗俄国。

君主制的奥匈帝国未能成功地使众多民族群体服膺于其统治之下。由于在这么多互相争斗的民族之间建立起真正的统一几乎是不可能的，这一局面反而也促成了一定的稳定性。与此同时，国家公务人员仍然效忠于其哈布斯堡家族。

1879 年 10 月德奥两国同盟的签订：德皇威廉一世与弗兰茨·约瑟夫皇帝及两国的外交大臣俾斯麦和安德拉希。

在选举权和参与政治进程方面，奥地利人和匈牙利人享有一定特权。于是这个二元君主制国家通过警察力量牢牢控制了其他少数民族。从 19 世纪 70 年代开始，匈牙利政府在解放运动过程中企图在南斯拉夫地区推行马扎尔化，从而导致了巴尔干地区的紧张状态，加速了第一次世界大战的爆发。

这种复杂的局面造成了 1914 年奥匈帝国王储弗兰茨·斐迪南大公被一个塞尔维亚民族主义者暗杀。大公是皇帝的侄子，由于他强烈地反对分离运动，从而引起了塞尔维亚人的憎恨。

在外交中，又被称为"多瑙河帝国"的奥匈帝国积极对外结盟。1873年，它与德、俄结成三皇同盟。

由于奥斯曼帝国在这一地区的力量日渐衰落，再加之奥地利对俄罗斯的扩张及其对斯拉夫民族主义的支持疑心重重，所以奥地利与俾斯麦领导的德国又结成两国同盟。奥匈帝国保证一旦德国面临俄法联合攻击，它将给予援助。

1882年，由于意大利的加入，三国同盟正式形成。其他的欧洲国家逐渐对这种力量聚集深感威胁。所以，英、俄、法在1907年组成三国协约。

由此欧洲分裂成两大军事阵营，双方在7年之后展开了一场世界大战。

四、英　国

1830—1914 年

由手工业化开始得较早，英国经济的发展比欧洲大陆约领先半个世纪，但是普通工人的工作条件极其恶劣，生活普遍穷困。这使得制定工人保护法显得越发迫切，而选举权也必须逐渐扩展到人口中更广泛的层面，只有这样，才能缓解社会压力。

在 1837 年继位的维多利亚女皇的统治下，英国经济最初极其繁荣，但是社会问题依旧存在。工人运动兴起，他们要求进一步推动改革。英国殖民帝国在 19 世纪逐渐调整，改组为英联邦。

君主立宪王朝的政治改革

19 世纪 30—40 年代，英国进行了一系列成功的改革。

乔治四世死后，急于改革的威廉四世继位。1832 年 6 月推行的《改革法案》减少了对财产的限制，使得拥有选举权的男性的范围大大扩大，同时还增加议会的权力。

由于农村大量移民涌入，城市人口急剧增加，议会席位不再根据选民人数进行分配，而是按照重新划分的选区分配，并明显偏向于城市。

伦敦的贫民区，约 1850 年。

　　1835 年通过的《城市自治体法》，又规定了市议会的选举方式。在抗议 1832 年自由主义选举改革的过程中，英国保守党诞生，它努力地争取获得更多的选票。但是在 1846 年首相罗伯特·皮尔爵士转而支持自由贸易政策之后，保守党出现了分裂。

《小题大做》（或《无事生非》），讽刺《天主教解放法》的漫画。

　　对基督教各派关系所进行的改革也势在必行。与英国国教徒相比，天主教徒在享有公民权方面受到的限制颇多。随着各类社会运动的展开，给予天主教徒平等权利的呼声越来越高。1829 年 4 月,在威灵顿公爵首相阿瑟·韦尔斯利等人的影响下,议会通过《天主教解放法》。该法令终结了官方优惠新教徒、歧视天主教徒的做法,允许他们成为议会的成员。

"曼彻斯特资本主义"的社会改革

随着时间的推移,各种技术革新和一系列推行社会改革的法令,改善了英国下层民众的生活状况。

1819 年 8 月 16 日,曼彻斯特工人的示威活动在彼得卢大屠杀中遭到血腥镇压,骑兵向聚集在街道上的人群开枪,并打死 11 人。保守派很快认识到,需要进行改革以维持国内的和平。第一部《工厂法》早在 1802 年便已通过,该法禁止工厂安排童工上夜班,并规定学徒每天的最高工作时限不超过 12 小时。1819 年,工厂雇佣 9 岁以下儿童的行为被明令禁止。1824 年,工人获得了罢工和结成联盟的权利。

第七任沙夫茨伯里伯爵安东尼·阿什利·库珀,
约 1870 年的油画。

然而由于缺乏国家的监控,这些法律很难被真正贯彻。1833 年,通过了第一部生效的《工厂法》。它规定了妇女和儿童每天的最高工作时限,还明确提出 13 岁以下的儿童每天工作不能超过 9 小时,一个监管委员会负责这些法律的执行。在第七

任沙夫茨伯里伯爵安东尼·阿什利·库珀的努力下，工人的工作环境和生活条件得到了一定的改善。他还提倡社会福利住房计划，并为穷人的小孩提供教育机会。他还提出一些社会法案，包括 1842 年禁止妇女和儿童在矿井工作，以及 1847 年规定在工厂工作的妇女和孩子每天的工作时间不超过 10 小时。

伯明翰一条运河上的泵站，安装了瓦
特发明的简易抽水机。

为了保证英国谷物的高价，议会于 1815 年通过了一项反对谷物进口的关税，即《谷物法》，但是居高不下的面包价格最终引发了平民的暴乱。乔治四世以限制公民权来应对，尤其是限制集会的权利和言论的自由。

一批主张自由贸易的纺织工厂主在理查·科布登的领导下，与工人结成同盟，组成"曼彻斯特学派"向政府施以重压，使得《谷物法》于 1846 年被废除。

由科布登和约翰·布莱特在 1838 年成立了反《谷物法》联盟，积极要求普遍的公共教育和选举权改革。

东印度公司

"东印度公司"这个称号，大概和哥伦布错把美洲当作印度并以讹传讹有关。1492 年，哥伦布航行到达今天中美洲的西印度群岛，错把它当成印度，以后人们发现错了，但仍然将错就错，把真正的印度（甚至印度尼西亚等一些东南亚国家）叫做"东印度"，把美洲加勒比海的岛屿叫作"西印度"，这些殖民公司的名称就由此而来。

东印度公司是英国、荷兰等继葡萄牙和西班牙殖民扩张后于 17 世纪为了处理他们在东印度地区的一些事务而成立的机构，后来这些公司都变成了殖民者在殖民地的统治机构。当时在印度设立东印度公司的国家主要有英国、荷兰、法国、丹麦、奥地利、西班牙和瑞典等国，其中荷兰与英国的公司是最有名的，英国的东印度公司更是因贩卖鸦片和黑人奴隶而闻名于世。

英国东印度公司的成立起源于一次海盗行动。1587 年，德雷克奉命率领英国海军袭击西班牙船队，在海战中俘获了一艘属于西班牙国王的商船"圣菲立普"号，截获了许多记载有关东印度贸易的秘密文件，这些文件促使伦敦的商人在 1600 年组成了东印度公司。当年伊丽莎白女王向东印度公司颁发了一张特许状，授予它 15 年东方贸易的专利权。

1608 年，英国东印度公司试图在印度建立商馆。起初由于没有足够的武装力量，东印度公司主要利用经济手段渗入印度。17 世纪期间，东印度公司对莫卧儿帝国主要采取派遣使节团、送礼、贿赂等手段，取得了在印度建立商站经商的权利，以后又得到了很低的关税，到了最后甚至完全免税，只需每年向莫卧儿王朝纳贡。英国人赋予印度当地商人以在英国旗帜下不支付国内关税进行自主贸易的权利，从而使当地商人集团和高利贷集团争相投入东印度公司的怀抱，它们后来成了英国殖民者的工具。

英国东印度公司通过免除各种捐税，在商站周围建立起了一支庞大的买办集团，通过他们来剥削印度广大的小手工业者群众。公司以租用村落来建立商站的方式获得土地，然后以冠冕堂皇的借口把商站变成堡垒。东印度公司在 1609 年续领特许状时，取得了 5 项特权：略地铸币、筑城养兵、缔结盟约、宣战媾和、审理刑事民事案件。后来，东印度公司的中心从西海岸转移到孟加拉。在这个时期内东印度公司的活动主要是为建立政权准备条件。

1765 年，东印度公司取得孟加拉、比哈尔、奥里萨的收税权，主宰了孟加拉。东印度公司直接掌握了财政和军权，间接掌握了行政权。经过 100 多年的蚕食，东印度公司成了事实上的印度政府和英国的殖民机构。从英国东印度公司的成立起到它在印度获得统治权时（1757年），有一段早期殖民掠夺史。这段历史在年代上属于印度中世纪末期，但它的时代性质则属于殖民统治的早期。1702—1813年，英国东印度公司通过贸易、直接掠夺等方式对印度进行殖民掠夺和剥削。19世纪中叶，田赋收入约占东印度公司总收入的70%。

这实在是人类历史上最奇怪的一段插曲：一个股份公司——英国东印度公司，后来竟然变成了印度这样一个大国的正式政府，"官商一体"发展到了它的顶峰。英国东印度公司这个印度的"政府"还是英国女王的臣下，东印度公司统治的印度也就理所当然地变成了英国的殖民地。这些殖民地的财富源源不断流入英国，为工业革命准备了重要的前提。但是，随着英国工业资本的增长，英国议会对东印度公司事务的干涉越来越多。英国政府先后于1813年和1833年取消了东印度公司对印度和中国的贸易垄断权。

1858年，英国撤销了东印度公司。除股本外，东印度公司的全部财产归英国国家所有；英国内阁设印度事务大臣；印度总督改称副王，为英王驻印度直接代表。

1818年后，殖民统治基本上处于巩固政权时期，但是也有过两起兼并高潮。这些兼并引起了1857年的印度民族大起义。这次大起义后，英国结束了东印度公司在印度的统治。1858年，维多利亚女王颁布诏书，宣布成立英印政府，开始了英国政府直接统治印度的时期。

反法战争

1793年英法开战，英国从此卷入长达22年的持久战争。这次战争把整个欧洲都牵了进去。1793年2月1日法国向英国宣战，战争由此开始，英国组织了第一次反法同盟，参加的国家有奥地利、普鲁士、撒丁王国和西班牙。当第一次反法联盟的战争行动刚开始时，英国凭借它强大的海军舰队，炮击敦刻尔克，并占领了科西嘉岛。但在进攻法国的土伦港口时，受到法国军队的英勇抵抗。1793年12月，法军解放了该港口，英国舰队不得不撤离。

反法联盟各国除了反对法国革命的可怕威胁之外，没有更多的共同利益。1795年4月，普鲁士同法国订立和约，退出了联盟。1797年10月，奥地利又同法国订立了和约，英国在反法联盟中又失去了一个帮手。

1798年，拿破仑的军队占领了埃及的亚历山大里亚港，后又占领了开罗。这时法国的舰队停泊在亚勃基尔湾。纳尔逊派了一支分遣队驶往亚勃基尔湾。1798年8月1日清晨，英、法舰队发生战斗，结果法国舰队彻底失败。13艘主力舰中有11艘被击沉，两艘逃之夭夭。此后，英国舰队控制了地中海，并占领了马耳他等重要据点。

英国的反法战争

英国虽然在海战中取得胜利，但并不能扭转整个战争局势，所以，小皮特在1798年底又组成了第二次反法联盟。参加的除了英国之外，还有俄国、奥地利、西班牙和那不勒斯等。

联盟军中的俄军在意大利和爱奥尼亚群岛取得一些胜利。英国军队则在荷兰登陆。但奥地利却节节失利，并于1800年6月在马连戈遭到惨败。1801年2月，奥地利同法国订立了吕尼维尔和约，退出了联盟。而俄国沙皇保罗一世也同法国谈判讲和，并和瑞典、丹麦、普鲁士组成了中立联盟。虽然1801年3月俄国发生宫廷政变，保罗一世遇刺身亡，但谈判仍在继续。1801年10月，法俄订立了和约，此外还订立了一个秘密协定。在奥地利退出联盟之后，普鲁士也在拿破仑的胁迫下退出联盟，至此第二次反法联盟瓦解。

1801 年，英国联合土耳其击败了在埃及的法军以后，以阿丁顿为首的英国政府即开始同法国和谈。阿丁顿指望法国在雾月 18 日政变后，其政治局面会发生不利于革命的变化，指望新上台的拿破仑会亲手镇压法国国内的民主运动，所以于 1802 年 3 月 27 日在亚眠与法国缔结停战协定。根据协定，英国被迫放弃了战争年代中所占领的一些殖民地，将之交还给法国及其盟国西班牙和巴达维亚共和国，但继续保留锡兰和特里尼达岛；法国则保留在欧洲对比利时和荷兰的监督权，并将埃及归还土耳其。

亚眠和约订立之后，英国实际上仍在不断加强自己的力量。1803 年，阿丁顿政府为重建英国的海军舰队而坚持不懈地努力。这个时期，英国军事建设的规模超过了以前任何一个时期。英国共保留了 13 万正规军，其中有 5 万人驻扎在海外，8. 1 万人留守在英国本土。此外，英国还有 5 万民兵，并建造了许多要塞。这支庞大的军事力量，大大超过了拿破仑可能动用的、渡过英伦海峡进攻英国本土的军力。

由于英法的基本矛盾并未消除，双方又都在继续备战，所以亚眠和约未能维持多久。第二年春，英、法之间的战争又起。英国资产阶级觉得只有小皮特才能有魄力去与拿破仑对抗。所以在 1804 年 5 月，小皮特又代替阿丁顿成为首相。他匆忙地组织了第三次反法联盟，参加者有英、俄、奥和那不勒斯。

反法联盟中的俄国和奥地利的军队仍在大陆上展开广泛的战斗活动。为了解除后顾之忧，拿破仑不得不放弃渡海征英的计划，撤掉了布洛涅营，回师东指，去迎击俄国和奥地利的军队。他先击溃了奥军，10 月间迫使奥军在乌尔姆要塞投降。在库图佐夫指挥下的俄国军队，不得不赶快撤退到多瑙河彼岸。

1805 年 11 月 13 日，拿破仑率军进入了维也纳，12 月 2 日，也就是拿破仑加冕一周年，在摩拉维亚的奥斯特里茨村附近发生了一次大战，俄、奥联军遭到彻底失败。至此，第三次反法联盟实际解体了。

对英国来说，拿破仑渡海登陆的危险已被消除，因为 1805 年 10 月 21 日在特拉法加发生了一次大海战，英国名将纳尔逊指挥的舰队彻底击败了法国和西班牙的联合舰队。在这次著名的海战中，纳尔逊要求英国舰队上的官兵"人人尽责"。大战结束时，法、西联合舰队只有 9 艘战舰回港，4398 人阵亡，而英国仅阵亡 449 人。纳尔逊在这次战役中，也受了重伤，并因伤势过重而去世。这次战斗使法国海军受到无法弥补的损失，在短期之内不可能在海上与英国较量。

此后英国又组织了两次反法同盟，不过都很快瓦解。拿破仑 1812 年在俄国失败后，欧洲各国反拿破仑的气氛又高涨起来。1813 年组成了第六次反法同盟，参加的有英、俄、普鲁士、奥地利、瑞典、西班牙和葡萄牙。1813 年 10 月 16 日至 19 日，反法联盟各国的军队在莱比锡与拿破仑的军队进行了一次所谓的"民族之战"，结果拿破仑遭到失败。1814 年初，联军攻入法国。1814 年 3 月 31 日，以俄国沙皇亚历山大一世为首的联军进入巴黎。4 月 6 日，拿破仑在枫丹白露下诏退位。盟国把他遣送到意大利近旁的厄尔巴小岛，让他做这个小岛的全权统治者，并保持皇帝称号。

1815 年，欧洲各国在维也纳举行会议，签署了已经在巴黎确定的和约，并安排战后的欧洲格局。英国在维也纳会议上得到的许多经济上和军事上的重要地区，使它进一步确立了在世界上作为第一号殖民强国的地位。这样，自 17 世纪末以来同法国争夺殖民地的长期斗争，就以英国的胜利而结束了。以后英国在欧洲和世界上的作用不断加强。而欧洲其他国家除了俄国由于它的落后而相对稳定之外，法国经过革命和战争的长期动荡已精疲力竭，德意志和意大利仍处于四分五裂状态中。相比之下，英国政治比较安定，经济蒸蒸日上，在国际上地位更加突出。

在长达 20 余年的战争中，欧洲各国人民的生命和财产受到巨大的损失。据不完全统计，战争中死亡人数达 100 万人。在此期间，英国经历了一个经济快速发展，社会快速变化的时期，同时也经历了一个对内的保守政治和对外的持久战争时期。这些情况都对英国造成了长期的影响，促使英国在 19 世纪发生重大的变革。

英布战争

19 世纪末、20 世纪初爆发了一场英帝国与"世界末端"国家的一场战争——

英布战争。

英布战争发生在 1899—1902 年间，是英国与南非两个国家间的战争，这是一场不折不扣的英帝国的又一次侵略战争。这两个南非国家分别是南非共和国（德兰士瓦）和奥兰治自由邦（共和国），这两个国家是由荷兰移民建立的。这些荷兰人被称为"布尔人"，布尔意思为"农民"。17 世纪末，荷兰移民在这里寻找到了自己的新家园，建立了农场，以放牧为生。

这场英国和布尔人战争的根本原因是英国的帝国霸权主义。早在 1877 年，英国就已承认了南非共和国，1881 年，布尔人战胜了英国军队，因此，英国政府不得不重新再次承认南非共和国。但是不久在南非共和国发现了大量的金矿和钻石矿，于是掀起了一场淘金热，也引来了大批的英国淘金者。越来越多的英国移民要求自己的完全公民权，然而荷兰人的后裔觉得没有任何理由让英国人来分自己的大蛋糕。

南非共和国总统保罗·克鲁格拒绝向英帝国妥协。另一方面，英国驻南非总督阿尔弗雷德·米乐尔对克鲁格的态度提出了尖锐的批评。米乐尔在 1898 年拒绝了南非共和国的有关"外国人"选举权问题的建议，并积极备战。然而英国本土离南非遥远，调兵遣将并非一日所能。这时的布尔人也看出一场战争在所避免，为了先发制人，南非共和国和奥兰治自由邦共同成立了联邦议会，并于 1899 年 10 月 9 日向英政府发出了最后通牒。通牒要求英国撤走当年 6 月 1 日以后到达南非的军队，并限期 48 小时内答复。英国于 IO 月 10 日拒绝了布尔人的要求，11 日布尔人发动了对英作战，12 日英布战争爆发。

英布战争持续两年半，从 1899 年 10 月 11 日到 1902 年 5 月 31 日，按战争进程可分三个阶段。战争初始阶段，拥有 4 万军队的布尔人取得了一连串的胜利。当时英军有 2 万军队，布尔人赶走英军后，在莱迪史密斯、金佰利、马弗京地区扎寨。

到了 1899 年的最后一周，英军的士气低落到了极点。伦敦报纸以《TheBlack Week》来形容当时的情形，欧洲的各大报纸的头版均被《英军被驱》的标题所占。英国女王维多利亚被迫做出反应，伦敦委命了两名殖民长官，他们是罗伯茨（远征军司令）和克其纳（总参谋长）。此外，英国迅速向南非增兵，6万英国军队开赴了开普敦，伊丽莎白港和东伦敦。

2月28日布勒将军率领2.6万人从布尔人手中夺回了莱迪史密斯。3月31日，弗伦奇率领的4万军队开进了金伯利城。奥兰治自由邦被英国吞并，6月5日比勒陀利亚陷落，不久后南非共和国也寿终正寝了。

但是英国人的征服并没有马上带来和平，战争还持续了长达两年之久。在这两年中布尔人与英军进行了无数次的小规模作战，战斗相当激烈。在战争时期，平民被血腥掠夺。在布尔人战败后，总统克鲁格返回欧洲。共和国的执政权被副总统布尔格和军国主义者的博塔瓜分。

博塔从来不承认对英作战的失败，并积极准备报复性攻击。英军对此做出激烈的反应，罗伯茨下令焚烧农庄，屠杀布尔人所有的牲畜，毁灭所有庄稼。1901年初罗伯茨被召回伦敦，克其纳接管帅印。为了不使自己丢掉帅印，克其纳想尽快结束战争。尽管布尔人和英军之间有协议，战争不能涉及无辜百姓。克其纳还是建立了集中营，将成千上万的妇女和孩子赶进去，并组织集体屠杀行动。其间克其纳招募了1万志愿兵。

布尔人也采取了相应的报复措施，他们枪毙所有被俘的志愿兵。克其纳也毫不留情地处决布尔人的俘虏。战争结束时，大约有3万平民死于战乱，无数的士兵阵亡。英国人惨绝人寰的行径被世界所指责，但是只要维多利亚还在位，克其纳就根本不必为自己的所作所为向南非忏悔。直到维多利亚的长子爱德华七世登基，对南非的血腥统治才得以收敛。

这个时期英国在南非已驻扎了25万军队。这些军队在南非对付3万的反叛者，终于在1902年5月31日彻底迫使布尔人投降了。在这个命运转变的一天，布尔人签署了"统一条约"：战败方的公民必须承认英国国籍，所换取的权利是：可以保留荷兰语和自己的传统。

维多利亚时代

　　人们曾经这样评价过维多利亚女王："没有一个坐上帝位的女人，像维多利亚一样，如此出色地完成了女王的职责，同时又拥有如此平凡的作为女人的幸福。"19世纪中后期维多利亚女王在位时，英国成了"世界工场"，变成了"日不落帝国"，发展为资本主义世界头号强国。1838年，18岁的亚历山德拉·维多利亚登上英国女王的宝座，直到1901年去世，在位60余年。她是英国历史上统治时间最长的一位君主，她开创了英国历史上的黄金时代——"维多利亚时代"。

铁腕君主维多利亚女王像

　　维多利亚女王（1819—1901年）是英国历史上在位时间最长的君主，时间长达63年。维多利亚女王是第一个以"大不列颠和爱尔兰联合王国女王"和"印度女皇"名号称呼的英国君主。她在位的63年中（1837年—1901年），是英国最强盛的所谓"日不落帝国"时期，她在位期间直到她去世后，到第一次世界大战开始的1914年，英国都称为"维多利亚时代"，1914年以后，英国开始走向衰落。

　　维多利亚的父亲是肯特公爵爱德华（乔治三世国王第四子），母亲是德国萨克逊一科堡一萨尔费尔德的维多利亚公主。1819 年 5 月 24 日，维多利亚在伦敦肯辛顿宫出生，当时为了让孩子在伦敦出生，她的父母专程从德国巴伐利亚长途跋涉赶回英国。父母为她取名费尽了心机，最后定名亚历山德拉·维多利亚，一是表示对孩子的俄国教父——亚历山大一世的尊敬，二是为了纪念她的母亲。

维多利亚的童年生活可谓是多磨多难，在她只有 8 个月大的时候，她的父亲爱德华突然去世。爱德华去世后，留给妻儿的只有沉重的债务，从此家里开始省吃俭用节约开销。小时候的维多利亚总是穿同一套衣服，在她当时的观念里，女人频繁更换服装是一种挥霍浪费和不良品行。等到她以后成为女王之后，她还是保持着当初的思想，她在服饰上也一直很俭朴，王冠上价值连城的珠宝仅仅是为了显示对王权的尊重。

从 12 岁开始，维多利亚开始学习冗长烦琐的宫廷礼仪和许许多多的行为禁忌：不许和陌生人交谈，不能在外人面前流露情感，不得破坏规矩，不许按照自己的好恶选读书籍，不许吃定量外的甜品，等等。也许从那时她就知道，有一个怎样的辉煌前途在等待着她。

维多利亚从小受到自由主义思想的熏陶，她一直在母亲的德国环境中长大。1837 年，她叔父不列颠帝国国王兼汉诺威国王威廉四世去世，当时维多利亚 18 岁。维多利亚旋即登基，成为女王。同时，她将汉诺威王位让予她另一叔父，从此汉诺威不再属于英国。

当时的英国虽然是君主立宪制度，但是女王对于大臣们的影响力仍然非常大。维多利亚刚刚即位，就积极参与朝政，和首相墨尔本子爵拉姆（1779—1848 年）配合默契，倾向于辉格党人，与托利党人格格不入。由于跟墨尔本走得太近，事事对他言听计从，结果遭到了反对派的公开责骂，有人喊她是"墨尔本太太"。

登基不久，维多利亚女王很快就展现出了她的政治才能。当时维多利亚身边的两个女侍的丈夫曾经是效忠前政府的，所以首相墨尔本向女王建议换掉那两个女侍。年轻的女王这样回答："我不会换掉其中的任何一个，我对她们的政治观点不感兴趣，因为我不需要和她们讨论政治问题"。

维多利亚女王熟知各种典章律法，也充分了解自己承担的义务。她从来不漠视政府做出的决定，也从来没有试图修改宪法。但她也深知自己权力的所在，在写给政府的诏书中，女王不止一次用威胁的口吻提到，如果政府不充分尊重她的权利，那么大臣们就有被免职的危险。

1843 年皮尔内阁执政时，她对缓和的外交政策极为欣赏，并且身体力行，数次访问法国，打破了 300 年来英国国王未曾出国拜访外国君主的局面。对有些首相她感到难以理解，一面她觉得帕麦斯顿没权利抗议别国君主镇压国内革命，一面她又对英国上下欢迎意大利英雄加里波第的热情表示愤慨，竟然不理解这种姿态是提高英国地位的需要。

1846 年以后，女王和丈夫阿尔伯特亲王坚决反对外交大臣帕默斯顿的对外政策，逼使帕默斯顿辞职。在位后期，转向保守党并同首相本杰明·迪斯雷利结为至交，积极支持他的殖民侵略政策。在位的晚年，她又与三度执政的自由党首相梅拉德斯过不去，指责他是国家的叛徒。

维多利亚 1876 年成为印度女皇。1881 年，首相迪斯累里去世后，开始信任索尔兹伯里和张伯伦。1887 年及 1897 年，英国举行隆重大典，庆祝女王继位 50 周年和 60 周年，并借帝国各属地代表聚集伦敦之机，举行帝国殖民地会议，利用女王声誉，巩固大英帝国的统治和内部团结。在维多利亚统治期间，英国从一个普通的欧洲国家成为一个强大的帝国。

1840 年 1 月，维多利亚在议会上宣布，她很快就要结婚，未来的丈夫是阿尔伯特·萨克森·哥达亲王。他是维多利亚的表哥，他们是由同一个接生婆接生的。不过，直到维多利亚已经是年满 16 岁的如花少女时，他们才第一次见面，并很快就成为密友。

维多利亚女王与她的表兄萨克森一科堡一哥达亲王阿尔伯特成婚后，女王夫妇在温莎城堡度过了蜜月，尽管蜜月最后缩短为两个星期，但这段不被打扰的安静岁月仍是女王一生中最幸福的时光。

维多利亚女王并没有世俗意义上的美貌，但她的脸透出一种聪慧，一双明亮、有些凸的大眼睛充满求知的欲望。女王年轻时十分苗条纤瘦，她一生都在努力保持一副好身材，但不太成功。照片上的女王雍容华贵，可见她完全掌握了如何使自己看起来体面的艺术，虽然她曾不无幽默地说，"我的个子，对于女王来说，是太矮了"。

女王的丈夫是一个极具魅力、举止优雅的男人。他学识渊博，被称为"走动的百科全书"。他兴趣广泛，酷爱技术、绘画、建筑，还是一位出色的击剑师。如果说维多利亚对音乐的欣赏只停留在轻歌剧，那么，阿尔伯特则具有高雅的音乐品位，他精通古典音乐。不过，这丝毫没有影响到他们的夫妇关系，他们被公认为是一对模范夫妻：彼此忠诚，相敬如宾，甚至从未对彼此说过有损夫妻关系的激烈话语。

婚后，女王立刻开始孕育下一代。1840 年，他们的第一个孩子诞生了，是个小公主。一年后，女王生了儿子，他就是后来的爱德华七世。

维多利亚一生育有 9 个孩子，但由于是近亲通婚，4 个王子中的 3 个都是血友病患者，所幸 5 个公主个个健康美丽，但也是血友病基因携带者，她们与欧洲王室联姻的结果是使这一可怕的疾病在欧洲王室中蔓延。

维多利亚女王不喜欢孩子，她说，"在他们长大成人之前，他们都是丑陋的"。维多利亚尤其讨厌她的长子威尔士亲王爱德华。母亲对儿子处处相逼，爱德华则处处忍让。后来维多利亚几乎禁止威尔士亲王参与政务，但爱德华出访欧美各国获得了很大成功，成为各国公认的政治新星。

维多利亚女王的后人很多都和欧洲各国的王室成员结婚，大女儿维多利亚成为德国腓特烈三世的皇后，她的一个外孙就是发动第一次世界大战的德国皇帝威廉二世，一个外孙女是希腊王后；第二个孩子是后来即位的英国国王爱德华七世，她的一个孙女是挪威国王哈康七世的王后；第三个孩子阿丽丝成为德国西南黑森亲王路易四世的王妃，她的一个外孙女是沙皇俄国末代沙皇尼古拉二世的皇后，另一个外孙女是现在英国女王伊丽莎白二世丈夫菲利普亲王的外祖母；另外三个女儿其中两个是德国南部巴登堡和德国北部石勒苏益格—荷尔斯泰因亲王的王妃。还有一个嫁给苏格兰的一位公爵，后来成为加拿大的总督。而儿子们则都是娶了丹麦、俄国和德国各地的公主、郡主们为妻。正因如此，1901 年维多利亚女王去世之前，就已经成为"欧洲的祖母"。维多利亚在世时，曾有一张和这些著名的孙子辈亲戚们的全家福合影，没有想到第一次世界大战实际是在这些亲戚们之间打起来的。

1837 年维多利亚女王即位时，英国已经完成了资本主义工业革命，为了满足国家寻找原料地和销售市场的要求，英国开始在世界各地建立殖民地和自治领。1840 年英国占领了新西兰，这标志着英国在全世界的殖民体系形成。

英国对中国的野心由来已久。英国与中国的贸易最早始于茶叶、丝绸的贸易，但是这些商品是英国市场上的奢侈品，而中国自给自足的经济体制使得英国的工业革命的产品毫无用武之地。为了扭转对华贸易逆差，英国商人开始在英国政府的支持下倾销鸦片。1839 年，林则徐在虎门销烟，极大程度上打击了英国政府的倾销政策，1840 年初，维多利亚女王在议会上发表了著名的演说，呼吁"为了大英帝国的利益"，向中国发动战争。第一次鸦片战争遂始。

维多利亚时期是大英帝国对外领土扩张最辉煌的时期，为了扩张领土，女王不惜使用一切手段。而这正是从丈夫那里学到的：阴谋、收买、强权、先下手为强、武力攻占。1857 年，英法两国争夺苏伊士运河的统治权达到白热化的程度，但是一场设计巧妙的阴谋使英国获得了苏伊士运河的控股权，法国只能乖乖地退让。第二年，在大英帝国沿海殖民地的版图中又增加了印度——帝国王冠上的一颗明珠。英国还让俄国在 1877—1878 年与土耳其的战争中的胜利果实几乎化为乌有。当时，俄国军队离伊斯坦布尔只有一步之遥，俄土双方签订协议，将巴尔干半岛的一部分土地归属俄罗斯。而维多利亚不希望看到俄国势力深入到巴尔干半岛，她以武力和外交双重施压，迫使俄罗斯做出退让。女王当时已经是 60 岁了，但她是这场较量的真正赢家。

维多利亚女王在位期间，英国的经济迅速成长，不断繁荣强大。女王登基的时候，英国只有几条铁路，但她去世的时候，英国已经拥有一个连接各大城市的发达铁路网。为了展示英国的昌盛和强大，第一次万国博览会于 1851 年在伦敦开幕，成为当时的举世盛事。在文化和科学方面，世界闻名的英国作家查尔斯·狄更斯和英国博物学家查尔斯·罗伯特·达尔文，都是维多利亚时代的风云人物。由于经济和工业的不断发展，维多利亚时代的英国人逐渐享受到科技进步带来的生活便利，伦敦的污水排放系统和伦敦街头出现的白炽灯都是维多利亚女王在位的时候实现的。在1891年，也就是女王去世之前的十年，英国已经实行对所有小孩进行免费教育。

她在位期间，大英帝国极度扩张，达到空前的繁盛，深深影响中国历史的鸦片战争也是在她刚即位不久发生的。直至今天，世界上许多河流、湖泊、沙漠、瀑布、城市、港口、街道、公园、学校、建筑物等都是以维多利亚命名的，包括澳大利亚的维多利亚州、加拿大维多利亚市、新加坡维多利亚纪念馆、香港的维多利亚港及维多利亚公园、塞舌尔群岛首都维多利亚、非洲最大的湖泊维多利亚湖等。

维多利亚女王和她的丈夫阿尔伯特亲王感情很好，1856年，女王向首相提出，希望在宪法中承认和巩固阿尔伯特亲王的地位和权力。议会在拖了一年以后，阿尔伯特亲王才获得了"王夫"的称呼——即在位女王的丈夫。

女王力图提高阿尔伯特地位和威望的举动，是因为她是一个深爱和忠于自己丈夫的女人。最初，女王曾不无自我解嘲地说："我阅读和签署各种文件，阿尔伯特则用吸墨纸将我的签名吸干"。但随着时间的推移，亲王对维多利亚以及国事的影响力不断提高，正是亲王对科学技术的热爱改变了女王对各种新发明的偏见。例如，当时在英国北部铺设了火车轨道，但女王害怕坐火车，是亲王的鼓励使她认识到铁路运输无可限量的前途，使她成为在国内推行工业化的坚定倡导者。1851年，由于阿尔伯特的提议，在伦敦举办了第一届世界博览会。为了迎接这次博览会，在伦敦海德公园建起了用玻璃装饰的巨大钢结构建筑——著名的"水晶宫"。

1861年，亲王在维多利亚中年时代去世。维多利亚女王写了厚厚的回忆录，来纪念他们的共同生活。在她的倡议下，英国各地建起了规模宏大的文化中心、滨河大道、桥梁、造价昂贵的纪念碑，以表达对阿尔伯特的纪念。女王自己承认，她余生的所有意义就是为了实现丈夫未竟的事业，"他的观点就是我的法律"。渐渐地，女王的这种心态引起了周围人的不满。经过艰难的内心斗争，女王终于醒悟过来——回到她所应承担的义务和责任上来。

在经历了这样的打击后，女王丝毫没有消极和沉沦，而是一贯坚持她强硬的外交政策。

由于她的调停，俾斯麦在法国和普鲁士战争中放弃了轰炸巴黎的计划。维多利亚女王是对爱尔兰实行铁血政治的坚定支持者。她一生共遭遇过6次谋杀，全都是爱尔兰人策划的。他们见刺杀女王无望，就炸毁了阿尔伯特亲王的雕像。

这时的维多利亚女王受到英国人的普遍敬重，大臣们也开始主动询问她的意见。然而，丈夫的去世让女王郁郁寡欢，她曾长时间离开伦敦隐居，即使公开露面，她也不戴王冠，而总是一副寡妇的打扮。由于维多利亚长期隐居，导致首相无法事事请示女王，因此首相的权力渐渐增大，促使英国的君主立宪制更趋完善。维多利亚女王经历长时间的离群索居后，1870年代后期，她重新活跃起来，1897年举国庆祝女王登基60年的盛大庆典，使得女王和王室的威望大大提高。

渐渐衰老的女王脾气愈发暴躁，大臣们难以忍受她无休止的挑剔和不满，女王的孩子们也有同感。维多利亚对亲人表现出的吝啬让人难以置信，长子爱德华因为送给妻子贵重的首饰而受到惩罚。可能是由于失去了爱侣的缘故，女王对儿子和儿媳的伉俪情深十分忌妒，这也导致在爱德华结婚10年后才让位给他。

1900年12月，阿尔伯特逝世38周年。维多利亚女王去了怀特岛，那是她和她的丈夫共同喜欢的地方，就在这个幽静的岛上，女王写下了遗嘱，写下了自己葬礼的细节，她吩咐死后给她穿上白色的衣裙。1901年1月22日，维多利亚女王在怀特岛去世，终年82岁。

英国民众听到她的死讯，简直就像是世界末日来临了一样。即使是国内最恶意的批评家也无法否认，在维多利亚统治期间，国家空前团结，英国成为一个强大的帝国，并不断壮大发展。这是女王给英国人留下的最好遗产，也是对她一生政绩最有力的评价。她统治的时期，特别是1851年以后，在英国历史上被称为"维多利亚时代"。她在位的60余年正值英国自由资本主义由方兴未艾到鼎盛、进而过渡到垄断资本主义的转变时期，英国极度强盛，经济、文化空前繁荣，科学、艺术都有很大的发展，君主立宪制得到充分成熟，维多利亚女王的名字成了英国和平与繁荣的象征。"维多利亚时代"迄今仍被许多英国人所怀念。

五、比利时、荷兰、卢森堡和意大利

1815—1914 年

    根据 1797 年的《坎波福米奥和约》，奥地利被迫将箕南尼德兰的领地割让给法国。在维也纳会议上，这一地区又被并入荷兰，以此作为德法之间的一个缓冲区。然而，由于教派、政治和文化的差异导致了比利时于 1830 年脱离荷兰。就在同时，荷兰和比利时也开始了工业化的进程。对继承法的分歧，导致了卢森堡于 1890 年从荷兰脱离。在维也纳会议上，意大利的各个王国和城邦得以重建，但是复辟和保守的政策已无法阻挡住民族统一运动的兴起和意大利独立王国的建立。

荷兰与卢森堡

    由奥兰治-拿骚王朝统治的荷兰，其民主政治的架构逐渐建立了起来。卢森堡于 19 世纪 90 年代独立。

    1815 年的维也纳会议产生了新的尼德兰联合王国，今天的比利时、原奥属尼德兰地区成为其中的一部分。在 1845 年革命期间，保守的威廉一世之子威廉二世国王，被迫同意建立君主立宪政体。次年他死后，其子威廉三世继位。

    在威廉三世统治时期，议会权威得以大为扩大。19 世纪 80 年代，荷兰进入了

荷兰国王暨卢森堡大公威廉

三世，约 1865 年。

一段经济繁荣期，工人运动也得到了迅猛的发展，并于 1894 年成立了社会民主工人党。

1904 年 8 月 14—20 日，在阿姆斯特丹召开的社会

主义第二国际代表大会。

卢森堡在维也纳会议上被确立为大公国，由荷兰皇帝兼任大公，因此 1867 年前一直在荷兰统治之下。它在荷兰 1848 年新通过的自由主义宪法中受益匪浅，也开始制定君主立宪性质的宪法。

1898 年，荷兰的威廉明娜女王继位。然而卢森堡法律不承认女性君主，国家由此脱离了荷兰。

法国皇帝拿破仑三世，F. X. 温特哈尔特绘的油画，1857 年。

1867 年，拿破仑三世从荷兰购得了卢森堡，但由于普鲁士的反对，两国出现了严峻的冲突。

在 1867 年 5 月 11 日的伦敦会议上，各国一致同意其独立和中立，结束了卢森堡危机。

在第一次世界大战初期，德国无视这一协议，出兵占领了卢森堡。

比利时的政治与经济进步

早在 19 世纪 30 年代，比利时就建立起一个自由主义的国家体系。它是继英国之后欧洲工业化程度最高的国家，并且积极地在非洲夺取殖民地。

1815 年，维也纳会议将奥属尼德兰地区与北部的尼德兰联省共和国合并，但是，前者是天主教地区，后者却由新教的奥兰治-拿骚家族统治。荷兰语成为国家的官方语言，这极大地伤害了法语区人民的民族自尊心。这和其他的歧视政策，再

1830 年比利时革命，反对荷兰

统治，1864 年的木刻版画。

加上政治和经济方面的限制，导致了在巴黎七月革命之后，布鲁塞尔人民于 1830 年 8 月 25 日发生起义，反对荷兰统治者。接着在 1830 年 9 月 26 日爆发了九月革命，经过激烈巷战，荷兰士兵被逐出布鲁塞尔。

9 月 25 日，自由资产阶级与自由贵族组成了临时政府。10 月 4 日，临时政府宣布国家独立。1831 年 2 月 7 日，比利时通过了一部自由主义的宪法，确立起君主立宪政体。

1831 年 6 月 4 日，亲英的萨克森-科堡-萨尔费尔德的列奥波德一世加冕为国王。但是，荷兰并不承认比利时的独立，直到 1839 年 4 月 19 日通过《伦敦议定书》，确定了比利时的边界，荷兰才被迫承认了这一既成事实。

军队镇压蒙斯的矿工罢工，1893 年在 19 世纪上半期，比利时经济在欧洲大陆处于领先地位。在国内，1879 年天主教与自由派思想在教育政策上的矛盾，由于通过了一部倾向自由的教育法而得以妥善解决。南部讲法语的瓦隆人与北部使用弗莱芒语的居民之间的分歧，不仅在于语言和文化上，而且由于在南部工业更为发达，所以也体现在双方富裕程度的差异上。

1893 年，作为社会民主党发起的大罢工的成果之一，男性公民的普选权得以首

1831 年 6 月 4 日，国王列奥波德一世在布鲁塞尔国王广场的加冕礼，1856 年的油画。

先实现。

现代意大利的复兴与统一

在意大利统一这个神奇而真实的故事里。有这样几位主人公：一位雄心勃勃的国王。一位杰出的外交家和一位智勇双全、有些刚愎自用的游击队领袖。他们的名字分别是：维托里奥·埃马努埃莱二世、加富尔和加里波第。这段历史是他们的，也是同时代千千万万人民的。认真研读，也许你会发现。在他们之外，还有其他同样令人着迷、值得记忆的人物。事实证明，19 世纪对意大利人极为重要。意大利赢得统一，并建立起现代国家，大体上已经接近我们今天熟悉的意大利。

维也纳会议条约

公元 1815 年维也纳会议之后，统一的希望十分渺茫：意大利成为一个国家的想法看来还很遥远，而且，多数意大利人对此也基本没有什么特别的兴趣。意大利作为一个地理名词早已存在，但也仅仅是个地理名词而已。

维也纳条约实质上就是恢复前拿破仑时代的秩序，把时钟重新拨回到18世纪。像多数和约一样，维也纳会议的根本目的就是确保失败方——这一次是法国——永远不再威胁胜利方。对意大利来说，这就意味着整个半岛将受奥地利的统治。而且，岛上现在又分裂成很多国家，这些国家所有的民族主义和自由主义的痕迹都将被彻底根除。于是，费迪南继续上演其"败时逃亡胜时归"的丑局，又回来当上了那不勒斯和西西里的国王，当时称作两西西里王国。维托里奥·埃马努埃莱一世也从他避难的撒丁岛越洋回国，成为皮埃蒙特的统治者，此时热那亚已并入皮埃蒙特王国。托斯卡纳也回到了前国王的儿子、哈布斯堡—洛林家族费迪南三世的手中。帕尔马公国则分给了拿破仑的妻子玛丽·路易丝，她现已成为奥地利独眼将军奈佩格忠贞的情人。教皇国全部归还教皇，奥地利则得到了伦巴第和威尼斯，并获准在皮亚琴察、费拉拉和科马基奥地区驻军。

玛丽·路易丝

当时所有大国中，对意大利民族主义敌意最小的当属英国。辉格党人甚至对维也纳条约提出质疑，说它无视意大利人的诉求。奥地利人因为对意大利半岛怀有私心，最为反对任何意大利独立或民族认同的观点。奥地利首相梅特涅亲王公开说：

"根本就没有意大利这样一个国家。"维也纳的主要报纸也撤销了以意大利为名的版面，只提岛上各个国家的名字。法国呢，还正忙着给自己舔伤，显然无暇顾及意大利。因此，意大利要想成为一个独立的政治实体，还需要很多条件：国际局势发生变化，专制君主和教皇等既得利益集团的权力实现变革，最后，同样重要的一点，就是意大利人自己的觉悟得到提高；事实上，没过太长时间。这些变化就得以实现，意大利国家也真正建立起来。这从很多方面来说都是件非常了不起的事情。但是，一些持民族主义观点的人错误地认为，意大利的复兴和统一势不可挡，是一种历史的必然。事实是一系列偶然事件——甚至是突发事件阴差阳错，意外建立起了这个今天看来在文化上也算合理、统一的历史实体。

维也纳会议刚结束时，看起来不像会有什么大的变化。事实上，许多大国都实施了反动政策，部分目的是加强复辟统治者的地位。教皇国采取措施，回归基本教义，恢复耶稣会，并重新开放了几处修道院。其他地方，特别是皮埃蒙特和西西里，也实施了与教皇国类似的政策，但奥地利领地和托斯卡纳竭力抵制耶稣会复苏。国际局势也丝毫不容乐观。梅特涅无视已经发生的巨变，特别是民族主义的发展，当时民族主义已经在整个欧洲大陆发展起来，他坚决维持欧洲现状。在这一点上，他得到了奥地利、英国、俄国和普鲁士结成的四国同盟的支持。四国同盟通过"会议制度"实现自己的目的……这是 19 世纪的一种政治、外交同盟，盟国之间通过定期联络，解决欧洲及其周边出现的重大问题。在这出戏里，意大利各国无疑都只是些无足轻重的小角色。梅特涅还随时准备借助武力实现其目的，除此之外，他还可以利用强大的谍报系统和秘密警察网络，将任何骚乱扼杀在萌芽状态。

意大利境内确实也有人反对现行秩序，但是和往常一样，持不同意见者各自为战，极其混乱，而且人数也不多。反对者中有一股规模不大但值得注意的力量，就是那些激进而冲动的革命者，他们的初衷很好，但却是一群幼稚的理想主义者，对社会缺乏认识，而且不讲策略。他们甚至不计代价，不管成败，随时准备进行密谋、煽动。其中，最有名的要数博纳罗蒂一派，他们倡导广义上的改革，意大利的统一并不是他们的首要目标——至少在复兴运动早期还不是。温和一些的反对声音来自一群知识分子，他们支持 1814 年法国宪法，该宪法采用两院制立法机构，人民在此框架内拥有一定的选举权。最引人注目、最不切实际的反对者是一群所谓的"激进派"，他们提议采用 1812 年西班牙宪法，权力由一院制立法机构掌握，而立法机构至少部分通过普选产生。最有名的激进派是烧炭党，该秘密会社根据地在那不勒斯，从其奇特的仪式可以看出它的共济会渊源。1815 年之后的几年间，最根本的特点就是这些秘密会社的活动：除烧炭党之外，还有联邦党、兄弟党、美洲贝尔萨利埃里党、斯皮洛·内罗派、拉蒂尼斯蒂派。拿破仑的部队被遣散后，很多士兵加入了秘密会社，使会员数猛增。秘密会社的活动给这一时期蒙上了一种阴谋色彩，也因此大大增添了复兴运动的魅力。尽管这些冒险者主要来自中产阶级，在战术上还不成熟，思想上也比较混乱，但正是他们对自己无望事业的追求，意大利才免于退回到 18 世纪的政治深渊之中。

不管怎么说，他们的活动也引起了两次大的暴动和起义。第一次是在公元 1820 年，尽管公元 1817 年在马切拉塔，就是今天的马尔凯发生过一次起义，但规模不大。公元 1820 年的大暴乱始自烧炭党的大本营那不勒斯，随后蔓延到西西里和皮埃蒙特。那不勒斯的革命党人由佩佩将军领导，主要成员来自贵族和中产阶级。他们抓住西班牙暴动带来的有利时机，迫使国王费迪南接受 1812 年西班牙宪法。西西里的革命在本质上更具人民性，主要依靠力量是一些工匠组织。革命的主要目标同样是要求采用 1812 年西班牙宪法。

大体上看，同一国家内的这两批革命者似乎有很多共同之处。事实是，他们的不同之处更多。那不勒斯起义者希望西西里处于大陆的控制之下，因此在费迪南准备夺回西西里时予以支持。但从长远来看，他们的这一做法反而加速了自己的灭亡，成了地方利益与大局意识冲突的一个范例。这种冲突是意大利的一贯特点，而且在 19 世纪仍然是所有国家统一思想的主要障碍。西西里革命者出现内讧，很快就被镇压了下去。事实证明，因为外界条件的存在，南方所有革命者的命运其实早已注定。

在 1820 年的特罗保会议上，奥地利、俄国和普鲁士原则上达成一致：只要它们认为欧洲均势受到威胁，就可以干涉别国内政。公元 1821 年，费迪南国王向那不勒斯新议会保证了自己的善意。这才获准参加莱巴赫（即卢布尔雅那）会议。会上，费迪南背信弃义，以其惯用的欺骗手段请求各大国帮助他夺回政权。会议正式批准了他的请求，派出一支奥地利军队去执行这一任务。烧炭党人督促那不勒斯人进行抵抗，但抵抗只停留在口头上是没用的，1821 年 3 月，佩佩将军率领的部队在列蒂被奥军打败，不久，那不勒斯城也乖乖投降。奥军大获全胜，费迪南安全返回那不勒斯，并再次对其臣民进行疯狂报复。这次他的帮手是胆小的卡诺萨王子。18 世纪晚期和 19 世纪初期，费迪南怯懦、无耻、残暴的形象就像噩梦一样笼罩着意大利南方。所以在他 1825 年去世时，臣民中没有多少人为他的死感到惋惜。

1821 年皮埃蒙特的革命者主要是一些贵族，由圣托雷·迪·圣罗萨率领。他们迫使国王让位给其弟弟卡洛·费利切，并强令王位继承人、时任总督的卡洛·阿尔贝托采用西班牙宪法。这场暴动——称之为革命的话有点言过其实——由于没有什么群众基础，没有持续多久。它的失败和南方暴动的结局有类似之处：造反者同样幼稚、分散，同样是政权受到威胁的君主请求支援，奥地利迅速出兵，并在 1821 年 5 月将骚乱平息。还有一点和那不勒斯相同，就是大多数还很愚昧无知的人们拥护旧秩序复辟。要让人民大众都接受复兴思想，显然还有很长的路要走。但与那不勒斯不同的是，皮埃蒙特的流血事件极少，有记录的死亡事件仅有两例。梅特涅的秘密警察确保了皮埃蒙特式的暴动没有在邻近的伦巴第发生，而教皇们（庇护七世，1800—1823；莱奥五世，1823—1829）则通过控制和镇压政策，主动阻断了发生任何麻烦的可能性——真是先发制人的范例。

整个 19 世纪 20 年代，奥地利的驻军和意大利统治者自身的警惕性，共同确保了没有再发生大的骚乱。但到 1831 年 2 月，意大利部分地区再次陷入动乱之中。动乱的导火索仍然是国外的革命活动——法国 1830 年 7 月爆发革命，路易斯·菲利普被推上王位。摩德纳的暴动是由一位名叫亨利·米什莱的年轻律师组织的，狡诈的统治者大公弗朗西斯四世认为自己在这种形势中可能有利可图，因而事先对活动暗中支持。和 10 年前情况一样，暴动主要有市政当局的高层和中层人士参加，

七月革命

没有什么群众基础。摩德纳的暴动就是一个温馨的小插曲，有些密谋者的住处距弗朗西斯大公家仅有咫尺之隔，军队也没有卷入。最大的动乱发生在教皇国。当时一位反动教皇格列高利十六世（1831—1846）刚刚当选，教皇国多数地区都曾一度陷入混乱。起初，革命看似有望在主要的国际阵线中得到支持。因为人们认为，法国可能会站在革命者一边插手此事，反对奥地利。结果，奥地利不费吹灰之力就平息了叛乱。法国政权对奥地利施加压力，要求其改变对意大利的强硬立场，奥军于是撤出教皇国。教皇开始自己管理教皇国，但他显然无法控制局势，所以奥地利人不久又在1832年返回，并一直盘踞在博洛尼亚直到1838年。法国方面为了挽回面子，出兵安科纳并占领该地直到30年代末。复兴运动又回到了起点，遭受重创却仍没有找到方向，也没有得到人们支持。

通往1848年之路

意大利在19世纪30年代初的暴动发生之后，没有发生什么变化。到了1848年，和欧洲各地一样，意大利又发生了大起义。在此期间，国际局势基本稳定，只发生过少数几次贸易纠纷，比如，1840年左右英国（帕默斯顿，时为负责英国外交政策的大臣）和那不勒斯之间关于硫黄的纠纷。当时，欧洲很多地方工业化正蓬勃发展，硫黄是非常重要的原材料。意大利多数国家表面上都很平静，但其实形势一直都在发展。

　　首先，皮埃蒙特正缓慢发生着微妙的变化。我们前边提到过的卡洛·阿尔贝托，就是 1821 年暴动时那个优柔寡断的总督，他在 1831 年即位，接替其叔叔卡洛·费利切成为国王。卡洛·阿尔贝托是复兴运动中一个十分神秘的人物。他统治前期，扮演的基本上是一个天主教反动派的角色，拒绝赦免 1821 年遭到监禁的犯人，镇压阴谋活动，支持耶稣会士，拥护天主教，严格执行审查制度，以致像马志尼、加富尔、加里波第这样的进步人士都被迫逃离皮埃蒙特。经济方面他是个自由主义者。在外交事务方面，他首先坚决支持奥地利，这也是皮埃蒙特的一贯立场：在各大国之间周旋以保持自己的实力，如有可能，则扩大皮埃蒙特的影响。但是，同样是这位国王，到 1848 至 1849 年，却转而支持伦巴第的叛乱者，并向他一贯支持的奥地利发动战争；皮埃蒙特最终领导意大利取得了独立和统一。是什么原因导致阿尔贝托发生这样的转变呢？因为缺乏有力的论据证实其他说法，一些精明的历史学家得出了这样的结论：卡洛·阿尔贝托之所以有这样前后判若二人的表现，是因为他实际上是一位秘密的革命者或民族主义者，他一直保持低调，等待时机成熟采取行动。他们认为这种想法虽然有点浪漫，但却是最令人信服的。这听起来似乎不切实际，但是复兴运动本身就是一段充满浪漫色彩的历史时期，我们从加里波第和其他人身上也可以看到这一点。马志尼认为卡洛·阿尔贝托这种不为人知，甚至有点神秘的性格有点哈姆雷特的味道。他的这一看法又为历史学家的上述观点增加了几分可信度。

"民族之父" 马志尼

　　1848 之前的这些年里，还有一个比较显著的特点，那就是复兴运动作为一种重要的文化、文学现象成长起来。其中的主要人物是如今被称为意大利民族之父的朱塞佩·马志尼（1805—1872）。

　　马志尼生于热那亚，在决心投身政治活动之前，就显示出极大的文学潜力。由于参与了一次由烧炭党人组织的活动，他在 1831 年被迫流亡法国。1837 年以后他

朱塞佩·马志尼

开始以伦敦为根据地开展活动。他对复兴运动的伟大贡献就是把意大利统一的思想提上政治日程，因此为复兴运动——至少是为一些参与其中的人们指明了方向，提供了梦想。1820 至 1821 年和 1831 至 1832 年间那些思想混乱的革命者明显缺乏的正是这种方向或梦想。与之前倡导意大利统一的博纳罗蒂一样，马志尼也倾向于在新独立的意大利建立共和政府。他认为统一后的意大利应该成为欧洲的文化领袖，而对于他心爱的国家推行扩张政策或帝国主义政策，他并不感兴趣。他设想通过人民大起义的方式实现自己的目标。而要进行人民大起义，必须进行大力宣传，不仅要在受过教育的中产阶级中宣传，还要对广大人民进行宣传。最后一点可能有些不切实际，因为大多数人，特别是农民，言行幼稚，文化水平低下。但是，马志尼的这种想法在本质上显然与前人不同，与多数同时代人也大不相同。用他最喜爱的箴言"思想和行动"来概括他的立场是再恰当不过了。

为了实现自己的目标，马志尼组建了"青年意大利"党。该党 1831 年在马赛成立，只吸收 40 岁以下的人加入。马志尼和他的追随者们开展了很多宣传工作，典型的如他在 1831 年给卡洛·阿尔贝托写公开信。呼吁阿尔贝托领导反对奥地利的伟大民族运动；除此之外，他还多次组织公开集会，并散发大量的宣传材料。由此一来，青年意大利党迅速发展，规模超过了此前任何一个秘密会社。马志尼称其会员人数达到了 5 万人，这显然有点夸张，但实际上，19 世纪 30 年代中期时，仅在米兰其会员就超过 3000 人。从短期来看。青年意大利党人鲜有建树：他们的组织遭到破坏，很多人被迫逃亡——其中加里波第逃到了南美。马志尼本人呢——我们前面已经提到过——则逃往伦敦。据说，因为他活跃、浪漫、会弹吉他，又有教养，在当地的中产阶级女性中很有人缘。马志尼的追随者班迪耶拉兄弟及其同伴试图在卡拉布里亚发动政变。此次活动虽以失败告终，却极具挑衅性。全部 19 名参与密谋的人均遭杀害，但他们的事迹已经被意大利人编成民间故事，将永远流传下去。

马志尼在复兴运动中的作用，甚至他作为国际上一名重要历史人物的地位，都曾成为人们争论的热点。毫无疑问，他对意大利民族觉醒起了至关重要的作用——今天，在意大利，学校会告诉孩子们，他是一位传奇的重要人物，仅次于加里波第。很多政治家，从劳合·乔治到甘地，都很敬重他，并视他为榜样，从他身上汲取灵感。多数历史学家认为，从长远来看他在复兴运动中的作用举足轻重。当然，也有人——主要是马克思主义者——认为他只不过为 1848 年人民大起义开了一个小头。

如果说马志尼是这一时期复兴运动中最有影响的人物的话，他显然不是唯一的重要人物，因为这一时期还出现了所谓的温和派，同马志尼在进步人士中争夺阵地。这一派的基础基本上是自由派天主教——确切地说是唯一神教派的运动，它可以溯源到 19 世纪 30 年代受到压制的评论性杂志《调和者》和《文集》。对这一运动产生过较大影响的还有西尔维奥·佩利科（1789—1845）和亚历山德罗·曼佐尼。佩利科是一位虔诚的天主教徒，极力反对革命。他被奥地利人囚禁，写有著名的《我的狱中生活》一书。曼佐尼是浪漫主义历史小说《约婚夫妇》的作者，该书已成为意大利文学史上的经典之作。他们都拥护天主教，支持改革，认同意大利身份，批判外族统治，而且反对将暴力和革命作为实现变革的途径。

在皮埃蒙特一个流亡修道院长文森佐·焦贝蒂（1801—1852）的影响下，这一运动在 1840 年后的几年间逐渐得到越来越多的支持。焦贝蒂当时写了一本冗长的书《论意大利人在道德上和社会上的首要地位》（通称为《首要地位》），该书

1843 年在布鲁塞尔出版。焦贝蒂曾是马志尼的同情者，但是现在他却把自己的天主教思想与马志尼的民族主义思想融为一体，参照新"归尔夫派"的路线提出建立一个意大利联邦，由教皇出任政府首脑，各国君主组成内阁，皮埃蒙特作为"护卫省"。此书一出，立即引起巨大反响。随后，切萨雷·巴尔博（1789—1853）在 1844 年出版了《意大利的希望》一书，他在书中对焦贝蒂的观点予以补充，试图解决在意大利建立联邦国家的国际障碍。他提出，奥地利虽然会在意大利有所损失，但这些损失可以通过在巴尔干半岛得到好处进行补偿。他也把皮埃蒙特看作是这个联邦政府的天然领袖，这与"阿尔贝托派"的观点不谋而合——该派认为卡洛·阿尔贝托领导下的君主制是新意大利在政体上顺理成章的选择。

要在意大利建立联邦政府，必须先进行内部改革，还要有外部运动的配合。焦贝蒂在《浅谈首要地位》一书中提到了这个问题，他对意大利各邦国现存弊端进行抨击，并提出内部变革的措施。马西莫·达泽里奥（1798—1866）在他的作品《意大利民族观念方案》中又对焦贝蒂的观点进行了充实，该书也成了温和派具有宣言性质的作品。他的主要建议是实施法制改革：采用陪审团制度，实行新闻自由、自由贸易，按德国关税同盟的方式组成国内关税联盟。温和派观点的另一个代表人物是卡洛·卡塔内奥，他是 1839 年创刊的杂志《理工报》的编辑。8 年之后，另一本评论性杂志在皮埃蒙特创刊，加富尔也参与其中，杂志的名字叫《复兴报》——一个非常值得纪念的名字！

总体上看，温和派是一个组织严密的派系，成员主要是皮埃蒙特和伦巴第的中上层人士和贵族，他们通过亲戚或朋友关系集结在一起，与人民大众没有任何联系。虽然他们提出的很多东西都是些不切实际的空想，但并不能据此将其全盘否定，因为他们在复兴运动本来可能衰落的时候成功地保持了其发展势头。很多人为实现皮埃蒙特在意大利统一进程中的领导地位东奔西走；他们还身体力行，为推行改革做出表率。他们在全国范围内组织科学会议和各种其他会议，以培养集体观念；有些温和党人还亲自投身土地开垦、铁路建设和商业投资方面的重要工程，像商业投资方面，就有戈尔贡佐拉奶酪业和布罗利奥的卡索基安蒂葡萄园。

如果说曼佐尼是 19 世纪意大利最伟大的小说家的话，那么贾科莫·列奥帕尔迪（1798—1837）就是当时最杰出的诗人。他的抒情诗兼有爱国主义和悲观主义两种风格。19 世纪也是意大利音乐发展的黄金时代，歌剧发展更是达到鼎盛。歌剧在其他地方都是富人的消遣，在意大利则受到各阶层人士的喜爱。19 世纪上半期，因为出现了大批名家而开辟了歌剧发展的伟大时代：贝利尼（1801—1835），他的《梦游女》和《诺尔玛》均于 1831 年首演；多尼泽蒂（1797—1848），他的《爱的甘醇》完成于 1832 年、《拉美摩尔的露契亚》完成于 1836 年；还有罗西尼（1792—1868），他 1816 年在罗马指挥演奏了作品《塞维尔的理发师》的首场演出。作曲家们也通过自己的音乐表达民族感情：罗西尼的《威廉·退尔》（1829 年）的主题就是爱国主义，朱塞佩·威尔第的早期作品《第一次十字军远征中的伦巴第人》（1843 年）也表达了同样的主题。每当人们熟知的旋律响起，演奏总会被掌声打断，只好重奏一遍；演出结束后，这些熟悉的曲调又会在大街上传唱。当时流行的口号是"威尔第万岁"，"威尔第"又是另外一句口号"意大利国王维托里奥·埃马努埃莱万岁！"的首字母组合。威尔第后又相继写出很多闻名世界的歌剧，其中包括《黎各莱托》（1851 年）、《茶花女》（1853 年）和《阿伊达》（1871 年）。他在 1861 年至 1865 年（这一时期他还创作了《命运的力量》）担任第一届国会成员。

19 世纪 40 年代中期，坚定的民族运动已经在意大利发展起来——至少是在中上层人士和知识界发展起来了。但是，关于如何才能建立统一的意大利，或者建国之后应该采用何种政体，尚无一致的、哪怕是基本一致的观点。联邦派、保皇派和马志尼共和派对意大利发展前景都有不同见解。民族运动也没有赢得人民大众的广泛支持。尽管如此，成绩还是有的。交流的加强及工业邦国经济的发展，促进了民族运动的传播和民族意识的初步形成。影响最大的变化是铁路的出现：佛罗伦萨—比萨线、都灵—热那亚线、都灵—蒙卡列里线和米兰—威尼斯线都在 19 世纪 40 年代建成。在铁路出现之前就出现了银行，接着出现了工厂，然后是大机器——特别是在纺织业领域。对外贸易也有所发展。意大利的资本主义发展虽不像欧洲其他地

成尔第

区那样深入，但毕竟已经成长起来。意大利必将发生翻天覆地的变化。

随着资本主义的到来，经济的周期性波动更加明显，竞争也日益激烈；一部分农民成为按日领取工资的临时工，地区间、部门间的差别和不平等现象日趋突出；精耕农业有所发展，荒地得到开垦。顺便提一下，值得注意的是，在发展过程中南方发生了滥伐林木现象，当地生态平衡遭到破坏，南方农业及地区经济此后所面临的问题都多少与此有关。尽管如此，资本主义带来了新的社会结构，使得人与人之间的关系渐渐疏远，但也增加了人们组织起来、参与政治的可能性。事实上，1847年就出现了骚动的迹象，而且，意大利上层社会也首次出现了大批共产主义的狂热信徒。意大利各邦国发生变革的时机已经成熟。就在 1848 年，变革发生了。

1848 年：统一的意大利

1846 年，庇护九世当选教皇，人们的政治热情和期望值普遍高涨。庇护九世思想开明，拥护改革，对焦贝蒂的思想持一定的同情态度——让教皇成为意大利新联邦政府的领袖，这个提议显然有很大诱惑性，他何乐而不为呢？不管怎样，庇护九世开始着手释放政治犯，计划在教皇国进行重要改革。一国的行动迫使其他国家也都采取措施。皮埃蒙特和托斯卡纳最乐意进行改革，而且这两个国家原则上同意与教皇国结成关贸同盟。这一措施最终虽未能付诸实施，但已经提上民族运动的议事日程，而且相关大国对这件事的重视也点燃了更多人的热情。

庇护九世

国际舞台没有发生太大变化。奥地利仍由梅特涅掌权，态度也依然像往常一样强硬。而且，由于情报系统报告说意大利有人准备闹事，奥地利加强了驻军。英国有相当一部分人对意大利的民族事业表示同情，但政府的首要任务是支持奥地利，以维护维也纳会议建立起的秩序并牵制俄国。对法国来说，一方面，维持 1815 年复辟的旧秩序显然没有什么好处，但另一方面，它也不愿为一件无足轻重的事和奥地利开战。

1847 年末，麻烦几乎已不可避免。由于费迪南二世不理会任何改革呼声，麻烦就从南方开始了，这点应该是可以预料的。巴勒莫各阶层人们奋而起义，控制了整个城市，最终在 1848 年 1 月迫使国王颁布了一部宪法。极为重要的是，费迪南这次没能得到奥地利的援助，一方面是地理因素所限，另一方面奥地利人正自顾不暇地应付日益动荡的国内局势。巴勒莫起义成了几乎席卷意大利全境的全面起义的催化剂。到 3 月份，托斯卡纳、皮埃蒙特、撒丁尼亚和教皇国都已经有望颁布宪法。起义浪潮还蔓延到欧洲其他地方，维也纳也不例外，梅特涅本人被迫逃离奥地利。

由于奥地利这顶保护伞的暂时消失，威尼斯和米兰都爆发了起义。威尼斯的起义由温和派共和党人达尼埃莱·马宁领导，在米兰，卡塔涅奥是领导人之一。在摩德纳和帕尔马，人们推翻了专制君主的统治。在下属的鼓动下，卡洛·阿尔贝托对奥宣战，如此一来，结局便可想而知。当时，皮埃蒙特王国实际上已经吞并伦巴第、威尼斯、帕尔马和摩德纳。托斯卡纳和那不勒斯均表示原则上支持卡洛·阿尔贝托（个别细节上可能有所保留），意大利全境陷入动乱和起义之中。

但是没过多久，革命者们就从幻想中清醒过来。奥地利从瘫痪中挣扎起来，在拉德茨基将军的带领下，于1848年7月在库斯托扎打败了皮埃蒙特。卡洛·阿尔贝托被迫签订了停战协议，结束了后人所说的"第一次独立战争"，并放弃了所占领的全部领土。但是，在其他地方，起义仍在继续。托斯卡纳最终于1849年投降。威尼斯人建立了共和国（圣马可共和国），马宁担任总统，在长期被奥地利围困的情况下仍坚持英勇抵抗，直到1849年8月失败。在那不勒斯，费迪南复辟并再次占领了西西里。在皮埃蒙特，卡洛·阿尔贝托1849年3月又一次举兵与奥地利作战，结果不久就在诺瓦拉战役中被打败。接着，他让位给其子维托里奥·埃马努埃莱二世。1848年至1849年最振奋人心的事情发生在罗马。早在1848年4月，教皇庇护九世就被吓坏了。在他被迫离开罗马后，1849年2月，罗马通过普选建立了共和国，实施三人执政，其中包括马志尼。这也是马志尼唯一的直接执政经历。各种激进分子和进步人士纷纷涌至罗马；加里波第负责国防事务。这一切都极具传奇色彩，但到了1849年7月，奥、法军队先后攻进城内，镇压了起义——值得一提的是，守城军民怀着极大的热忱进行英勇抵抗。加里波第逃到托斯卡纳，在那里又坚持战斗了一天。

意大利1848年至1849年的革命就这样结束了。如果对革命的作用稍加评价，就会得出一些模棱两可的结论。一方面看，革命的直接原因是1847年的经济危机，由于奥、法两国一度无暇顾及，革命才得以发展，并对现存秩序构成严重挑战；但是从另一方面看，革命很大程度上也受到了日益发展的民族运动和独立运动的影响，而这些运动是由马志尼派和自由主义天主教温和派领导的，他们之间还有过成功合作。毫无疑问，同 19 世纪早些时候相比，这一时期革命方向更为明确，目标也更为远大；值得注意的是，起义引起了更多人的关注，群众支持更为广泛；市民经常参与进来，为独立而勇敢作战。可是，决不应据此过高估计革命的群众基础，大多数农民仍然支持复辟。至少从一定程度上说，革命开了一个重要先例，就是在面对外部威胁时，各国开展了合作；就这一点来说，复兴运动已经取得了很大进展。

此外，革命者队伍内部分崩离析，严重缺乏战术意识，而且过于理想化。民族运动还存在重大缺陷：1848 年乃天赐良机，但民族主义者显然没有为此做好充分准备。事实上，革命在一定程度上还削弱了复兴运动，因为焦贝蒂提出的由教皇领导意大利联邦政府的思想被证明是行不通的。即便由开明的庇护九世掌权，教皇显然也还不能成为或不愿成为意大利的政治领袖。最重要的是，1848 年至 1849 年的革命表明，面对国外局势时，意大利的国内事务依然是那样不堪一击：不管民族主义者取得怎样的进展，奥地利迟早总会插手，并恢复旧秩序。意大利要想摆脱外族统治的束缚，就必须改变这种状况。

然而，统一的意大利正是从 1848 年的灰烬中走出来的。促使意大利走向统一的一系列事件具备了传奇历史小说的一切特征：英雄主义、阴谋诡计、人格魅力和外交才华均有一席之地，当然，也少不了运气和一些纯属偶然的因素。意大利统一这个传奇而真实的故事里，有这样几位主人公：一位雄心勃勃的国王、一位杰出的外交家和一位智勇双全、可能还有点刚愎自用的游击队领袖。他们的名字分别是：维托里奥·埃马努埃莱二世、加富尔和加里波第。

1848 年之后意大利多数邦国处境惨淡。奥地利重新控制了伦巴第和威尼斯，并实施强权统治。在托斯卡纳，大公得以复辟，但由于有奥地利军队驻扎，他不过是个傀儡而已。奥地利还在帕尔马、摩德纳和罗马等地保留驻军。庇护九世回到了罗马，经历此事后，他感到屈辱，也有些愤怒，放弃了原来自由、开明的思想，在奥军帮助下在教皇国实行严厉的反动统治。在西西里，费迪南二世表现出和他祖父一样的复仇、反动倾向。在全国展开大规模镇压活动，格拉斯通称该国当时的情况是

"对上帝的否定"。

维托里奥·埃马努埃莱

　　在这一派令人失望的景象中，也有一个例外，就是皮埃蒙特。重要的是皮埃蒙特成功地保留了宪法，也因此基本保持了独立。它之所以能做到这一点，人们习惯上将其归功于维托里奥·埃马努埃莱在与拉德茨基进行和谈时所表现出来的坚定和能力。这一观点显然高估了他当时的权力。事实上，在皮埃蒙特，宪法得以保留只是因为这样做符合奥地利的利益。奥地利需要一个独立、温和的皮埃蒙特政府，以维护自己在国际上的战略利益，使皮埃蒙特独立而又温和的唯一办法就是支持国王，反对国内激进分子。而对维托里奥·埃马努埃莱而言，要想保住王位，也需要这部他自己曾反复批评过的宪法，所以宪法才没有被废除。

　　实际上，这部宪法非常保守，它以 1814 年法国宪法为范本，由卡洛·阿尔贝托颁布执行。根据该宪法：国王由议会支持，议会又分为两院；参议院由国王任命的高官组成，众议院议员由 21 岁以上、受过教育的男性纳税人选举产生——具有选举权的只占总人口的 2% 多一点。此外，还有一个由总理主持的内阁会议。不管保守与否，它都是当时意大利唯一的宪法；它赢得了意大利多数中产阶级的支持，并把 1848 年革命中受到质疑的马志尼模式和焦贝蒂模式推至幕后。焦贝蒂在 1851 年放弃了自己的主张，而马志尼的鼓动宣传再也没有达到过先前的效果，尽管他们仍然很卖力，偶尔也有些冒险行为——比如1857年，在萨普里盲目发动革命，结果复兴运动的主要人物之一卡洛·皮萨卡内在革命中牺牲。皮埃蒙特的这部宪法后来成了统一后的意大利的宪法。

皮埃蒙特的独立，为卡米洛·迪·加富尔脱颖而出创造了条件。1852年他接替马西莫·达泽利奥成为总理，随后连续任职，直到1861年去世。加富尔1810年出生在皮埃蒙特一个贵族家庭，他放弃军旅生涯，开始学习、农耕、旅行，在19世纪40年代成为一位自由、温和的重要政治人物。事实证明，他是一个很会玩弄权术的人，爱搞阴谋，经常采用人们所说的"非常规手段"，比如，欺骗同僚，动用非常权力推行棘手措施，为达目的贿赂报社。但他同时又是一位杰出的议员，坚决拥护君主制和宪法，反对革命路线，笃信公众舆论。在国内事务中，他是一位足智多谋、行事高效的政治家，比如，他改善了国家的财政状况，促进了经济增长，修筑铁路，重组军队，还在司法方面进行改革。

但能真正展示加富尔政治才能或天才的是在外交领域，他作为欧洲现代史上一位重要的外交和政治人物的地位也因此牢固地树立起来。他的天才主要表现在他的折中主义思想和善于审时度势的智慧。意大利将在他的领导下走向统一，但值得注意的是，统一并不是他精心构思的长远计划的最终目标。加富尔确实渴望意大利独立，但他的主要目标是扩大皮埃蒙特王国的影响。为达到这一目的，他向法国寻求支持，反对实现其计划的主要绊脚石——奥地利。因此，他当政初期，就与法国签署了一项对本国不利的贸易协定，然后，在1855年，他又派皮埃蒙特军队参加克里米亚战争，与英法一道对阵俄国。由拉马尔莫拉率领的这支军队，其实在战争中表现并不突出，但是加富尔的这一姿态为他在巴黎会议赢得了一席之地，1856年，会议签订了合约。会议期间，加富尔找到了与法国拿破仑三世进行直接私下沟通的渠道，他甚至还诱使英国克拉伦登勋爵提出所谓的"意大利问题"，并严厉谴责了两西西里和教皇国政府。意大利又一次在国际政治议程中占据了重要地位。有些历史学家认为加富尔派兵这件事是某种精心设计的阴谋中的一步，因为民众和议会都反对派兵。但是，面对国际国内双重压力，加富尔除此之外别无选择。在国外，盟友需要人力支持，希望别人帮劲他们打仗；在国内，维托里奥·埃马努埃莱野心勃勃，希望创造辉煌。他当时如果不派兵的话，国王可能早就将他革职，换上其他更听话的右翼分子了。

克里米亚战争不仅将加富尔和意大利推向国际事务的中心，而且促成了一种外交局面，使得意大利的统一成为可能。维也纳会议确定的秩序实际上已经被打破，法国有望与皮埃蒙特结盟共同对付奥地利。1858 年 7 月 21 日，拿破仑三世和加富尔在普隆比耶尔举行重要会晤，两国结成同盟。拿破仑的动机多少有点让人捉摸不透，不过，他当时的确是把意大利的独立与统一当作本国历史任务的一部分，而且从中看到了提高他本人及法国地位的诱人机遇。1858 年 1 月，意大利革命党人费利切·奥尔西尼试图刺杀拿破仑，这促使他最终采取行动。在普隆比耶尔，他和加富尔秘密策划了一场对奥战争。策略是在外交上孤立奥地利，诱使它与皮埃蒙特开战，然后法国站在皮埃蒙特一边，插手干涉。两支军队，分别由 100 万意大利人和 200 万法国人组成，把奥地利人赶出意大利，然后进军维也纳，迫使奥地利投降。维托里奥·埃马努埃莱将成为囊括意大利北方大部分地区的新皮埃蒙特国的国王，实际控制着整个意大利半岛——尽管教皇国和南方仍然保持其独立。意大利中部的命运悬而未决。作为回报，拿破仑将得到尼斯和萨伏依；他的侄子则娶维托里奥·埃马努埃莱的女儿克洛蒂尔达为妻。这最后一个条件是一天下午，拿破仑在和加富尔一起乘车经过普隆比耶尔附近的乡村时想到并加进协议中去的。

值得一提的是，这个时候，不管是加富尔还是拿破仑，脑子里都还没有统一这回事。加富尔多次反驳这一观点，而拿破仑则把统一的意大利大国看作是法国的潜在威胁。热罗姆·拿破仑不久就在 1859 年 1 月与克洛蒂尔达公主完婚，加富尔则着手扩建皮埃蒙特武装部队。尤其是从意大利全境征召了一支志愿军，交由朱塞佩·加里波第指挥。他还通过拉法里纳的民族协会在整个意大利组织了一场"支持皮埃蒙特"的宣传活动。不幸的是，奥地利人并不热心，没有给这个新的同盟提供任何开战的借口。因为其领地已进行过改革，他们对自己当前在意大利的境地相当满意。加富尔对此感到失望，拿破仑也准备放弃整个计划，就在这时，1859 年 4 月奥

加富尔

地利终于上钩了，它给皮埃蒙特发出最后通牒，要求其在 3 天内解除武装。皮埃蒙特当然不会解除武装，于是，"第二次独立战争"爆发。战争持续了两个月，盟军在马真塔战役和索尔费里诺战役中战胜奥军。托斯卡纳、帕尔马和摩德纳的意大利傀儡君主们全部逃跑，加富尔派出行政长官接管了当地政权。

此时，由于部队伤亡惨重，又考虑到国际上的反应，拿破仑有了新的想法：他没有把奥地利人赶出意大利，而是请求议和。和约于 1859 年 7 月 11 日在维拉弗兰卡签署。根据和约，伦巴第归皮埃蒙特所有，通过法国转交；托斯卡纳、帕尔马和摩德纳则要归还给原来的君主们；意大利将在教皇领导下组成联邦。但是奥地利人继续占据威尼斯，并在意大利全境保有相当实力。加富尔非常生气：皮埃蒙特获利有限，特别是伦巴第各要塞仍然控制在奥地利手中，而且，这一切都没有征求他的意见。他选择了辞职。

加富尔离职后，贝蒂诺·里卡索利牢牢控制托斯卡纳，并要求与皮埃蒙特合并，罗马涅、摩德纳和帕尔马情况也一样，路易吉·法里尼将这些地方紧紧抓在自己手中。一开始，由于拿破仑的反对，合并无法实现，但是随着时间的推移，法国的立场有所松动，部分原因是英国施加了压力。加富尔在 1860 年 1 月重新当权，他比以前更加激进，很快就做好了充分利用新形势的准备。他狡猾地在尼斯、萨伏依和中部各国安排公民投票，对投票结果，他早已成竹在胸。尼斯和萨伏依正式投票加入法国，而托斯卡纳和艾米利亚则投票加入扩张后的皮埃蒙特王国。半岛一分为三，由一个覆盖意大利中、北部的大国统治，事情本来可能就到此为止了。可事实并非如此，此后，整个意大利都将进而团结到同一面旗帜下，而这主要归功于加里波第。

传奇人物加里波第

加里波第及其追随者的英勇事迹谱写了近代更为波澜壮阔的篇章。"神奇"这个词经常被滥用，但用它来描述加里波第却恰如其分。他的人生故事充满了变故、冒险，极具英雄主义色彩，他所追求的是一番表面看似毫无希望的事业。难怪今天意大利的孩子们会把这个传奇的游击队领袖当成英雄人物来崇拜（很多成年人也是如此）。加里波第 1807 年 7 月 4 日生于尼斯，在性格形成时期，他在一个商船上当水手。1833 年末他在马赛认识了马志尼，并加入了青年意大利党；1834 年 6 月，由于在热那亚参与起义，被判处死刑，还好只是缺席审判。1835 年，他逃到里约热内卢，在那里成了一名海盗，为里奥格兰德共和国效力，反对巴西。接着，他又到南美从事一系列冒险活动。他曾指挥乌拉圭海军参与海战，结果船只失事，他受重伤被俘，遭到严刑拷打；他也曾有过平凡的生活，在蒙得维的亚当过售货员。他娶了第一任妻子阿妮塔，育有三个孩子。但是加里波第仍然保持着强烈的爱国热情。1848 年春，得到意大利爆发革命的消息后，他立即带着追随者们——第一支加里波第军回到祖国。第二年，他成了米兰临时政府的一名将军，接着又应邀赴罗马，先是在罗马议会担任议员，后来，如前所述，成了罗马共和国的首席防务官。这一时期，他在战斗中腹部受伤，爱妻阿妮塔也因劳累过度去世。起义失败后，他又开始了新一轮的游历。他到过纽约，在那儿做过蜡烛制造商；到过中国和澳大利亚，那时他的身份是一名商船船员；然后在 1854 年 2 月又到了伦敦。1855 年他返回并永久定居意大利，成了撒丁尼亚附近卡普雷拉岛上的一名农民。1859 年战争时，他在岛上纠集起一支志愿者，成为"千人军"（又名"红衫军"）的核心力量。他被任命为皮埃蒙特的一员将军，在战争中发挥了主导作用。后来他前往意大利中部的军队任职，在那里开展了为意大利统一—"购买一百万支步枪"的募捐运动。

1860 年初加富尔重新掌权时，加里波第已经从托斯卡纳军队辞职，成为自由人，并聚集起有名的"千人（红衫）军"；而且，由于家乡尼斯被割让给法国，他深受刺激，于是进军西西里，支持岛上的起义运动，并打破了《维拉弗兰卡和约》造成的僵局。值得注意的是，他是在没有加富尔支持的情况下着手完成这一使命的；加富尔本能地怀疑所有马志尼式的革命活动，但是碍于维托里奥·埃马努埃莱的狂热和皮埃蒙特公众舆论的压力，他也只能任其发展。加富尔和加里波第之间没有任何好感可言，这一事实将对此后发生的事情产生重要影响。

加里波第

加里波第带着这一小批冒险者（其中包括他信赖的副官弗朗切斯科·克里斯皮，他日后成了意大利的总理，还有尼诺·比克肖）于 1860 年 5 月 11 日在马尔萨拉登陆。他们迅速在岛上取得了全面胜利。马志尼的代理人尼古拉·法布里齐，还有克里斯皮早已为加里波第的到来做好了准备。因此，当加里波第率部在卡拉塔非米击败一支两倍于己的那不勒斯军队、向巴勒莫进军的时候，3000 名西西里人在拉马萨带领下充实到起义军中。加里波第 5 月 27 日进入巴勒莫，城里的人奋起与他并肩作战，6 月 6 日，多达 12000 人的那不勒斯驻军投降。7 月 20 日米拉佐战役结束之后，西西里已成为加里波第囊中之物。在这一过程中，加里波第除了表现出非凡的军事才能之外，也显示了一定的政治才干和冷酷的一面。他一开始与参加起义

蔓延的革命

的农民站在一起，但当他需要赢得地主们支持的时候，便又背弃了他们。

加富尔多少有点尴尬，同时又顾虑到拿破仑对这一切的反应，于是督促将已占领的领土立即并入皮埃蒙特。他派拉法里纳到西西里安排合并事宜，但是，对外交知之甚少、可能也漠不关心的加里波第，却打发他卷铺盖走人。不管怎么说，对尼斯的命运，他仍然感到心中不快。他决定继续发挥自己的游击天才、渡海登陆，对意大利来说，这可是一大幸事。拿破仑一开始大为震惊，准备采取行动，但迫于英国的阻力，他未能插手。1860 年 8 月 19 日，尼诺·比克肖分队在梅里托登陆，自此以后，加里波第在南方的进展如同占领西西里时一样势如破竹。到 8 月 30 日，卡拉布里亚已经解放，9 月 7 日加里波第进入那不勒斯，准备向罗马挺进。部队行进至沃尔图诺河畔时遭到那不勒斯残部抵抗，加里波第最终战胜了敌人，但也付出了惨重的代价，延误了向罗马的进攻。

此时，加富尔决定采取行动以控制局势，由于这位游击队领袖戏剧般的行动，局势正朝着他所不希望的方向迅速发展。他怎么也没有想到加里波第的乌合之众居然能击溃那不勒斯的精锐部队；他两面下注，同时与拿破仑和两西西里国王弗朗西斯二世（他于 1859 年接替其父费迪南二世成为国王）谈判。但是现在，在维托里奥·埃马努埃莱的直接领导下，皮埃蒙特部队被派驻亚得里亚海沿岸，攻占了除罗马以外的教皇国领地。两支意大利军队终于会师，11 月 8 日，加里波第将意大利南方交给维托里奥·埃马努埃莱，并宣布他为意大利国王。加里波第拒不接受任何报酬，回到了卡普雷拉岛。

加富尔组织了全民公决，正式确认了合并，接着又选举组建第一届意大利国民议会，使新生国家合法化。国民议会于 1861 年 2 月 18 日举行会议，正式宣告维托里奥·埃马努埃莱为新意大利王国的国王。尽管王国没有将威尼斯和罗马囊括进来，但这个结果已足以令人震惊。没有人计划过建立这样一个国家，有些人甚至想都没有想过。加富尔没有，南方那些欢迎加里波第但却并不真正了解他的人也没有，就连马志尼也没有——他仅是出于宽容承认了现实，但对这个新生国家的君主制政体仍然不满。教皇自然极力排斥这种想法。奥地利也一样，但它已无力干预。

法国最终勉强接受了现实——它之所以态度缓和，一是慑于国际形势，另外也是加富尔故意危言耸听，说否则就有可能建立共和国。对加里波第冒险事业仅有的支持来自维托里奥·埃马努埃莱；英国多少也提供了一些支持，但他们在整个事件上有所保留。无论如何，意大利王国确实建立起来了，它的建立是依赖加里波第的人格魅力实现的——加里波第几乎是单枪匹马地扫除了各种政治可能性和外交方面施加的巨大限制。

1861 年 6 月 6 日，加富尔突然病逝。用帕默斯顿对他的称颂作为墓志铭是最合适不过了："为民族历史添彩的爱国者中，无论现在还是将来，在意大利都无人与之比肩；子民对国家贡献之大如加富尔之于意大利者，未之有也。"可能有点俗套，但却不失为事实。

加里波第对打仗有着令人吃惊的热忱，他开始了更加大胆的冒险行为。他被选入意大利议会，事实上，还谢绝了亚伯拉罕·林肯总统要他统帅联军的邀请，又回到了他完成意大利"拼图游戏"的事业中——攻占罗马和威尼斯。但新秩序当时已经建立起来，他再也没有机会实现"加里波第式的英勇行为"。1862 年 8 月，试图接近罗马时，他在南方偏远的阿斯普罗蒙特山被打伤脚跟；1867 年试图侵入教皇国时他在门塔纳遭到法国人毒打。他多次使皮埃蒙特当局下不了台，当局显然无力控制他，即使将他监禁，流放到卡普雷拉岛也无济于事。在有生之年，他得以看到意大利完全统一的梦想实现；看到发生在法国的战争；他再次在意大利议会供职；还娶了第三任妻子弗兰切斯卡·阿尔莫西诺，又添了两个女儿。1882 年 6 月 2 日，他在拉普雷拉岛去世。加里波第派尽管形式上被解散，实际上还在他儿子的指挥下继续战斗，成为一种巡回的自由斗士。他们曾支持过发生在希腊、法国、波兰和南非的各种事业。在南非，他们曾与布尔人并肩作战。在罗马的复兴运动博物馆，人们会发现很多有关加里波第或者这一时代的有趣纪念品。此外，在米兰、都灵同名的博物馆里，在热那亚的马志尼学院也都有同样的纪念品。

意大利曾不自量力地插手奥地利和普鲁士之间的战争，就是所谓的"第三次独立战争"，结果伤亡惨重。之后迫于国际局势的发展，威尼斯最终于 1866 年被移交给意大利。在罗马，庇护九世立场坚定，拒绝和新生的意大利世俗政权建立任何关系。1864 年他发表"现代谬论条目"，表明了自己的立场，然后又在 1870 年颁布"教皇无谬论"的教义来说明自己不可能犯错。一方面，接不接受教皇的世俗权力成了事关信仰的问题，不接受就意味着违背了上帝的旨意。但另一方面，教皇在现实中的地位其实是靠法国驻军来维持的。所以当法国驻军撤走参加普法战争时，意大利军队未遇抵抗，并于 1870 年 9 月 20 日长驱直入开进罗马城。按照惯例，通过全民表决，这座不朽之城并入了意大利王国。今天，意大利每个城市都有"9 月 20 日大街"，就是纪念这一事件的。教皇被隔离在梵蒂冈，那里有拉特兰宫的圣约翰大教堂和甘多尔福堡的教皇夏宫。在意大利，教会的世俗权力被废除，作为补偿，允许梵蒂冈保留一些主权国的权利。比如，梵蒂冈有权开办邮局，后来，还获准发行自己的邮票。国家发给教皇一笔补助，但教皇拒绝接受。他将参与行动的所有人员全部逐出教会，并画地为牢，不离梵蒂冈半步。从那时起直到法西斯主义出现的近 60 年间，教皇一直没有露面。新生的意大利国家终于建成。

自由国家和法西斯主义

马西莫·达泽利奥说："我们创造了意大利国家。现在我们得创造意大利人……要想创造出意大利人的意大利国家，是不能操之过急的。"事实证明，这一任务过于艰巨，连"自由"国家都最终垮台，在 20 世纪 20 年代让位于法西斯主义。这是一段每个人都可能知道一点儿的历史。但要想真正明白其来龙去脉……

意大利统一国家诞生伊始，人们自然少不了进行各种盛大的庆祝活动。但是盛会结束之后会怎样呢？在意大利历史上，统一是一个极其重要的分水岭，但也只是一个开端而已。社会根本问题依然存在，而且在一定程度上比以前更加突出。意大利王国的建立激起了人们对新的更加美好未来的向往，事实表明，要达到这些期望并非易事。意大利必须面对的到底是些什么问题呢？实际上，一是国家相对落后，二是社会隔阂严重：新生国家南北隔阂、城乡隔阂、区域隔阂，甚至同一区域内部地区之间的隔阂；天主教徒和世俗民众之间的隔阂；统治阶级和人民大众之间的隔阀；人民群众各派思想观点的隔阂。因此，除了建设国家之外，新王国的一个主要任务就是深化"法律上"的统一，建立起一整套公共机构，实现社会、政治和经济上的"真正"融合，使意大利人民接受、支持国家，和国家同心同德，荣辱与共。安东尼奥·格拉姆希称这一过程为"实现霸权"。这个任务，对意大利这样一个国家来说，可是一点儿都不简单。如前所述，历史上各地独立发展，地方意识非常强烈。正如马西莫·达泽利奥所说："我们创造了意大利国家，现在我们得创造意大利人……要想创造出意大利人的意大利国家，是不能操之过急的。"事实证明，这一任务过于艰巨，连"自由"国家都最终垮台，在 20 世纪 20 年代让位于法西斯主义。

王国的社会、经济状况

王国的落后状况显而易见。对统一后的意大利稍做观察就可看到，其社会仍以农村和农业为主导，60% 的人口都生活在农村——确切地说，是在农村勉强生存。因此，农业的状况至关重要——当然，任何一个国家都是如此。19 世纪 80 年代参议员亚奇尼向议会提交了一份 15 卷的报告，里面的描述表明，农业自中世纪以来没有明显进步。而且，地区之间，甚至地区内部都存在着巨大的区别和反差：土地肥沃程度不同，土地所有制度不同，资本化程度不同，采用技术的先进程度不同，劳动报酬不同。

可以预料，北方的农业最为发达。平原地带，至少土质良好；农场可按照资本主义方式运行，组织规模大，管理人员专业，技术先进，工资对为数众多的临时工来说也可以接受。但即便是在北方，也存在严重问题——主要来自国外竞争和周期性波动，因为这一地区的产品严重依赖欧洲市场，甚至是其他国际市场。北部山区也有一些问题：土地贫瘠，技术落后，小农场主仅能勉强维持生计，而且还不得不在农闲时节迁居他地找活干，否则就入不敷出。在意大利中部，多数农民是佃农，基本上都是把收成的一半作为地租交给地主。在这儿，除了显而易见的公正、平等问题之外，还有不利于资本主义发展的体制问题：农民没钱往地里投资，地主则没有投资的动力。不过，佃农多少还算幸运，在他们下面还有无地劳动者——仅托斯卡纳一地，1881 年时就有 11 万人，他们只能靠偶尔谋到点儿活来维持生计。

越往南，情况越糟糕。罗马附近的阿格罗罗马诺基本上都是大庄园，土地主要归教会和少数古老的贵族所有。土地没人重视，只有 10%得到开垦，通常是经纪人将土地租来，然后与雇工一起耕种。再往南的亚得里亚海沿岸一带，乃瘴疠之地，灌溉也不方便，农民们都退避到山坡上居住，在那里艰苦度日。而在南方内陆，则是成片成片荒芜的大庄园，土地被太阳烤焦，生态也因 19 世纪早些时候滥伐林木而遭到严重破坏。这一带也有佃农，主要分布在阿布鲁齐、莫利塞、坎帕尼亚和西西里，此外，还有一小部分自耕农。当然，也有一些较为发达的地区，主要在第勒尼安海沿岸一带，但这只是普遍现象中的例外。以农业为主的南方，主要特点是农民愚昧无知，一贫如洗；地主常年不在领地，对农民剥削极其残酷；长期以来农业投资匮乏，这一点与北方市场相比尤为突出。

普通农民的处境让人不忍提及。他们吃得极为简单，基本上和中世纪的时候一样。用以果腹的无非是些面包和玉米粥，辅以豆类、猪油、植物油和一点点蔬菜。肉类、家禽和蛋类只是在逢年过节才吃一点儿，因为这些东西要么是农民吃不起，要么就是被地主挖空心思地通过合同要走，成为地租的一部分。住的基本上都是土坯小屋，屋顶盖上稻草，没有地板。稍幸运点的农民可以和家里的牲口分享住所——最穷的根本就没有牲口。条件确实不错的农民可以住上独特的农舍：人住二楼，牲畜则安置在底层。卫生根本无法保障，各种疾病和身体残疾更是司空见惯——仅死于疟疾的人每年差不多就有 2500 人。南方的农民穷得无钱埋葬死者，只好把他们扔到山崖上，任由乌鸦或野狗吞食，或者就是堆在地穴里，任其腐烂，很多活着的人因此染上了可怕的疾病。如此看来，整个 19 世纪，南方几乎不断地发生农民起义，还有什么可奇怪的呢？他们还有什么东西可以失去呢？要全面理解这种惨状，还必须提到农村的主要作物——玉米。19 世纪 80 年代，由于价格下降，国际竞争激烈，玉米生产受到沉重打击。总之，农村社会处于崩溃边缘。

城里的情况要好一些，但也有严重问题。多数人是劳工或手工业者。意大利还没有进行工业革命，这一点比其他欧洲国家落后很多。工厂不多而且规模都很小，工业生产集中在纺织业：丝绸、棉花、羊绒；尽管食品加工业、冶金业、工程制造和化工业也已出现，但发展缓慢。值得注意的是，从苛税中得到资金进行的公共设施建设，却未能成为预期的经济"增长动力"。和其他各方面一样，北方要更发达一些，当时已有的工业也都大多集中在北方。南方则需要应对多种致命障碍：远离欧洲主要市场、缺乏资金、既没有创业精神和才能，又缺少熟练工人。

在这种情况下，考虑其社会结构似乎没有什么意义，但这样做是传统和惯例，显然没法避开。大家庭是社会的基本组成部分，也是主要的经济单位。社会基本是父权制社会，多数妇女都被视作附属财产，她们在生活中的角色就是服务家庭需要，对丈夫保持忠诚。但即便在这时，很多女性在经济上也扮有一定角色。在农村，她们通常要分担农活。奇怪的是，在城里她们也经常进入劳动力市场。1876 年的一项调查表明，意大利工厂里共有 38.2 万名工人，其中 23 万名是女性（约占 60%），根据欧洲的标准，这个比例可是高得惊人。中产阶级女性主要从事教学工作，但除了教学和工厂工作，女性几乎没有其他就业机会。有些人做了电报报务员或家仆，另一些人则被迫沦为娼妓，当时这种现象非常普遍，尤其是在那不勒斯。

虽然社会衰败、经济萧条。但仍然存在特权阶级——新王国的精英们。当时全国共有 8000 个贵族家庭，他们占有大部分土地，寄生于王国贫瘠的资源之上。他们对社会基本上毫无贡献，因为没有技能，没有动力，也缺乏这样做的远见卓识。人们可能希望从中产阶级中产生出改革的动力，欧洲其他地方都是如此；但是在意大利，当时的中产阶级根本无力胜任这一任务。中上阶层包括大约 200000 名普通地主、领租者和企业家以及大约 100000 名"专业人士"，如律师、教师和医生。小资产阶级人数更多，有差不多 100000 名私人部门的白领工人和 250000 名不从事体力劳动的政府雇员和官吏。一些商人和企业家也包含其中，但总体上说，意大利资产阶级目光短浅，思想保守，受教育水平低下，在经济事务上缺乏进取心，甚至毫无兴趣。和贵族阶级一样，他们实际上就是一群寄生虫。他们的主要目标是不劳而获，过上尽可能舒适的生活；如果没法做到不劳而获，就谋一个政府闲差；他们对所赖以生存的社会却回报极少。一个年轻的国家需要的可不是这种人。

如何从政治上解决这种困境。取决于国王和新议会。新议会起初于 1861 年 2 月在都灵召开，后在 1870 年罗马并入王国之后，又转到罗马继续召开。从现代意义上看，这个议会根本不是民主选举出来的：一开始议会有 443 名议员，是由 2000 万人口中的 30 万人参与选举选出的。教皇禁止天主教徒参与选举或竞选。议会里分裂成了"左翼"和"右翼"两派。右翼主要是一帮皮埃蒙特的议员，他们因为受到意大利各地的支持，地位比较巩固。左翼，主要包括前马志尼共和派和各个加里波第派系的集合。王国初期 15 年间，受选民范围所限，右翼一直掌握着政权。可局面并没有因此稳定，因为这一时期内就出现过 8 位总理竭力填补加富尔留下的政治空缺，组建政府多达 13 次。国王和议会由军队和警察支撑着。军队包括 215 000 名现役军人和 200 万预备役人员，全部公共开支的 25% 都被军队占去，警察主要是保安警察，一种准军队性质的警力，他们办事效率极高，但大多数人对其不满，因为他们态度恶劣，行为粗鲁，对穷人尤其如此。人们极为不满的是广为流行的"警告"制度，谁要是被警告，可能这一辈子就毁了；但最可怕的还是"强迫居住"，所有他们看不顺眼的"异端"分子都可能会被随意驱逐到荒岛或深山去居住，这种做法每年会牵涉 3000 至 5000 人。

由于想"创造意大利"，解决国家的落后问题，右翼采取了一系列重要措施。早期，他们建立了王国的行政管理体制，把意大利分为 59 个省份。像法国一样，每省有一名省长进行管理，每个城镇还有市长。以皮埃蒙特法律为范本，全国采用统一的法律制度，此外，还统一了货币和度量衡；取消了秘密警察，实施新闻自由；建设了通往王国边远地区的铁路和公路。特别重要的一项措施是尝试着采用了统一的教育制度：要"建立意大利"，就必须在教育领域有所行动，不仅因为国民受教育水平普遍不高，还因为大多数人只说当地的方言，不同地区的人听对方说话通常是不知所云——时至今日，这种现象在一定程度上依然存在。为推进标准化基础教育所采取的措施都很粗略，而且还通常不受重视。小学义务教育直到 1877 年才开始实施，时间仅为两年。据估计，南方的失学率达 80% 以上。

在经济领域，大规模建设了一批公共设施，消除了国内关税障碍，着手处理农村大庄园问题。废除封建特权，实施继承法，以分割大地主的土地，由政府机构拍卖教会及贵族土地。不过，无地农民并没有买到什么地，他们基本上都是身无分文；另外，拍卖时，当地权贵也在现场，使农民心存疑惧；还有，谁要是买了教会的土地，就面临着被逐出教会的威胁。多数土地卖给了旧贵族和一些新兴的中产阶级小地主。因此，尽管土地所有制发生了重要变革，穷人的处境并没有什么改变。而且，南方的状况变得令人绝望，结果抢劫成了一种十分猖獗的社会现象，军队进行了长达 5 年的血腥镇压才使之平息下来。事后看来，右翼政府影响最深远的贡献就是完成了统一进程，为新兴国家打下了基础。值得称道的还有他们 1871 年通过了《保障法》，从而确立了教会和国家的关系，使神职人员处于民法的约束之下。

德普雷蒂斯与国家危机

1876 年，以阿戈斯蒂诺·德普雷蒂斯（1813—1887）为首的左翼当权，此后约 30 年间，国家大权一直掌握在左翼手中。德普雷蒂斯上台后，议会先前的两党制实际上已支离破碎。左翼根本就不是一个同质组织：很多人个性强烈，在交往中随时准备采用"非常规手段"，基本上都不愿严格遵守党的路线，而倾向于拉帮结派。面临这种四分五裂的局面，德普雷蒂斯为争取大多数，采用了一种人称"变质"的手段。这种方式——不知道这样说合不合适——基本上就是建立在贿赂的基础之上的。议员个人或不同派系的议员，受各种"诱因"驱使而投票支持政府。"诱因"可谓五花八门，有内阁席位，有社会荣誉，还有为选民分配公共工程。厚道点的人可能会称之为"折中主义民主"。"变质"做法遭到了严厉批判，因为它加速或者说是导致了道德水平下滑，不过它毕竟保证了政府的稳定，使德普雷蒂斯几乎是连续执政，直到 1887 年去世。而且在他死后"变质"手段仍作为议会运作的一种方式长期存在。德普雷蒂斯虽然保证了政府稳定，却并没有取得多大成就。他的政府鲜有，甚至根本就没有什么政策，在国内事务中唯一可称道的政绩就是在 1882 年进行了选举改革，使选民人数增长到 200 万人，占到了总人口的 7%。绝大多数新选民是城市中产阶级。相比之下，南方形势糟糕，成为意大利日益明显的社会两重性的又一表现。

阿戈斯蒂诺·德普雷蒂斯

德普雷蒂斯时代所产生的社会、经济结果无疑是消极的，如前所述，很多长期存在的问题亟待解决。可事实上问题非但没有得到解决，反而使局势进一步恶化。移居国外经常被当作逃离贫困的唯一途径，这一时期移民急剧增加。19 世纪 70 年代晚期，每年大约有 80 000 人移居欧洲各地，另有约 20 000 人移居美国。到 19 世纪 80 年代，每年移居欧洲的人数增至 100 000 人，而跨洋移居美国的人数则飙升至惊人的每年 200 000 人。起初移民大多来自北方，后来南方人成群离开的现象日益严重；没过几年，随着北方成为经济增长的重心，南方地区更是成了移民的主要来源地。

具有讽刺意味的是，这一时期外交政策方面发生了一次极为重大的调整，而当时当政的恰恰不是德普雷蒂斯。

1878 年柏林会议召开时，担任意大利总理的是贝内代托·卡伊罗利，这也是意大利第一次以一个欧洲大国的身份出现。意大利在会议上的遭遇极其令人失望：意大利企图占有特伦蒂诺，意方代表科尔蒂伯爵却未能在会上争取到任何支持。接着又遭受了另一挫败：法国占领了突尼斯，而意大利对该地觊觎已久，当地也有很多意大利人居住。这些情况多少促使意大利于 1882 年与俾斯麦领导的德国及奥地利

1878 年柏林会议

结成三国同盟，这一举措决定了第一次世界大战以前意大利的外交政策。争夺突尼斯受挫，也多少间接促成了意大利民族主义向一个新的方向发展：殖民主义。

　　德普雷蒂斯死后，弗朗切斯科·克里斯皮（1819—1901）出任总理。他以一种良好的出身走上了这个位置，他曾是一名共和派和马志尼主义者，在复兴运动时期还是加里波第在西西里的主要助手之一。但一旦当权，成为领袖，才发现他原来行事鲁莽、喜怒无常、易受影响、独断专行。他执政的主要特点有：支持德国；殖民扩张；支持新兴的地主和工业中产阶级；无法容忍反对意见；具有明显的独裁倾向。难怪日后法西斯主义者会视他为同宗。

　　克里斯皮的确给沉寂的意大利政治舞台注入了新的活力。他曾两度出任总理，一次从 1887 年 8 月到 1891 年 2 月，另一次从 1893 年 12 月到 1896 年 3 月。1896 年他 77 岁时，被迫离职。在国内，他第一次执政至少还进行了可以称道的改革。为追逐个人权利，他除担任总理、兼任外交部部长职务外，还亲自担任内政部长，对地方政府进行改革——地方政府当时已发展成为可抗衡罗马的一股力量。他扩大地方选举，在多数城镇实行民选市长。他还设立了邮电部，该部存在至今；改革了行

政机构；采用了新的卫生法和新的刑法。他的措施的本质是牺牲议会以加强行政管理，扩大国家独裁权力——这种权力逐渐集中到他个人手中。

不过，尽管克里斯皮的执政风格确实对议会和政治产生了一定影响，但他当政期间最重大的国内变革并不在此。反对国家的声音越来越大，新的社会主义思想已经发展起来。19世纪80年代初期，反对声在所难免，但发展趋向于分散和迷乱。南方有无政府主义者，他们喜欢时不时进行一些冒险活动，幻想引人注意，但实际上却微不足道。比如，他们冲进边远村庄，焚烧官府档案，宣布农民脱离压迫者获得自由，使得农民困惑不已。这些巴枯宁主义造反者引人注意的是其天真的理想主义，最终总是被尚未解放的资产阶级镇压。同样在南方，19世纪90年代初出现了一种法西斯反对运动，这一名称日后为另一运动所用。北方在统一之前就有一种传统，即激进主义者主要来自中产阶级。社会主义也有了一定影响，1881年安德烈亚·科斯塔在罗马涅建立了一个社会主义政党。不过这一时期社会主义发展最快的是伦巴第，特别是米兰，因为工业无产阶级在该地发展壮大起来。1882年，意大利劳工党成立，接着1891年又成立了第一个工会，一个由奥斯瓦尔多·尼奥基·维亚尼创立的工人组织。

翁贝托国王

意大利的各色反对派，从扔炸弹的激进分子到知识分子，都统一到社会主义的旗帜下，并在安东尼奥·拉布廖拉和菲利波·图拉蒂等人的组织下，找到了统一、明确的方向。1892 年 8 月在热那亚举行的一次大会上，图拉蒂等人组建了意大利工人党，成为意大利社会党的前身。意大利社会党于 1895 年成立，存在至今。1895年，他们还制定了《最低纲领》，成为民主运动的依据。这一革新纲领在今天看来太过温和，但在当时却是非常进步和具有启蒙意义的。其中包括全民选举权、当选议员的薪酬、工厂改革、累进税收制和全民养老金等问题。社会主义思潮也给暴力反对提供了明确的政治目标，暴力抗议从 19 世纪 80 年代起逐步成熟起来，显著表现有：佛罗伦萨和比萨的炸弹事件、佩萨罗起义、那不勒斯刺杀翁贝托国王事件——翁贝托国王 1878 年在其父死后继承王位（顺便说一下，玛格丽塔比萨饼就是以他的妻子玛格丽塔的名字命名的）。19 世纪 90 年代初期，西西里爆发了严重暴乱，为首的是法西斯派。克里斯皮拿出了他一贯的严厉的甚至有些偏执的作风，派大批部队前往岛上粉碎一切反抗活动，并设置了军事法庭，将有同谋嫌疑的人一律处以极其严重的刑罚。他还以同样的手段处理了发生在卡拉拉的一起大理石工人暴动。

　　这种笨拙的手段结果自然是适得其反，因为它解决的实际上是表面现象，而不是问题的症结所在。问题的根源其实是自由国家未能满足人民群众的愿望，未能解决困扰他们日常生活的问题。意大利人逐渐看透了这个国家：一帮腐化堕落的人一心想着保护个人利益，保护一小部分人的利益。大多数人因此与国家越来越离心，他们觉得这个国家跟自己的期望和需求毫无关系——国家的体制显然没能"创造一个意大利人的意大利国家"。因此，克里斯皮的镇压只能使越来越多的人支持社会主义者。可以预见，克里斯皮发现自己的这一套不管用后，就变本加厉。1894 年10 月，他一共取缔了 271 个社会主义组织。克里斯皮此时愈加退缩到自设的堡垒里，更改选民名册以保证选举结果，将政府运行的权利越来越多地控制在自己手中。

　　如果说克里斯皮在处理国内事务时反应迟钝、妄自尊大的话，外交政策方面就更加表现出他的自以为是，甚至偏执妄想。他支持德国，因此与俾斯麦签署了一项协议，并否决了一项与法国之间的商业条约，对意大利经济造成了危害。随之出现的大规模资金外流大大促成了意大利的经济危机。此后一段时间，他一直在"与风车作战"，想当然地认为法国即将入侵（法国实际并无此意），并因此事而怒不可遏。但是，影响其统治的最具代表性的外交政策，是他企图将意大利在非洲变成一支帝国主义力量。这一企图对意大利来说是灾难性的，而且最终一无所获。其实，早在克里斯皮担任总理以前，意大利就已经盯上了非洲大陆。1882 年意大利占领了红海上的阿萨布湾。3 年后，在英国的怂恿下，它又把马萨瓦据为己有，结果，1887 年 1 月，一支 500 人的意大利部队在多加利遭拉斯·阿卢拉率领的阿比西尼亚人屠杀，使意大利的殖民野心遭到沉重打击。这一事件伤害了意大利人的民族自尊，促使克里斯皮拿出惯用的手法，野蛮地将意大利领土推进到新的殖民地厄立特里亚，占领索马里，并宣布阿比西尼亚为其保护国。但新帝国的臣民们一点也不友好，他们组织了一场大起义，领导起义的是原本驯顺的阿比西尼亚国王梅内里克。巴拉蒂耶里将军奉命镇压造反者，不幸的是，他的部队 1896 年 3 月 1 日在阿杜瓦惨遭造反者屠戮。意大利军队丧命沙漠之中，同时也葬送了克里斯皮的政治生涯。这位神秘的复兴运动时代的英雄，却难以控制个人情感，并自视甚高，对自己国家的认识也不切实际。最后在默默无闻、穷困潦倒中度过残生。

埃马努埃莱三世

克里斯皮的倒台并未能阻止新生的社会主义反对运动的蔓延，反而使其变得更加激烈，也得到了更多人的支持。企图刺杀国王的事情再次发生，全国各地都陷入了动乱之中。混乱状态在 1898 年达到高潮，当时国家似乎处于革命一触即发的状态。南方的一场起义被佩卢（Pelloux）将军镇压，但却在国内其他地方蔓延开来，结果 59 个省中一半都宣布了戒严令。最严重的事件发生在米兰，军队向群众开火，100 名平民被打死。佩卢将军于 1898 年至 1900 年担任总理，意大利一度处于他领导的军事统治之下。这种局面最后被朱塞皮·萨拉科的民意政府所取代。国家局势逐渐平定下来，但在完全平定之前，1900 年 7 月，国王翁贝特遇刺身亡，维托里奥·埃马努埃莱三世即位。一个新面孔也随之出现在政治舞台：乔瓦尼·焦利蒂。

要说德普雷蒂斯和克里斯皮两人都圆滑世故、在处理议会问题时不择手段的话，乔瓦尼·焦利蒂（1842—1928）则称得上是名副其实的滑泥鳅了，同时代人、历史学家加埃塔诺·萨尔韦米尼称他为"黑社会总理"。为使自己稳居其位，他沿用"变质"的做法，甚至还变本加厉。对他的自由统治提出反对的，左翼主要是社会党人，右翼则是教士派（现代天主教民主党的前身）。1904 年 11 月教皇庇护十世（1903—1914）解除了天主教对国家的抵制，教士开始作为一支选举力量出现。焦利蒂先发制人，将左翼的许多社会政策付诸实施；右翼也非常满意，他们在自己钟爱的事业和关注的领域都得到了焦利蒂的支持，比如军队方面。焦利蒂偶尔还与右翼进行直接交易，1913 年他就这样做过。就这样，焦利蒂确保了自己在议会议员几乎一直占有多数。焦利蒂圆滑世故的另一个表现是，一旦情况不妙，他就老练地从政坛前台退下，把难题留给别人，他自己则置身事外，隔岸观火。凭借他精心策划并成功维持议员的多数，焦利蒂成为 20 世纪初意大利政治真正的幕后操纵者，可以说，不在位时亦当权。从 1901 年到第一次世界大战爆发，他显然就是主导意大利的风云人物。在国内，他当权时期的特色是实施了重大社会改革，如规范童工、女工的使用；改善基础教育和人身保险；最重要的一点是，从 1912 年 5 月 25日开始，赋予了全体男性公民选举权。

但是，焦利蒂毫无原则地滥用任免官吏的职权，经常引发质疑；此外，他还操纵议会，这些最终造成了民众对国家的失望与疏远。相比之下，他那些本不可小视的国内成就就显得微不足道了。从一定程度上说，他只不过是沿用并完善了统一以来自由国家的前任们确立的传统做法，结果却使议会国家与其声称所代表的人民彻底决裂。这种现象后来对国家产生了巨大影响——20世纪20年代，当国家面临法西斯的威胁之时，很多人都在考虑这种体制是否与自己有关，是否最能代表自己的利益，自己是否应该支持它。答案显然是否定的，于是人们没有起来保卫国家，政府因而垮台。焦利蒂并非这一致命病症的根本原因，但他起了推波助澜的作用，更没有做过任何遏制其发展的事。自由国家衰落和法西斯崛起的种子已经播下。

贾科莫·普契尼

有讽刺意味的是，在这种背景下，意大利的状况居然有了改善。有人将20世纪初的几年称作意大利的"美好时光"。对于引领意大利工业革命的企业家来说，经济大为繁荣，工业革命此时受到廉价水电的刺激，正处于全盛时期；对于技术工人、政府雇员和许多农业工人来说，情况也不错，他们的工作条件得到改善，工作报酬有所提高。艺术又一次进入了兴盛期，威尔第的歌剧仍然非常流行，而且随着与词作者阿里戈·博伊托合作创作了《奥赛罗》（1887）和《法尔斯塔夫》（1893），艺术水平登峰造极。贾科莫·普契尼（1858—1924）的作品这一时期也处于全盛时期（1896年《波西米亚人》问世，1900年《托斯卡》问世，1904年《蝴蝶夫人》问世），并由阿尔图罗·托斯卡尼尼（1867—1957）指挥，由像恩里科·卡鲁索（1873—1921）这样的名家演唱——圈内群星闪耀，名家辈出，如维尼托·

德·萨巴塔、图利奥·萨拉芬、卡洛·玛丽亚·朱利尼、阿梅利塔·加利·库尔奇、贝尼亚米诺·吉利、蒂托·戈比、雷纳塔·泰巴尔迪和卢恰诺·帕瓦罗蒂。这一时期另外两部经久不衰的歌剧是彼得罗·马斯卡尼（1863—1945）的《乡村骑士》和鲁杰罗·莱翁卡瓦洛（18581919）的《丑角》。诗歌也再次广为流行，其中的"黄昏派"（如科拉齐尼，戈扎诺）以忧伤的笔调描述出中产阶级的颓废生活；怪异的"未来主义派"如马里内蒂创作了一种新的诗体；但是这一时期最具影响的诗人无疑要数加布里埃莱·邓南遮（1863—1938），此人很有艺术天才，笔调华丽，追求享乐主义，但也在很多方面令人反感。

大众文化和娱乐活动在意大利首次有了发展。罗马、都灵和米兰的电影制片厂都开始大量出品电影，还出现了一批像莉迪亚·博雷利这样的电影明星。群众对体育运动也极为热衷，当然今天仍然如此。人们喜欢的项目主要有足球、自行车和赛车，这最后一项使得菲亚特、玛莎拉蒂和阿尔法罗密欧等制造商在意大利成为家喻户晓的名字。这种情况存在的背景是国家的经济决策正确——这在意大利历史上可并不多见。但至关重要的一点是，这一短暂的黄金时期内，人们的生活与政治、议会是互不相关的。而且，黄金时期终究是好景不长。

这段"美好时光"一个不幸、可能也无法避免的特点就是意大利民族主义的侵略倾向日渐增长。当时正值俾斯麦的"铁血"时代，人们崇拜强权，信仰优等民族生活在优等国家。其影响也波及了意大利。推动意大利民族运动的有邓南遮的作品和生活方式，也有新兴的右翼新闻业，其典型代表是一些出版物如《三色报》《大意大利报》和科拉迪尼主编的《国家理想报》等。它们鼓吹意大利种族的伟大与优越，提倡国家控制（可笑的是，意大利人原来一直都憎恨国家控制）、军国主义（除皮埃蒙特之外，意大利人可是既无此经验，又无此传统）和殖民主义（可作为解决大规模移民问题的一个途径）。以上诸项中，民族主义起初最方便采取的应该就是殖民主义。1911 年 9 月，意大利正式与土耳其展开争夺利比亚（Libya）的帝国主义战争，总体来说战争得到了广泛支持，部队出征前是熟悉的壮行场面。只有一些势单力孤的反对者，如历史学家加埃塔诺·萨尔韦米尼认为利比亚就是一个大

"沙坑",根本不值得为之流血牺牲;社会主义者也表示异议,其中包括一个名叫贝尼托·墨索里尼的年轻人。战争拖得太久,比预期的时间要长,意大利付出了巨大的代价,却没有得到什么实际利益,人们也逐渐意识到,利比亚可能确实是一个大"沙坑"。此外,战争并没有随着官方的征服和停火(1912 年通过《乌希条约》得以实现)而结束,因为当地民族主义游击运动依然存在,意大利必须在非洲北部的沙漠里保持大规模驻军,这可是代价不菲。

利比亚战争使意大利财政陷入严重赤字,因此动摇了焦利蒂的政治地位。1913年是全体男性公民获得选举权之后的第一次大选。这次选举从很多方面都堪称焦利蒂手法的经典之作,他再次获得多数,其中最广泛地包含了持各种不同观点的人。但这次,焦利蒂把过多不同的群体联合到自己的阵营里,稳定性难以保证。1914 年国内再次爆发多起罢工,同时在安科纳和罗马涅还发生了骚乱,于是他以惯用的方式避难:辞职,让别人来面对赤字、骚乱和社会主义者的煽动。社会主义报纸《前进报》此时已由墨索里尼担任主编。这实际上是焦利蒂的最后一次冒险,在这次离职的 7 年间,尽管这只老狐狸仍一如既往地得到了多数议员的支持,但意大利还是卷入了第一次世界大战。

一战烽火中的意大利

1914 年 6 月 28 日,奥地利斐迪南大公在塞尔维亚遇刺身亡,西方世界随后陷入全面战争。意大利一开始采取了中立态度。它和奥、德结成的三国同盟多年来逐渐破裂,已经无关紧要。由于意大利对法国表现出友好姿态,日耳曼国家对它的不信任与日俱增,更别说它对的里雅斯特还存有野心了。奥地利则粗暴对待居住在的里雅斯特的意大利人。奥、德两国未与意大利商议,就直接发动了战争,所以中立倾向一开始在国内毫无悬念地占了上风,支持者主要包括天主教党、大工业家和焦利蒂本人。而且,不管从军事上、财力上还是从人民的意愿上,意大利对参加一场大战都还没有任何准备。

但是,国内大批舆论制造者要求干涉,迫于他们的压力和影响,意大利逐渐卷

斐迪南大公夫妇遇刺

入了战争。民族主义者、共济会会员和影响日益扩大的墨索里尼领导下的一部分社会党人，都出于各自的考虑支持战争。但是和谁打仗呢？在很多民族主义者看来，有战争就行，和谁打无所谓。要说，站在德奥一边是顺理成章的事，但如前所述，三国同盟已几近瓦解。意大利要求得到的里雅斯特，奥地利还是断然回绝；国内亲法情绪日渐高涨，满足意大利阴魂不散殖民野心的最好办法似乎就是支持英法了。因此，新总理安东尼奥·萨兰德拉选择了与日后的胜利方结盟。通过外交部部长悉尼·松尼诺，他于1915年4月秘密签署了《伦敦条约》，使意大利投入到协约国阵营中。作为回报，意大利得到承诺，战争胜利结束后会得到大片领土——特伦蒂诺，包括布伦纳山口的里雅斯特，达尔马提亚海沿岸土地和岛屿，还有其在非洲和小亚细亚的殖民领地。由于媒体的宣传和邓南遮激动人心的演讲，一贯冷漠的意大利民众的民族主义热情被激起，达到了狂热的地步。1915年5月23日，意大利对奥地利宣战。

如往常一样，意大利根本就没有为这次大冒险做好准备。军队现状远不足以应付战争，军备开支也少得可怜。尽管如此，意大利部队还是从东北方向进入奥地利领土，因为奥军无暇顾及此处，意军取得了一些胜利。尽管装备落后，指挥无方，但是在伊松佐河畔、在阿迪杰河谷、在阿夏戈附近，应征入伍的农民们拿出他们在田地里养就的听天由命的态度，作战十分勇敢。不过双方很快陷入长时间的僵持阶段，一直到1917年末，德奥从对俄作战前线脱身，开始对意大利发起进攻，并在卡波雷托战役中使意军遭受耻辱性的失败。德军随后转战南方，进而威胁整个意大利半岛——几百年来他们的祖辈好几次干过同样的事情。眼看意大利面临巨大危险，英法派遣部队赶往救援。但是。意大利人以极大的毅力和勇气面对挑战。在盟军到来之前，数量上处于极大劣势的意军竟在皮亚韦河阻止了德奥的进军。这一军事壮举在民族主义故事中得以流传，也被写进了爱国歌曲："皮亚韦河在低语……外国人休想通过。"到了1918年秋，意大利和盟军将奥地利驱赶到北方，并在维托里奥威尼托战役中取得了重大胜利。11月4日，对奥停战协定签字，战争宣告结束。意大利成为战胜国，但也为胜利付出了惨重的代价：3年半内调动500多万男性参战，在人力和财力方面都遭受重大牺牲。伤亡人数接近70万；长远来看，意大利民主政治为此付出的代价将更为沉重。

最终，与付出的巨大代价相比，战争自然是得不偿失，因为巴黎和会令意大利人大失所望。他们太不明智，过于信任战争中间签订的秘密条约。美国总统伍德罗·威尔逊拒不承认条约有效；意大利代表维托里奥·奥兰多和松尼诺优柔寡断，外交上极为幼稚，对于他们提出的要求，其他盟国也不予支持。在1920年1月签署的凡尔赛和约中，意大利得到了国土东北部一直到布伦纳山口的区域，这是先前承诺中的重要部分，它还得到了北非一些没什么价值的领土。伦敦承诺的其他领土，一处也没有捞到。对于这种安排，国内民族主义舆论大为恼火：意大利赢了战争，却失了和约。这也使自由国家离坟墓更近了一步。

如前所述，国家长期以来脱离群众。如果追根溯源，这一问题可以归因于德普雷蒂斯、克里斯皮和焦利蒂之流的欺骗手段。国家因此大为衰弱。但最终导致其倒台的因素有很多：历史环境不利，管理不当，政治无能，还有纯粹的巧合。重要的直接原因是，在战后的协定中政府屈辱地遭到公然拒绝，人们对此大为失望。这显然破坏了政府的信誉和声望，同时也使右翼极端分子抓住话柄，对其进行进一步羞辱。争夺阜姆失利，也成了怨恨的又一来源。1919年9月，在意大利无望得到该地已成定局的情况下，邓南遮带领一帮民族主义狂热分子占领该城，并荒唐地建立起政权。邓南遮在当地坚守很长时间，直到1920年11月《拉帕洛条约》宣布阜姆成为独立邦国（后在1924年被意大利吞并）。各色极端分子成群结队蜂拥赶来，听他作煽动性的演讲。他在演讲中怒气冲冲地批判了弗朗切斯科·尼蒂政府和焦利蒂政府的懦弱，尼蒂和焦利蒂都拿他没办法。事后看来，难免会认为邓南遮的准法西斯政权有些超出常规，但实际上，它对意大利人产生了深刻影响，也为日后的社会实际情况提供了范例。"领导者"个人可以随意决策，他还采用一些独裁手法，比如行罗马举手礼，使用蓖麻油对付反对者，还有荒唐的战争口号"呀——呀——啊啦啦"。成群的亡命之徒蜂拥而至，投奔邓南遮。他们在阜姆整天忙着参加欢宴和庆典，或神秘兮兮地招摇过市，让困惑的当地人不胜其烦。有人称这是右翼分子的一场"五月风暴"，其实也是扇在政府脸上的一记耳光，向外界展示政府的无能。

国家经济必须从战时状态向和平时期调整，但政府未能充分把握这一过程，最终将奄奄一息的自由国家送上了断头台。一些大实业家的所作所为，使事情更为糟糕。比如安萨尔多公司的所有者佩罗内兄弟，因为担心裁军会削弱自己的地位，他们为右翼分子的各种骚乱提供经济支持，阴谋破坏政府活动。

政府的政策——如果我们慷慨地假设政府在混乱时代还确有政策的话，就是指望半市场经济的统治能够解决战后重建问题。这就使得各种工业在毫无保护的状态下面对国际竞争，意大利多数工业显然缺乏应对这一挑战的准备。因为已习惯了万无一失的政府军备合同，多数实业家做出了出人意料的举动，直接选择了放弃努力。结果一大批企业破产，其中，安萨尔多公司也在1921年破产。政府遭到指责，原因很多：因为随着士兵复员，失业现象非常普遍；战争刚一结束就出现物价飞涨；有幸保住工作的人工资减少，生活水平下降。严峻的经济形势导致了广泛的罢工和骚乱，工会组织和社会党人注意到了俄国近来发生的事情，也看到了在意大利发动革命的希望，于是加紧参与和组织。但是，这场革命却不是一场左派的革命。面对危机，政府拿出了惯用的伎俩，想通过妥协和吸收他们加入政府来解除麻烦。

这种做法只在赢得时间方面起了些作用，中产阶级在此过程中出现了离心倾向，因为他们不情愿眼睁睁地看着工人罢工，看到工会将食品价格减半。部分中产阶级人士开始寄希望于破坏罢工者和右翼极端分子，把依靠他们看作是在混乱之中保护自己利益的最好的、可能也是唯一的途径。

墨索里尼

右翼因此逐渐得到了社会上关键群体的支持。总之，其势力和组织都有了迅速发展。贝尼托·墨索里尼此时正在米兰经营着自己的《意大利人民》报，1919 年 3 月他成立了第一个"战斗队"，由 150 人组成，其中很多人都是参与过阜姆冒险活动的老兵，十分热衷于扑灭"赤色威胁"。与此同时，民族主义者和"爱国者们"，包括邓南遮和他的"勇士队"，也组织了类似的团体，不久全国各地就出现了无数的法西斯组织，他们使用棍棒和蓖麻油，胁迫任何敢持异议者。政府此时已支离破碎，而且比以往任何时候都更加不切实际；面对现状，政府无动于衷。要非说有什么举动的话，那就是焦利蒂把宽容"法西斯分子"作为打击社会党人的所谓"赤色威胁"的手段。警察和军队袖手旁观，任由法西斯"黑衫党"烧毁社会党人的办公室，野蛮抢劫农会和工会组织，在博洛尼亚和米兰等社会党人统治的主要城市，使用暴力将其驱逐出市政当局。黑衫军的头目们——比如克雷莫纳、恶贯满盈的罗伯托·法里纳奇、费拉拉的巴尔博和博洛尼亚的阿尔皮纳蒂——则在当地自立为新的掌权者。1921 年 5 月，焦利蒂召集新的大选，希望故伎重演，将墨索里尼及其法西斯党羽吸纳到他多彩的联盟中来。但这一次，他的如意算盘落空了。

焦利蒂没能在选举中获得多数，于是再次辞职。他的继任者，伊凡诺埃·博诺米和路易吉·法克塔先后组织了一系列不稳定的短命同盟，公共秩序在这一过程中也土崩瓦解。罗马处在水深火热之中，而他们却只是在消磨时间。1921年后期，墨索里尼组织了国家法西斯党，当时他和另外34名法西斯代表刚刚被选入议会。法西斯党提出了完整的政府纲领，其基本点有：平衡财政收支，维护国家权威，进行社会改革，提高外交声誉，打击罢工活动，坚持在资本主义框架内严格控制经济。1921年底，国家法西斯党人数超过20万人，到了1922年5月，已超过30万人，墨索里尼已为法西斯主义打下了牢固的政治基础。随着人们将"领袖"传说成"强人"，个人崇拜也开始滋长，法西斯主义逐渐显现出突出的个人意向特征。

法西斯主义者到底是什么来路？墨索里尼本人（1883—1945）生于弗利附近的一个工人家庭，父亲是一个有着强烈社会主义信念的铁匠，墨索里尼从父亲那里继承了这种信念，成了党内的激进分子，曾因参与革命活动几度被监禁。1912年，他成为全国性社会主义报纸《前进报》的编辑，第一次世界大战中他与持中立态度的社会党人决裂，转向右翼。对于他的支持者们的确切身份，人们颇有争议，但有证据表明，他们主要来自中产阶级：土地所有者、白领工人、店主和数量众多的学生。国家主要官员也有人暗中支持，比如法官、军队和警察。整个事情总体上可看作是一场新的资本主义运动，其目的是要填补自由国家瓦解之后留下的空白。尽管法西斯分子主要是中产阶级，但他们也严重依赖好战的工团主义者、农民和暴徒，好让他们充当执行者。截至1922年6月，工团法西斯全国同盟会已招募会员达50万人。

恐怖主义已确立起墨索里尼在各地的势力。而机会主义又助他在议会夺得实权，其中，自由派和社会主义反对派中出现的混乱和分裂局面帮了他的大忙。1922年8月，当时还保持独立的工会同盟发起了一场大罢工，使政府面临崩溃边缘；新教皇庇护十一世（P1usXI）也宣布梵蒂冈不再支持人民党，局势进一步恶化。法西斯黑衫军等待的就是这样一种局面，他们开始破坏罢工并借机控制关键部门。到10月的时候，他们已控制了罗马和北方之间的所有交通要道。他们于是决定正式对政府施压：4 个法西斯头目——比安基、巴尔博、德·韦基和德·博诺，在墨索里尼的授权下，带着黑衫军进军罗马，阴谋夺取政权。墨索里尼本人留在进退两便的米兰，一旦事情进展不顺利，他就可以立即逃往瑞士。10 月 28 日，总理法克塔敦促国王宣布戒严令，国王起初答应，但随后神秘地改变了主意——可能是害怕军队发动兵变。墨索里尼在米兰登上卧铺车，赶往罗马接受国王邀请，并于 1922 年 10 月 29 日组建了新政府。

新政府在议会以 306 票对 116 票通过信任案。投票反对的，有以前的当权派焦利蒂、奥兰多和萨兰德拉，也有日后的当权派，特别是阿尔奇德·德·加斯佩里。墨索里尼最初是社会党成员，现已走进了与之完全对立的另一个政治阵营。他如今大权在握，在意大利建立了法西斯政府。昔日的同僚们将为他们曾经犯下的错误付出沉重的代价。在此必须注意，"领袖"之所以得以崛起，是因为得到了意大利当权派的或明或暗的支持；要不是大企业、法官、军队、警察、官僚和教会的态度，这种情况根本就不会发生。国王的作用也至关重要：要不是他在 10 月 28 日早上改变主意，可能永远也不会出现法西斯统治。

起初人们认为墨索里尼坚持不了多长时间：他要么从政坛消失，要么就是像之前的所有人一样被旧体制同化，这只是早晚的事儿。对于国内发生的事情，人们显然非常满意；事实上，有些观察家，包括终生都是社会党人的加埃塔诺·萨尔韦米尼和安娜·库利斯席奥芙，都对墨索里尼表示欢迎，认为他可以约束黑衫军。事实证明，他确实限制了极端法西斯分子和法里纳奇的过激行为，并使自己的地位得以巩固，在右翼政府中执政达 20 余年。他之所以能够巩固自己的地位，使法西斯分子完全控制意大利的政治和社会，很大程度上得益于他在经济领域的好运气。自由国家统治的最后时期恰逢经济危机，但是从 1922 年到 1929 年，美国和欧洲经济出现反弹，由于世界各国相互依赖性日益增强，意大利经济也在这股激流中得到拉动。结果，法西斯统治初期的经济政策——以私有化、减少国家干预、下调工资、减少税收等为基础，加上国际关税保护、货币稳定——取得了一些成就。到 20 年代末期，意大利工业生产提高了 50%，其中，化工业（主要是蒙特卡蒂尼公司）、人造纤维（主要是斯尼亚人造丝集团）和汽车制造业（菲亚特）表现突出。随着工业的发展，失业率下降，农业方面也有较为明显的复苏。因为经济形势较为有利，法西斯分子清算反对派、建立右翼独裁政权就容易多了。社会中上层在经济复苏中受益最大，法西斯分子因而也同样轻易地赢得了他们的支持。

法西斯主义转为专制统治始于 1923 年。他们另外招募了一支部队，称为法西斯预备队，成员主要是前黑衫军队员——很多黑衫军队员都觉得他们的领袖出卖了革命，因而开始变得不安分起来。法西斯总部随之成为一个政府部门，7 月份颁布的一项新选举法，确保了"领袖"及其追随者们在议会占有多数。随后在 1924 年 4 月的选举中，法西斯的"第一名单"（候选人名单）以高票通过，但紧接着就出现了第一次危机——有人称之为墨索里尼的"水门事件"。5 月 30 日，社会党的新领导人贾科莫·马泰奥蒂斥责选举是一场闹剧。6 月 10 日，马泰奥蒂失踪，他的尸体最终于 8 月份在罗马附近的一个水渠里找到；法西斯分子杀害了他，这就是所谓的"马泰奥蒂"事件。新闻界指控墨索里尼亲自参与了这起事件，特别是阿门多拉的《世界报》和阿尔贝蒂尼的《晚邮报》。他越来越孤立，到了秋天，他似乎已陷入真正的政治危机之中。与尼克松不同的是，他安然度过了危机，并以一种惊人的方式实施报复，1925 年 1 月 3 日，他在议会厚颜无耻地发表演讲，重新获得了当权派对他统治的信心。如此一来，此后的事情便已悄然注定。

从 1925 年 1 月到 1929 年初，意大利完成了向独裁统治的转变，当时提出的口号是："一切属于国家，不得超越国家，不得反对国家。"新闻自由受到限制，限制途径一是审查制度，二是驯服的经营者解雇不听话的编辑。各地民选的市长被国家指派的长官代替，地方政府受到越来越多的控制。尽管反对派们此时在"领袖"面前已基本无所作为，但仍然在 1926 年遭到取缔。主要的反对者要么被流放国外，要么被流放到南方偏远地区。很多知识分子在那里注意到了"南方问题"的存在。其中，卡洛·莱维后来写了《基督停在埃博利》一书，描写的主要就是法西斯当权期间他在南方的见闻。谁要是有与墨索里尼意见相左的嫌疑，必将受到警察和秘密警察的迫害。最典型的一周，"夜半敲门"和其他类似的事情就出现过大约 20 000

次。包括共济会在内的"秘密组织"都遭解散，所有可疑分子都被清理出官僚机构，甚至连南方的黑手党也遭到了"领袖"的攻击。顺便提一下，他也是唯一尝试过打破黑手党对南方地区遏制的人。入"党"（国家法西斯党）成为活下去必不可少的前提，以致有人辛辣地说，国家法西斯党的首字母代表的是"出于家庭的考虑"。然而即便是国家法西斯党也未能幸免，党员好几次被大规模开除出党。让工人们安于现状的方式有体育活动、"思想健康"的流行音乐和工人俱乐部，而最后一个自由工会组织也被国家以伪社团主义的名义解散了。法西斯金字塔的顶端是"领袖"本人——一个永远正确的人。他使用各种途径对人民进行说教：发表广播讲话、在他可以俯视威尼斯广场的阳台上发表演讲、传播各种口号，比如"劳动使人高贵"和"宁做狮子一载，不做羔羊百年"。1929 年，教会也结束了自己的封闭状态：在《拉特兰协议》中，教皇庇护十一世和墨索里尼同意建立梵蒂冈国，教皇则承认意大利王国。只有一些人秘密表示反对，实际上，1926 年，企图谋杀墨索里尼的事件就发生过 4 次。

教皇庇护十一世

到 20 世纪 20 年代末的时候，墨索里尼的右翼独裁政府从很多方面来看还不是真正意义上的"法西斯政府"。尽管至关重要的传统自由和权利已被剥夺，但多数自由时期的旧机构依然存在。因为权利几乎完全集中在"领袖"个人手中，日渐减少的反对者心中一直残存着一线希望：只要墨索里尼从政坛上消失，法西斯主义就会倒台。墨索里尼没有消失，法西斯主义也一直存在，直到将意大利带入第二次世界大战的深渊。（应该稍加注意：国外一些群体对意大利发生的事情其实是持热烈欢迎态度的。在英国，温斯顿·丘吉尔就说过，如果他是意大利人，他也可能会成为一个法西斯主义者；鲍德温（Baldwin）首相不久就表示支持丘吉尔的说法。）

与 20 世纪 20 年代形成鲜明的对比，30 年代乃是经济大萧条时期。美国华尔街的崩溃就是一个缩影。意大利经济也因此受挫，法西斯主义者为应付局面，政策上发生了 180 度的重大转变。除了继续奉行保护主义，他们决定限制私人消费，扩大公共开支，扩大国有成分，有效建立起紧缩经济。有人说真正的法西斯革命是在这段时期内发生的，罗马很多地方被毁掉重建，大量丑陋的典型的法西斯式纪念性建筑建立起来。此外，还兴建了大批公共设施，新修了不少道路。这一时期，国家还以工业复兴公司的形式对一些经营不佳的私人企业进行救助。工业复兴公司今天依然存在，是一家重要的国有公司。政策上的这一改变对政治也产生了一些影响，特别是在 1936 年至 1938 年间，政府的独裁统治和极权主义特征显著增强。

七、斯堪的纳维亚半岛

约 1800—1917 年

在 19 世纪，斯堪的纳维亚半岛的丹麦、挪威和瑞典逐渐发展为现代民主国家。19 世纪末 20 世纪初，它们开始发展成为社会福利国家的典范，这至今仍是斯堪的纳维亚国家的重要特点。

与此同时，丹麦遭受了领土沦丧和经济严峻的问题，而芬兰仍然在基本上依附于俄罗斯，即使在取得政治独立后依然如此。虽然瑞典经济大为增长，但随着挪威成功地实现了民族自治，瑞典与挪威的联合并没能持续太长时间。

丹麦和芬兰沦落为附属国

丹麦被瑞典夺去了挪威。紧接着又遭遇了严重的经济危机。1917 年，芬兰从俄罗斯脱离获得了独立。

1801 和 1807 年，由于丹麦抵抗英国对欧洲大陆的封锁，英国皇家海军在哥本哈根摧毁了丹麦的防御工事和舰队。当时丹麦被迫与拿破仑结盟，结果却在 1814 年的《基尔条约》中，割让黑尔戈兰和挪威给了瑞典。失去大量市场导致了通货膨胀、贫困加剧，最终在延续至 1828 年的经济危机中丹麦的国家经济完全破产。

英国海军轰炸并占领哥本哈根，1807 年。

1849 年，随着选举和教育的全面实施，丹麦成为一个君主立宪制国家。1848 年，丹麦与德国为争夺石勒苏益格和荷尔斯泰因展开激战；在 1864 年爆发的第二次德丹战争中，丹麦失去了这个公爵领地以及劳恩堡。

哥本哈根港区的一部分新港

此后，丹麦一直保持中立政策，第一次世界大战期间也是如此。19 世纪 90 年代，在首相雅各布·埃斯特鲁普的主持下，通过了一部议会制宪法，并推动了社会党立法，为丹麦赢得了"模范社会福利国家"的声誉。

1807 年《提尔西特和约》之后，俄罗斯开始实行吞并整个芬兰的计划。拿破仑战败后，芬兰民族主义运动在俄国沙皇尼古拉一世的复辟政策之下未获成功。亚历山大二世时期所推行的自由主义改革，包括确立芬兰语与俄语的平等地位，在1869 年恢复芬兰国家议会，及在 1878 年建立起一支征募而来的军队等，在亚历山大三世统治时期都被废除。1899 年，尼古拉二世的《二月宣言》使芬兰失去了自治地位。1917 年 12 月 31 日，弗拉基米尔·列宁承认了芬兰的独立地位。

瑞典的现代化及与挪威的联合

瑞典在 19 世纪成了一个现代的民主国家。它与挪威联合，后者于 20 世纪初独立。

1809 年的政变，迫使瑞典国王古斯塔夫四世·阿道夫让位于自己的舅舅查理十三，但后者也被迫将重要的芬兰领地和阿兰群岛割让给俄国。

1814 年，瑞典从丹麦手中得到了挪威，但同时也不得不放弃了自己的最后一块德国领土——波美拉尼亚地区。

1809 年 3 月 13 日，军官政变迫使瑞典国

王古斯塔夫四世·阿道夫退位。

为了争取法国的支持，查理十三立法国元帅让-巴普蒂斯特·贝纳多特为王位继承人。1818 年，贝纳多特继位为瑞典和挪威国王，称查理十四·约翰。瑞典和挪

威两国在经济和文化上都非常繁荣。其子奥斯卡一世（1844—1859年）支持自由主义改革和泛斯堪的纳维亚运动，旨在联合斯堪的纳维亚各国。奥斯卡之子查理十五继续推进这些改革，并将瑞典变成一个现代的立宪国家。他的弟弟奥斯卡二世继续完善社会立法。在古斯塔夫五世在位期间，瑞典实现了普遍选举权和较完善的社会福利措施。

挪威作曲家爱德华·格里格，莱巴赫绘的油画。

瑞典国王古斯塔夫五世及妻子维多利亚·冯·巴登

1815年，瑞典—挪威联盟赋予挪威独立的行政、立法和军队，但全都被置于瑞典国王的领导之下。

1821 年，挪威议会废除了上层贵族的统治。1848 年的欧洲革命导致了民族情绪的日益高涨，并积极要求实现自治。1898 年，实行了普遍选举权；1905 年，挪威人投票公决脱离与瑞典的联合。1905 年 11 月，丹麦的查理亲王加冕为挪威国王哈孔七世。挪威施行了堪称典范的社会立法，并像其他斯堪的纳维亚国家一样，在第一次世界大战期间保持中立。

19 世纪下半叶，相当数量的居民离开瑞典和挪威，其中瑞典大约有 150 万人，挪威约有 10 万人，他们主要移居北美。

随着工业的进步，瑞典的社会主义也取得了很大的发展，尽管它们主要集中在农村地区，合作劳动和社会保障的理论在农村产生了很大的影响。

八、俄罗斯

1807—1917 年

　　19 世纪的俄罗斯仍然处在与外界隔绝的状态，它对那些使西欧发生了翻天覆地变化的政治与经济改革并不了解。在国内，由于继续实行专制统治，经济则长期建立在一种半封建的农业体系的基础之上，广大民众与上层贵族之间出现了严重的两极分化。尽管俄罗斯在疆域上大幅扩张，但在外交上的失败却削弱了沙皇的专制统治。随着工业化进程的起步，城市工人逐渐在革命中加入激进的知识分子行列。

抗击拿破仑的战争

　　亚历山大一世是俄国历史上一代很有作为的沙皇，在其统治期间，法国的拿破仑成为欧洲战无不胜的枭雄，极大地威胁着俄罗斯的国家安全和战略利益。在强敌的步步紧逼下，亚历山大一世运筹帷幄，依靠天时、地利、人和终于彻底击败不可一世的拿破仑，获取了军事和外交上的全面胜利，使俄罗斯帝国成为欧洲大陆上的第一强国。

保罗一世

　　叶卡捷琳娜二世去世后，她的长子保罗即位，称保罗一世。在保罗 8 岁时，叶卡捷琳娜二世废黜了彼得三世，给他的刺激很大，他和叶卡捷琳娜二世的关系也一度十分紧张。再加上反对叶卡捷琳娜二世的势力一直呼吁要叶卡捷琳娜二世让位给保罗，更是造成了母子之间无形的竞争，这个竞争的阴影一直到叶卡捷琳娜二世临终前仍未散去。叶卡捷琳娜二世一手将长孙亚历山大抚养成人，屡次计划绕过保罗，由亚历山大直接继位，甚至曾把这个方案拿到枢密院去讨论，在遭到了多数大臣的反对后，方才作罢。保罗的性格在某些方面也很像彼得三世：暴躁易怒，胆小多疑，而且做事情没有连续性。保罗只有一点广为人称道：他是一个虔诚的东正教徒，每天都要花大量的时间来祈祷。

保罗一世·彼得罗维奇（1754—1801 年），俄罗斯帝国皇帝，叶卡捷琳娜二世之子。

保罗登基后，出台的一切法令与行为几乎都在推翻他母亲的政策。他在俄国军队中强制推行严酷的普鲁士训练模式，他首先是明确了军队操练大典，规定了军纪守则，对军人的着装和言行做出严格的规定。保罗一世每天都要亲自检阅自己的近卫部队，严格检查近卫军的着装和出操是否规范整齐，稍有怠误，就会受到保罗的严厉惩罚。大量经常性的严格出操训练，不但使士兵们感到难以忍受，很多指挥官也颇为不满，甚至像苏沃洛夫这样的名将都认为军队的普鲁士化只会导致军队的士气和实战能力下降，开始消极抵制保罗一世颁布的法令。在内政方面，保罗一世取消了叶卡捷琳娜二世在各地区设立的贵族议会，禁止贵族要求农奴在星期天为其耕种，并改成一星期最多为贵族耕种三天，他还恢复了叶卡捷琳娜二世时禁止的农民向沙皇的请愿权。在外交上，保罗先是参加反法同盟，和英国、奥地利结盟对抗法国，后来因与英国在分配战利品上发生分歧，转而暗中与拿破仑讲和，打算与法国联合对付英国。1801 年 1 月，保罗命令一支顿河哥萨克取道中亚远征印度，由于这次军事行动事先准备不充分，后勤供应不足，结果还没出国境线，就有一半的马匹和很多的士兵困死在沙漠上。消息传到彼得堡，舆论大哗，贵族们对保罗忍无可忍，开始密谋刺杀保罗。

1801 年 3 月 23 日，由副首相帕宁、首都总督巴伦领导的叛乱部队买通了保罗身边的内侍官，偷偷潜入的沙皇的寝宫。几个年轻力壮的军官鱼贯而入，把还没有入睡的保罗一世活活勒死。

亚历山大一世（177—1825 年），俄罗斯帝国皇帝，保罗一世之子。由于与拿破仑战争中击败法兰西第一帝国的拿破仑一世，复兴欧洲各国王室，因此被欧洲各国和俄国人民尊为"神圣王、欧洲的救世主"。

保罗遇害的第二天，他的长子亚历山大即位，即亚历山大一世。亚历山大预先知道这次叛乱行动，因其了解到其父保罗一世已经众叛亲离，无可救药，出于自保的目的，他没有阻止贵族们的谋逆行为。

参与反法同盟

1804 年 5 月，法国的第一执政拿破仑称帝。拿破仑凭借其雄厚的军事实力，力图称霸欧洲。而此时亚历山大一世改变了其父联法抗英的政策，在 1805 年与英国、奥地利、瑞典共同对法作战。在 1805 年的奥斯特利茨战役中，俄奥联军被拿破仑的军队打得落花流水，奥地利向法国求和，第三次反法同盟瓦解。亚历山大一世不甘心失败，第二年他又和其他列强组成第四次反法同盟，俄军在波兰战场又被拿破仑指挥的骁勇善战的法军打得节节败退，亚历山大一世被迫求和。

名画《不惜一切代价的和平》，韦列夏金绘。该画反映的是 1807 年 6 月 25 日，俄国沙皇亚历山大一世与法国皇帝拿破仑在提尔西特城签订《提尔西特和约》，结成暂时同盟。

1807 年，亚历山大一世和拿破仑在涅曼河中心的木筏上进行了单独会面，商定讲和事宜；同年 7 月双方外交代表在俄国边境提尔西特签订和约，俄国不仅丧失了很多既得利益，还被迫与拿破仑合作对付英国。亚历山大一世利用 1807—1812 年俄法休战期间四处扩张领土，于 1808 年攻占芬兰，并迫使波斯承认俄国对格鲁吉亚的统治。1812 年 5 月，俄国又逼迫土耳其割让比萨拉比亚，1813 年他集中兵力入侵波斯，兼并阿塞拜疆北部和塔吉克斯坦。

1811年，拿破仑建立的帝国达到顶峰，拿破仑计划先攻下俄国，再摧毁英国，使法国成为欧洲霸主，确立世界霸权。俄法两国关系又因亚历山大一世拒绝拿破仑迎娶他的皇妹而降温。1809年法国和奥地利作战时，俄国没全力依照条约协助法军，并且由于俄国自从加入针对英国的"大陆封锁"后，财政收入大减，亚历山大一世暗地里恢复了和英国的贸易活动。而法国在当时波兰境内的华沙大公国废除农奴制度，引起俄国的恐慌。再加上法国还阻止俄国兼并摩尔达维亚和瓦拉几亚两公国，又协助土耳其保卫黑海海峡，这些事件都给俄国和法国的关系蒙上一层阴影。

1812年卫国战争

1812年，拿破仑率领60万军队渡过涅曼河向莫斯科进攻，俄军采取撤退而不做正面交锋的战略，但仍在斯模棱斯克被法军追赶上，大败而归。亚历山大一世只得于当年8月任命击败土耳其的常胜将军、当时已67岁的库图佐夫为前线总指挥。

卫国战争，右上方的军队是俄军，右方的是普鲁士军，
中央的是奥地利军，左方在前进的是法军。

库图佐夫一上任，就采用了以消耗敌方有生力量为主的防御战术。为缓解国内指责其惧怕拿破仑不敢与其作战的舆论，1812年9月7日，两军在莫斯科郊外的波罗季诺展开大战，法军虽然获胜，但损失惨重。为进一步诱敌深入，库图佐夫力劝亚历山大一世放弃莫斯科，下令全城市民携带所有粮食撤离，对莫斯科采取焦土政策，一个米粒都不留给拿破仑。9月14日，拿破仑进入已经成为空城的莫斯科，因其后勤补给跟不上，俄罗斯的严冬又很快来临，法军一时间陷入进退两难的境地。拿破仑三次提出议和，但都没有得到亚历山大一世的明确答复。在此情景下，拿破

仑被迫于 10 月 19 日开始撤退。法军撤退途中，不断受到俄军和当地游击队的追击，再加上冬季提前来临，法军的御寒装备不足，造成非作战减员越来越严重，最后当法军退到华沙时，只剩下 3 万人马了。

击败拿破仑后，亚历山大一世马上于 1813 年联合英国、普鲁士、奥地利等国组成第六次反法同盟。在 10 月的莱比锡战役中，反法联军大败了重新组织的拿破仑大军，联军很快于 1814 年 3 月来到巴黎城下，法国被迫投降，拿破仑退位。在战后的维也纳会议上，俄国获得了对"波兰王国"的统治，另外其占领芬兰和比萨拉比亚的事实得到了列强的承认，俄国势力深入中欧，成为欧洲大陆的第一强国。

十二月党人革命

1825 年 12 月 14 日，在俄国的两大首都彼得堡和莫斯科以及南方的一些省份爆发了一起声势浩大的以近卫军军官为主体的起义，起义的斗争目标是试图推翻沙皇制度，建立资产阶级的政权体制和国家体制。这些起义者被称为十二月党人，这次起义也被称为十二月党人革命。

十二月党人

在俄国参与反法同盟对法国作战期间，大量俄国军官来到法国本土，他们见识到西欧自由的社会，也吸收了法国自由主义思想。归国后，越发深感俄国的专制落后，迫切希望能够改变沙皇俄国的专制独裁和农奴制度。而在亚历山大一世统治晚期，权臣阿拉克切耶夫推行警察专制和军阀政策，竭力维护当时已经摇摇欲坠的农奴制度，这越发引起进步军官的不满，他们纷纷组织秘密团体，力图废除农奴制，推翻沙皇专制制度。

1816 年 12 月，年轻的近卫军官穆拉维约夫在首都彼得堡组织成立了进步军官的秘密组织——救国协会，主张解放农奴和实行君主立宪。协会两年后易名为"幸福协会"，成员已经接近 200 人。1821 年该组织在莫斯科召开代表大会，因内部意见分歧和被沙皇政府监视而宣布解散。1821 年在乌克兰成立的南方协会是十二月党人最有影响的秘密团体，它的领导人是彼斯特尔。这个团体的政治主张是彻底推翻沙皇专制制度，实行共和制，取消贵族特权，实行宗教信仰与出版言论自由。1822年秋，穆拉维约夫在彼得堡组建"北社"，主张实行君主立宪、废除农奴制度。

十二月党人的南、北协会，尽管存在着某些分歧，但对革命主要目标的认识是一致的，即必须推翻沙皇专制制度和消灭农奴制度，为此他们经常联系，为共同起义进行了充分准备。

起义经过

1825年11月19日（俄历），沙皇亚历山大一世突然去世，因其无子嗣，皇位原本应由其弟、时任波兰总督的康斯坦丁继承。但君士坦丁早在1820年就因娶了一位和王室无血缘关系的波兰女子为妻而宣布放弃了王位继承权，亚历山大一世在1823年指定他的第二个弟弟尼古拉为继承人，但这一决定一直没公开。

由于康斯坦丁放弃皇位的文件尚未公布，所以当沙皇亚历山大一世逝世的消息传出，并不知情的尼古拉和彼得堡的军民便立即向应继承皇位的康斯坦丁宣誓，而当时远在华沙的康斯坦丁坚持拒绝继承王位。这样你推我让，一时间俄国出现王位无人继承的混乱局面，十二月党人决定利用这一政权交接的空档，赶在12月14日尼古拉要求军队举行宣誓效忠礼时展开行动。

12月14日，正当军民准备向尼古拉一世宣誓的时候，3000名起义军开到参政院广场，拒绝宣誓，要求立宪实行共和。这些起义的陆海军军官和士兵，秩序井然，手持武器在彼得大帝的铜像前排成一个战斗方阵，等待其他起义团队的到来。然而尼古拉一世早有防备，他在12月14日凌晨就紧急召开国务会议宣布继位，又命令参议院议员向他举行效忠宣誓。然后又派出大量的军队将广场层层包围。这时原定担任起义军总指挥的特鲁别茨科伊临阵脱逃，起义军一时间陷入群龙无首的困境。中午12点，沙皇命令上万人的骑兵向起义军士兵开火冲击。起义军的官兵英勇还击，彼得堡的总督险些丧命。在沙皇卫队的重炮轰击下，起义军并未退却，仍旧顽强抵抗。在激烈的战斗中，广场上的农奴、工匠也配合起义军向沙皇卫队投掷

1825 年 12 月 14 日，由俄国十二月党人指挥的军队聚集在参议院广场上，准备起义，以迫使新沙皇和枢密院宣布改制。

木块等物。一时广场上、涅瓦河畔，到处布满了尸体，许多起义战士被淹没在血泊之中。最后，起义军寡不敌众，和支持他们的平民死伤达 1000 余人，被沙皇的军队击溃。因当时通讯落后，远在乌克兰的"南社"十二月党人还不知道彼得堡起义失败的消息，他们在 12 月 29 日在特里列斯村发动起义，参加起义的士兵一度达到 1100 人，他们坚持了近 20 天，最终也被当地沙皇军队镇压。

起义失败后，沙皇尼古拉一世对十二月党人展开了疯狂的报复。1826 年 7 月 13 日起义领袖彼斯特尔、穆拉维约夫和雷列耶夫等 5 人被沙皇处以绞刑，另外 120 多名军官被革除贵族称号，流放到西伯利亚。值得一提的是，许多十二月党人的妻子自愿抛弃优越富足的贵族生活，离开大都市，选择跟随自己的丈夫共度长期流放的生活。

十二月党人起义不同以往的以农民起义为主体的革命，十二月党人在文化教育水平、政治素养和远见、政治斗争手段、组织能力等方面远远胜于后者。列宁把十二月党人称为"贵族革命家""贵族中的优秀人物帮助唤醒了人民"，并且把这一时期称为贵族革命时期。十二月党人在参政院广场上的枪声和鲜血是农奴制危机更趋严重的征兆，为农奴制敲响了丧钟。它不仅在俄国历史上留下了光辉的一页，而且对以后的革命产生了深刻的影响，被历史学家看作 1917 年革命的前兆。

铁沙皇尼古拉一世

在俄国历史上，尼古拉一世似乎没有像彼得一世、叶卡捷琳娜二世那样闻名遐迩。然而，尼古拉一世的内外政策却是这个帝国的专制传统、霸权主义的典型代表。苏联历史学家称尼古拉一世统治时期为"专制制度的顶点"。他在国内"直言不讳、肆无忌惮地力图实行专制统治"，因而在民众中得了个"铁沙皇"的称号。

行伍沙皇

尼古拉一世从小所受的教育很是贫乏，他的宫廷教师兰姆斯道夫是当时俄国最著名的陆军上将，这位将军对尼古拉的教育主要集中在普鲁士军事训练和国家警察制度那一套。他认为遵守铁的纪律和让属下服从于自己远比受人尊重更为重要。所以尼古拉从幼年起对军事警察制度颇为熟悉，他 14 岁时就从军入伍。在其长兄亚历山大一世在位时，他就统率过近卫军旅，并以其极端粗野、刚愎自用的作风引起普遍痛恨。他自己曾说过，他只有在兵营里才快活。他说："这里的规则是严格的，有绝对的合法性，没有推论，也没有反驳。"

尼古拉一世

尼古拉是个虔诚的东正教徒，他严格遵守东正教教规，很能约束自己，从不错过任何一个宗教活动。他不吸烟，也讨厌周围的人吸烟；他从不饮用烈性酒，每天都坚持散步，从事锻炼。尼古拉每天的生活就像一架有规律的时钟。尼古拉记忆能力超群，工作勤奋，每天的工作时间都达到 16 至 18 小时。他崇尚严明的纪律，反复强调法律和秩序，经常亲自巡视军队、教育机构和国家机关；每次巡视都要对当地的工作做出评论，指出缺点，并给出更改建议。

1825 年，亚历山大一世去世，因其二弟康斯坦丁放弃王位继承权，尼古拉一世得以顺利继承沙皇王位。尼古拉即位伊始，就调集炮兵用开花弹轰击当时在参政院广场上的起义群众和十二月党人，极其残酷地镇压了十二月党人的起义。十二月党人起义对尼古拉有很深的触动，在正式登上俄罗斯帝国皇位的那一天开始，他就不遗余力地扼杀一切革命和变革思想。他在登基时说："革命已经到了俄国门前，但是我发誓，只要我还有一口气在，革命就进不了俄国。"

严刑峻法的高压统治

为了抑制自由思想的传播和叛乱的发生，1826 年 7 月，尼古拉一世在归沙皇直属的枢密院之下设立"第三局"，该机构下设宪兵团，有权力开展独立行动。第三局对于有叛乱嫌疑的人动辄施以鞭刑，经常有人被抽打致死，更多的人被拘留入监或者流放到西伯利亚。因其残暴的高压统治，尼古拉一世因此被称为"铁沙皇"。

为了阻止革命思想的传播，尼古拉一世加强了对舆论和教育的控制，1826 年 6 月，他颁布《出版检查条例》，严禁议论政府施政与发表动摇东正教信仰的言论。1828 年 12 月，他又规定学校的宗旨是培养教会忠诚之子、上帝和沙皇的忠诚之民。1835 年他宣布废除亚历山大一世在 1804 年给予大学自治的《大学法》。为了更好地控制思想，防止变革思潮的蔓延，尼古拉一世任命以保守著称的圣彼得堡科学院院长乌瓦罗夫为教育部长。乌瓦罗夫颁布了多项法令，禁止贵族子弟去西欧留学，禁止从西欧进口书籍，停止在大学讲授哲学，颁布了严厉的报刊审查法令，被世人称为"铸铁般的报刊审查制度"。

1826 年，沙皇俄国成立法典编纂委员会，对原来的法典进行修订完善。由于尼古拉一世的保守，1832 年编纂而成的新法典仅仅整理了个别文法词句，当时已经盛行于西欧的启蒙思想的自由、民主观念在法典中没有丝毫体现。

尼古拉一世统治 30 年间，全国爆发的农民暴动多达 550 次，士兵起义亦有多次，农民暴动规模并不大，但次数频繁，除了地主所属农民参与外，隶属于国家和皇室的农民也参与骚乱，沙皇政府往往需要调动军队方能镇压。面对层出不穷的农民暴动，尼古拉一世虽然知道问题的严重性但坚决不推行农奴制改革，因为他认为一旦触动农奴制，俄国将面临更大的灾难。

欧洲宪兵

19 世纪上半叶，西欧许多地区都发生了资产阶级革命，革命与复辟、前进和倒退之间的反复斗争此起彼伏、接连不断。从叶卡捷琳娜二世以来的历代沙皇，普遍对革命采取敌视的态度，生怕西欧革命的火花飞溅到俄国，危及俄国的沙皇专制制度，因此充当了"欧洲宪兵"的角色，哪里发生革命，就派兵去哪里镇压。

1830 年法国爆发七月革命，尼古拉一世闻讯后，立即派使者前去游说普鲁士和奥地利政府，力使三国联合出兵干涉法国革命。但这一计划被波兰发生的起义打乱了。1830 年 11 月 29 日夜，一批贵族出身的青年军官和青年学生发动起义，袭击了俄国派驻波兰王国的总司令康斯坦丁·巴甫洛维奇的官邸。后者仓皇逃命，起义军在华沙爱国市民的配合下，攻占军火库，自我武装。次日，华沙解放。1831 年 1 月 25 日，在革命的群众运动的压力下，波兰议会决定，废黜兼任波兰国王的沙皇尼古拉一世，宣布独立，成立民族政府。尼古拉一世气得暴跳如雷，于 1831 年 2 月派遣 12 万大军携带 400 门大炮前去镇压起义，由于民族政府没有采取改善农民状况的措施，致使农民离开军队。5 月 26 日，在奥斯特罗文卡战役中，起义军战败。俄军向维斯瓦河推进，9 月初，俄军进攻华沙；9 月 8 日，华沙被攻陷，起义宣告失败。起义失败后，尼古拉一世宣布取消波兰王国的自治地位，解散了波兰议会和军队，在波兰境内推行俄制计量单位并用卢布取代原来的波兰货币。此外还重新对波兰进行了行政划分，波兰被分割成为几个省，统统并入俄罗斯。

裴多菲·山陀尔（1823—1849 年），匈牙利爱国诗人。1849 年，尼古拉一世派大军入侵匈牙利，镇压革命。裴多菲吟出"生命诚可贵，爱情价更高。若为自由故，二者皆可抛"并最终战死疆场，年仅 26 岁。

　　1848 年当法国二月革命的消息传到俄国时，尼古拉一世立即颁布紧急动员令，声称维护欧洲"秩序"是自己的"神圣义务"，决心"用可靠的支柱来对抗有害的无政府的猖獗"。他调集 40 万大军驻扎在西部边界，准备随时开进西欧，仅波兰一地就屯兵 20 万人。1848 年 28 日，尼古拉一世命令俄军在南线越过普鲁特河，开进由其控制的多瑙河两公国（摩尔达维亚和瓦拉几亚），镇压了当地罗马尼亚人民的革命。1848 年，匈牙利爆发反对奥地利统治的革命，建立了独立的国家。1849 年 5 月，尼古拉一世和奥皇弗兰茨-约瑟夫在华沙策划镇压匈牙利革命，他立即派出 20 万大兵，配合奥地利 17 万军队，从东西两方夹击，使 15 万匈牙利革命军处于腹背受敌的境地，匈牙利的民族独立革命遭到残酷镇压，大批革命者惨遭杀害，还有很多革命者被监禁流放。

离奇死亡

　　1853—1856 年，俄国和奥斯曼土耳其、英国、法国、撒丁王国为争夺近东地区霸权而展开了一场战争，史称"克里米亚战争"。战争开始后，在双方力量对比上俄国差得多。农奴制俄国生产技术落后，军事装备和训练、交通运输和供应都很差。英、法军队使用的是远射程大炮、新式步枪和蒸汽战船，而俄军使用的仍是老式枪炮和帆船。俄国总共有蒸汽机船24艘，而英、法和土耳其共有281艘。正如恩格斯所指出的，俄国所面临的是一个生产方式落后的民族对几个具有现代生产的民族的一场胜利无望的战争。俄军在战场上连遭败绩。

1854年9月14日，英、法、土耳其联军6.2万人在克里米亚半岛欧巴托里亚登陆，并于19日进攻塞瓦斯托波尔。冬季到来时，暴风雪给联军的进攻带来困难，尼古拉一世得讯后大受鼓舞。他决定乘机反攻，夺回欧巴托里亚，他亲自督促垂头丧气的前线人员发动反攻。1855年1月底，近两万俄军进攻欧巴托里亚，但因士气低落、气候恶劣、准备不足，俄军遭到高地联军的炮击而一败涂地。从塞瓦斯托波尔前线派往彼得堡报告失败消息的信差，星夜兼程于2月14日晚到达冬宫，当晚把欧巴托里亚失败的消息报告给沙皇。2月18日上午，冬宫突然传出了尼古拉一世"病死"的消息。死因不详，"感冒转肺炎""服毒自杀""被毒死"说法不一，大部分历史学家都认为他是服毒自杀的。

亚历山大二世与解放奴

在俄罗斯历史上，亚历山大二世与彼得大帝、叶卡捷琳娜大帝齐名。亚历山大二世在任期间，对俄罗斯的社会发展做出了历史性的贡献，他1861年下诏废除了农奴制，为俄罗斯在19世纪后半期的中兴奠定了基础。

德才兼备的君主

亚历山大二世生于1818年，是尼古拉一世的长子。由于他的两位伯父亚历山大一世和康斯坦丁大公都没有子嗣，宫廷上下很早就意识到亚历山大有可能是未来的皇储、俄罗斯帝国的继承人。故而整个俄罗斯宫廷，包括尼古拉一世在内，都对他的教育给予了极大的重视。亚历山大二世的老师是当时俄罗斯最著名的学者朱可夫斯基，这是一位德高望重、人文气息极浓的学者。朱可夫斯基曾直言不讳，指出他最担心的就是亚历山大二世在未来把整个俄罗斯人民当作军团，把俄罗斯当成军营。尼古拉一世却认为俄罗斯帝国的皇帝首先应该是一个标准的军人，否则无法成为一个合格的统治者。在尼古拉一世和朱可夫斯基针对亚历山大二世展开的"思想教育争夺战"中，亚历山大二世既受到了良好的文化思想教育，也受到了良好的军事教育，并在 19 岁完成了所有的学业。他学过诸多科目，包括数学、物理、地理、历史、东正教神学、政治经济学、法学和外语，掌握了四门外语——英语、德语、法语和波兰语。可以说，同此前所有的俄罗斯帝王相比，亚历山大二世是文化程度最高的沙皇。

　　完成学业后，在老师朱可夫斯基的陪同下，亚历山大二世以皇储身份开始在俄罗斯各地旅行。他不但走过俄罗斯地处欧洲部分的大多数省份，还到过偏远的亚洲北部高寒地区，包括十二月党人的流放地。每到一地，尽管地方官员们极力掩饰，亚历山大二世还是接触到了社会底层的一些真实情况，这次巡游可能就是他在继位后大力推行改革措施的一个源起。

亚历山大二世

　　从 19 世纪 40 年代开始，尼古拉一世逐渐让亚历山大二世参加一些国务活动。1842 年在尼古拉一世休假期间，亚历山大二世代替父亲，主持了一个月的军国大政。1845 年，尼古拉一世出国访问，亚历山大二世再次临时主持政务。从 40 年代后期，亚历山大二世获得了对个别部长的任命权，也开始逐渐地处理一些日常政务。在这一期间，亚历山大二世对俄罗斯农奴制的看法发生了转变，逐渐放弃了原来的保守思想，决定要逐步废除落后的农奴制。

1855 年，尼古拉一世暴卒，他继位成为俄罗斯帝国的第十一位皇帝，史称亚历山大二世。

解放农奴

亚历山大二世认识到，俄军在克里米亚战争中的失利，根本原因在于俄罗斯工业和政治体制落后于西欧。基于这个判断，改革俄罗斯陈旧的政治经济体制已经势在必行，首当其冲的就是要废除农奴制。

自从 1649 年俄国以法典的形式确立农奴制度以来，俄国的农民就丧失了自由迁徙的权利，世世代代被束缚在地主的土地之上。农奴不能自由选择配偶，通常是同一地主管辖下的男女农奴结婚，以避免劳动力的流失。俄国地主的财富也是以其拥有的农奴数量来衡量的，在这一地广人稀的国家里，单是有土地是没什么用处的。

法律规定农奴不得进入中等学校和大学就读，不能拥有财产，不能自己订立契约而需由地主代理，地主可以任意鞭打和监禁农奴，地主可以在报纸上登广告买卖农奴全家人。亚历山大一世对此下令禁止但收效甚微，到尼古拉一世时只能禁止把农奴一家人分开卖。

农奴对国家政府的义务是缴纳人头税和应征入伍，对地主的义务则分为两种形式：在北部地区以缴纳地租为主，因为这些地区土地贫瘠，地主通常让农奴在外工作，所得报酬归地主所有；另一种形式是服劳役，原则上农奴每周为地主义务耕种 3 天，还要做除草、修缮一类的杂务性工作。

农奴的权利、地位得不到法律的保护，除了消极怠工、偷盗地主，他们只能以逃亡和暴动的方式加以反抗。克里米亚战争爆发后，俄国中部地区农奴暴动此起彼伏。另一方面，由于农奴制度的禁锢，当时蓬勃发展的俄国工商业也缺少足够的劳动力，解放农奴迫在眉睫。

1856年4月11日，亚历山大二世在莫斯科召开了一个贵族代表会议，在会上他公开承认俄国有改革内政的必要，但关于农奴制的问题只能通过自上而下的方式加以解决。经过一番筹划，1857年初，由亚历山大二世亲自主持，秘密成立了一个农民事务委员会，商议废除农奴制事宜。为了避免贵族反对，委员会半年后才提出改革草案。后因委员会中贵族意见和沙皇本人存在分歧，该委员会被废弃，另组农民事务委员会。接着各省相继在沙皇的命令下成立贵族委员会，商议解放农奴的具体方案。1861年2月19日，在亚历山大二世登基6周年纪念日上，沙皇签署了废除农奴制的法令。为了避免引起农奴暴动，政府特地选择在四旬斋之前的星期天（谢肉节），在各地村庄的教堂里向农奴宣布解放令。该法令的主要内容有三个方面：农民获得了处置个人和家庭事务的自由权，但还需要向地主再执行两年的义务，主要是缴纳货币代役租和服劳役；他们在获得自由的同时，还得到一份份地和宅园地，但需要缴纳赎金，赎金分49年偿清；在各地建立一系列农村机构，管理和监督被"解放了的农民"，如村社、乡会、调停官署等。

该法令公布后获得解放的农民有1025万人，主要是俄罗斯族的农民，亚历山大二世就此获得了"解放者"的名号。1863—1866年又有100多万采邑农民和950万国有农民获得解放。其他非俄罗斯地区的改革进行得特别缓慢，中亚部分地区的农奴制度一直保留到十月革命前夕。

这次解放农奴的措施有着很大的不彻底性，分配给农民的土地大约比其原有的耕地要少五分之一。大多数农民无法自谋生计，还需要负担大笔的补偿金。对于农奴而言，解放令不但没有解决其生计问题，还给他们带来了诸多困扰，因此农民暴动仍然不断发生。而对于地主而言，解放农奴不仅使他们丧失了土地，也失去了免费的劳动力。大多数地主原来都是靠地产生活，不善于投资经营，再加上挥霍无度，很快就把补偿金花光了，结果很多地主因此破产。

励精图治，壮志未酬

除了解放农奴外，亚历山大二世在军事、社会、司法和行政体制方面也进行了诸多卓有成效的改革。在军事上，俄罗斯开始实行全民义务兵役制，禁止了军队中的体罚，重组中央军队，指挥部也提高运作效率。在社会领域，俄罗斯加大对教育和医疗卫生的投入，从 1864 年开始，中等教育机构开始面向全社会接收学生，改变了此前只接收贵族子弟入学的做法。在这一时期还开办了俄罗斯的第一批女子中学，女生也获得了接受高等教育和医学专业教育的权利。在财政方面，俄罗斯于1860 年建立了国家中央银行，1862 年实行国库制度，由财政部统辖国家的一切预算和开支。

亚历山大二世遇刺

1864 年 1 月 1 日，亚历山大二世颁布诏书，宣布在地方成立"缙绅会议"。缙绅会议不仅是一个吸纳地方各社会阶层参与的议政机关，还被赋予一些行政管理功能：地方的通讯、交通、医疗、卫生、教育和慈善机构均由缙绅会议负责。当年 11月份，俄罗斯开始了司法改革，在全俄罗斯推行陪审团制度，所有案件必须开庭审理，而且被告获得了聘请律师的权利。诏书同时规定了法官的不可侵犯，并且取消了贵族阶层在法律诉讼过程中的一切特权。

上述改革措施在总体上推行得比较顺利，俄罗斯在经济、文化、社会和教育领域有了突飞猛进的发展。在亚历山大二世主持下，1863—1866 年间，俄罗斯出版了由俄罗斯著名学者达利编纂的《俄语详解大字典》。1858 年，俄罗斯开始发行第一套邮票。在亚历山大二世统治时期，俄罗斯艺术博物馆正式对公众开放（1856年），圣彼得堡马林斯基剧院落成开放（1860 年），莫斯科动物园对公众开放（1864 年），莫斯科音乐学院落成（1866 年），俄罗斯电讯社成立（1866 年），莫斯科历史博物馆建成开放（1875 年），俄罗斯第一座发电站建成投产（1879 年），彼得堡正式进入了电气化时代。

亚历山大二世的改革措施极大地促进了俄罗斯社会飞速发展，增强了国力，但同时也出现了负面效应。由于俄罗斯政治和社会生活中的自由化，出现了一些极端地下革命组织，积极地开展恐怖主义活动，试图以刺杀沙皇和国家政要的方式改变俄罗斯社会。这一时期，积极主张行刺沙皇的就是处于地下状态的民意党人。

1881 年 3 月 13 日，亚历山大二世准备签署法令，宣布改组国家委员会，启动俄罗斯君主立宪的政改进程，但在这一天他再次遇刺。民意党投掷的第一枚炸弹炸伤了亚历山大二世的卫兵和车夫。亚历山大二世不顾左右劝阻，执意下车查看卫兵伤势。结果刺客投掷的第二枚炸弹在他脚下爆炸，亚历山大二世双腿被炸断，当日医治无效逝世。

马克思主义传入俄国

19 世纪末，沙皇俄国的社会矛盾并没有随农奴制的废除而减弱，俄国的知识分子认识到需要采用一种崭新的思想理论来指引俄国的革命运动，于是一些流亡在西欧的知识分子将当时盛行一时的马克思主义引入俄国。就这样，源于西欧的马克思主义在俄国大地上生根发芽，逐渐发展起来。

加特契纳囚徒

1881 年亚历山大二世遇刺身亡后，他的次子、皇储亚历山大继位，成为俄罗斯帝国的第十三位沙皇，史称亚历山大三世。亚历山大三世即位后无意过多干涉政务，他采取了类似董事长式的治国方法：组织任命了一批有能力的人，形成了一个智囊团。这些人先对国家政务进行研究，拿出几个处理方案，然后报呈皇帝本人，再由皇帝做出最后决定。

亚历山大二世、妻子与亚历山大三世

由于有亚历山大二世屡遭行刺、最后丧命于民意党人炸弹的教训，亚历山大三世和他的属下一致认为应当加强君主专制，对社会自由浪潮加以遏制。1881 年 8 月，亚历山大三世在继位之初就颁布诏书，规定了一系列强化社会治安、加强君主专制的措施，并明确了全国进入紧急状态的几种情况。此外，他还加大了对罢工、游行等活动的惩罚力度。鉴于教育机构，尤其是大学，是自由思想的策源地，亚历山大三世取消了亚历山大二世赐予大学的自治地位。亚历山大三世还取消了其父亲订立的缙绅会议体制，取而代之的是各地总督的直接执政，把各地总督的权限扩大到总揽一方军政的程度。

亚历山大三世因担心像他父亲那样被革命者刺杀，因此经常居住在彼得堡的加特契纳行宫。行宫周围几俄里之内都有士兵昼夜站岗放哨，任何人未经批准不得擅自进入这块"禁地"，因此亚历山大三世有了"加特契纳囚徒"之称。

然而，俄罗斯国内革命运动浪潮并未伴随着亚历山大三世加强君主专制而有所消减。民意党人仍在从事秘密暗杀的恐怖主义活动，并计划在 1887 年 3 月 1 日行刺亚历山大三世。但是警察机关及时察觉了他们的活动，在他们计划开始实施前，就逮捕了所有的刺杀行动参与者。经法庭判决，所有参与者被判绞刑。亚历山大三世宣布，将对忏悔者实行特赦，赦免他们的罪行。但是还是有五个人拒绝忏悔，主动走上绞刑架，其中就包括一位名叫亚历山大·乌里扬诺夫的年轻人，即列宁的哥哥。

俄国马克思主义之父——普列汉诺夫

1879 年，民粹主义组织——土地与自由社分裂为土地再分社和民意党。土地再分社主张把土地平分给农民，走发动民众斗争的道路。不久，以普列汉诺夫为代表的一些成员接受了马克思主义，普列汉诺夫也由此成为俄国第一个马克思主义者。

格奥尔基·瓦连京诺维奇·普
列汉诺夫（1856—1918 年），俄国
革命家、马克思主义理论家。

普列汉诺夫 1856 年出生于坦波夫省一个小地主家庭，从士官学校毕业后，于 1874 年进入彼得堡的矿业学院求学。1875 年，普列汉诺夫加入民粹派，在民粹派组织"土地与自由社"中曾起过重大的作用，该社分裂后他加入了"土地再分社"。1880 年，普列汉诺夫受沙皇政府通缉，被迫逃往国外。在流亡期间，他开始研究马克思主义和西欧工人运动，并与恩格斯取得了联系。1882 年，他把《共产党宣言》翻译成俄文。1883 年，普列汉诺夫和他的战友在日内瓦创立了第一个社

会民主主义组织——"劳动解放社"。该社给自己提出了明确的任务：首先是翻译出版马克思、恩格斯的著作，以此在俄国传播科学社会主义思想；其次是批判在俄国革命思想中占主流的民粹主义学说；另外，还要从科学社会主义的立场和俄国劳动人民利益出发，来阐明俄国社会生活中的重大问题。

1883 年，普列汉诺夫在日内瓦出版了他的第一本马克思主义著作《社会主义和政治斗争》。在书中，普列汉诺夫明确指出俄国的未来在于无产阶级，他们将成为俄国革命的主要动力。普列汉诺夫因此呼吁民粹主义者摒弃以农民为革命动力的观念。他认为社会主义革命和政治斗争密不可分，无产阶级必须在马克思主义指引下参与政治革命，夺取政权后实行社会主义。1885 年，普列汉诺夫又出版了《我们的意见分歧》一书来说明马克思主义和民粹主义的根本区别，他指出俄国从1861 年解放农奴起就走上了资本主义发展道路。从那时起，大工厂和工人的数目大为增加，手工业和村社面临瓦解的危险，俄国资本主义的发展是不可阻挡的历史潮流，但可以通过适当方式缩短其存续的时间和给社会带来的痛苦。以上这两本书在俄国境内产生了极大的影响力，很多民粹主义者开始动摇。不过，基于民粹主义还是当时俄国革命思想的主流，继续批判民粹主义仍然是普列汉诺夫的首要工作。他在 1894 年出版了《论一元论历史观的发展》一书，反驳民粹主义者否认革命群众是历史创造者的观点，强调历史的发展是靠群众的参与，个人英雄无法改变历史发展的根本方向。

布尔什维克党的建立

和西欧国家工业化早期的状况一样，解放农奴后，俄国工人的数量急剧增加。由于工作时间长，工作环境恶劣，收入微薄，各地接连不断地发生工人运动和罢工，且此起彼伏。在此背景下，各种类型的工人组织相继涌现，1875 年 5 月在敖德萨成立的"南方工人协会"是当时俄国的第一个工人组织，该协会的目标是改善工人的生活和工作环境。1883 年，彼得堡成立了第一个和马克思主义有关的工人组织。1889 年在彼得堡成立的"社会民主主义协会"，是马克思主义小组中影响最大、活动范围最广、组织最严密的一个小组。这些马克思主义小组为俄国日后马克思主义政党的成立奠定了基础。

年约 17 岁的列宁

　　列宁于 1870 年 4 月 10 日出生于伏尔加河畔辛比尔斯克一个具有民主主义思想的知识分子家庭。他 1887 年进入喀山大学法律系学习，同年因参加学生运动而被捕，被流放到喀山的偏僻乡村。1888 年，列宁被允许回到喀山，他参加了当地的马克思主义小组，成为一名马克思主义者。1893 年 9 月，列宁迁居到彼得堡，开始了他职业革命家的生涯。1895 年秋，在列宁的倡议和领导下，彼得堡 20 多个马克思主义工人小组联合组建成工人阶级解放斗争协会，成为俄国无产阶级政党的雏形。12 月 7 日，他再次被捕，被当局判罚 14 个月监禁，关押在圣彼得堡监狱中。1897年 2 月，刚刚出狱的列宁又被流放到东西伯利亚叶尼塞省一个远离公路几百英里的偏僻村庄。1900 年，流放期满后，列宁回到彼得堡，随后赴瑞士日内瓦大学留学，然后又到德国、奥地利、英国等国从事反沙皇政府的政治活动。

　　在列宁流放期间，彼得堡、莫斯科、基辅等地的工人阶级解放斗争协会代表于 1898 年在明斯克举行大会，宣告成立"俄国社会民主工党"，并选举产生了党的中央委员会。但因准备仓促，大会没能制定党的纲领和党章。1903 年 7 月，社会民主工党原定在比利时的布鲁塞尔召开第二届代表大会，但由于当地警察的阻挠，大会转往伦敦召开。在会议上，党员因意见分歧而分为两派，以马尔托夫为首的党员认为党内应采取民主的方式，反对独裁领导和无产阶级专政；而以列宁为首的一派主张在党内必须采取高度的中央集权制，党员政治思想必须保持一致，党员应绝对服从中央的领导，无产阶级专政是党的最高纲领，最低纲领是推翻沙皇政府。

由于当时支持列宁的党员较多，因此被称为布尔什维克（俄语中"多数"的意思）；支持马尔托夫的人数较少，被称为孟什维克（俄语中"少数"的意思）。此后，两派矛盾日益加深，没多久，两派各自建立了自己的中央委员会，出版各自的机关报，这样，俄国社会民主工党事实上分裂为两个独立的政党。1912 年，在布拉格召开的俄国社会民主工党第六次全俄代表会议上，孟什维克中反对革命的消极分子被驱逐出党，但孟什维克仍然存在，并于同年 8 月成立孟什维克领导中心——组织委员会。

1905 年革命

到 20 世纪初，随着俄国国内社会矛盾的激化，民众对沙皇政府的不满日益增加。沙皇在日俄战争中指挥不力，导致俄国军队在战争中惨败。随着 1905 年 1 月 22 日数万民众在冬宫发动的集会游行遭到血腥镇压，一场风起云涌、波澜壮阔的革命抗争在俄国各地展开。

日俄战争

到 19 世纪末 20 世纪初，俄国在远东的势力延伸到朝鲜和中国东北，并得以从清政府手中租借旅顺和大连港。而此时通过明治维新迅速崛起的日本也企图以朝鲜半岛为跳板侵占中国东北，进而开始对整个中国和亚洲的扩张，由此两国就争夺远东地区的势力范围发生了激烈的冲突。而此时国际局势对日本相对有利，因为它得到了英国和美国的支持，而德国为向双方销售军火也极力怂恿俄国向日本宣战。当时俄国社会矛盾日益尖锐，沙皇政府也希望通过对外战争转移民众对政府的不满。

1904 年俄国修筑的西伯利亚铁路即将完工，届时会有大量俄国军队驻扎到远东地区。日本不甘心让俄国在远东地区做大，于是在 1904 年 2 月 6 日，日本海军攻击旅顺港和仁川港，日俄战争正式爆发。

俄国杂志《领域》在日俄战争开战时紧急登出沙皇尼古拉二世的宣战诏书

由于俄国过于轻视日本的实力，战前准备不足，加之战时指挥混乱与后勤保障不力，很快在海上和陆地上连遭败绩。1905 年年初，俄国失去旅顺后，沙皇尼古拉二世派遣波罗的海舰队部分舰船驶往太平洋作战。为躲避日本主力，俄军舰队决定取道对马海峡。不料日本主力舰队正埋伏在对马海峡，俄军舰队在日本海军的强力攻击下几乎全军覆没。

1905 年 9 月 5 日，日俄两国在美国的调停下签订《朴茨茅斯条约》，俄国承认日本在朝鲜享有政治军事及经济上之"卓越利益"，并且不得阻碍或干涉日本对朝鲜的任何措置。俄国将旅顺口、大连湾的租借权移让与日本政府，条约还约定将库页岛南部及其附近所有岛屿永久地割让给日本。

流血的星期天

俄国在日俄战争中的失利更加清楚地暴露了沙皇政府的腐败无能，国内罢工、

日俄双方签订《朴茨茅斯条约》

罢课、起义等革命运动风起云涌，但此时仍有相当多的民众对沙皇政府存有幻想。面对国内日趋高涨的革命形势，沙皇政府仍然坚持实行残暴的专制统治。尼古拉二世提出"维护国基"，压制一切有悖于专制主义的言论和行动，取缔一切政治团体。

1904年12月，位于彼得堡的普梯洛夫工厂发生罢工，随着彼得堡各界支持罢工的民众不断增加，罢工人数攀升至8万人。在旅顺的俄军向日军投降后的1905年1月22日，数万名彼得堡地区的工人在神父加蓬的带领下，前往冬宫向沙皇呈交请愿书。请愿书提出了各种政治和经济方面的要求，主要是要求实行每天八小时工作制、实行最低工资制、组建工会、赦免政治犯、召开制宪会议。实行普选等。工人们满怀热忱，希望能得到沙皇的接见，不想等来的却是沙皇军队的刺刀和子弹。当请愿工人走到冬宫入口处时，冬宫入口即被封锁。下午两点，聚集的民众渐渐增加到20万人，大家手拿着圣像、沙皇图像，唱着圣诗与爱国歌曲。士兵开始是对空鸣枪示警，不久之后便向群众射击，民众在惊慌中逃亡而争相推挤，加蓬神父也在混乱中身亡。当天现场有千余名请愿群众被射杀，三千多人受伤，这一血腥惨案被称为"流血的星期日"。

沙皇的血腥暴行使得工人们最后一丝的幻想破灭了，他们终于认识到沙皇政府的凶残本性。上午还在进行和平请愿的工人，下午就在"不自由毋宁死"的口号下，自发地投入到武装斗争之中。

革命的经过

"流血的星期日"标志着俄国革命的开始。全国工人阶级、全国人民团结起来抗议沙皇反动政府的暴行，工人运动蓬勃发展起来。仅在1905年1—3月间，全国参加罢工的人数就达到80万人，比过去10年罢工人数的总和还多了近一倍。在罢工运动中，产生了工人阶级政治组织——工人代表苏维埃。

与此同时，俄国的农民运动也波澜壮阔地发展着，中央黑土地带的库尔斯克州和奥勒尔州的农民首先发动起义，捣毁地主庄园。接着伏尔加河流域以及波罗的海沿岸和南高加索各地都相继发生了农民暴动，规模越来越大。

工农运动也影响到军队，各地水兵、士兵的起义不断发生，规模最大的是黑海舰队的"波坦金"号叛乱。1905年5月27日，舰上水兵发现汤里的猪肉生蛆，集体拒绝食用而遭到舰长责罚，他下令将30名为首士兵捆绑起来丢到海里。此举激起众怒，士兵们夺取武器，射杀了舰长，解救出同伴。起义士兵计划把军舰开到敖德萨以支援那里的罢工工人。但沙皇调集黑海舰队加以镇压，"波坦金"号被迫驶往罗马尼亚，结果被罗马尼亚政府缴械，直到1917年沙皇政府倒台后才得以归国。

为了缓和民众的不满情绪，沙皇政府于1906年8月宣布恢复大学的自治权；10月颁布了《十月宣言》，《宣言》规定人民有言论、集会、结社、出版的自由权利，国家杜马为主要立法机构，俄国实行君主立宪；11月宣布解放农奴，农民的补偿金全部停缴。

1905年12月，莫斯科的罢工发展成武装起义，革命达到了最高潮，缺乏武器的革命群众在莫斯科街头和沙皇政府军队周旋达十天之久，终因寡不敌众，起义失败，俄国1905年革命就此告终。

1905年革命虽然失败了，但它敲响了沙皇专制统治的丧钟。1906年，沙皇政府不得不信守诺言，召开了第一届立法杜马，俄国又向君主立宪道路迈出了一步。对于工人阶级来说，1905年革命丰富了他们政治斗争的经验，成为1917年二月革命和十月革命的"总演习"。

二月革命与沙皇统治的终结

沙皇俄国政府在第一次世界大战战事接连失利造成的经济社会危机中，终于无法挽回其灭亡的命运，被民众发动的二月革命推翻，宣告统治俄国长达 300 多年的罗曼诺夫王朝与沙皇统治的终结。

无法克制与忍受的危机

19 世纪以来的沙皇俄国，堪称欧洲当时最为黑暗和专制的国家，历代沙皇奉行专制独裁统治，在政治上重用奸臣，腐化堕落，秘密警察横行，中央和地方的官职都由贵族垄断，他们拥有免税和免役的特权，普通民众生活困苦，在政治上的权利被剥夺殆尽，阶级矛盾日益尖锐。

从 19 世纪开始，俄国开始了工业革命的进程。截至 19 世纪末，俄国一共建造了 2.2 万公里的铁路，冶金和燃料工业也得到了长足的发展，因此产业工人的数量大增。当时俄国各行业的工人人数已经达到 279 万人，但俄国工人的生活处境要远差于西欧国家的工人，他们工资微薄，工作时间长，环境低劣，工人的不满情绪与日俱增，以至于工人阶级成为后来俄国革命的主导力量。

在第一次世界大战中，俄军被装备与指挥水平远胜于自己的德国军队打得落花流水，在开战后的十个月里就有近 400 万俄军士兵死伤或被俘，前线士气低落，逃兵比比皆是。

战争极大打击了原来就不是很稳定的俄国经济，沙皇政府借助内债、外债、增税和滥发纸币来支撑前线庞大的军费开支，结果造成卢布贬值，通货膨胀日益严重。并且，由于政府征召大量壮丁入伍，农业生产受到严重的破坏，粮食产量锐减。据历史数据显示，在一战期间，俄国的农村劳动力减少了 47.4%，农民所得到的粮食还不足总产量的 20%，这样，在社会上出现了严重的饥荒，物价高涨，卢布汇率下跌，国民经济陷入崩溃。城乡间大大小小的商店里排满了抢购面包的长队，不法商人借机大发国难财，投机倒把与官商勾结盛行，而此时为战事困扰的沙皇政府已经丧失了对社会的有效治理能力，整个社会陷入了严重的无政府的混乱状态。

"打倒战争，打倒专制政府"

1911 年 2 月的寒冬，俄国的粮食、原材料短缺达到了最严重的程度，工厂纷纷倒闭，越来越多的民众蒙受着失业与饥饿的折磨，对沙皇政府的不信任与愤恨情绪与日俱增，大规模革命起义的诱因业已齐备。

在 1912 年 3 月 3 日（俄历 2 月 18 日），俄国首都彼得格勒（1914 年一战后彼得堡改名为彼得格勒）的工人率先发动罢工，拉开了革命的序幕。之后几天，罢工工人云集在圣彼得堡，参加罢工的工人达 14.5 万人，局势渐趋紧张。3 月 8 日（俄历 2 月 23 日），示威者为庆祝国际妇女节又举办了一连串聚会与集会，一家纺织工厂的女工自发走出工厂，支援一家军需品工厂的罢工。双方汇合后到街头游行，并渐渐把示威活动政治化。参与者首次在俄国使用较为敏感的口号，例如"要面包，不要战争！"与"结束专政！"、"打倒专制政府！"等口号。

武装的工人、士兵及警察（彼得格勒，1911 年）

沙皇政府闻讯后派来军警镇压，警民爆发冲突，引致双方互有死伤。后来相当多的士兵在革命群众的感召下，反而倒戈支持起义，令起义浪潮更趋激烈。从 3 月 11 日起，政治罢工转变为武装起义，工人们联合倒戈的军警向市中心进发，陆续占领了冬宫、监狱、军营与一些政府机关大楼，很快控制了首都的政权。在彼得格勒革命运动的影响下，莫斯科、哈尔科夫、巴库等地纷纷爆发大规模的罢工和示威游行活动。在广大的农村，农民们纷纷揭竿而起，驱逐沙皇政府在乡村里设置的乡长、警察，沙皇政权处在一片风雨飘摇之中。

尼古拉二世 1911 年全家福

这个时候，身处战事前线的沙皇尼古拉二世深感不安，于是在 3 月 11 日解散了国会杜马，实行全面的沙皇专政，并下令强迫工人复工。但议员和工人不再理会沙皇的指令，反而各自成立了新的政权。代表资产阶级利益的国会杜马于 3 月 12 日推选 12 名委员组成了国家杜马"临时执行委员会"，彼得格勒工人和士兵也在 3 月 12 日建立了革命政权——工人代表苏维埃，并于 3 月 15 日更名为"工人和士兵代表苏维埃"，苏维埃政权由孟什维克和社会革命党人所控制。也就在当日，两个政权达成协议，成立以立宪民主党李沃夫公爵为首的资产阶级临时政府，沙皇政府彻底丧失了统治基础和统治合法性。

尼古拉二世见大势已去，被迫于 3 月 15 日宣布退位，并让位给其弟米哈依尔。但米哈依尔宣布拒绝即位。这样，统治俄国达 304 年的罗曼诺夫王朝在战争与革命的浪潮下土崩瓦解，二月革命获得了胜利。

尼古拉二世退位后，起初临时政府打算把他们全家送到英国去，但遭到苏维埃政权的坚决反对。后由于苏维埃政权的强烈要求，临时政府将其全家逮捕，拘禁于沙皇村。同年8月，沙皇一家被转移到西伯利亚的托波尔斯克，后又被转到叶卡特琳堡（今斯维尔德洛夫斯克）。1918年6月17日，在捷克斯洛伐克军团叛乱并逼近叶卡特琳堡的紧急情况下，为防止沙皇落到敌对势力手中，乌拉尔省苏维埃下达命令，将尼古拉二世全家就地处决。

双重政府

沙皇统治终结后，临时政府掌握了俄国的政权，得到了美国、英国、法国、意大利、中华民国等国家的承认。临时政府成立后，立刻在全国宣布了施政方针，表明要保障民众的言论、出版、宗教信仰、结社与组织罢工的权利和自由，赦免所有的政治犯，召开制宪会议以决定未来政府的组织。但对于民众迫切要求的土地改革、退出战争、提高工资等问题，临时政府的声明并没有提及。

尼古拉二世留存的最后一张照片

临时政府虽然成立了，但其统治能力非常有限，国家政权在相当程度上掌握在工兵代表苏维埃手中，彼得格勒的军警、工厂、铁路与邮政部门大都处于苏维埃的控制之下。苏维埃最初支持临时政府，但并没有完全加入临时政府之中，而是保持相当大的独立性与自主性。这样，俄国就形成了"双重政府"的局面。

九、巴尔干地区

1821—1914 年

　　直到 19 世纪中期以前，巴尔干地区几乎完全在奥斯曼土耳其帝国的控制之下，但其统治已呈衰落之势；随着第一次世界大战在欧洲的爆发，土耳其的实际控制范围缩小到一个非常狭小的地带。

　　19 世纪 20 年代希腊独立战争爆发，希腊人首先起来反抗土耳其统治。其他民族也纷纷起义效仿，他们往往得到了俄罗斯的支持。然而，巴尔干地区诸国却又因领土争端而互相内斗，使该地区的政治环境处于一触即发的危险境地，这也是引发第一次世界大战的原因之一。

希腊的自由

希腊独立战争的胜利使其成了巴尔干半岛上第一个摆脱土耳其统治的国家。

18 世纪末，爱国的民族主义情绪在希腊不断活跃，并引发希腊摆脱土耳其统治的解放斗争。

1821 年，由亚历山大·依普希兰狄斯组织领导的"友谊社"发动起义失败，但伯罗奔尼撒地区也在帕特拉斯主教的热尔曼诺斯的领导下起来反抗。

欧洲各国积极支持希腊人民，不仅捐钱捐物，更重要的是还有许多志愿者，如

法布维埃上校率领希腊人对土耳其人作战，

1827—1828 年的装饰壁画。

拜伦等，纷纷来到希腊参加争取独立的斗争。他们中有许多人都是浪漫主义者，试图要解放这个自古希腊源远流长而来的国家。

在长期的斗争中，双方的平民均遭受惨烈的屠杀。伯罗奔尼撒地区全境几乎被土耳其再次占领。苏丹穆罕默德二世不得不向埃及总督穆罕默德·阿里求援。1826 年，埃及军队重新占领伯罗奔尼撒南部。

俄罗斯、英国和法国随即派遣舰队前往希腊，并于 1827 年在纳瓦里诺海战中歼灭土耳其舰队。

俄罗斯也在 1829 年的俄土战争中获胜，希腊在 1830 年 2 月 3 日的伦敦会议上被承认独立，成为一个独立的王国，但最初其领土主要限于伯罗奔尼撒地区。

第一任希腊国王为巴伐利亚的奥托，他于 1832 年加冕。但无力平定国内的反对力量，被迫于 1862 年退位。

1863 年，丹麦的威廉·乔治亲王即位，为乔治一世，执政长达 50 年，直至 1913 年在萨洛尼卡被刺。

独立之后，希腊与日渐衰落的奥斯曼帝国展开了多次战争，并参加了 1912—1913 年的巴尔干战争，领土得到进一步的扩张。

希腊国王乔治一世

巴尔干火药桶

虽然巴尔干地区的各个民族成功地摆脱了奥斯曼帝国的统治，获得了独立，但却因为领土争端而相互为敌。

1877—1878 年俄土战争后签订的《圣斯特凡诺条约》，使保加利亚、罗马尼亚、黑山和塞尔维亚获得自治，其中罗马尼亚为 1861 年由瓦拉几亚和摩尔达维亚合并产生。保加利亚成为一个公国，但仍必须向土耳其苏丹进贡。塞尔维亚一心梦想建立一个"大塞尔维亚帝国"，1885 年，米兰一世奥布里诺维奇国王与保加利亚开战争夺马其顿，而奥匈帝国的干涉使塞尔维亚只获得西部的一小块地区。保加利亚大公亚历山大一世因政变退位，由萨克森-科堡-哥达家族的斐迪南一世即位，斐迪南于 1908 年宣告保加利亚完全独立并自封为沙皇。同年，奥匈帝国占领波斯尼亚和黑塞哥维那，由此造成的"合并危机"差点引起奥匈帝国与塞尔维亚开战，塞尔维亚成为大塞尔维亚帝国的美梦破灭。

1912 年 10 月，塞尔维亚、黑山、希腊与保加利亚组成巴尔干联盟对奥斯曼帝

合并危机：由于各个国家向不同的方向用

力，使钟无法敲响。

国宣战，它们很快占领了奥斯曼帝国几乎所有的欧洲领土，并将其领土限制到今天的疆域范围。1913 年 5 月 30 日的《伦敦条约》使土耳其只保有欧洲的一小块领土，但条约并没有解决保加利亚与塞尔维亚之间争夺马其顿控制权的问题。1913 年 6 月 29 日，塞尔维亚和希腊联合发动了对保加利亚的第二次巴尔干战争。到 7 月，罗马尼亚、奥斯曼帝国和黑山都先后结盟共同向保加利亚开战。1913 年 8 月 10 日的《布加勒斯特条约》规定：保加利亚向罗马尼亚割让领土；马其顿的大部分地区分别被塞尔维亚和罗马尼亚吞并；阿尔巴尼亚获得独立。

　　不过这并没有消弭巴尔干地区的紧张状态。塞尔维亚的实力得到显著的增强，这使得斯拉夫人占居多数的奥匈帝国深感不安。1914 年 6 月 28 日奥匈帝国皇储弗兰茨·斐迪南大公在萨拉热窝被塞尔维亚民族主义者加夫里洛·普林西比刺杀，导致"七月危机"，期间塞尔维亚拒绝接受奥匈帝国的最后通牒，维也纳随即向塞尔维亚宣战。欧洲其他列强的干涉使危机进一步升级，最终引发第一次世界大战的爆发。

第七章　帝国的黄昏

——反殖民中觉醒的亚非拉美

一、东方强国奥斯曼帝国

约 1300—1792 年

奥斯曼土耳其人兴起于安纳托利亚西北部，并稳步向西推进。1453 年到 1517 年，苏母塞利姆一世已使奥斯曼帝国成为一个重要国家。在其继任者的统治下，尤其是苏莱曼大帝时期，土耳其已经成为欧洲政治中的一个决定性因素。

奥斯曼帝国在鼎盛时期，疆域从地中海一直延伸到波斯，但在 19 世纪其政治和经济出现了衰落。同时，国家领土也大幅沦丧，这是帝国崩溃瓦解的开始。

奥斯曼帝国的崛起

早期的奥斯曼苏丹先在安纳托利亚巩固力量，并开始攻占巴尔干半岛。1453 年，穆罕默德二世攻占君士坦丁堡，结束了拜占庭帝国的统治。

1300 年前后，帝国的建立者奥斯曼一世率领一支独立的部落崛起于安纳托利亚西北部，"奥斯曼"一词即源于他的名字。

部落武士投身于穆斯林的圣战，对抗拜占庭帝国。奥斯曼之子乌尔汗继承了苏丹王位，定都布尔萨，并征服了安纳托利亚东部。1354 年，他占领加里波利，在克

奥斯曼一世及其军官，彩色平版画。

里米亚获得了一个立足点，之后便以此为基地开始了对巴尔干的征服。

奥斯曼的士兵

1385—1386年，穆拉德一世占领保加利亚，但在安卡拉附近与中亚征服者帖木儿的战斗中惨败。对国家的政治重组暂时中断了进一步的扩张，直到穆罕默德一世重新控制小亚细亚及巴尔干大部分地区。

1422 年，在征服了整个安纳托利亚后，穆拉德二世开始围困君士坦丁堡。1439 年，穆拉德将塞尔维亚并入帝国，并于 1448 年在第二次科索沃战役中将其完全平定；1444 年，他又在瓦尔纳击退了基督教的最后一次十字军入侵。1453 年 5 月 29

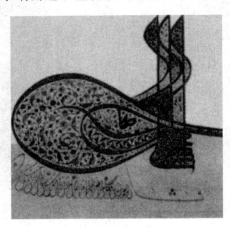

苏丹苏莱曼大帝的图格拉，即苏

丹的王玺或签章。

日，穆罕默德二世攻克君士坦丁堡，拜占庭帝国灭亡。他将许多基督教教堂改为清真寺，其中包括大名鼎鼎的圣索菲亚大教堂。他将圣索菲亚教堂内所有的拜占庭壁画用灰浆遮盖住，搬出所有的基督教雕像，还在教堂四周修建了四个高大的尖塔，这才完成了对圣索菲亚大教堂的改造。

奥斯曼帝国的全盛时期

使奥斯曼帝国成为一个世界大国，要归功于穆罕默德二世的继任者塞利姆一世。在苏莱曼大帝统治时期，帝国在政治和文化方面达到了鼎盛。

穆罕默德二世认为自己是一位新的世界征服者。通过缴纳人头税，他允许基督教和犹太教教徒享有文化上的自由，因而避免了内部的不稳定；他的军队先后占领了塞尔维亚、波斯尼亚和阿尔巴尼亚，并在 1458—1462 年占领了基督教在伯罗奔尼撒的最后一块领土。1459年，他吞并了塞尔维亚。接着他又攻占小亚细亚的特拉比松，并在1475年征服了克里米亚，迫使其纳贡归顺，由此奥斯曼人很快控制了地中海东部和黑海地区。

苏丹巴耶兹德二世

1480年，穆罕默德在意大利南部登陆，正准备向"天主教的心脏"罗马进军时，却在1481年春天去世。

苏丹巴耶兹德二世信仰虔诚，在他统治时期并没有太多征战。

1514年8月23日在查尔德兰平原对波斯的战斗

1512年，其子"严酷者"塞利姆一世发动政变夺权。塞利姆继位后，便宣布要成为所有文明的统治者和亚历山大大帝的继承人。他是奥斯曼世界帝国的缔造者。

1514 年，他在查尔德兰击败波斯的沙法维王朝，占领了阿塞拜疆和安纳托利亚东部，使库尔德斯坦臣服于他，从而控制了通往波斯的商路。

苏丹利用埃及马穆鲁克王朝请求协助对抗葡萄牙的机会，先后于 1516 年占领叙利亚，1517 年夺取埃及，将奥斯曼帝国的领土扩大了一倍。

他废黜了开罗的最后一任哈里发，并自任哈里发，接管了伊斯兰圣地麦加和麦地那。

为确保苏丹的权力免受国内敌对势力的威胁，同时避免争夺继承权的斗争，他施行了继位苏丹要杀死所有兄弟的制度。

塞利姆之子苏莱曼一世（大帝）将奥斯曼帝国的文化引向了全盛。他致力于政府的现代化，尤其是在法律和税收制度方面。在著名建筑师希南的主持下，他建起了许多宏伟的清真寺。

苏莱曼的军队继续向西推进。1521 年占领了贝尔格莱德，并在日后将它作为其在巴尔干半岛的主要据点；1526 年，又在摩哈赤击败了匈牙利。

1529 年 9 月 8 日—10 月 15 日，土耳其在

苏莱曼二世率领下围攻维也纳。

1529 年，奥斯曼人第一次进攻并围困维也纳，但是未能取胜。在 16 世纪，奥

斯曼帝国在巴尔干半岛同哈布斯堡王朝和西班牙进行了多场大战，并取得对北非的控制和对地中海的支配。

大维齐尔时期

苏莱曼一世的继任者大多能力较弱，因此往往由大臣大维齐尔代为施政。1683年。奥斯曼土耳其再次兵临维也纳城下。

16世纪中期，在塞利姆二世和穆拉德三世之后，奥斯曼帝国由一系列不理朝政、较为次要的苏丹统治。他们沉溺于奢华的生活之中，忙于家族内部的事务，由此开始了大维齐尔统治的阶段。

1571年，土耳其在勒班托海战中大败于基督教盟军的舰队之手，但由于大维齐尔穆罕默德·索克鲁的努力，仍然保持了帝国的政治稳定。

1571年10月7日的勒班托海战

土耳其先后于1580年和1603年同英格兰、荷兰建立了外交和贸易的往来。在1579—1590年对波斯的战争中，高加索以及第比利斯和大不里士被纳入奥斯曼的控制之下，但是在1603年后，它们又被波斯的阿拔斯大帝夺回。

在安纳托利亚和库尔德斯坦发生的叛乱显示了帝国内部的不统一。苏丹的禁卫军也成了强大的威胁。但后来，奥斯曼的弟弟穆拉德四世以野蛮的宗教刑罚削弱了禁卫

帝国的黄昏

军的力量。他成功地镇压了库尔德人和叙利亚的德鲁兹教派的叛乱；1638 年，又从沙法维王朝手中夺回了巴格达。在这一时期，巴尔干半岛的众多阿尔巴尼亚人、波斯尼亚人和一部分保加利亚人皈依伊斯兰教。

奥斯曼帝国夺回巴格达

从 17 世纪中期起，帝国的统治权落在了来自阿尔巴尼亚的柯普吕律家族的大维齐尔之手，他们向腐败宣战，加强中央集权。

1669 年，他们从威尼斯手中夺取了克里特岛；1672 年又从波兰夺得波多里亚。

奥地利军队袭击土耳其军事据点

1676 年，雄心勃勃的卡拉·穆斯塔法任大维齐尔，并率大军取道匈牙利，于 1683 年包围了维也纳，但是基督教联军及其波兰盟友在卡伦山高地击退了土耳其人。洛林的查理五世和巴登巴登的路易·威廉随后又将土耳其逐出了匈牙利。

1687 年，威尼斯人占领了包括雅典在内的伯罗奔尼撒部分地区。柯普吕律家族的大维齐尔统治的复辟并没有终止土耳其在巴尔干半岛的损失。

衰落与改革之间的帝国

在萨伏伊的欧根亲王的节节胜利和俄罗斯的压力之下，奥斯曼帝国被迫在巴尔干转入守势。必要的国内改革姗姗来迟并遭到了强烈的反对。

1697 年，奥斯曼帝国在泽塔被奥地利将军萨伏伊的欧根击败。根据《卡洛维茨条约》，奥斯曼将匈牙利、特兰西瓦尼亚和斯洛文尼亚割让给了奥地利，将波多里亚割让给波兰，将伯罗奔尼撒和达尔马提亚的部分地区割给了威尼斯；1700 年，又将亚速夫割给了俄罗斯。

1709 年，由于苏丹艾哈迈德三世收留并庇护了瑞典的查理十二世，引发 1710—1711 年与俄国的战争，奥斯曼帝国获得了胜利。1717 年，贝尔格莱德又被奥地利帝国夺走。根据 1718 年的《帕萨罗维茨条约》，奥地利又获得了巴纳特、塞尔维亚北部和小瓦拉几亚。

贝尔格莱德战役，中为萨伏伊的欧根亲王，1717 年 8 月 18 日。

这些军事失利导致了艾哈迈德三世于 1730 年被推翻，禁卫军团重新掌权。

1741 年，拥有扩张野心的俄罗斯已成为奥斯曼帝国的主要敌人。

1761 年，奥斯曼帝国与普鲁士建立同盟，双方的友好关系一直持续到第一次世界大战。

1775 年俄国使节为进行谈判拜见大维齐尔

俄罗斯在第一次俄土战争（1768—1774 年）中，进入摩尔达维亚和外高加索，并在 1770 年击败了土耳其舰队。

1774—1783 年，奥斯曼帝国又将克里米亚割给了俄国，将布科维纳割给了奥地利。接着在 1784 年，俄罗斯的叶卡捷琳娜大帝占领格鲁吉亚。

1787—1792 年，土耳其再次与俄罗斯和奥地利交战。俄罗斯攫取了更多的领土，成了黑海地区的主要大国。

领土沦丧与国内改革

19 世纪末，奥斯曼帝国丧失了在巴尔干地区的大部分领土。在国内，苏丹也着手进行改革。

法国大革命和反对拿破仑的解放战争也在被土耳其占领的欧洲领土上唤醒了自由的思想和民族主义情绪。希腊首先起义，并于 1829 年最终赢得独立；而巴尔干半岛的其他地区在整个 19 世纪中也都不断起来反抗。欧洲列强，其中尤其是俄罗斯，不断地插手干预。在 1878 年的柏林会议上，俄罗斯支持保加利亚、罗马尼亚、塞尔维亚和黑山独立。

在北非，埃及也寻求从奥斯曼帝国中独立。尽管土耳其最初得到了由奥地利、普鲁士和英国组成的联盟的支持，但是埃及还是在 1841 年成功独立。马格里布地

由苏丹穆罕默德二世签发的法令

区的各国则逐渐处在了欧洲的影响之下。1830 年，法国占领了阿尔及利亚，并使之成为法国的殖民地；1881 年，又使突尼斯成为法国的保护国。

在国内，奥斯曼苏丹不得不极力维护他们日益衰落的中央权力。第一位可以称做"改革苏丹"的是塞利姆三世，他于 1789 年即位，并按照西方的模式对政府及其财政管理和军队进行了重组。但是他没能顶住传统上层集团的抵制，尤其是苏丹禁卫军的反对，最后被他们杀害。

奥斯曼帝国原首都伊斯坦布尔附近的朵马

巴恰宫，1843 年竣工。

他的改革计划后来由穆罕默德二世继续实行，他在 1826 年禁卫军叛乱后将其撤销，代之为一支受中央政府控制的、通过征兵制组成的军队。他还通过建立国立学校促进科学，并使教育实现世俗化。苏丹阿布杜勒迈吉德一世倡导的坦齐马特改革时期，开创了改革的一个新阶段。随着新的军队改组，行政体系依照法国模式进行了重组；帝国各地的法律规范了统一的标准；新的公路、铁路和电报系统开始建设。为此，外国贷款被引进，但在1875年后，政府就已无力偿还贷款利息。阿布杜勒迈吉德在博斯普鲁斯海峡岸边新建了一座巨大的新宫殿朵马巴恰宫，外债的压力再加上苏丹生活的腐败和奢靡，这些最终导致奥斯曼帝国经济的崩溃。

改革的结束与青年土耳其党的兴起

青年土耳其党人希望他们国家的政治和经济实现现代化，但是他们的政策最终失败了。

苏丹阿布杜勒迈吉德一世死后，他的兄弟阿布杜拉齐兹于1861年继位，但他于1876年即被迫退位，由阿布杜勒哈米德二世继位。

他强行推行宪法，保证信仰和新闻出版自由，并在1877年成立议会，但又随即将之解散，而帝国也不得不去抵御来自欧洲国家的压力。俄国对奥斯曼帝国宣战。

1877年第一届土耳其议会召开会议

根据1878年的《圣斯特凡诺条约》，土耳其放弃了比萨拉比亚。柏林会议（1878年）标志着奥斯曼领土的进一步丧失。

在土耳其属亚美尼亚地区对亚美尼亚人的大屠杀，1896年阿布杜勒哈米德的统治很快成为一个非常独裁和专制的政权。1896 年，对 20 万亚美尼亚人的大屠杀事件就发生在其统治时期。

尽管苏丹改善了土耳其的经济状况，但是其独裁统治却也激起了自由主义者的反抗，他们组织起青年土耳其党运动。1909 年，他们在恩维尔·帕夏将军的支持下发动起义。

青年土耳其党人夺取政权后，恢复了宪法和议会，并在穆罕默德五世名义上的摄政之下统治了 10 年时间。

他们试图减少宗教在学校和法律体系中的影响，以实现国家的现代化，并启动了工业化的进程。

雷沙德亲王被宣布为苏丹穆罕默德五世

但是，即使是青年土耳其党人的不懈努力，也不能挽救"欧洲病夫"衰落的命运。

1912—1913 年的两次巴尔干战争进一步削弱了日薄西山的帝国，它只在欧洲保留了东色雷斯的一小块土地。

第一次世界大战期间，土耳其政府试图保持中立，但是由于德国承诺给予其支持和资助，加之出于结盟以反对俄国的需要，它被拉入了同盟国的一方。

二、波斯与阿富汗

约 1450—1921 年

15 世纪后，什叶派的沙法维王朝的统治给波斯带来一个宗教和文化独立发展的时期。尤其是国王阿拔斯大帝，通过其军事和经济政策，使波斯成为近东的一个大国。与此同时，中亚的乌兹别克帝国也在谢巴尼德王朝统治时期达到了鼎盛。

英国与俄罗斯之间对"亚洲中心"控制权的争夺严重地影响了 19 世纪阿富汗和波斯的历史。欧洲列强从外部威胁着波斯和阿富汗，并力图影响它们的内政，极大地动摇了这两个国家的政权。

1908 年在波斯发现石油，更加剧了对其的争夺，但阿富汗则趁机确保了自治的地位，成为俄罗斯与英属印度之间的缓冲国。

沙法维王朝的起源与早期沙法维君主

1501 年，伊斯迈尔国王在波斯建立起沙法维王朝的统治。在宗教上，他以什叶派为国教，为其继任者打下了国家的重要基础。

在当地王朝留下的权力空白中，帖木儿帝国的后裔建立了沙法维家族的苏菲教派，他们在 15 世纪皈依什叶派穆斯林的十二伊玛目派。教派的世袭教长在信徒中培植军事力量，扩大实力。

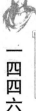

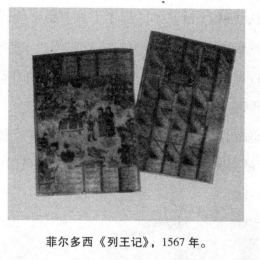

菲尔多西《列王记》，1567 年。

沙法维王朝的创立者伊斯迈尔一世（1499—1524 年在位）为第一任国王，他是阿尔德维尔城的统治者、萨珊王朝的后裔。他还是一个虔诚的什叶派穆斯林，到 1507 年，先后征服了伊朗和伊拉克，将乌兹别克向东驱逐。1514 年，他在查尔德兰败于奥斯曼帝国苏丹塞利姆一世手下。

伊斯迈尔致力于国内的发展。他集中精力提高宗教与世俗权威，将十二伊玛目派立为国教，这显著地影响了伊朗作为一个民族国家的发展进程。

菲尔多西《列王记》：阿尔达希尔大战阿尔都旺，16 世纪的书籍插图。

其子塔赫马斯普一世 1524 年继位后，政治基础开始松动。新国王本人就颇有艺术天赋，积极鼓励绘画和书法艺术，制作了许多精美的图书，如波斯民族史诗《列王记》和内扎米的叙事诗《五卷书》的精美版本。

在整个统治时期，塔赫马斯普被迫在东部与乌兹别克作战争夺呼罗珊，在西部与奥斯曼土耳其争夺阿塞拜疆。

1548 年，他将都城由大不里士迁往加兹温。1554 年，他占领了格鲁吉亚，在高加索地区得到了大量兵源补充。1555 年，在与奥斯曼帝国的停战协定中，他用伊拉克交换得到了阿塞拜疆。

波斯地图，1681 年。

塔赫马斯普的两个儿子伊斯迈尔二世（1576—1577 年在位）和穆罕默德·库达班达（1578—1587 年在位）的统治，几乎使得帝国瓦解崩溃。

1581 年，穆罕默德之子阿拔斯在赫拉特称帝。1592 年，他又从加兹温迁都伊斯法罕。

阿拔斯大帝时期的沙法维帝国

阿拔斯大帝将沙法维帝国的政治和经济带入了全盛时期。他的第一位继任者继承了阿拔斯开创的政治体系：对移民和贸易的鼓励措施使国家日臻富强。他还重建了都城伊斯法罕。

国王阿拔斯一世（大帝，1571—1629 年）是最为声名显赫的沙法维帝国统治者。1590 年，他与奥斯曼土耳其媾和，割让了格鲁吉亚、亚美尼亚和库尔德斯坦，但这些土地日后又被他收复。他依照土耳其禁卫军的模式，组建了一支英国军官指挥，由信仰基督教的高加索人、亚美尼亚人和切尔克斯人构成的常备军。

伊斯法罕，1681 年的铜版画。

1598 年，阿拔斯从乌兹别克手中夺回呼罗珊；于 1601 年吞并巴林；在 1603—1608 年间，先后收复阿塞拜疆、亚美尼亚和格鲁吉亚；1623—1624 年，又从土耳其夺回了库尔德斯坦及伊拉克，从而使波斯成为西亚最重要的国家。

阿拔斯最重要的成就在于国内政治方面。他将高加索地区的工匠迁往伊朗，并邀请基督徒与犹太人前来经商，使得波斯人民富庶、国库丰盈。他还大举重建自己的新都城伊斯法罕。在阿拔斯统治下，租借和税收体系被大为简化，并且他同印度莫卧儿帝国保持了密切的贸易往来。

1622 年，阿拔斯从葡萄牙手中夺取了霍尔木兹海峡的贸易中心，由此控制了波斯湾的商业贸易。欧洲人也因此发现了波斯的沙法维王朝，贸易代表团、艺术家和探险家们蜂拥而至，其中许多人还得到了波斯国王的亲自接见。

当 1629 年阿拔斯去世之时，波斯达到了其政治和经济的顶峰，成为一个外交

伊斯法罕鲁法拉清真寺的

挂毯，17 世纪初。

接触遍及世界的近代帝国。

在阿拔斯的孙子萨菲一世统治期间，他曾因精神错乱杀死全家，伊拉克也于1638 年丧于奥斯曼土耳其之手。幸亏大维齐尔米尔扎·塔奇的努力，亚美尼亚方才保住。

萨菲之子阿拔斯二世是最后一位比较强有力的沙法维国王，他保障商路，并同欧洲殖民地保持了密切的经济交流。在他打击腐败和滥用权力的斗争中，对法律体系进行了全面的改革。

沙法维王朝末期至卡加王朝

在沙法维王朝末期，帝国逐渐衰落。只有征服者纳迪尔得以在 1736 年再次建立起一个伟大的帝国。在桑德王朝的短暂统治之后。卡加王朝上台当政。

阿拔斯二世（1642—1667 年在位）统治之后，沙法维王朝的衰落日臻明显。他寻求法国的支持以对抗君士坦丁堡的奥斯曼帝国，作为交换，给予法国大量商业方面的优惠。

波斯王公的接见，16 世纪末的彩绘。

阿富汗人

其子萨菲三世将大部分朝政交给了宫廷的宦官。1668 年，他再次登上王位，称苏莱曼国王，而与他敌对的邻国竟未受任何抵抗就深入伊朗境内。

萨菲之子苏丹侯赛因（1694—1722 年在位）将国政完全交给什叶派教士。但由于他试图将 1648 年被征服的阿富汗逊尼派教徒强行改变信仰，引起了阿富汗人的叛乱。1709 年，他们杀死波斯官兵，宣布阿富汗独立。1719 年，阿富汗在穆罕默德·米尔的领导下进兵波斯，攻占波斯全境。苏丹侯赛因于 1726 年被处死。

卡加人

尽管穆罕默德在 1722 年自封波斯国王，但直到 1736 年，来自沙法维家族的两位流亡统治者一直在争取对国家的控制。

在末代沙法维国王阿拔斯三世统治时期，来自突厥部落阿夫沙尔的将军纳迪尔攫取政权。

1726 年，纳迪尔将阿富汗人逐出伊斯法罕，到 1730 年阿富汗人已被赶出波斯全境。随后他又从奥斯曼帝国夺取了阿塞拜疆和高加索，于 1736 年登基为王，称纳迪尔沙。他由伊斯法罕迁都马什哈德，1738 年在向印度进兵途中又重新占领了阿富汗，并深入印度境内占领白沙瓦，1739 年到达德里。

此后。他转向中亚，攻克希瓦和布哈拉。1747 年 6 月，纳迪尔被其属下酋长所杀。

纳迪尔死后，阿夫沙尔王朝的命运也并不长久。1749 年，帝国在他的孙子手中瓦解。阿富汗、阿塞拜疆和波斯的大部分地区都宣布独立。

库尔德军事首领卡里姆·汗·桑德（1750—1779 年在位）在伊朗中南部建立了桑德王朝，定都于设拉子。

1779 年桑德死后，他的儿子们自相残杀，直到 1794 年被卡加王朝所取代。

卡加人是来自于伊朗西北地区的突厥游牧部落，早先追随沙法维王朝。1786 年，首领阿加·穆罕默德定都德黑兰，废黜了桑德王朝的末代统治者，于 1796 年自称波斯国王。他建立起来的卡加王朝一直统治到 1925 年。

波斯驻巴黎使节阿斯克尔汗，约瑟夫·弗朗科绘的油画。

1797 年他被暗杀时，卡加王朝已稳固，他的侄子法思·阿里（1797—1834 年在位）得以顺利继位。在法思·阿里统治之下，伊朗开始与欧洲列强建立了密切的联系，其中主要是与对俄罗斯的扩张政策颇为忌惮的英国。

中亚

在帖木儿王朝之后相继的几个乌兹别克王朝的统治下。中亚依然是东部伊斯兰世界重要的文化中心，尤其在其首都布哈拉和撒马尔罕。但是在 18 世纪，它们落入了波斯和俄罗斯的宗主统治之下。

帖木儿王朝的文化繁荣在其继承者乌兹别克部落联盟时期得以继续。1500 年初，乌兹别克首领穆罕默德·谢巴尼德汗夺取了帖木儿王朝的领土，于 1507 年占领赫拉特，建立起有着蒙古背景的谢巴尼德王朝。1510 年，他在试图攻占呼罗珊时败于沙法维王朝，战死于木鹿，但他对布哈拉及其首都撒马尔罕的统治业已确立。

乌兹别克首领穆罕默德·谢巴尼德汗

欧拜杜拉及其继任者进一步在这两座城市兴建了无数的清真寺、伊斯兰教神学院和朝圣者旅馆。这些原先的部落武士很快接受了城市的宫廷文化，并支持纳克什班迪教派，因此这一地区成了伊斯兰教神秘主义的一个中心。

1540 年后，由一个王族在希哈拉世代统治，1583 年，最后一任谢尼巴德国王阿卜杜拉再次统一了布哈拉以外的帝国，成功地将自己的统治向西、向东和向北扩展。

1599 年，另一位乌兹别克部落联盟的首领穆罕默德·巴基建立了贾尼（或阿斯特拉汗尼）王朝，控制了中亚地区。他定都布哈拉，其统治一直持续到 1785 年。

在 18 世纪，许多征服者将目光投向了布哈拉。波斯国王纳迪尔在 1737 年后占领了帝国的大部分地区，包括巴尔赫、希瓦和布哈拉。

塔什干一个伊斯兰教派中

的成员，油画。

希瓦在 1770 年前一直处于波斯和土库曼斯坦的控制之下。不断向东扩张的沙皇俄国，在 19 世纪将这一地区置于其控制之下。

1868 年埃米尔征服撒马尔罕，油画。

1732 年后，浩罕及其他地区相继脱离中央管辖，贾尼王朝权力迅速丧失，于 1747 年爆发内战。

自 1753 年起，由与贾尼王族有亲属关系的芒吉家族摄政。自 1770 年在布哈拉摄政的埃米尔·伊·马苏姆，于 1785 年接受了"信徒之王"的称号，建立了芒吉

汗国。19 世纪初，他在布哈拉地区颇显权威，但在爆发内乱之后，这一地区于
1868—1873 年间落入俄罗斯的统治下。1921 年，最后一任芒吉汗被废黜。

波斯：依附于英国和俄罗斯

英国和俄罗斯两个国家互相争夺对波斯的控制权，这一争夺充分体现在这两国
对波斯内政日渐扩大的影响上。

纳西尔丁国王

在其统治期间，波斯国王法塔赫·阿里无数次惨败于俄罗斯之手。在 1813 年
的《戈勒斯坦条约》和 1828 年的《土库曼恰伊条约》中，波斯失去了它在高加索
地区的全部领土。

19 世纪 70—80 年代，俄罗斯进一步进逼，占领了里海以东、咸海以南的波斯
领土，1884 年又占领了木鹿周围地区。

波斯国内局势也日渐紧张。曾经游历欧洲各国的纳西尔丁国王在其统治期间
（1848—1896 年），采取谨慎的改革措施，在国内推行适度的欧洲自由主义思想。
英国在波斯有着特别强大的利益，并对其政治有着很大影响。因此，国王不得不与

强大的亲英派商人阶层相对抗，他们反对专制体制，并要求参与政治决策，任何对改革的让步都受到势力强大的什叶派教士阶层的强烈谴责。

19 世纪 40 年代起，国王忙于对付日后形成巴哈伊教的巴布运动。他采取非常严厉的措施镇压这个伊斯兰教的支派，在 1852 年一次未遂的暗杀行动后，他几乎彻底消灭了其追随者。

国内的紧张局势随着国王对英国做出的一次次退让而不断加剧，例如，英国要求允许在波斯修建铁路并实现工业化。将烟草贸易的专卖权授予英国引起了全国上下的一片抗议。

巴哈伊教派的创始人之子阿卜杜勒一巴哈在伊斯坦布尔讲道

1906 年 10 月，国王被迫召集国民大会，通过了一部宪法，由此将波斯变为一个君主立宪制国家。国王穆罕默德·阿里于次年即位，试图推翻这些改变，但国内的动荡和反抗使他被迫退位。

1907 年，俄罗斯和英国在圣彼得堡签署《英俄协约》，将波斯分别瓜分，并在 1909 年各自占领其在波斯的属地。

19 世纪 30 年代，俄罗斯驻德黑兰大使馆举行的招待会。

阿富汗：不稳定的独立

在争夺中亚的战略霸权的斗争中，俄罗斯和英国在实际上互相保持了中立，这使得阿富汗获得了一个并不稳定的独立地位。

阿富汗外交使节及其随从，俄罗

斯，19 世纪 30 年代。

1747 年，艾哈迈德·沙·杜兰尼登上王位，建立了今天的阿富汗斯坦。他四处扩张领土，甚至进入到印度北部。然而由于内部纷争，其帝国于 1818 年土崩瓦解。

1826 年，多斯特·穆罕默德·汗攻占喀布尔，建立起一个新的酋长国，它很快成为对英俄在这一地区利益的一个重大威胁。

当多斯特·穆罕默德与俄罗斯展开谈判后，英国采取了主动，率先出兵阿富汗。在 1838—1842 年的第一次英阿战争期间，英军占领了坎大哈和加兹尼。英国人拥立艾哈迈德·沙·杜兰尼的孙子沙·叔贾为王。但是多斯特·穆罕默德的儿子阿克巴·汗成功地组织了反击，英军被迫撤退。多斯特·穆罕默德再次控制了全国，在 1855 年的《白沙瓦条约》中双方的冲突得以和平解决。

1878 年，希尔·阿里·汗重新与俄罗斯进行对话，并拒绝接受英国派驻喀布尔的代表，因此英国军队再次入侵阿富汗。这一次，阿富汗在 1878—1879 年的第二次英阿战争中未对英军对喀布尔的进攻做任何抵抗。

希尔·阿里·汗在 1878—1879
年第二次英阿战争中发布命令

在结束战争的《盖德麦克条约》中，雅库布·汗将战略通道开伯尔山口和其他地区永久割让给英国；英国承诺帮助阿富汗抵抗外国侵略，但保留了英国商品进口的权利，并控制了阿富汗的外交。1893 年，《杜兰协定》划定了阿富汗同英属印度之间的边界，并保留至今，成为今天阿富汗与巴基斯坦的边境线。

兴都库什山脉主峰

1907 年，俄罗斯和英国达成协议，同意放弃对阿富汗的领土要求，阿富汗因此获得了间接的独立。但实际上它却成了这两个大国之间的一个缓冲国，由于英俄的同盟关系，喀布尔在第一次世界大战期间仍然得以保持中立。尽管如此，英国一直对其有着重大的影响，尤其在外交政策方面；直至 1919 年，阿富汗的王位继承人因不满国内的亲英立场而被暗杀。

三、印 度

约 1526—1914 年

印度莫卧儿王朝始于公元 1526 年，在 1556 年阿克巴大帝统治时期达到鼎盛。奥朗则布去世后，整个帝匡在政治和文化上开始衰落。与此同时，欧洲的贸易公司纷纷在印度沿海建立基地，并逐渐控制了印度的政治事务。葡萄牙最先到达并控制印度，以后又先后被荷兰和英国取代。英国最终在政治和经济上完全控制了南亚次大陆。

具有讽刺意味的是，原本四分五裂的次大陆在被强行统一后，产生了历史、文化和宗教的共同意识。这在 19 世纪中导致了印度民众的一些具体要求，首先是要参与政府，最终是实现民族自决。印度国民大会在 20 世纪掀起了争取印度独立的斗争。

大莫卧儿皇帝及其敌手

随着在大莫卧儿皇帝治下印度的统一，一个新的时代开始了。这个罕有地孕育出了一系列能干的统治者的王朝，究其成就的原因，可归结为历史情势的一种特殊组合。这些情势在为莫卧儿人征服了印度的巴伯尔（Baber）他那令人惊叹的生涯中得到了体现。巴伯尔具有临危不乱的伟大天赋。他的命运迫使他不断地利用这种天赋。从中亚一路横扫到撒马尔罕的乌兹别克人使他失去了世代相传的王国。在波斯人的帮助下，他才得以暂时收回了自己的世袭之地。对他和他的继承者来说，与波斯人的关系一直非常重要。由于出身于揳入波斯人帝国和北方骑马民族之间的交界地带，巴伯尔既受到了波斯文化的熏陶，也同样受到了他的北方敌手的尚武精神的影响。他写作波斯诗歌，从乌兹别克人那里学会了后来帮助他征服了印度的军事战略和战术。乌兹别克人势力的崛起迫使他转向东方。他离开了他的国家，征服了阿富汗；在他最终发起他那催生了莫卧儿帝国的伟大战役前，他曾从那里数次突入印度进行劫掠。

他在印度的成功主要在于他使用了土耳其人从西方传入亚洲的火器与大炮。巴伯尔与奥斯曼苏丹谢里姆一世（Selim I）和波斯萨法维王朝的统治者沙·伊兹梅尔（Sbah Ismail）是同一时代的人。他们为亚洲的三个主要火药帝国奠定了基础。那种以机动野战炮为基础的新战略的传播速度是惊人的。正像谢里姆在 1517 年征服叙利亚和埃及时所展示的那样，它确保了在战场上的即时优势。九年后，巴伯尔也在印度取得了胜利。巴伯尔的继承者们警惕地守卫着他们赖以成功的新技术，甚至不让他们忠实的同盟者拉其普特人分享。拉其普特人只是在很久以后才掌握了这种技术。

巴伯尔的独特贡献是他知道如何把这些新武器的部署与他从乌兹别克人那里学来的骑兵战战略结合起来。由于这些火器对他来说是全新的，这项成就显得更加令人惊异。他本人是作为一名射手来训练的，因而对如何使用他的弓箭十分精通。尽管如此，他不仅成功地掌握了新武器的战略作用，还成功地制定了综合运用炮兵和骑兵的作战计划。他在这方面做得如此完美，以至于他超越了许多后世的将军。由于他们是一群不能洞悉机动火炮的正确使用方法的骑士，这些将军们经常不去接触大炮。正像巴伯尔在他的回忆录中描述的那样，当他在 1519 年围攻印度西北边境上的巴朱尔（Bajaur）堡时，新式步枪的出现引起了这座堡垒的守军的讪笑。很快，当巴伯尔的神枪手们射倒了他们中的一些人后，他们就停止了讥笑，而且再也不敢露面。

七年之后，在传统的邻近帕尼帕特（Panipat）的印度战场上，巴伯尔与德里苏丹易卜拉希姆·洛迪（Ibrahim Lodi）的庞大军队对阵。后者的军队比巴伯尔的多出十倍，但巴伯尔已经在战前精心部署了他的炮兵。那些轻型野战炮被放置在小型壁垒的后面，那些大炮则被皮带拴在一起，以此使得敌人的骑兵无法迅速突击它们。手持步枪的神射手们也护卫在左右。苏丹的军队——由成千上万的大象、骑兵和步兵构成——在这些大炮面前陷入停顿，而巴伯尔的骑着战马的神射手们则绕过敌军，然后按照乌兹别克人的方式从后面攻击这支笨重的军队。在炮火和箭雨的夹击下，苏丹的庞大军队在数小时之内就溃败了。洛迪和他的大多数士兵都命丧沙场。

此后，巴伯尔在同拉其普特人首领——梅瓦尔（Mewar）的拉那·桑贾（Rana Sangha）——的一次战斗中重复了这套战法。在这次遭遇战中，巴伯尔在真炮之间放置了木质的假炮，从而使他的炮兵看起来更加令人生畏。此外，在战斗正酣之时，他还成功地向前移动了所有大炮，连同假炮在内。

在战场上取得这些胜利之后，接下来巴伯尔对受创的敌军躲避其中的堡垒成功地进行了围攻。当他进一步东进以便将他的部队与在比哈尔同阿富汗叛军作战的孟加拉总督的军队会合时，他把他的大炮装上驳船，让它们沿着恒河顺流而下。那位被巴伯尔俘获的德里苏丹的财富很快就被这种靡费的战争消耗殆尽，而这首位大莫卧儿皇帝也不得不很快就征收起特别税。

咬定青山不放松：巴伯尔成功的秘密

对印度来说，巴伯尔的机动炮兵是一项引人注目的革新。用于围攻城堡的大炮已经在印度出现了一段时间。蒙古人在他们劫掠（印度）期间就引进了它们，而德里苏丹们也因此被迫加固了他们的堡垒。但是，轻型野战炮和步枪对印度来说却是新事物，它们给巴伯尔带来了一种超过他的敌手的决定性优势。

巴伯尔还"咬定青山不放松"（在这个成语的另一种意义上）：他的军队是由将军们统率下的或多或少独立的单位构成的，巴伯尔能够用他的战略天赋折服他们，但却未必能让他们接受他的野心勃勃的长期计划。这些将军及其部队一心希望携带战利品荣归故里，而另一方面，巴伯尔却决心宣布印度成为他的世袭之地，因为这个国家曾一度被他的祖先帖木儿征服。从一开始，他就把印度人作为他的臣民而不是作为他的猎物来对待，而他也严厉惩罚了自己军队中进行劫掠的士兵。然而，当初帖木儿来到印度，他在取得了一次小胜后就返回了；巴伯尔的将军们也希望他能这样做。但是，他已经下定决心留下来。他用一种外交的方式来对待他的将军们，在每一次战斗前都向他们咨询，还友善地遣送那些想离开的人。结果，他完成了原本通过简单下令不能完成的任务：许多将军决定和他一起留下来。

巴伯尔的爱子胡马雍曾作为一名年轻士兵参加了帕尼帕特的战斗。后来，巴伯尔把他派到阿富汗去守卫那里的城堡。碰巧，当他的父亲病重时，他返回了德里，然而他自己也随后病倒了。巴伯尔祈求上苍让他用自己的生命换取胡马雍的生命；上苍看来是显灵了，胡马雍继承了巴伯尔的王位。他的继位绝不是命中注定的：根据莫卧儿的习俗，所有王子都享有同等的继承权。这在后来造成了许多纷争。莫卧儿的王子们相互争斗，直至最能干、最无情或简单说最幸运的那个荣登大宝为止。

胡马雍继承巴伯尔的王位，纯属他的幸运所致，因为其时一位权臣支持另一名王子，而胡马雍只是得以及时返回，并坚称他是父亲最喜爱的儿子。然而，幸运之神很快就抛弃了他。在一些冒险的征服战后，胡马雍被阿富汗的舍尔·沙（Sher Shah）夺去了他的帝国。如同巴伯尔被乌兹别克人打败之后那样，胡马雍作为一名失去了国土的亡命者流亡国外。在流亡当中，胡马雍的儿子阿克巴（Akbar）在1542年出生于信德。胡马雍把他留给了在阿富汗的敌对的兄弟，自己前往波斯。在那里，他度过了七年的流亡生活。在舍尔·沙死后，1555年他在波斯人的帮助下再次征服印度。但仅仅一年后，他就从德里的普拉那奇拉（Purana Qila）图书馆的台阶上跌落而亡。

在其极为短暂的统治期间，胡马雍曾做过一次有趣的尝试，试图把他从舍尔·沙（他本人是一个十分称职的行政官）手中接管过来的行政机器系统化。胡马雍用四大元素作为分类类别：火代表军队，水代表灌溉部门，土代表农业和税收，空气则代表宗教和科学。这种相当粗浅的划分并没有保持多久。阿克巴很快就进行了改进。不过，这种对职能部门实行系统划分的做法却是由胡马雍首创的。

阿克巴的扩张及其对帝国的改革

阿克巴在父亲去世的时候只有 13 岁。在胡马雍放逐波斯的岁月里，阿克巴在阿富汗那些粗暴的武士中间长大，从未学习过读写。与受过良好教育的父亲和祖父相比，阿克巴终其一生都是一个文盲；然而在智力方面，他却聪慧过人，大大超过了他的父亲和祖父。他的良好记忆力帮他记住了大量信息，他能够把这些信息与引起他注意的各种事物结合起来。他不能阅读的事实妨碍了他吸收传统的智慧，却也使得他急于同来到他宫廷中的各色人等讨论新观念。由此，他以一种不寻常的方式将理论与实践融合在了一起。

在他统治的第一年，他就面临着一个印度教篡位者赫姆（Hemu）的挑战。赫姆自称超日王，几乎成功地终结了莫卧儿王朝的统治。赫姆曾是舍尔·沙的一个继承者的首相，曾为他的主人取得过许多次战役的胜利。因此，对于他欲阻止其登上王位的年轻的阿克巴来说，他是一个十分危险的挑战者。在一场决定性的战斗中，赫姆中箭倒地。阿克巴在他的将军的催促下，砍下了赫姆的人头。在随后的岁月里，阿克巴成为一位伟大的征服者和睿智的统治者。他娶了安贝尔（Amber，即斋普尔）的拉其普特王公的女儿为妻，并迅速征服了最后一位胆敢抵抗他的拉其普特王公。实际上，他成了拉其普特人真正的首领，他们中的许多人都效忠于他。他并没有将自己的宗教强加于他们，而他们在他的整个统治期间一直都是印度教徒。阿克巴还废除了"吉兹亚"（jiz-ya）——伊斯兰统治者对所有非伊斯兰臣民强征的人头税。这使得他在印度的印度教徒中更加深受欢迎。

在 1574 年征服古吉拉特、两年后征服孟加拉后，阿克巴发现自己统治着一个巨大的帝国。那时他才年仅 34 岁。所有大莫卧儿皇帝的梦想——光复撒马尔罕和恢复莫卧儿人对乌兹别克人从巴伯尔手中夺走的祖国的统治——也出现在阿克巴的头脑里。但是，他的乌兹别克对手阿卜杜拉（Abdullah）具有同等的威望。阿克巴非常谨慎，没让他的印度帝国在中亚经历一场可疑的冒险。相反，他成了一个在乌兹别克人和波斯人之间挑拨离间的高手。这二者互斗不断，每一方都试图争取阿克巴的支持。阿卜杜拉向阿克巴提议，如果他愿意在反对波斯的战役中加入他这一边，他将把那个国家的一部分让与阿克巴；波斯君主这一边则力图诱使阿克巴加入反对乌兹别克人的联合作战中，许诺以归还撒马尔罕作为胜利的奖赏。

尽管阿克巴与他们二者都保持着联系，但他从未参与任何莽撞的行动，从而成功地在这整个地区维持了势力均衡。通过这种方式，他还从波斯人手中夺回了坎大哈（Kandahar）这块在他统治初期被迫放弃的领土。这样，赫尔曼德（Helmand）河就成了他的帝国的西部边界。然而，波斯人仍然认为印度河是他们帝国的东部边界，因而一直试图收回作为这个地区重要关口的坎大哈。只要阿克巴活着，他们就不会成功，因为阿克巴对在俾路支斯坦和阿富汗保持强势地位的重视远远超过涉足西北边陲。只是由于沉迷于后一项政策，他的继承者们才再次失去了坎大哈。

阿克巴谨慎的外交政策使得他能在其一生最好的时光中，集中他的大部分精力从内部巩固他的庞大帝国：这个帝国西起赫尔曼德河，东至奥里萨，北起克什米尔，南至古吉拉特。他为莫卧儿帝国奠定了如此坚实的物质和道德基础，以至他的后继者们在很长一段时期都能从他的成就中获益匪浅。当然，这也使得他们认为这些基础是理所当然的，而他们也最终由于他们的鲁莽行动而破坏了其权力赖以存在的这些基础。

在许多方面，阿克巴扮演了一个与他较年长的同代人——奥斯曼苏丹苏雷曼·卡努尼（Suleiman Kanuni）（立法者）相类似的角色。他也认为自己是一位立法者，而不仅仅是伊斯兰法的奉行者。他强调大莫卧儿皇帝的王朝魅力和他自己的精神领袖地位。通过这种方式，他促进了他的国家的凝聚力，在这一点上毫不亚于欧洲的绝对主义君主们。人们试图将他的国家描述成一个家产制和官僚制的国家。但是从其结构来看，它远比家产制国家复杂，后者被看成是统治者家业的扩展。另一方面，"官僚制"这个术语也可能会使人产生误解，因为大莫卧儿皇帝并不依赖于一个文职官僚机构，而是依赖于一个系统组织起来的军事精英集团——其结构将在后面加以讨论。在许多方面，这些精英延续了前面描述过的军事封建主义传统，但又有如下差异：这些帝国军官是政府等级体系的一部分，而且可以根据分配给他们的职责进行调动。"官僚"这个术语的通常意义是指为那些以舞剑而非弄墨自豪的帝国军官工作的"文官"。在莫卧儿统治下，这些"文官"中的大部分则是依靠弄墨而非舞剑的印度教徒。

正如亚洲的所有陆上强国，莫卧儿帝国是一个本质上依赖田赋的农业国家。在这样一个国家里，中央统治的强度直接取决于对这种税收的精确评估及其以现金形式向中央的转移。对这一点来说，一种稳定的通货是一个必要的前提条件。在这方面，舍尔·沙已经为税收管理提供了一个坚实的立足点。他引进了一种建立在精确丈量（zabt）田亩基础上的估税（方法）；发行了一种质地良好的银币；还根据每年的价格水平调整征税（额度）。对以这种价格信息为基础的财政需要的年度决定是如此重要，以至只有统治者本人才能做出这种决定。即便是在某个遥远的战场从而几乎无法对此详加考虑，阿克巴也要面临这样的年度决定。随着帝国的扩展，要将价格水平的地区差异考虑进去几乎已变得不可能。还有，广大地区已经作为采邑（jagir）赏赐给了军官和行政官员们。这些军官必须从他们得自这些采邑的收入中支付他们自己的薪俸以及他们的军队和军事装备的费用。除非他们对采邑的不足有怨言，否则这些军官是没有动力向中央政府报告分配给他们的税收的实际数额的。

通过对财政体系的一项基本改革，阿克巴解决了所有这些问题。首先，他取消了所有采邑，改从中央国库支付这些军官的薪俸和花费。然后他下令丈量所有土地，指示县收税官以十年为期，编制有关作物、价格和税收征集的全部数据。在这个时期结束后，他就以这个十年内收集的数据为基础，确定一个平均税额。这样，他就既考虑到了地区差异，也无须再每年相当武断地决定税率了。不仅如此，在重新赏赐采邑的时候，他也能确切地知道每个采邑的价值。此外，他还采用了一种针对所有军事和文职官员的等级分类体系（mansab［曼萨卜］）。这种分类既考虑了军官们必须维持的与其级别相一致的骑兵分遣队的规模（sawar），也考虑到了薪俸水平（zat）。这种体系具有足够的灵活性，将各种组合均考虑在内，例如，帝国朝廷内的文官有很高的薪水，但只有规模很小的骑兵分遣队或完全没有骑兵分遣队；同时，它还使得统治者可以将采邑大小同更高职务的提升匹配起来。这套体制还为当时频繁地将军官们从一个采邑迁往另一个采邑以防止他们在某个地方做大的流行做法提供了高度的合理性。这套体制在很大程度上是自动运转的：细节上的调整可以留给各级行政官员，而大莫卧儿皇帝只在有重大任命和调任时才进行干预。

阿克巴总是亲自任命每一个曼萨卜拥有者（曼萨卜达尔［mansabdar］），因为这些军官是他的王国的共同持有人。他们是作为控制着军事劳动力市场的分包商来为他服务的。那时，在印度大概可征募到 400 万各种兵士。将他们中的大多数人招募进莫卧儿的军队从而使他们不能服务于帝国的挑战者，这一点是很重要的。曼萨卜达尔要对他招募的兵士负责。例如，最高一级曼萨卜要招募 7000 名骑兵，而低级曼萨卜只需招募几百骑兵。在阿克巴统治末期，莫卧儿军队内差不多有 40 万骑兵。维持一个骑兵所需的资金是每年 240 卢比。如果将这个数乘以骑兵数，就会得出 9.6 亿卢比这个令人惊愕的数目，而这还不包括用在大象和大炮方面的费用。显然，莫卧儿人的战争机器对印度农民来说是一个极其沉重的负担。

莫卧儿王子们在曼萨卜体系内处于拥有最高职位者之列，但曼萨卜达尔等级并不一定反映出流行于现代军队中的那种军阶。一个省的总督和该省内某个要塞的司令很可能拥有相同的等级，而当不得不进行战争的时候，还是得由莫卧儿皇帝决定由谁来统领军队。不过，阿克巴设计的等级、荣誉和特权无疑是有助于将早期的军事将领转变为愿意遵守帝国礼节的廷臣的。在其他穆斯林统治者那里十分突出的军事奴隶制，并没有为莫卧儿王朝采用。由于拥有丰富的可供他们驱使的兵源，莫卧儿皇帝们并不需要采用这种奴隶制。莫卧儿朝廷的财富吸引了来自中亚和西亚各种族群的武士，他们渴望获得一个曼萨卜。

对莫卧儿王朝具有特别重要性的炮兵是从来不会托付给曼萨卜达尔的，它总是处于帝国的直接控制下。阿克巴对大炮和步枪的技术改进具有个人兴趣。受邀进入其宫廷的耶稣会士报告说，在讨论完宗教问题后，阿克巴对火器技术表现出了更大的兴趣，热切地想从他们那里获得他们所能提供的一切信息。据说是他设计了那种可以增加他的野战炮的机动性的炮车，也是他引进了比那个时代的欧洲步枪射程更远、精准度也更高的新式步枪。印度步枪兵是作为神射手来训练的，而不是作为朝着敌人齐射、更多依赖集体火力而不是单个射手枪法的步兵来训练的。

关于炮兵和骑兵在莫卧儿战争中的相对重要性，迄今一直存在着争论：莫卧儿人确实建立了一个"火药帝国"，还是仅仅和他们的先辈们一样，统领着一个"骑兵国家"？一方面，他们当然延续了骑兵国家的传统，并通过曼萨卜制度使得这种国家更有效率；而另一方面，他们则将自己的核心力量建立在对野战炮的控制上。这些大炮不仅总是伴随着莫卧儿军队出现在最遥远的战场，还陈列在大莫卧儿皇帝的营帐中，以此显示皇帝拥有无与伦比的火力。营帐是这个帝国的一种重要设施。平均来说，大莫卧儿皇帝有 1/3 的时间是在都城外度过的，并经常移动他的营帐。通过这种方式，他向他的朋友还有他的敌人展示自己的力量，而大炮就是那种力量中最显著的象征。这些大炮十分昂贵，因而它们的数量不能轻易增加。在那个时代，制造廉价的铸铁大炮的工艺在印度尚不为人所知。莫卧儿人的大炮是用黄铜或青铜制造的，拥有十分精确的炮膛，从而使得它们可以相当准确地击中目标。由于可以在许多战场上对付马匹和大象，它们对莫卧儿军队具有极大价值。当然，巴伯尔用以击败易卜拉希姆·洛迪的著名战略在后来的岁月里是无法重复的，因为所有人都已了解这种战略，并且尽力避免受到这种战略的挟制。不过，莫卧儿人总是能找到部署他们大炮的新方法，比如将许多大炮安放在河中的船上，从而压倒了他们远在孟加拉的敌人。

但是，尽管有这样的聪明才智，莫卧儿帝国从长期来看并非无懈可击。特别是，那项由阿克巴凭借极高的技巧创设出来的曼萨卜制度，却在他的继承者手中败坏了，从而加速了这个帝国的衰亡。

随着岁月的流逝，这项制度的巨大优势——它在很大程度上是自动运转的——证明了也是一项十分危险的劣势。从中美洲经过欧洲流入印度的白银改变了价格水平，同时，对新领地的征服和吸纳当地精英进入帝国的职位体系导致了这个体系在统治集团顶层部分的过分扩大——然而，物质资源却没有同样扩大。尽管如此，莫卧儿王朝仍然延续了阿克巴的制度，就好像什么都没有发生一样，至多只是不时采取一些随意的修补措施，比如，减少军官们需维持的部队规模，以平衡通货膨胀的压力。这类随意的修补要么会导致军事力量的削弱，要么会导致农业基础的侵蚀，甚至会导致两者同时发生。然而，在阿克巴的时代，这个体系运转顺畅，并显示出了它的最佳结果。他的国库充满了固定税收，纳税人的负担也还是可以忍受的。

大莫卧儿帝国对田赋的最大依赖并没有影响（它）对贸易的兴趣。赋税必须以现金形式征收，以维持一个庞大的帝国。这意味着产品的买卖、经济的货币化和一个贸易网络的顺利运转。海上贸易或多或少被认为是理所当然的。它遵循着它自己的路径，向莫卧儿经济供应贵金属。不过，陆上贸易在这方面至少具有同样的重要性。阿克巴修建了一连串的旅舍，以便将他的帝国的贸易与波斯及其他国家的贸易联系起来。他显然清楚地知道这个事实：繁荣的贸易支撑着他的权力。

阿克巴从道德上对帝国巩固所做的贡献也很值得推崇，但也有一些令人非议之处。他将一项宗教宽容政策与一种旨在把莫卧儿的超凡魅力制度化的对统治者的崇拜结合起来。他的理想就是公正统治者的理想。他既在印度教徒有关传说中的国王罗摩的观念中找到了同类人物，也在穆斯林有关"马赫迪"（mahdi）的观念中找到了同类人物。参照西方的君主绝对主义原则，阿克巴力图通过神宠（divine grace）来实现合法化。但是，与印度教国王不同，他不想仅仅成为永恒律法的维护者：他想把自身变成一个立法者。阿克巴的思想受到了与他同时代的比较正统的穆斯林的批评，但他的印度教臣民却能更好地理解这些想法。印度国王的礼仪主权有赖于他和某位神祇的认同，而这一点是同印度教关于神灵遍在和超越的观念相一致的。穆斯林思想的二元主义——将安拉（Allah）的全能与让人类完全服从（"伊斯兰"［Islam］）神意并列——是与这种路径不相容的。只有苏菲派的神秘主义接近阿克巴"信仰上帝"（Din-i-Illahi）的新观念。这种新信仰的颁布和阿克巴对问候语"安拉胡—阿克巴"（Allahu Akbar，即"上帝伟大"之意）的强调——这也可以理解为对他名字的一种暗示，再加上阿克巴将自己作为信仰事务的最后裁决者的敕令，所有这些是注定要激起正统派的抵制的。通过这种方式，他试图建立一种对他很有吸引力的由各种宗教观念糅杂而成的综合体，并作为最高仲裁者来阻止教派冲突。他公开反对正统的伊斯兰教学者（ulama）。这些学者由于他们的守旧形象而受到他的严惩。阿克巴创立一种新的宽容宗教的大胆尝试随着他的去世而一同埋入了尘土；但是，赐予莫卧儿王朝并构成其超凡魅力的神宠的观念却存活了下来。甚至在数世纪后，阿克巴超凡魅力的余晖仍然使他的最卑微的后裔笼罩着某种光环。

阿克巴的最后几年苦恼于他的儿子萨利姆（Salim）——即后来的大莫卧儿皇帝贾汉吉尔（Jahangir）——的反叛。由于没有一个明确的继承顺序，而阿克巴帝国的分裂又会被等同于亵渎，这个事实促使他的儿子们甚至在这位统治者还没有去世时就展开了争夺王位的斗争。荒谬的是，这种王朝达尔文主义与其说扰乱了莫卧儿体制，不如说稳固了这个体制。没有谁是仅仅依靠他的继承者资格而掌权的。争夺王位的两败俱伤的斗争对王子们来说往往是致命的。但对他们的追随者来说并不如此——胜利者总是倾向于与被击败者的支持者和解，以利于稳定他自己的统治。这样，从阿克巴到贾汉吉尔的权力移交并没有对帝国精英集团伤筋动骨。但在贾汉吉尔统治时期一个新的因素加入了进来：他那来自波斯的美丽而野心勃勃的妻子努尔·贾汉（Nur Ja-han），在莫卧儿宫廷中引入了波斯文化和波斯随从。她的父亲成为这个帝国的首相。

伊提玛德—乌德—达乌拉（贾汉吉尔的岳

父和首相）陵（Dinodia. com 提供）。

　　甚至从巴伯尔时代开始，大莫卧儿皇帝们就和波斯文化有着一种特别的亲近关系。它在印度的作用可以和那个时候法国文化在欧洲的作用相媲美。德干上的伊斯兰国家——它们甚至与波斯人同属什叶派——也受到那种文化的深刻影响。波斯国王沙·阿巴思（Shah Ab-bas）很好地利用了这一点：他在用许多甜言蜜语奉承贾汉吉尔的同时，又支持德干上的各位苏丹，并且首先出于自身利益的考虑，密谋夺回阿克巴已经获得并保有的坎大哈。沙·阿巴思在等待一个合适的时机。这个时机到来了：正如贾汉吉尔反叛阿克巴一样，贾汉吉尔的儿子沙·贾汉（Shah Jahan）也反叛了他。甚至在贾汉吉尔还活着的时候，沙·贾汉就已经是莫卧儿军队的首领。在他征服了德干上的艾哈迈德纳加尔（Ahamadnagar）苏丹国之后，贾汉吉尔就将沙·贾汉（意为"世界的统治者"）的尊称给予了他。虽然受到如此尊崇，沙·贾汉还是很快就着手极力谋求废黜他的父亲；尽管他作为一名武士能征善战，他还是被多次击败。沙·贾汉被迫依赖高尔康达（Golconda）苏丹和沙·阿巴思的支持。他将坎大哈拱手让与了沙·阿巴思，可能是为了在争夺莫卧儿王位的斗争中可以放手一搏。

当沙·贾汉在 1627 年承袭王位后，印度再一次被一位真正伟大的莫卧儿皇帝所统治。无论在勇武方面，还是在文化抱负方面，他都能同巴伯尔和阿克巴相提并论。他是这个帝国最伟大的建筑师，在这个词的任何一种意义上都是如此。他将莫卧儿统治的影响扩展到了南方，并主持修建了一些莫卧儿时期最精美的建筑：红堡（德里）和阿格拉的泰姬陵——他的妻子穆姆塔兹（Mumtaz）的陵墓。沙·贾汉的风格是波斯和印度文化的一种绝妙的混合，正如中世纪笈多帝国的建筑一样，它为随后时期的所有印度王公设立了标准。

但沙·贾汉并不满足于为印度设立风格，他还梦想实现莫卧儿的夙愿：光复撒马尔罕。作为一个聪明的外交家和伟大的武士，当他发动攻打乌兹别克人——他和波斯人的共同敌人——的大西北战役时，他能再次从波斯人手中夺回坎大哈，同时还能让他们作为他的盟友护卫在他的侧翼。在这次战役期间，沙·贾汉的儿子奥朗则布（Aurangzeb）亲王征服了远方的城市巴尔克（Balkh），但随后被迫撤退，而且发现自己无法从波斯人手中夺回坎大哈。其时，当波斯人发现莫卧儿人的重大努力无法取得成功时，他们就迅速攫取了坎大哈。坎大哈永远失去了，而撒马尔罕也没有光复。

这给了奥朗则布一个很好的教训。他一登上王位，就把他的注意力转向了南方，放弃了所有不切实际的北进野心。按照惯例，他反叛了他的父亲。他囚禁了他，并着手为征服政策设定新方向。在发动徒劳无功的西北战役前，他就已经是德干的副王。他一旦大权在握，就力图效仿穆罕默德·图格卢克，把南北印度统一到他的治下。

奥朗则布与希瓦吉：为南方而斗争

奥朗则布与阿克巴形成了鲜明对照。他将阿克巴的帝国扩张至极点，但又在这个过程中毁灭了这个帝国。在奥朗则布 50 年的统治期间（1658—1707 年），莫卧儿帝国扩张得如此厉害，以至于几乎不能再对它进行统治。他征服了德干上的苏丹国家，这些苏丹国是巴马尼（Ba-hmani）苏丹们的巨大王国的后继国家。尽管它们之间争战不已，这些国家还是显示出了足够的团结，从而能够在决定性的 1565 年塔里库塔（Talikota）战役中击败维查耶那加尔的军队。一个世纪后，它们就再也抵御不住奥朗则布了。

在征服这些南方国家之后，奥朗则布试图将这些国家的统治阶级整合进他的帝国精英集团。如果将奥朗则布统治前 20 年间这一精英集团的最高等级（mansab）与他统治后 30 年间的同一精英集团的最高等级进行比较，我们就会发现一种明确无误的结构变化。在第一个时期，有 191 位军官拥有从 2000 至 7000 的等级；其中只有 32 位来自德干，而 110 位属于从前就已经在帝国军队中服役的家庭。在第二个时期，这些拥有最高等级的军官数增加到了 270 位；其中 95 位来自德干，只有 129 位是来自在较早时代就已经服役的家庭。如果我们只考察 7000 等级的最高等军官，这种结构变化就显得更加醒目。在第一个时期仅有 6 位这样的军官，其中 1 位属于德干；在第二个时期有 14 位这样的军官，其中 9 位属于德干。在他极力取悦德干精英的过程中，奥朗则布在那里建立了一种有些头重脚轻的制度。在北方，2000 等级以上的官职数与 5000 等级以上的官职数的比例是 8∶1，而在德干这个比例却是 3∶1。这是对这种制度的彻底颠倒。不仅如此，这种头重脚轻的结构的财政基础是不稳固的。相比较而言，新征服的德干地区比北方肥沃平原提供的税收要少得多。因此，精英集团的扩大并未伴有资源的增加。

这样，在南方采用的措施在北方也产生了反响。距离的遥远使治理这个已经过分扩张了的帝国变得越来越困难。因此，奥朗则布再次效仿了穆罕默德·图格卢克：他将他的都城迁到德干北部的奥兰加巴德，离图格卢克的道拉塔巴德（Daula-tabad）仅有数英里之遥。他坚信他的权威在北方不会受到挑战，因而待在南方，以控制他的最可怕的对手——马拉塔人（Marathas）。

当奥朗则布把他的注意力转向南方时，马拉塔人已经找到了一个在勇气和沉着方面堪与巴伯尔相比的领袖：希瓦吉（Shivaji）。与统率着庞大而笨拙的军队的奥朗则布相比，作为一名轻捷的骑士和神射手的巴伯尔大概更能与希瓦吉旗鼓相当。自巴伯尔时期以来，莫卧儿军队已经大大改变了它的性质。它由数千头大象、多得令人生畏的大炮、庞大的骑兵队和一大群食客组成。对这样一支军队来说，后勤是一个大问题。他们的供给线很容易就能被轻骑兵部队的游击战和奇袭切断。希瓦吉在这类游击战术和迅捷骑兵战方面是行家里手；他还在德干西部的台地上修建了一系列碉堡据点——那里陡峭的山坡特别适合这样的目的。凭借这些据点，他可以四处劫掠，而且可以不受惩罚地逃走。甚至当他洗劫苏拉特这个莫卧儿帝国的主要港口时，他依然能够携带着丰富的战利品扬长而去。

作为一名军官，希瓦吉的父亲沙吉·彭斯拉（Shahji Bhonsle）为许多主人服务过。他是从为艾哈迈德纳加尔苏丹服务开始其军旅生涯的，然后为莫卧儿王朝服务过一段时间，之后又返回艾哈迈德纳加尔，最后终其一生在比贾普尔（Bijapur）军中服役。在这个时期的大部分时间里，他在浦那拥有一块采邑。希瓦吉正是在这里长大的。浦那位于艾哈迈德纳加尔（为沙·贾汉所夺取）和比贾普尔（只是在希瓦吉死后才为奥朗则布所夺取）的中间。各种敌对的势力在这块边境地带彼此制衡，这也是希瓦吉为什么能够在这里建立他自己的根据地并挑战大莫卧儿皇帝和苏丹的原因所在。

奥朗则布只是在 1664 年的苏拉特洗劫之后才注意到希瓦吉，并派了一支大军去制伏他。面对这个超级强权，希瓦吉不得不接受奥朗则布的条件。他将他山中的几处要塞交了出来，并到奥朗则布的宫廷（当时仍在德里）向他致敬。奥朗则布封了他一个低级职位（500 曼萨卜），希望通过这种方式收买他。但希瓦吉躲藏在筐子里，逃出了德里；回到浦那后，他巩固了自己对农村的控制。

他不得不暂时停止了劫掠；取而代之的，是推行一种严苛的地税制度。农民们被迫将他们产出的一半送到政府的仓库，而待出售后，这些产品会给政府带来一笔可观的收入。不过，农民们也能从政府那里获得乡村信贷以提高他们的产量，而这又会提高他们交纳更多赋税的能力。凭借着这种良好的资源基础，希瓦吉再次扩大了他的军事追求。1674年，他举行了一场隆重的加冕庆典，而加冕庆典上使用的仪式是完全适合于一位印度教国王的。他有意识地强调了他的军事冒险的宗教方面，宣称这是为印度教徒而进行的反对穆斯林统治的斗争。

奥朗则布放弃了先辈们的宽容政策，对印度教徒重新征收惹人愤恨的"吉兹亚"（人头税），从而加剧了这种宗教对抗。实际上，奥朗则布从未停止过与印度教王公的政治合作，也没有用他的剑来传播他的信仰。另一方面，希瓦吉也不介意有一个穆斯林盟友，他接受了高尔康达苏丹对他在南印度的战役的支持。在那里，希瓦吉的父亲在坦焦尔拥有一处采邑，他宣称这是他有权继承的遗产。但一般而言，奥朗则布和希瓦吉分别被看成伊斯兰教和印度教的领袖，而他们的冲突有助于印证这一事实。当希瓦吉于1680年去世时，他的雄心仍尚未实现；如果他能活下去的话，他肯定会通过牺牲高尔康达和比贾普尔来扩展他的势力。最终，征服这些苏丹国的事业留给了奥朗则布。

在希瓦吉去世那年，奥朗则布受到了他的儿子阿克巴的挑战。阿克巴不但没有按照奥朗则布的安排与叛乱的拉其普特人作战，反而逃往南方，与希瓦吉的儿子和继承人萨姆巴吉（Sambhaji）联起手来。阿克巴想在拉其普特人和马拉塔人的帮助下废黜奥朗则布，以恢复那位与他同名的伟大人物的宽容政策。但是这证明只是一场白日梦。奥朗则布打败了阿克巴，并将萨姆巴吉折磨致死；然后，他扩大了他的南方战役的范围，吞并了高尔康达和比贾普尔。就是在这个阶段，他把奥兰加巴德变成了他的首都。萨姆巴吉的儿子沙胡吉（Shahuji）作为人质生活在奥朗则布的宫廷中。他在这位大莫卧儿皇帝的阴影下成长为一个文质彬彬的朝臣。但是稍后，正是在他的指导下出现了一些伟大的领袖，他们为莫卧儿帝国画上了终止符。

1707年，奥朗则布在89岁高龄时去世。他的不起眼的坟墓位于邻近奥兰加巴德的一条道路的旁边。与他的先辈们形成鲜明对照的是，他远离一切炫耀和浮华

——正如他活着的时候过着简朴的生活一样，他只想在死后能在露天中休憩。但是，他终其一生进行的野心勃勃的军事战役却与简单和低廉相距甚远。从阿克巴继位到奥朗则布继位的一个世纪里，印度曾经历了一个相对和平与繁荣的时期。贸易得到扩大，城市中心随之到处涌现。农业基础强大得足以支持宫廷、军队和整个行政机构。当然，农村和城市中心之间的联系是一条单行道：农民不得不交出他们的剩余，但却没有得到什么回报，即便在文化方面也是如此，因为他们的宗教价值体系和观念不同于他们的最高统治者。莫卧儿文化只是一种城市现象，但在这个限度内，它却获得了相当的繁荣。乌尔都语最初只是流行于莫卧儿王朝军营中的一种混合语，现在却成为文明的书面交流中的一个极具变通性的要素。它吸收了世俗精英钟爱的波斯语的要素、伊斯兰学者研究的阿拉伯语的要素和人民的语言——印地语的要素。音乐、诗歌和美术的发展都处在巅峰时期。反对莫卧儿政权的叛乱屈指可数。大莫卧儿皇帝们深谙如何把地方和地区精英纳入他们体系当中之道。前政权的附庸、部落酋长和村庄头领以及小王公们，统统被作为地主（柴明达尔［zamindars］）得到承认。只要他们向莫卧儿王朝纳贡，他们就能保留他们的权利和特权。

托马尔—拉其普特人统治者曼·辛格建立的瓜廖尔城堡，约建于公元1500年，后来被莫卧儿人和马拉塔人占有（赫尔曼·库尔克提供）。

在奥朗则布治下，赋税的索取变得日益具有压迫性，从而出现了越来越多的起义。这些起义经常是由那些率领着他们的扈从和农民对抗莫卧儿政府官员们的柴明达尔领导的。最初，这些起义只是一些孤立的事件，然而，随着时间的推移，一个基础比较广泛的联合出现了。像查特人（Jats）之间的那种亲缘关系，或是像把锡克人（Sikhs）联结在一起的那种宗教团结，或是像马拉塔人中间的那种准民族主义感情——所有这些作为共同纽带都在反叛精神中增添了内聚力。

这些反对莫卧儿政府的起义由于轻型火器的扩散而得到了很大推动。现在，这些武器到处都能买到和制造。在巴伯尔把这些武器引进印度后，它们受到了印度统治者们的极大欢迎。据说舍尔·沙在他的军队中拥有2.5万名火绳枪手（toofangchis）。虽然铸造一门大炮是一件十分复杂和破费的事，但即便是农村的铁匠也能学会制造小型火器：即便是一个农民，他也能成功地用它们进行射击。大莫卧儿皇帝们公开禁止在乡村制造火器，因为他们担心它们会被用来反对政府。莫卧儿国家的农业基础越是受到沉重赋税的侵蚀，农民们就越是频繁地夺取他们的火器，进行顽强的抵抗。对莫卧儿王朝来说，一群群到处游荡的武装农民和马拉塔人的轻骑兵具有同样的威胁。莫卧儿政府无法动用它那笨重的军队来有效地镇压这种骚乱。

奥朗则布的后继者本需成为另一个阿克巴，以应付这种局面和安抚人民。但是，奥朗则布的儿子阿克巴尽管已着手这样做，但却逃往了波斯，并在流亡中死去。是奥朗则布的长子穆阿扎姆（Muazzam）在63岁时承袭了王位。他以巴哈杜尔·沙（Bahadur Shah）的名义仅仅统治了五年：他未能阻止帝国的解体。为了不遗余力地与拉其普特人和马拉塔人达成妥协，他册封希瓦吉的孙子沙胡（Shahu）为萨塔拉（Satara）之王。然而，他并未能以此平息对莫卧儿统治的反抗；甚至无意中还激化了这种抵抗。

沙胡任命了一位能干的大臣（peshwa）——吉特巴万（Chitpavan）婆罗门巴拉吉·维什瓦纳特（Balaji Vishwanath）。他向内部纷争不断的马拉塔人灌输了某种合作精神，把马拉塔国家置于一个恰当的基地之上。巴拉吉的儿子巴吉·拉奥（Baji Rao）在 19 岁时承袭了他父亲的职位，而且从 1720 至 1740 年间一直占据这个高位。他证明自己是一位与巴伯尔和希瓦吉不相上下的大胆武士和杰出战略家。在经历了一些最初的内斗后，他打败了马拉塔军队的司令官（senapati），成为马拉塔人的最高政治和军事首领。萨塔拉的沙胡及其继承人受到佩什瓦（Peshwa）王朝的支配，该王朝就像日本的幕府将军那样统治着这个国家，君主只保有礼仪职能。巴吉·拉奥率领他的骑兵突入德里。他是在一次奇袭中攻占这座城市的，但仅仅几天后，他就离开了这座城市。这首次表明了这个事实：马拉塔人尽管能够摧毁莫卧儿帝国，但却无法独力控制这个帝国。

巴吉·拉奥不仅勇气绝伦，他还很聪明，精于算计。他从不涉险。这就是他为什么迅速夺取并同样迅速离开德里的原因。他占据这座帝国首都只是为了显示自己的力量；当他从那里撤走后，他就增强了他在德里以南的印度北部和西部地区的地位。这使得他的将军辛迪亚（Scindia）、霍尔卡（Holkar）和盖克瓦（Gaekwar）能够在后来成为瓜廖尔（Gwalior）、印多尔（Indore）和巴罗达（Baroda）的大王。巴吉·拉奥与莫卧儿帝国的首相（vezir）尼扎姆—乌尔—穆尔克（Nizam－ul－Mulk）——他是一位政治家，有时是这个帝国的最大叛乱者，而在其他时候又是它的最后一位伟大的支持者——有着一种十分特殊的关系。最初，这两个人相互憎恨；最终，他们又彼此越来越敬仰对方。巴吉·拉奥曾数次包围这位首相的军队，但只是从他那里索取赎金和领土，而不是争取某种空洞的胜利。在这种谈判中，这位年长的维吉尔（vezir）和这位年轻的佩什瓦彼此很好地了解了对方。参照沙胡在屈居莫卧儿宫廷时得来的意见，巴吉·拉奥视尼扎姆—乌尔—穆尔克为印度政治棋局中最重要的人物。维吉尔也对巴吉·拉奥持有相同的看法。

携起手来，这两个人本可以阻止纳迪尔·沙（Nadir Shah）1739 年从波斯对印度的入侵和对德里的洗劫。联合起来，他们本可以阻止他掠走大莫卧儿皇帝们的孔雀宝座和其他许多珍宝。但是，恰恰在那个时候，这位维吉尔选择动员他的全部军队对巴吉·拉奥开战，从而使得北印度对纳迪尔·沙的入侵门户洞开。巴吉·拉奥在这次相逢中获胜，维吉尔不得不把帝国德里以南的大部分领土割让给他。在纳迪尔·沙战役和巴吉·拉奥的胜利之后，莫卧儿帝国就所剩无多了。仅仅几年之后，维吉尔本人就率先启动了这个帝国的最后瓦解。他离开德里，定居于海德拉巴得（Hyderabad）。在那里，他建立了他自己的王朝。他的后继者们，即海德拉巴得的尼扎姆们（Nizams），变成了英国在印度的最重要盟友，从而得以把他们的统治延续到20世纪。另一方面，佩什瓦们却因为对抗英国人而被消灭了。

印度的陆权与欧洲的海权

当巴伯尔开始入侵印度和他的王朝在这里建立了亚洲最大的陆上强国之时，葡萄牙的海上力量已经控制了印度洋。莫卧儿人坚守在陆地上，从未考虑过建立一支海军以显示他们的伟大力量。即便是运送朝圣者穿越阿拉伯海的莫卧儿船只，也要依赖葡萄牙人的保护。

大莫卧儿皇帝这种对海洋的冷漠与埃及统治者们对海洋的关注形成了鲜明对照，后者派遣了好几支舰队前往阿拉伯海以打破葡萄牙人的钳制。这种政策上的差异可归于以下事实：埃及统治者在遭到基督教十字军的挑战后采取了一种能使他们控制红海贸易路线的保护主义政策；这种贸易已经变成了一种国家垄断，它给政府带来了一笔可观的收入。

另一方面，莫卧儿政权却并不依赖对贸易的控制，而是依赖于征收土地税。对此而言，贵金属的流入很重要，因为印度没有银矿，并且只有少量金矿。这样，印度的货币金属就必须从国外获取。因此，大莫卧儿皇帝们对国际贸易兴趣非常浓厚，但是，只要贵金属的流入未被打断，他们就完全无须顾虑从事这种贸易的民族和国家。欧洲的海上力量没有打断这种流入；相反，他们对此做出了很大贡献。只有印度沿海的区区地方统治者们由于自己对贸易感兴趣，才有理由抱怨欧洲人。这样的统治者也对埃及的海上干预抱以同情。不过，除了1508年古吉拉特和埃及联军对葡萄牙人取得了一场决定性胜利外，这些干预并没有产生什么效果。在一个多世纪里，葡萄牙人一直是印度洋的主宰，将许多珍贵的船货运回了里斯本。

16世纪初，葡萄牙人对印度洋海权的攫取进展得异常迅速。他们得益于这样一个事实，即早在15世纪他们就已开辟了大西洋上的海洋航线，并在航海与寻找黄金和胡椒方面获得了很高的技巧。他们的小国遭受了时疫的打击，他们还经受着几乎缺少一切物资的痛苦；对于到海外寻求财富和权力他们是孤注一掷，这就导致了他们的巨大成功。然而，这也意味着他们这个弹丸之国对于一个全球性的海上帝国来说是一个相当脆弱的基地。他们完全依赖那个帝国的财富，从而也依赖他们无法控制的环境。

15世纪与16世纪之交对葡萄牙人来说是一个异常幸运的时期。土耳其帝国日益加强对东地中海的控制，从而陷入与威尼斯的冲突，后者对通往埃及和黎凡特（Levant）的海上路线施行了一套严密的控制制度。1499年土耳其和威尼斯之间的战争扰乱了欧洲的香料贸易；与此同时，葡萄牙舰队第一次从印度返回。这支舰队的司令瓦斯科·达伽马（Vasco da Gama）就这样取得了成功：他运回的胡椒卖了一个好价钱。

葡萄牙国王很快就对胡椒贸易实行了王室垄断，就像早先他攫取了他的探险家们带回的非洲黄金一样。通过对比葡萄牙的1506年与1518年预算，我们可以看出这个国家财政结构的显著变化。非洲黄金在这两年的产量是相同的（12万克鲁扎多），但从胡椒垄断中获得的收入从1506年的13.5万克鲁扎多增加到30万克鲁扎多（1克鲁扎多＝3.6克黄金）。同时，这个国家总的经济形势看来也出现了好转：来自课税的收入从17.3万提高到24.5万克鲁扎多，而里斯本港的关税也从2.4万增加到4万克鲁扎多。但是，胡椒垄断无疑使其他所有收入来源相形见绌。所以，葡萄牙国王才会平均每年将5万克鲁扎多输往印度。在地中海，要购买同样数量的胡椒，欧洲人得花费大约10倍于此的价钱。实际上，这位国王的军官们只把这5万克鲁扎多中的一半用来购买香料，其余一半是投资于用来保护这种贸易的海军和军事设施。从胡椒垄断中获得的巨额利润使这种投资看起来相当有限。

1498 年，对胡椒的寻求最初把瓦斯科·达伽马带到了卡利卡特（Calicut），因为扎莫林（Zamorin）（"沙摩陀罗王"[Samudra Raja]"海洋之王"）的这个港口经常受到途经红海向埃及运送胡椒的阿拉伯商人的光顾。扎莫林是一名印度教徒，但他与阿拉伯商人相处融洽，因而拒绝了瓦斯科·达伽马提出的驱逐他们的要求。当 1500 年皮德罗·加布拉尔（Pedro Cabral）率领一支庞大的葡萄牙舰队抵达印度后，他发现控制了卡利卡特以南约 100 英里处的一个港口的科钦王（Raja ofCochin）是一个更好的合作伙伴。这位王公是扎莫林的竞争者，将葡萄牙人作为盟友加以欢迎。不仅如此，他的港口有一个巨大的天然港湾与通向胡椒产地的河流相连。1505 年，科钦成为葡属东印度公司（Es — tado da Inida）的中心。然而，它很快被葡萄牙人在 1511 年夺取的果阿（Goa）所超越。1535 年，果阿成为葡萄牙在印度的新中心。葡萄牙又在达曼（Daman）与迪乌（Diu）修建了能控制古吉拉特坎贝湾的据点。他们在霍尔木兹控制了波斯湾，在马六甲他们控制了通过海峡的贸易。位于蒙巴萨（Mombasa）的耶稣堡（Fort Jesus）则是他们在非洲海岸的基地。这样，对印度洋贸易的武装控制对葡萄牙人来说就变得相对容易了。当他们进入这个大洋的时候，他们发现了一个繁荣、但未受保护的自由贸易体系。除了偶尔出现的携带着相当原始的武器的海盗，在这片海域没有谁将武力控制贸易当成他的职业。那些控制着印度洋周围港口的小统治者们从未尝试使用武力，因为他们知道贸易可以很容易地转到一个比较友好的港口。由于这个原因，他们在考虑征收关税和其他相似收费时也不得不适可而止。

尽管享有所有这些灵活性，这里的自由贸易体制还是相当脆弱。印度洋贸易并不限于奢侈品。如果交通受到阻断，一个人是可以轻易放弃这些东西的。当然，黄金和象牙、珍贵的纺织品和香料确实在这种贸易中发挥了重要作用。不过，存在着一种精细的劳动分工，在这一过程中，一些港口变得完全依赖长距离的谷物运输。葡萄牙人非常吃惊地注意到，在马林迪（Malindi，在东非海岸）和霍尔木兹，这些港口是由遥远的古吉拉特来供应稻谷和其他物产的。由于在这个自由贸易体系内没有关税和其他保护费扭曲价格水平，这里的所有东西都比受到埃及和威尼斯人严格垄断的地中海市场便宜。葡萄牙人将地中海的做法搬到了印度洋。他们是敏锐的观察者，很快就攫取了他们能够从那里控制庞大的亚洲海上贸易网络的战略据点。他们的前哨要塞充当了海关。亚洲商人们不得不从那里取得一封保护信（cartazes），这些保护信可以使他们在公海上免受葡萄牙人的袭击和洗劫。

汤姆·皮耶斯（Tome Pires），《东方志》（Suma Oriental）一书的作者和后来派往中国的第一任葡萄牙公使，早在 1512 年就注意到：谁控制了马六甲，谁就扼住了威尼斯的咽喉。在 16 世纪早期，葡萄牙人实际上已经成功地抑制了威尼斯的贸易，尽管他们从未能够彻底阻塞这条贸易通道。对王室的胡椒垄断来说，扼紧威尼斯的胡椒供应就足够了。威尼斯继续通过红海和黎凡特获得胡椒供应。这维持了价格水平，确保了高利润。葡萄牙国王从未打算像威尼斯人最初怀疑的那样以低于威尼斯人的价格出售（胡椒）。他在强迫他的印度供应商低价出售他们的胡椒的同时，又把他的出售价格调整到威尼斯人的水平。对王室垄断者来说，这是一套理想的体制：在印度以便宜的固定价格购买胡椒，在欧洲则以固定高价售出。这种制度一旦建立，就非常适合转包制——结果既让国王免于麻烦，又给他带来了可靠的收入。私商凭借国王租约也可以介入这种贸易。这多少会减少国王的利润，但也把航海的全部风险转移到了私人投资者身上。这种安排在 16 世纪下半期是最盛行的，那时威尼斯的商业在地中海重新复兴，葡萄牙国王把他的胡椒垄断贸易视为一种能够抵押给最高出价者的货币资产。实际上，"印度事务局"（"Casa da India"）——王室垄断管理机构——在 1560 年就破产了，因为国王使用这种方法抵押其资产实在过于任意了。

对葡萄牙国王来说变得同胡椒垄断一样重要的另一个收入来源，就是出售印度洋各要塞的舰长和关税征收员的职位。1534 年，土耳其人已经到达巴士拉（Basra），从而得以控制从波斯湾到地中海的整条大篷车商路。于是他们成为威尼斯的商业伙伴，就像先前埃及的马穆鲁克们（Mameluks）曾经做过的那样。现在，葡萄牙人没有去扼紧威尼斯人的咽喉，反而更愿意在霍尔木兹和其他地方征收关税。征收关税的官员职位被国王以很短的时间间隔拍卖，通常是三年。这又是一种货币资产，可以坐收其成而无须承担风险。这样，国王就成为一个坐食其利者，而非王室企业主。在西班牙的菲利普二世（Philip Ⅱ）于1580年继承了葡萄牙王位后，这种趋势越发加强了。在承袭葡萄牙王位后，他在里斯本度过了一段时日，本可以重振葡萄牙海上帝国的。但是，他很快就回到了西班牙，将葡萄牙王室的货币资产用来填充由于连续破产而经常被掏空的西班牙金库。他强迫他的债权人——其中就有德国商业银行家富格尔（Fugger）和维尔瑟（Welser）——按照他提出的条件接手胡椒垄断贸易。对他来说，理想的解决方式就是让他们接管进口垄断和全部销售，同时将一个总计达到进口价值约两倍的份额作为年金交给他。但在菲利普最终破产和去世后不久，胡椒垄断就变得几近分文不值了，因为来自地中海的船只能够以更低的价格把胡椒运到里斯本。在这个阶段，只有葡萄牙在印度洋四周的商站的海关还能获得一笔不错的收入，而胡椒贸易已再次转入了地中海商人的手中。然而，这个地中海贸易复兴的过渡时期是很短暂的：17世纪初荷兰就像100年前葡萄牙人所做的一样，以一种令人目眩的速度侵入了印度洋。

对印度的陆上强权来说，欧洲海上强权在印度洋的出现在政治上还是无足轻重的。海上强权对印度统治者事务的干预只具有很小的重要性。古吉拉特苏丹在被胡马雍击败后寻求葡萄牙人帮助的案例，只是一个孤立事件。自从阿克巴于1574年再次征服古吉拉特并将其并入莫卧儿帝国后，葡萄牙人的干预就再没有出现了：当阿克巴驱逐他们时，葡萄牙人甚至不得不离开他们在胡格利（Hugli）的商站。阿克巴没有采取进一步的行动反对他们，尽管他确实曾给波斯的沙·阿巴思——他怀疑阿克巴的伊斯兰信仰——修书，声称他们应该联手反对葡萄牙异教徒。

作为商人，葡萄牙人一般还是得到了印度统治者的优待，后者授予他们其他商人享有的同样权利，但却不喜欢他们的垄断做法。因此，欧洲竞争者在印度洋各港口上的出现也受到了欢迎，因为这些新来者可以用来制衡葡萄牙人。印度统治者们过低地估计了他们干预陆上强国事务的潜能：葡萄牙人一个世纪的经验似乎业已表明，欧洲人专注于海洋，因而不会在陆上大有作为。事实上，对这个国家腹地的军事远征无论如何都是绝不可能的，因为季风只能在一年的几个月内将船只带到印度海岸；这样，（海上）补给线就会被大自然本身迅速切断。确实，只是到了后来，当欧洲人依靠用他们的船只运到印度的货币来招募和训练印度雇佣兵时，他们的干预潜力才得到了突飞猛进的提高。

葡萄牙人仍旧满足于在沿海的据点，从未效法他们不幸的年轻国王塞巴斯蒂安（Sebastian）的榜样，对印度腹地进行大胆远征。这位国王曾在摩洛哥进行大胆远征，也因此于 1578 年在卡斯拉尔—卡比尔（Kasr-al-Kabir）的战场上丧生。看来，葡萄牙的未来也随着塞巴斯蒂安一同死在了那个战场上。葡萄牙人统治海洋的伟大动力消逝了；他们现在只是死守着他们已经获得的东西。

荷兰和英国海权的兴起

几乎就在葡萄牙人的前途变得黯淡的同时，荷兰人的前途却在十分不利的环境里开始显现出来。荷兰七省的联合是在 1579 年完成的。就在他们反对他们的西班牙最高统治者——后者那时还统治着葡萄牙——的独立斗争中，荷兰人却敢以如此大的规模入侵印度洋，以至先前葡萄牙人的成就与他们的成功相比就显得不足为道了。几个有利的前提条件可以解释荷兰人的这种成功。荷兰有着良好的教育体制，在科学和技术上已经取得了很大进展。这使得他们能够从葡萄牙人那里获取航海知识，并在很多方面对其加以改进。尽管后来证明他们对自己的航海知识守口如瓶，但他们却是从各种来源收集信息的行家里手。他们也已经拥有一支从事波罗的海贸易的巨大商船队；一旦他们决定远航印度，他们就可以利用这支船队。与波罗的海的联系还使得他们可以获得足够的木材来造船，从而保证了他们永远不会面临在 16世纪晚期曾严重损害了威尼斯航运的那种（木材）短缺。

在荷兰海岸，造船是如此便宜和快速，以至于他们的建造方法差不多预示了20世纪亨利·福特的装配线所使用的那种方法。标准的船型是北欧小商船（fluyt）——这是一种航速较慢的船，但易于控制，便宜且耐用，而且有巨大的载货空间。荷兰人都喜欢投资船运；甚至连工匠们都用他们的小额储蓄购买少量的船只股份。风险通过这种方式被分散了，一条船的损失可以通过另一条船的成功返航来补偿。依靠这种大众投资模式，成立于1602年的荷兰东印度公司能够立即向印度洋派出大量船只。事实上，这个公司的成立不是因为它在为此类航运筹集资金方面遇到了困难，而是为了预防毁灭性的竞争。与葡萄牙的情形不同，政府没有插手这桩生意，而且授予公司的垄断也只限于香料而已。还有，一旦货船抵达了阿姆斯特丹，垄断控制就停止了，货品将自由拍卖给出价最高的竞买者。当然，这些拍卖有时并不像人们想象得那样自由。如果价格由于市场上供应过剩而出现了下跌的势头，公司就会储存和囤积船货。此外，还存在着达成秘密交易的各种方式和手段。不过，一般说来，这些拍卖为市场应该如何运作提供了一个好的思路，它们也有助于引入新的商品，如不受任何垄断控制的纺织品。

在伦敦，东印度公司创建于1600年，比荷属东印度公司早了两年，它也是在大致相同的规则下（包括通过拍卖的方式销售）进行经营的。建立那个公司的最初情由是因为缺少可用于这种冒险的越洋贸易的风险资本。由个体商人认购的联合股份最初仅限于单个航班的投资，只是当用于维持前沿哨所等的经常性费用增长后，联合股份才变成永久性的了。

在整个17世纪，英国东印度公司的经营规模远远小于它的荷兰对手。尽管如此，荷兰人还是非常担心英国的竞争，因而总是不遗余力地加以防备。在反对西班牙人和葡萄牙人对海洋的支配时，荷兰人强调了海上自由原则。他们最伟大的法学泰斗雨果·格劳修斯（HugoGrotius）曾在1609年出版了他的名著——《公海》（Mare Liberum），但仅仅数年后，他就被派往伦敦去捍卫荷兰人单独控制印度尼西亚的香料群岛的主张。他争辩说，荷兰人不得不拒绝其他所有强国染指这些群岛，因为只有这样，荷兰才能为他们提供的保护获得补偿。

虽然荷兰人从很早的时候起就警惕地捍卫他们对印度尼西亚领土的控制，但是在印度他们却没有显示这样的野心。这可能归因于这样一个事实：他们在印度购买纺织品的数量不断增加，而这些纺织品并没有受到某种垄断的限制。对荷兰人变得越来越重要的纺织品贸易，并不需要武力占领生产地这样的控制方法。在这件事情中，更重要的是借助信贷和预付款拴住生产者与中间人，以及组织生产海外消费者喜爱的样式的纺织品。

东印度公司的商栈，无论是荷兰的还是英国的，当它们去适应纺织品贸易时，都经历了巨大的结构变迁。最初，这些商栈只是被用于为每年的航运储存货物；然而，在某个时候，随着它们职能的增多，如下订单、分配样品、发出并监督信贷等，它们就成为其影响深入该国腹地的中心了。在印度东海岸拥有许多商栈的荷兰人，也出现在高尔康达苏丹的宫廷：高尔康达王国对他们来说是一个重要的纺织品来源。英国人多少有些追随先行者荷兰人的脚步；由于他们无法进入香料群岛，他们就日益专注于印度和纺织品贸易。尽管如此，在整个 17 世纪，他们甚至在这个领域也还是落后于荷兰人。

国际海洋贸易革命

西欧的各东印度公司入侵印度洋，引发了葡萄牙人从未实现的一场国际贸易革命。地中海上的商品流向被彻底扭转了。黎凡特贸易在其 16 世纪晚期的复兴（这意味着载满香料的船只全部是从那里开往里斯本的）结束后，经历了一场突如而来的衰落。现在是西欧的船只为黎凡特各个港口供应此类商品，而仅仅几年以前这些商品还是从这里运往西方的。威尼斯经历了同样的衰落，很快沦为意大利的一个地区性港口。亚洲的海上贸易没有像地中海贸易那样立即受到这场贸易革命的影响。有印度大船东每年向阿拉伯和波斯湾各港口发送如此众多的船只，以至在那个时候，这些船在数量上很容易就能超过印度洋上的全部欧洲船只。欧洲人既与那些商人竞争，也依赖他们作为中间人和货币兑换商所提供的协助。有时，他们甚至从他们那里借入巨额货币。欧洲对出口商品的需求扩大了贸易数量和价值，一些印度商人因此而积聚了巨额财富。那些自己没有船只的商人经常将他们货物的海上运输委托给欧洲人。荷兰人是欧洲最大的船运代理商，现在也为亚洲商人提供他们的服务。他们的船只坚固，武器装备也很精良，能够抵御无处不在的海盗。实际上，当个体"企业家们"迅速学会了他们的航海和商业课程时，印度洋上欧洲人的海盗行动也增加了。并非所有的欧洲不法商人都是海盗，他们中的一些人只是依靠"乡下贸易"（"coun-try trade"）——这是人们对亚洲内部贸易的称呼——谋生。英国的私商在这个领域非常活跃，尽管东印度公司正式谴责这些"不法商人"（"inter-loper"）的活动——这些私商跨越亚洲海域，毫不尊重国王特许状授予的垄断权利，然而在他们和公司之间却形成了一种共生关系。东印度公司专营洲际贸易，而这些"乡下贸易商"则同公司的职员们做生意。他们可以利用公司提供的基础设施和保护网络，却不用对其维护有所贡献。这给他们的亚洲内部贸易带来了相当的优势，而公司则出色地专注于经营洲际贸易，而把"乡下贸易"留给了他人。

这种专业化是由英国东印度公司的一个典型特征促成的。与拥有一支庞大船队的荷兰公司不同，英国公司在经历了最初的试验阶段后，放弃了建造和拥有属于自己的船队的政策；取而代之的，是采用从私人船主手中租赁船只的方法。贸易量的波动因而能够通过减少租赁船的数量来轻松应对，而维持货船的风险就得由私人船东来承担了。这些船主竭力通过向公司提供更好和更快的船来招揽生意。他们可以向租借这种船只的客户索取高额运费。这些专用的和昂贵的船只十分适于洲际航运，但如果把它们运用于"乡下贸易"，就会是一种金钱的浪费，因为它们的运费太高，而它们的速度对亚洲港口间的贸易又没有很大用处。只有当这种船错过了季风因而被迫停留在亚洲海域中的时候，某个船东才会试图通过安排一趟亚洲内部航运来减少他的损失。然而，一般说来，公司是坚决要求严格遵守为洲际交通制定的时间表的。这些昂贵和装备精良的洲际航船的船长大概是他们那个时代薪水最高的雇员了。他们还享有携带一些属于他们自己的珍贵物品上船的特权，这在他们的薪水之外又给他们带来了一笔可观的利润。许多船长还持有他们驾驶的航船的股份。因此，对聪明和富有进取心的人来说，这是一种富有吸引力的职业。英国的航海精英就是由这样的人组成的，他们对英国的海权贡献良多。以专业化和劳动分工为特色的英国体系比相当笨拙的荷兰等级体系灵活和高效得多，这就是为什么最终甚至连阿姆斯特丹人都要去购买英国东印度公司的股票，而不去购买荷属东印度公司的股票了。

西欧各东印度公司的迅速崛起发生在莫卧儿帝国依然强盛的时期。在德里看来，欧洲人似乎在亚洲扮演了相当边缘的角色。但到 17 世纪末，一些迹象显示，这些边缘角色具有极大的捣蛋性。1686 年，由于对大莫卧儿皇帝在海上的无能一清二楚，英国人发动了一场针对他的海上战争。他们在一段时间内成功地封锁了孟加拉和东南亚之间的繁荣的贸易。甚至连属于莫卧儿高官和大莫卧儿皇室成员的船只也被英国人俘获。受害者随即退出了这项贸易，他们可能将他们的货物委托给了荷兰或其他欧洲国家的商人，如果他们还冒险参与国际贸易的话。对英国东印度公司来说，这场结束于 1688 年的战争是毫无用处的：奥朗则布将他们从胡格利的商栈中赶走，他们只好到恒河更下游的地方定居。他们控制了一片颇不卫生也相当不便利的地域中的几个村庄，其中一个村庄就是加尔各答。没有谁会想到这个村庄注定会成为英属印度帝国的大都市。在 17 世纪晚期，马德拉斯和孟买变得更加重要得多。大莫卧儿皇帝的权力在孟加拉依然是无法撼动的，英国人好像也只是在那里实施了一些后卫战斗。

法国的雄心和衰微

另一个主要的欧洲强国注定要在 18 世纪的印度历史中扮演一个重要角色，但在 17 世纪晚期的印度背景下也依然是有些无足轻重。1664 年，一家法属东印度公司在精力充沛的财政大臣让·巴普斯蒂特·柯尔贝尔（Jean Baptiste Colbert）的鼓动下建立了起来。在这项冒险事业中，柯尔贝尔得到了国王路易十四（Louis XIV）的全力支持。柯尔贝尔热心地效仿荷兰人的先例，以合股的方式组织了法国公司。这种做法导致效率低下，因为这个公司是由政府组织的，而（在法国）不存在须纳入联合董事会的私人资本家，荷属东印度公司的董事会却是由来自该国各省的商人们组成的。柯尔贝尔不得不强迫这个王国内的达官显贵们为了这个目的而认购。他们这样做时都很不情愿：在国内投资要安全和有利可图得多。法国人卖官鬻爵的做法给所有有钱投资的人提供了荣誉和收入。所有资助法属东印度公司的人都只是为了取悦国王才这样做。国王确实龙颜大悦，而法国人的第一次远航就是按照王室的做派来组织的。

一位名为德·拉·艾厄（De la Haye）的法国副王率领一支由九条船组成的舰队出现在印度海岸，以展示其国王的力量。这件事发生在第三次英荷战争期间，因此，德·拉·艾厄期待英国人支持他反对在印度的荷兰人。但是，马德拉斯总督拒绝了他，说他的国王的战争与他无关，因为他只能服从他的公司董事们的命令。于是这位胆大的法国人力图单独对付荷兰人，但他惨遭失败，损失了他的全部船只，被荷兰人作为一名战俘遣送回欧洲。在经历了这次晦气后，法国东印度公司沉寂了一段时间。只是由于弗朗索瓦·马丁（Francois Martin）一个人的暗中努力，法国东印度公司才总算在印度获得了一个立足点。马丁于 1668 年到达印度，1706 年死于那里。在这些年中，他从未离开过这个国家。法国的本地治里殖民地是由这个独特人物创建的。他的见闻和阅历为 18 世纪那些野心勃勃地企图在印度建立一个法属帝国的法国人——其中包括足智多谋的杜普莱克斯（Dupleix）总督、勇敢的拉·波尔多内（La Bourdonnais）元帅和老练的比西（Bussy）将军——提供了指南。

法属东印度公司的商业成就远逊于那些伟大的法国人的帝国抱负。1685 年，柯尔贝尔的儿子和继承人德塞尼勒侯爵（Marquis deSeignelay）以更加法国化的方式重建了这个公司。董事会清一色是由高级政府官员组成的，他们得到保证，他们认交的资本能获得 10% 的红利。贸易是按照官僚主义的精确性来管理的。公司拥有 12

条船，其中 4 条每年从印度返回。在和平时期，这家公司还是可以获得一些利润的，尽管由于法国的重商主义政策它被排除在了获利丰厚的纺织品贸易之外。然而，欧洲战争经常中断这种贸易，从而把这家公司推到了破产的边缘。只是在伟大的金融奇才约翰·劳（John Law）于 1719 年合并了法属西印度公司和法属东印度公司之后，法国才跟上了那种将印度洋贸易和跨大西洋贸易连接起来的新国际贸易格局。新建的印度公司（Compagnie des Indes）就这样繁荣了起来，而且还吸引了先前阶段所缺乏的商人资本。

欧洲列强与江河日下的莫卧儿帝国

18 世纪的前 20 年，欧洲是许多战争的舞台：西班牙王位继承战争、北方战争和反对土耳其人的战争。相比之下，接下来的 20 年是相当和平的。英国在伟大的首相罗伯特·沃波尔（Robert Walpole）的领导下享受着繁荣和稳定，而在法国，枢机主教弗勒里（Cardinal Fleury）政权也造成了一种类似的氛围。因此，两大强国的代表们都享受了一段平静的时光。在此期间，他们可以专心致志地巩固他们各自在印度的基地。

同时，在印度本地，这是莫卧儿帝国瓦解的时期。巴吉·拉奥和纳迪尔·沙劫掠了德里，而在孟加拉，一位十分能干的莫卧儿总督穆尔希德·库利·汗（Murshid Quli Khan）像一位独立王公那样进行着统治。穆尔希德，一位皈依伊斯兰教的婆罗门，在效命于大莫卧儿皇帝期间曾有过一段短暂而辉煌的行政生涯。在德里衰落后，他随心所欲地干了很多事情。他在孟加拉修建了一处新都——穆尔希达巴德（Murshida-bad），吞并了比哈尔和奥里萨。他组织了一个高效的中央集权的政府，废除了许多莫卧儿人的采邑，并征收现金赋税。听起来可能有些荒诞，但确实是他为英国统治印度奠定了基础。如果没有他的高效率的行政体系和大笔现金税收，孟加拉对英国人将毫无用处。

当然，在穆尔希德还在世的时候，英国人在孟加拉依旧只是小角色，还要完全仰赖他的意志。1717 年，东印度公司曾被大莫卧儿皇帝赐予在孟加拉自由贸易和自由铸币的特权，但是就穆尔希德而言，这个恩赐是一个空头许诺。为了与他融洽相处，英国人不得不与穆尔希德的银行家，即被称为加贾特—舍特（Jagat Sheth，意为"世界商人"）的法特金德（Fatehchand）做生意。加贾特—舍特通过阻止英国人自由使用莫卧儿的造币厂而断了英国人的财路。他通过控制造币厂的使用和以他任意规定的价格买断白银而大发横财。但英国人明智的决定与他合作，而不是与他对抗。这样，通过对现有权力结构的巧妙利用，他们在孟加拉贸易中获得了一个关键位置。

在西印度，英国人的处境则相当不同。古吉拉特对国际贸易具有首屈一指的重要性，但是在那个省却没有一个穆尔希德·库利·汗，而莫卧儿帝国的解体立即就影响到了这个地区。苏拉特，这个帝国的大港口，在几十年内就丧失了它的重要性。许多商人从这个曾不可一世的帝国港口逃到了孟买。在那里，有英国人提供的保护使他们免遭莫卧儿人和马拉塔人的劫掠。孟买有一个天然良港，但是它和腹地的联系被西高止山阻断了，因而它比苏拉特远不适于国际贸易。尽管如此，印度商人宁愿要一个安全的港口，也不要一个人的生命与财产危如累卵的地方。1733 年穆罕默德·阿里（Muhammad Ali）之死已经使所有有关的人明白了这一点。

苏拉特这最后一位大商人的悲惨命运和他的孟加拉同辈加贾特—舍特的好运形成了鲜明对照。穆罕默德·阿里从他的祖父阿卜杜勒·加孚尔（Abdul Ghaffur）那里继承了一个真正的商业帝国。数十条船将他的货物运往阿拉伯海的各大港口。甚至连英国的孟买总督也妒羡他，因为他是一个强大的竞争者。为了防范他那个时代的风险，他在苏拉特附近为自己兴建了一个筑垒港口。苏拉特港的莫卧儿司令官对此并不高兴，但还是不得不隐忍不发，因为他欠穆罕默德·阿里许多钱。然而，他们最终还是闹翻了，于是这位莫卧儿司令官囚禁了穆罕默德·阿里。这位曾像一个王公那样生活的大商人惨死在这座莫卧儿监狱中。

在穆罕默德·阿里死去一年后，英国人组织了一次苏拉特港的封锁。他们并不介意会由此而丧失大莫卧儿皇帝赐予他们的特权。次年（1735年），掌握着莫卧儿人的那支小海军的埃塞俄比亚人袭击了苏拉特，掳走了所有正准备扬帆驶向红海的船只。他们宣称，他们这样做只是因为大莫卧儿皇帝没有付给他们应得的薪酬——因此，他们就绑架了这支他们本应予以保护的商船队。

在江河日下的莫卧儿帝国的混乱局势中，商人成为强盗和政府官员的共同的容易猎杀的目标。印度商人们编织起来的巨大贸易网络被撕得四分五裂。肩挑背扛的小商小贩们可以比较容易地躲过这种抢劫。但是大商人要发送大宗货物，在许多国家维持代理商，发放和收回贷款以及发出预订单——他对政治稳定的依赖是很大的。只要贸易网络没有被摧毁，政治稳定能够恢复，他就仍能在他的城镇遭到掠夺后劫后余生。

因此，希瓦吉1664年对苏拉特的洗劫就只是一个小插曲，很快就被人遗忘了。这座城市再度繁荣起来，它的海上贸易事实上在18世纪的前几十年中经历了它的最主要的扩张阶段。在1720至1729年间，每年大约有50艘船驶抵苏拉特：其中33艘属于印度商人。在这些印度船中，约有9艘来自红海，7艘来自马拉巴尔海岸，5艘来自孟加拉，其余的则来自其他各地。在前面描述过的1733年和1734年的严酷事件后，苏拉特的海上贸易减少了约50%。在1734到1738年的5年中，每年大约只有28条船驶抵苏拉特；18条属于印度商人。这些印度船中有6艘来自红海，1艘来自马拉巴尔海岸，3艘来自孟加拉。这种减少几乎影响到了各条路线，但与马拉巴尔海岸的联系看来受损最大。

贸易上的这种衰退是政治稳定遭到破坏的一个症候。在穆罕默德·阿里事件后寻求自保的单个印度商人无法从这种衰败中寻得救助；相反，他激起了那些他要防范的人的愤怒和贪婪。只有那些拥有武装商船和筑垒商栈的欧洲公司才能使它们自己与外界隔离开来——它们确实在这方面做得很好。不仅如此，它们还能够容易地把它们的经营地转移到看起来更有吸引力和更有利可图的地区。这样，英国与孟加拉的贸易在17世纪还相当有限，在18世纪就突然增加了。

英国与孟加拉贸易的繁荣始于 18 世纪的 20 年代。在那个年代的最初几年，英国人每年大约向孟加拉输送 15 万英镑；在（那个时代的）最后几年，总数就达到了约 25 万英镑。合计起来，在 18 世纪头 10 年大约有 200 万英镑转移到了孟加拉，但白银的这种大规模流入并没有导致通货膨胀。有几种原因造成了这种情况。首先，不仅是大商人，还有许多莫卧儿官员，把资金从孟加拉转移到了北印度。还有，日益扩展的现金地税制把一笔巨大的货币束缚在了农村，而那里的货币流通是相当缓慢的。由于大莫卧儿皇帝在德里的中央政权的衰微，他越来越难以从孟加拉获得他的赋税份额。后来，当英国人在 18 世纪下半叶从孟加拉取走他们在 18 世纪早期投入的白银的时候，他们就是从这种局势中获得了利益。

同孟加拉日益增长的贸易也导致了英国商栈在该国腹地的建立。在那里，公司的代理商们同织工建立起了直接联系，从而影响了生产过程。甚至英国的工匠都被派往孟加拉，以便为欧洲市场生产的工艺培训他们的印度同业。欧洲时尚潮流的变化要求印度生产者能尽快按照最新样式调整他们的产品。尽管有这种需求，但在生产手段和方法方面却没有任何投资。织工依旧贫穷，而中间人大获其利。在适当时机，英国人剔除了这些印度中间人，而径直向这些织工派遣他们自己的代理商。

孟加拉的统治者以复杂的心情关注着英国人的这些活动：他们十分欣赏英国人给这个国家带来的白银流，但又以怀疑的目光注视着那些筑垒的商栈和这些外国人对内陆贸易的日益扩大的参与。即便是像阿利瓦迪·汗（Alivardi Khan）——他在 1740 至 1756 年间统治着孟加拉——那样的强大统治者，也惧怕英国人的影响，并不信任他们。不过在他的有生之年，他们尚无法颠覆孟加拉的政治秩序，而不得不在强加给他们的界限内从事经营活动。然而，当阿利瓦迪·汗弱小而莽撞的继承者要求英国人拆除他们的堡垒时，他们就开始违抗他的命令，击退了他随后发起的进攻，并打败了他。他曾经担心东印度公司会成长为一个国中之国；现在，这个国中之国很快就要接管这个国家本身。英国的海上强权已变成印度的一个陆上强权。

争夺印度霸权的斗争

英国人从动摇了在 16 世纪最初 25 年中几乎同时兴起的三个"火药帝国"的"18 世纪危机"中受益匪浅。奥斯曼王朝先是被哈布斯堡王朝的军队打败，而后又被俄国沙皇打败，萨法维王朝（Safawids）完全丧失了他们的帝国，而篡位者纳迪尔·沙的胜利也为时甚短。他在 1747 年被他自己的贴身侍卫杀害。尽管纳迪尔·沙对德里的洗劫表明大莫卧儿皇帝们的权力已经蒸发殆尽，但他们还在苟延残喘。"帝国的过度扩张"是这场危机的主要原因。当帝国控制衰微后，地区势力就再次死灰复燃。

在印度，这种地方势力的崛起是相当壮观的。前面提到的那个巨大的兵源库并未消失，只是莫卧儿帝国这个统一的雇佣机构消失了。如果他们能够成功地筹集到足够的资金，地区甚或地方的统治者们现在都能够获得这些骑兵。这是一个权力商品化的时代。放债人和收税人变成了统治者和将军们的重要伙伴。英国人连同他们的东印度公司很好地适应了这种模式，因为这个公司本身就是母国权力商品化的一个有机部分。

地区势力在 18 世纪形成时的地图表现出了如下轮廓：在北方，早先已经被纳迪尔·汗征服的阿富汗人再次崛起。德里以东的平原或多或少控制在阿瓦德（Awadh，即奥德）的纳瓦布（Nawab）手里。这位纳瓦布过去是一位莫卧儿总督，但现在已经变成了一个独立的统治者。孟加拉是在一位同样强大的纳瓦布的统治下。中央高地被海德拉巴得的尼扎姆（Nizam）占有。西印度处在马拉塔人的统治之下，受到其总部在浦那（Pune）的佩什瓦的全面控制。在南方，前维查耶那加尔帝国的各后继国家处在纳雅卡们的统治之下。这些纳雅卡过去曾是他们各自领地的总督，但现在却像北方的纳瓦布那样独立了。楔人纳雅卡和尼扎姆之间的是阿尔科特（Arcot）的纳瓦布。尼扎姆宣称自己对阿尔科特拥有一种宗主权，因此这里存在着大量内斗，从而为欧洲列强的渗透提供了可乘之机。但直到这个世纪中叶，欧

英国军队中的印度士兵（马德拉斯炮兵团），1793 年，略图由一位

英国军官所画，可能是查尔斯·高德上尉（国民军博物馆主任提供）。

洲人在印度政治舞台上依旧十分边缘化。他们进行军事干预的手段还不强大，主要限于他们的海上桥头堡。印度统治者们更多关注的是阿富汗人艾哈迈德·沙·杜拉尼（Ahmad Shah Durrani）的入侵。就像巴伯尔在他那个时代所做的那样，他在 18世纪 50 年代曾屡屡侵入印度平原。

这个时期的真正问题是莫卧儿帝国的名存实亡。大莫卧儿皇帝仍然住在德里，而每个人都力图掌控他。据说巴吉·拉奥曾经说过，砍倒一棵树的方法是砍伐树干——然后，树枝就会自行落地。然而，莫卧儿权力的主干并没有受到砍伐，尽管它已是风雨飘摇。莫卧儿的最高权力不再受人尊重，野心勃勃的统治者们梦想着取而代之：没有人曾想到一个欧洲强权将会继承这份遗产。

欧洲人的军事干涉：步兵对骑兵

欧洲列强进行军事干涉的潜力日益增长的最初迹象出现在 1744 至 1748 年的英

法战争期间。这两个对手进行了一场长达近二十年（1744—1763年）的争夺全球霸权的斗争。在欧洲，这场斗争在1748到1755年间实现休兵；然而，在美洲和亚洲，它却一直如火如荼地进行着。随着新的地区权力格局在印度的出现，英国人和法国人成了彼此争战的印度统治者们的伙伴。这样，欧洲人就越来越深地卷入了印度事务。法国总督约瑟夫·弗朗索瓦·杜普莱克斯（Joseph Francois Du-pleix）是一个十分老到的外交家，深知如何在印度统治者中间挑拨离间。1742年在本地治里就任总督之前，他曾在孟加拉昌德纳加尔（Cha-ndernagar）的法国人商栈中服务了20年。

尽管杜普莱克斯的资源十分有限，但他却非常善于利用它们。他想出了一个绝妙的主意，让法国军官把印度雇佣兵训练成精通最新的欧洲战争方法的步兵。这样的军队尽管相对便宜，但却能给印度骑兵以致命的打击。印度的战争精英是那些习惯于无情地冲击敌人的装备很差、纪律松懈的步兵队列的勇敢骑士；然而，他们在欧洲人训练的、像机器般整齐射击的步兵面前就败下阵来。正像巴伯尔是在步枪和大炮的超级武力基础上建立起莫卧儿帝国一样，这种类型的步兵也奠定了欧洲强国在印度的基础。这种步兵成功的秘密完全在于它的训练和组织：这些武器印度统治者也能轻易得到。但是，印度的将军们却由于他们的骑兵心态还未能理解欧洲人训练的这种新式步兵的优点。他们只尊重骑在马背上同他们对阵的敌人：由于这个原因，欧洲人对印度战法的颠覆就完成得更加容易了。

欧洲人注重步兵，其实也只是不得已而为之。骑兵部队总是很昂贵，特别是在印度，而欧洲东印度公司的那些吝啬的董事们——他们在任何情况下都不会同意军事冒险——决不会批准用于维持骑兵部队的资金。但是在印度，步兵的薪金却是微不足道的，他们勇敢而且乐于学习——如果有人正确教授战斗方法的话。在印度人的军队中，他们扮演的角色与卒子在象棋游戏中扮演的角色完全相同：他们被用来掩护军队中更有价值的部队，而在散乱行进的时候，则经常用来阻挡敌人的运动；出于同样的原因，他们也可能妨碍他们自己的部队。知道如何使用步枪的武装步兵

（toofangchi）甚至在 16 世纪就已经出现在印度军队中了。农民们在反抗莫卧儿政府的时候使用的也是类似的武器。然而，武装步兵和农民都是分别单独射击：他们是神射手，有时还是十分优秀的神射手，他们分别瞄准各自的目标。把他们组织在规则的队列中，让他们按照某种整齐划一的节奏集体射击，则是不可能的。毕竟，这种步兵作战方法即便在欧洲也还是新生事物。在印度采用这种战法是杜普莱克斯的特殊功绩。英国人迅速学到了这个经验，然后不久，这两个东印度公司的军队就开始按照这种方式相互射击，或是射击形形色色的印度敌人了。

最初，杜普莱克斯完全不想卷入这场战争。当这场战争在欧洲开始后，他实际上还向他在印度的英国同行们建议，他们应该达成一项在印度维持和平的协议。英国人也愿意接受这个提议，但他们表示这样一种谅解对即将在印度驻扎的国王军队并没有约束力。这样，杜普莱克斯不得不采取了敌对行动。开始的时候，他是如此成功，以至于看上去法国人将赢得在印度的这场战争。他招来了勇敢的拉·波尔多内元帅，这个人在印度洋上组有一支精干的法国海军。事实上，拉·波尔多内更像是一名海盗，而非一名正规的海军军官。他的海军就是他自己的企业。因此，当他在杜普莱克斯的支持下从英国人那里成功夺取了马德拉斯后，他又愿意在他们支付一笔高额赎金的情况下把它归还给他们。另一方面，杜普莱克斯则坚持马德拉斯应由法国人占有；于是拉·波尔多内负气离开了印度。作为 1748 年和约的一项条件，最后杜普莱克斯不得不把马德拉斯归还给英国人。然而，他和他的英国对手都掌握着足够的兵力继续这种他们已经十分在行的战争博弈。他们事实上还应印度统治者们的邀请参与了他们的王朝内斗或地区征服战。

当 1748 年和约在欧洲签订的时候，年迈的尼扎姆—乌尔—穆尔克（Nizam-ul-Mulk）在海德拉巴得去世，随后他的儿子们就按照真正的莫卧儿方式开始了争夺继承权的战争。与这场王朝战争平行的还有阿尔科特纳瓦布两个儿子之间的类似战争。阿尔科特纳瓦布曾是一位莫卧儿总督，后来在海德拉巴得尼扎姆的宗主权下享有一种准独立的地位。法国人与英国人都卷入了这场冲突，从而出现了两个联盟，每一个联盟都是由一位海德拉巴得王子、一位阿尔科特王子和一个欧洲强国组成。这两个联盟在一个时期内彼此争战。最后，法国联盟在海德拉巴得取胜，而英国联盟在阿尔科特取胜，脱离海德拉巴得的管辖权而独立。1751 年，东印度公司的一名年轻的英国职员罗伯特·克莱武（Robert Clive）攻占了阿尔科特，并在数量远为众多的敌军的进攻下保卫了这座城镇，通过这次战役声名大振。然而，杜普莱克斯认为，由于法国的傀儡已经成为海德拉巴得的尼扎姆，他已经赢得了这场战争；当这位尼扎姆于 1751 年去世后，法国将军德·比西成功地使法国的另一个傀儡成为他的继承人。后来，德·比西击退了马拉塔人对这个傀儡国发动的一次进攻；作为酬谢，他被赐予东海岸边的四个县，他可以使用那里的赋税供养他的军队。

德·比西和他的主人杜普莱克斯看来已经成功地为法国人在印度政治中争得了一个主要角色。然而，在巴黎，印度公司（Compagnie desIndes）的董事们却对这些行动另有看法。该公司的贸易在战争期间完全停顿，而在 1748 年缔结和约后也基本上没有恢复。在这些董事们看来，杜普莱克斯和比西的军事冒险就像是愚蠢放纵的典型。于是，他们解雇了杜普莱克斯，并派了一名董事前往印度：他清除了法国人在印度的大多数领地，并与英国人达成了一项对英国人非常有利的协议。当这件事情在 1754 年发生的时候，法国人未能预见到七年战争将会迅速引发与英国人的另一场全球冲突。从减少印度公司的损失来看，当时采取的这项措施看来是非常谨慎和考虑周详的。主战派成了替罪羊，拉·波尔多内锒铛入狱；杜普莱克斯在穷困潦倒中死于法国；只有德·比西仍留在印度——但是，他的军事潜力现在也受到了极大限制，因为他已经在他的法国主人们的逼迫下放弃了尼扎姆馈赠给他的那四个县。

罗伯特·克莱武和孟加拉的迪万尼

在杜普莱克斯离开印度的同时，阿尔科特的年轻英雄罗伯特·克莱武也回到了祖国。然而，与杜普莱克斯的穷途末路不同，克莱武希望在政治上一展宏图，也渴望在议会获得一个席位。当他还只有 29 岁的时候，他就已经在印度聚敛到了足够的钱用于竞选，他赢得了这场选举，但是当结果宣布无效时，他又失去了他的任职权。在这样一种政治事业中花光了大部分积蓄后，现在他又被迫重返印度，以弥补自己的损失：在他再次动身前往印度之前，他先留心弄到了一纸中校委任状。

克莱武到达马德拉斯时，刚好传来了孟加拉纳瓦布攻击了那里的英国商栈的消息，于是他受命率领一些公司部队前去为加尔各答解围。孟加拉年轻的纳瓦布西拉杰—乌德—达乌拉（Siraj-ud-Daula）已在 1756 年继承了他的大伯父阿利瓦迪·汗（Alivardi Khan）的职位。他命令英国人拆除他们那些未经正式批准就修建起来的堡垒。克莱武恰好及时赶到了加尔各答，但最初，他的军事行动不是很成功，他费了九牛二虎之力才取得那里的英国军官对他的信任。此外，随同他和他的公司军队一起作战的王家军队自认为远胜于那些雇佣兵，因而，他们只是勉强听从他的命令。最终克莱武成功地解救了英国人的商栈，夺取了法国人在昌德纳加尔的商栈；他还和那位纳瓦布达成协议，当他的使命完成后，他就返回马德拉斯。但是，他违背了那些指令。在和纳瓦布的军队司令米尔·贾法尔（Mir Jaffar）密谋后，克莱武为了在普拉西（Plassey）战场上挑战纳瓦布，领兵北上。米尔·贾法尔预谋在战斗进行过程中倒戈，而克莱武将保证让他成为孟加拉的纳瓦布。这是一场冒险的赌博。克莱武只有 3000 士兵，而纳瓦布的军队远为庞大；而且没有什么可以确保米尔·贾法尔会遵守他的诺言。当克莱武还在犹豫是否参战的时候，他的一名年轻军官凭借他的野战炮取得一场意外的胜利。而后米尔·贾法尔真的倒戈了：那位纳瓦布遭到了失败和杀害。这个叛徒及时继承了权力。作为酬谢，他慷慨地向克莱武赠送了一处采邑和一大笔金钱。回到加尔各答后，克莱武让那里的公司官员选举他为孟加拉省督——这个程序确实是相当不寻常的。

在德里的大莫卧儿皇帝的宫廷，对这条消息的反应是很快的。孟加拉的纳瓦布一直形同独立，因而他的失败受到了欢迎。大莫卧儿皇帝认为，通过把那个省的民政（Diwani）委托给英国人以制约只剩下军权的新纳瓦布的影响，或许能够恢复他在孟加拉的某些权威。当克莱武在 1758 年收到这个提议后，他渴望能够接受这个提议。年轻的沃伦·黑斯廷斯（Warren Hastings），时任驻纳瓦布在穆尔希达巴德宫廷中的公司代办，也对这个提议赞赏有加。然而，克莱武认为公司难以胜任这项任务，因而想让英国国王承担起这个责任，因为他清楚地预见到这将是英印帝国的开端。克莱武为此事写信给皮特（Pitt），但是这位精明的首相拒绝了这个主意。他担心把过多的权力和官职搁到雄心勃勃的国王乔治三世（George Ⅲ）手中，可能会使这位国王通过利用孟加拉提供的丰厚贡赋而绕过议会的预算控制。皮特尽管也沉醉于帝国梦想，但并不想危及议会体制：他建议公司接受孟加拉的迪万尼（Diwani of Bengal），因为把那个省的贡赋装进公民私人的口袋总要好过充实国王的金库。另一方面，皮特也同意克莱武的评估，即在后者于近期离开印度后，将无人能够应付得了这项任务。克莱武确实在 1760 年离开了印度，而那时还没有就那位大莫卧儿皇帝的提议做出一项决定。他不会想到仅仅几年之后，事态的发展就迫使他又重返印度。

七年战争和帕尼帕特之战

导致英国人和法国人在世界范围内对抗——从加拿大的森林到印度的东海岸——的七年战争，事实上在印度只是一场为时三年的战争。截至他们在 1754 年做出那项决定，法国人已经放弃了杜普莱克斯和德·比西赢得的地位；而现在，当这场战争开始后，他们又犯了一个致命的错误。他们不是任命德·比西担任在印度的法国军队的最高司令，而是派遣了一名自负的将军——拉利（Lally），而此公在印度毫无经验。1760 年，英国人在马德拉斯附近的万迪瓦什（Wandiwash）之战中打败了他。他在法国成为一只替罪羊，被处以了死刑。法属印度（Inde francaise）的美梦随之破灭了。

从印度人的观点来看，所有这些戏剧性事件还都是相当无足轻重的。普拉西之战与那个时代印度人的战斗相比，只是小打小闹，而万迪瓦什之战是英国人和法国人之间的一场遭遇战：与印度人的利益无关。马拉塔人的势力在 1760 年臻于鼎盛，而他们的军事作为使所有这些欧洲人的业绩都相形见绌。巴拉吉·巴吉·拉奥，自 1740 年起统治浦那的佩什瓦，尽管不是一名伟大的勇士，却是一位十分能干的行政官。他的兄弟拉古纳特（Raghunath）领导着北印度的马拉塔军队，曾数次驱逐阿富汗人艾哈迈德·沙·杜兰尼（Ahmad Shah Durrani）。然而，艾哈迈德·沙一次又一次卷土重来。终于，在 1761 年，那位佩什瓦派遣了一支大军前往北方，准备让这支军队在帕尼帕特这个传统的印度战场上迎击阿富汗入侵者。就是在这个战场上，巴伯尔曾凭借超级火力和一种十分灵活的战略大胜德里苏丹。这次，阿富汗也以相似的原因取得了对马拉塔人的胜利。马拉塔将领萨达西夫·拉奥（Sadashiv Rao）过分依赖他已经固定在战场上的沉重的野战炮。他在那个时候陷入了一场漫长的消耗战，而艾哈迈德·沙通过运用驮在骆驼背上的轻型野战炮赢得了最后的战斗。在他取胜后，艾哈迈德·沙返回了阿富汗，而失败的马拉塔军队返回了南方。佩什瓦在经历这次失败后，抑郁而终。

1761 年这场大决战的荒谬性在于，实际上它在那个时候没有产生任何结果。事后看来，有一点看起来十分清楚的就是，在印度争夺最高权力的两大竞争对手——阿富汗人和马拉塔人，在那一年中两败俱伤，而英国人刚刚在孟加拉站稳脚跟，又在万迪瓦什击败了他们的法国对手，注定会从这种局势中大获裨益。然而，在当时的人看来，另一位统治者似乎是帕尼帕特之战结局的最直接的受益者：奥德（Oudh）的纳瓦布舒贾—乌德—达乌拉（Shuja-ud-Daula）。他不仅是莫卧儿帝国最大和最中心的行省的省督，还获得了维吉尔这一职位，而年轻的大莫卧儿皇帝沙·阿拉姆（Shah Alam）就处在他的监护之下。舒贾—乌德—达乌拉看来成了北印度的统治者。如果他能够巩固他的地位，英国人在印度的历史就会大为改写。

当孟加拉的纳瓦布米尔·卡希姆（Mir Kasim）向他请求军事援助时，他决定向英国人挑战。在克莱武离开后，英国人在孟加拉建立了一套肆无忌惮的掠夺制度。在掏空了米尔·贾法尔的金库后，他们就设法让他的更有钱的亲戚——米尔·

卡希姆当上了纳瓦布。在被彻底榨干后，米尔·卡希姆逃到了舒贾—乌德—达乌拉那里。1764 年，他们共同率领一支大军东进，与英国人相遇于比哈尔西南部的巴克萨尔（Bak-sar）。英军司令赫克托·芒罗（Hector Munro）赢得了这次战斗，舒贾—乌德—达乌拉被一路穷追至他的都城勒克瑙（Lakhnau/Lucknow），并沦为英国人的阶下囚。此后，他成为在印度建立英国人统治的主要工具。这样，巴克萨尔之战决定了帕尼帕特之战未决定的事情。在主要的竞争对手互相淘汰后，英国人赢得了争夺印度最高权力的关键回合。克莱武回到了印度，东印度公司担任了孟加拉的迪万尼；舒贾—乌德—达乌拉在奥德官复原职，但不得不把一些领土交给作为英国人的俘虏生活在阿拉哈巴德的大莫卧儿皇帝。

克莱武对东印度公司能否在孟加拉承担起民事管理的任务的疑虑确实是有道理的。在他的第三也是最后一个任期（1765—1767 年）中，他在印度只待了两年。这使得他没有多少时间去重组公司的行政机器。不要忘记，这个行政机器是完全根据商业目的来运转的。腐败在公司官员中肆意蔓延，他们对孟加拉极尽敲骨吸髓之能事。克莱武本人当然并不反对中饱私囊：他反对腐败并不是基于道德的理由，而是出于战略考虑。腐败是个人主义的，腐蚀集体纪律。因此，克莱武想出了一个聪明的办法：由东印度公司在孟加拉的职员形成一个公司，组织对孟加拉的集体掠夺，即让该公司垄断孟加拉的内地贸易，从而为该公司的所有职员提供一笔可观收入。受这种共同利益的制约，他们就会愿意保持维系英国人权力所必需的集体纪律。然而，这个计划并没有实现，腐败依旧猖獗和肆无忌惮。对英国人来说幸运的是，在克莱武最终离开后，印度舞台上没有出现一个重大的挑战者。否则，他们未来的帝国也会胎死腹中。

杰出的年轻佩什瓦马达瓦·拉奥（Madhav Rao）是一位伟大的勇士，很像他的祖先巴吉·拉奥。他在那个时候就说过，英国人把一根绳子套在印度身上，以便从各个方向勒紧这个国家。但是，没有人能挣脱那根绳子，甚至连马达瓦·拉奥也未能做到这一点，尽管他再次巩固了佩什瓦的权力，取得了几次重大的军事胜利。最初，马达瓦·拉奥曾在伸张自己的权力，反对他那野心勃勃、与英国人勾结的叔叔拉古纳特时，度过了一段艰难时光。马达瓦·拉奥在这场斗争中的援手是他的老练的大臣纳纳·法德纳维斯（Nana Phadnavis）。后来，当马达瓦·拉奥英年早逝后，他也致力于阻止拉古纳特的野心。马达瓦·拉奥没有把精力集中于抵御英国人，而是不得不把他的注意力转向在那个时候出现在南印度的另一个重大挑战者：迈索尔的海德尔·阿里（Haider·Ali）。

海德尔曾是迈索尔大王手下的一名将军。他在 1761 年篡夺了他的大王的王位。在一个很短的时期内，他事实上征服了整个南印度。他的迅疾的轻骑兵是一支可怕的力量。这个暴发户是第一个愿意并能够向欧洲人学习的印度统治者。他招募了几名法国军官，建立了一支属于他自己的强大的现代步兵，并小心翼翼地避免让他的骑兵部队与英国步兵正面交锋。他还组织了一个纪律严明的政府，取消了所有的采邑，向他的官员支付定期薪俸。骑兵所用的马匹也是用政府费用来购买和喂养的——和其他印度军队不同，这些马匹不是骑兵个人的财产。海德尔甚至关注如何照料伤兵，因而在他的军队中建立了一支医疗队。

假如这个能人能与马达瓦·拉奥结成联盟，他们就能够联合击败英国人；相反，他们继续相互争斗。1767 年，马达瓦在一场决定性的战斗中击败了海德尔；同年，英国人及其盟友——海德拉巴得的尼扎姆，也同海德尔对阵。尼扎姆听凭英国人在战场上苦苦挣扎；从 1767 至 1769 年，海德尔与英国人展开了数场激战。他甚至威胁进攻马德拉斯，从而迫使英国人签订了一个对他非常有利的和约。

看来，英国人遇到了一位将让他们经历严峻考验的挑战者。1770 年左右，他们在印度的地位并不十分有利。腐败集团在加尔各答和马德拉斯大行其道。马德拉斯省督皮古（Pigot）勋爵曾试图结束那里的腐败，结果被他自己的官员们囚禁起来。他在狱中饱受折磨，于 1776 年死在那里。在这样一种混乱局势下，一位果敢的印度统治者仍有可能挣断英国人套在印度身上的绳索。

然而，英国人却如享天佑。伟大的佩什瓦马达瓦·拉奥于 1772 年辞世，而一如既往地急于继承这个高位的拉古纳特和英国人结成了联盟，从而深深地分裂了马拉塔人的力量，以至他们再也不能指望在印度赢得最高权力了。同时，英国人获得了一位新领导，他即将支配印度政治舞台长达二十余年：沃伦·黑斯廷斯（Warren Hastings）1771 年成为孟加拉省督，1774 年又成为印度总督。

沃伦·黑斯廷斯：帝国建筑师

沃伦·黑斯廷斯是英印帝国的主要建筑师。他不是一名武士，但却是一位伟大的外交家和一位胜任的行政官。他仅比克莱武小七岁，与他拥有相同的政治观点。克莱武大胆，野心勃勃，并一度想在议会获得一个席位，然后获得了一纸中校委任状，而黑斯廷斯却是耐心地在东印度公司中一步一步升迁的。1750 年，他在加尔各答作为一名年轻职员加入该公司；1756 年，他是科希姆巴扎尔（Kosimbazar）商栈的站长，曾被纳瓦布囚禁；次年，他作为公司的代办派驻新纳瓦布的宫廷；1764 年，他返回英国。五年后，他被任命为马德拉斯省督参事会的成员，在那里负责公司的仓库。他对印度和印度语言的了解、他的外交技巧和在商业活动方面的经验，使他成为孟加拉省督职位的绝佳人选：他在 39 岁时被正式任命为孟加拉省督。即便如此，也没有谁能够在那个时候预见到这个人在他此后 14 年的辉煌生涯中几乎是为英国人独定乾坤。

黑斯廷斯在孟加拉赴任时所面对的任务是紧迫的。仅仅一年前，1770 年的大饥荒夺去了孟加拉的大量人口，而恰在这个关键时刻，伦敦的董事会坚持要公司"承担起迪万的职责"（即担负起孟加拉民政的直接责任）。截至那时为止，孟加拉省督都是把这项工作委托给一名印度代理（naib diwan）。他按照纳瓦布的老方式处理他的事务。这位纳伊布－迪万（naib diwan）的办公室设在穆尔西达巴德，而全省的金库也一直设在那里，直到黑斯廷斯下令将其迁往加尔各答为止。然而，除了在维护英国控制方面做了一些事情外，黑斯廷斯并未能对财政管理实行一步到位的改革。还有，他的大量精力都被外交政策（也就是与印度统治者的关系）占去了。

沃伦·黑斯廷斯（1732—1818 年），约书亚·
雷诺 1768 年画（国家肖像画馆［伦敦］提供）。

奥德的纳瓦布有时同马拉塔人作战，有时同罗西拉人（Rohillas）作战——后者是一个居住在德里以东约 200 公里处恒河平原北部的阿富汗人部落。他们是来自阿富汗东部鲁赫（Roh）国的牧马人和贩马人，是几个阿富汗部族的聚合体。他们赶着他们的马群进入印度，慢慢扩散到开始称为"罗希尔坎德"（Rohilkhand）的地方。当莫卧儿势力式微后，他们在那里建立起自己的统治。他们还对新家乡的定居农业做出了贡献，引进了盛行于阿富汗和伊朗的那种利用小型地下灌渠进行灌溉的方法。这些罗西拉人是令人生畏的武士，马拉塔人不能轻易征服他们。

在英国人的直接控制下居住在阿拉哈巴德的大莫卧儿皇帝，受到马拉塔人的引诱而返回德里。他们许诺恢复他的最高权力地位。作为马拉塔人的工具，大莫卧儿皇帝将对英国人造成很大威胁。黑斯廷斯断绝了给予大莫卧儿皇帝的供奉；同时，他支持奥德的纳瓦布，和他结成同盟——从而使他能够打击罗西拉人、占领他们的领土。当舒贾—乌德—达乌拉在 1775 年去世后，他的继承人阿萨夫—乌德—达乌拉（Asaf-ud-Daula）在黑斯廷斯的威逼下把贝拿勒斯（瓦腊纳西）附近地区割让给了英国人，这样，奥德在西边所得的就以在东边所失的作为了代价。

英国的陆权扩大了，黑斯廷斯毫无顾忌地干预印度统治者的事务——这成了后来当他在议会中受到弹劾时，埃德蒙·伯克（EdmundBurke）用来指控他的一个事实。黑斯廷斯的方法无疑是与议会的标准不相容的：议员们都十分乐于谴责他的方法，然而却没有人提出议案把黑斯廷斯夺取的领土归还给各印度统治者。

在他作为总督的最初几年里，黑斯廷斯在做决定时受到直接来自伦敦的四位参事会成员的极大掣肘。这些人让他感到他们对情况的了解比他好得多，并经常通过投票否决他的提案。只是当菲利普·弗朗西斯（Philip Francis）这个最杰出和最自负的成员在 1780 年返回英国后，黑斯廷斯才恢复了一些行动自由。弗朗西斯深信自己会是一个比黑斯廷斯好得多的总督，故而对黑斯廷斯的政策百般阻挠。尽管有这些障碍，黑斯廷斯还是相当成功地实行了自己的政策。他不仅干预他的周边近邻的事务，还关注着印度西部。在那里，孟买省督已经把英国的福祉与野心勃勃的拉古纳特的命运捆绑在了一起，而纳纳·法德纳维斯已经纠集了其他马拉塔领导人的联军来反对拉古纳特。决战在 1779 年爆发了，而在孟加拉的英国援军抵达战场之前，拉古纳特的军队连同孟买省督的部队已经为马拉塔人所败。黑斯廷斯迅速做出反应，并决定要给最主要的马拉塔领导人——瓜廖尔的马哈达吉·辛迪亚（Mahadaji Scindia）一个终生难忘的教训。1781 年，英国军队被派往瓜廖尔。他们夺取了马哈达吉的要塞。当这位马拉塔领导人返回的时候，他们击败了他的军队。于是，马哈达吉与黑斯廷斯达成协议，并与英国人结成了联盟。1782 年，英国人和马拉塔人签署了萨尔贝（Salbei）和约。马哈达吉由此成为印度政治中的关键人物。只要黑斯廷斯还待在印度，马哈达吉就不会招惹英国人：只是在黑斯廷斯离开后，马哈达吉才短暂地享有一种他之前和之后的马拉塔领导人都无法想象的显赫地位。

关于萨尔贝和约——其中规定英国人把拉古纳特已经让予马拉塔人的西印度领土再归还给他们，是必须要置于英国人同海德尔·阿里关系的背景下来审视的。在海德尔·阿里于 1769 年将他的和约强加给英国人后，他再次召集他的部队，以便一劳永逸地把英国人赶出印度。他是唯一一位不只是将英国看作争夺印度最高权力的一个要素的印度统治者：跟其他人不同，海德尔将他们看成是对整个印度的决定性威胁，因而决心不惜一切代价除去他们。1778 年的事件——英法之间再次爆发战争，英国人也同时受到马拉塔人的挑战——看来对他的计划是吉星高照。他在南印度召集了一支规模远超过从前的大军来进攻英国人。甚至连黑斯廷斯派去挫败他的赫克托·芒罗（巴克萨尔的胜利者）及艾尔·库特（Eyre Coote，万迪瓦什的胜利者），都无法组织起那样庞大的军队。因此，萨尔贝和约的重要目的在于保护在西面的英国人，以便他们可以在南方腾出手来。海德尔及时得到了法国人的支持。法国的海军上将叙夫朗（Suffren）能够在海上独自对抗英国人；同时，法国军队在印度南部登陆，以便与海德尔合兵一处。就在此时，海德尔却于 1782 年撒手人寰；不过，他那同样杰出的儿子提普·苏丹（TipuSultan）继续战斗，终于在 1784 年迫使马德拉斯省督签订了对其十分有利的芒格洛尔（Mangalore）和约。听到此事后，黑斯廷斯非常恼怒。实际上，提普是在总的形势已再次对英国人变得有利的情况下取得这个胜利的。1783 年，当德·比西率领的法国军队听说反对英国人的战争已经在欧洲结束后，他们便离开了提普——他们是为了参加最后一场战役才返回印度的。因此，依靠法国人取得胜利的提普非常失望。尽管如此，他还是能够缔结一个有利于他的和约。

当 1785 年黑斯廷斯离开印度前往伦敦为自己辩护——他受到了他在议会中的批评者的弹劾——时，他奠定的英属印度帝国的基础尚不牢固。提普尚未被打败，而马哈达吉现在也抬起了他的头颅，以一种黑斯廷斯不在时他才敢使用的方式挑战英国人。如果联合起来，提普和马哈达吉本来能够毁灭这些基础；然而，两个人都是自行其是。这样，英国人注定会在最后取得胜利。马哈达吉已在 1771 年占领德里，并把大莫卧儿皇帝安置在那里；在接下来的 11 年中，他完全陷入了马拉塔国家的战争中而不能自拔。不过，正像萨尔贝和约允许英国人集中精力对付海德尔和提普那样，马哈达吉现在也可以腾出手来巩固他对北印度的控制了。1785年，失去实权的大莫卧儿皇帝封马哈达吉为莫卧儿帝国的总管，而凭借这个职位，马哈达吉也敢于要求英国人缴纳他们拖欠大莫卧儿皇帝的孟加拉的税额了。马哈达吉急需金钱，因为他不得不维持一支庞大的军队以控制当时陷入动荡的北印度地区。锡克人、贾特人、拉其普特人和罗西拉人都在追求各自的利益——有时互相争斗，有时又联合起来反对某个外部敌人。大莫卧儿皇帝的管辖范围缩小到他的首都的外部边界。当时的一句俗语这样说："沙·阿拉姆（Shah Alam）的帝国从德里延伸至帕拉姆（Palam）。"（帕拉姆就是当前德里机场所在的地方。）但是即便在那里，他还是不安全的。1788年，罗西拉人洗劫德里，弄瞎了倒霉的大莫卧儿皇帝的眼睛。马哈达吉其时正在同拉其普特人作战，没来得及回援。然而，即便是1789年马哈达吉对罗西拉人的胜利也未能恢复中央的权力，而当他在1795年去世后，在印度就更没有人能奢望取得最高权力的地位了。

在南印度，提普·苏丹巩固了他的地位。在同尼扎姆和马拉塔人的战争结束后，他转向西海岸，并集合起他的部队准备对英国人发起一次新的进攻。尽管以前已有过失望，他还是希望能获得法国人的支持，因而派遣大使到巴黎去——但是很明显时机不对，因为法国大革命已迫在眉睫。黑斯廷斯在印度的继任者是康沃利斯勋爵（Lord Comwal-lis），他在以前就已经输掉了同美国移民的战争。一把注意力集中到同提普·苏丹的战役，他就与佩什瓦和尼扎姆结成了同盟，而后在1792年打败了提普。提普·苏丹不得不归还先前他从马拉塔人和尼扎姆那里夺去的领土，并把马德拉斯以南和西海岸的一些县也被迫割让给英国人。这是英国人在南印度实行领土统治的开始。康沃利斯本能够彻底肢解提普的王国，假如他不想保留他作为平衡佩什瓦和尼扎姆的一支力量的话。正是由于后面这种考虑，提普得到了相当宽大的处理，但他的儿子们却作为人质被英国人掳走了，直至他付完强加给他的赔款为止。提普对英国人给他划定的有限角色很不满意。他很快付清了赔款，赎回了他的儿子，于是准备他的下一次进攻。为了做到这一切，他不得不提高地税负担，清除中间人，直接给农民定税。征收量是根据土地的生产能力确定的，而对收税的管理也是极其高效的。这为后来英国人在南印度实行的相当严格的赋税整理铺平了道路。

在准备对英国人的下一次进攻的同时，这位不知疲倦的提普再次与法国人联系，并试图忽悠（法国的）革命政府一把。在他的首都，他建立了一个雅各宾俱乐部，这个俱乐部的成员有资格称他为"公民提普"（"Citoyen Tip"）——对一位印度统治者来说，这是一项真正革命的措施。但是，法国的另一次形势变化却令向次大陆派遣法国军队成为泡影。相反，拿破仑的埃及冒险和有关提普计划的报告都迫使英国人提前动手。新任总督韦尔兹利勋爵（Lord Wellesley）和他的兄弟亚瑟（Arthur，即后来的威灵顿公爵）制定了一套对付提普的全面作战方案。在某种程度上，亚瑟率领尼扎姆的部队为滑铁卢（之战）做了一次彩排。1799年，提普保卫他的首都塞林加帕坦（Seringapatam）失败，遭到杀害。英国人吞并了南北卡纳拉（Kanara）、怀纳德（Wynad）、哥印拜陀（Coimbatore）和达罗普南（Dharapuram），同时在大大缩小了的迈索尔王国，他们还恢复了从前的那个印度教王朝。海德尔·阿里曾篡夺了这个王朝的王位。争夺最高权力的斗争现在胜负已决，结果明显有利于英国人。如今只剩下一个主要敌人：拉古纳特的儿子、佩什瓦巴吉·拉奥二世（Baii Rao Ⅱ）。在此后的年月里，英国人通过结交瓜廖尔、印多尔和巴罗达（Baroda）的大王们而孤立了他。在英国统治时期，这些王公都保有了他们的领土。鉴于他的影响局限在浦那周围地区，这位佩什瓦对英国人在印度的权力来说，再也不是一个严重威胁了。

在世纪交替之时，英印帝国的轮廓已清晰可辨。沿海地区和肥沃的内陆平原都掌握在英国人手中。已与英国人讲和的印度王公们保留了一些内部自治，但却不能自行制定任何一项外交政策：他们就像琥珀中的昆虫那样镶嵌在英印帝国当中。英国的控制尚未牢固建立起来的唯一地区是西北地区。马哈达吉·辛迪亚死后在那里出现的权力真空是由尚武的锡克人填充的。恰逢提普·苏丹在南方的王国被攻占之时，他们在兰吉特·辛格（Ranjit Singh）大王的领导下建立起一个王国。正像提普·苏丹那样，兰吉特·辛格是一名十分能干的军事统帅，他极力向欧洲人学习；然而，与提普形成对照的是，他小心地避免同英国人对抗。他按照现代样式建立起步兵和炮兵部队，但他的主力还是锡克骑兵——这支骑兵并非总能容易地与军队中的其他那些要素协调一致。在他的软弱的继承者统治下，兰吉特·辛格的王国迅速衰落了，并最终为英国人所吞并。对付马拉塔人的那套模式在这里再次被如法炮制。愿意同英国人讲和的锡克人领袖得到包容，得以保留了一些自治，但旁遮普的肥沃平原却被置于英国人的直接统治之下。这个地区变成了英属印度的粮仓和英印军队的首要兵源地。数代历史学家都力图回答几个同样的问题：英国人为什么在数十年的时间里就能把他们的控制扩展到整个印度？沿海的几个孤立的桥头堡是如何扩大成为对广大地区的领土统治的？英国人通常倾向于赞同这样一些人的观点，他们断言，这个帝国是在无意中获得的。但还有一些人在过去常常强调印度是用剑来征服的，因而也必须用剑来保持。这两种观点都有一些道理。

对印度的征服从未在英国的公众意识中成为一个大问题。为了获得这个巨大的帝国，不需要做出重大的民族努力。英国人在印度进行的战斗规模不是很大，同时，它们是在不需英国纳税人破费的情况下依靠印度雇佣兵实施的。武力确实既在帝国的建立、又在帝国的维持过程中扮演了一个主要角色，但是武力的使用还是很节制的。由一家贸易公司进行的对印度的征服，意味着要在战争事务上精打细算，就像在其他所有方面那样。英国人没有沉溺于危险的军事冒险。他们也知道印度统治者们是如何为他们的战争努力筹集资金：依靠抢劫和地税。他们很好地学习了这个经验，而且他们还是集体地学习他们的经验。这个公司作为一个组织保存了它的最聪明和最勇敢的成员所获得的经验；因此，即便是它的比较平庸的雇员，也能依葫芦画瓢，屡试不爽。另一方面，印度人的国家事务经常是围绕着个别的伟大人物运转的。一旦这个伟大人物去世，就没有了连续性，而且经常会出现严重的衰退。在扩展最为迅速的时期，公司机构为雄心勃勃的年轻人提供了令人心动的职业。克莱武从卑贱的小职员到尊贵的贵族的闪电式上升，能够激发每个人的想象——尽管能指望步其后尘的人凤毛麟角。

然而，假如那里不存在一些有所裨益的有利条件，即便有一个良好的组织和怀有雄心的年轻人，也不会确保英国人在印度享有那种成功。来自孟加拉的纺织品贸易就是其中的一个先决条件。由于高度专业化和获利极其丰厚，这项贸易需要越来越多地了解那个地区内部的状况。1720 年以后，当来自孟加拉的白棉布作为一种半成品出口到伦敦供那里的新兴棉布印染工业使用时，这家公司就必须在找到合适类型的布料并按照印染厂的规格加以漂白方面神通广大。即便在马拉塔人蹂躏孟加拉的时候，公司的代理商们也成功地通过将他们的供给线从一个县转移到另一个县而获得了这种布料。还有，许多应征参加公司驻印度军队的英国士兵是织工。在打仗之外，他们可以作为技术专家来工作。另一个有利于英国人渗透孟加拉的因素是白银的流入。他们可以用这些白银来购买棉布。这反过来促进了地税的货币化，使得印度统治者们对英国人的这些活动抱有赞赏或至少是容忍的态度。由于熟悉账房中的那些方法，英国人知道印度统治者们成功地收敛了多少金钱。当一个虚弱的统治者挑战他们并被击败后，他们便会充分利用随之出现的机会。他们还清楚军事财政的重要性，而大多数印度统治者从未精通这一领域。那些大军阀们穷奢极侈，经常缺乏足够的兵力，因为他们再也供养不了他们。在一定程度上，这对 18 世纪的欧洲来说也是真实的。英国人在那里获得了最高权力，这主要是由于他们最懂得如何为战争筹款，以及如何确保他们自己的卷入是有限的，而尽量借助其他冲突各方的努力。在印度，英国人也以同样的方式行事。然而在这里，他们还吞并了越来越多的领土，而他们在欧洲只满足于维持势力均衡。在欧洲，存在着列强之间的大合唱，而在印度，只有可以逐一对付的孤家寡人。虽然完成了所有这一切，东印度公司还是只拥有一个"孟加拉迪万"（"Diwan of Bengal"）的合法头衔。在印度，个人要素总是很重要，人们很难想象这个集体性的新统治者。于是，对这个集体实体就出现了一个稀奇古怪的称呼："公司巴哈杜尔"（"Com-pany Bahadur"，其中 bahadur 意为"英雄",是一种尊称)。"公司巴哈杜尔"抢占了莫卧儿帝国的遗产。

英属印度疆土的扩大和印度土兵起义的爆发

东印度公司逐渐将势力深入根植印度国内。西式的行政和教育系统的引入形成了一个印度知识分子阶层。他们很快开始要求获得民主权利。

印度原是由约 500 个相对独立的地区拼凑在一起的大杂烩,英国在 1775—1782 年、1803—1805 年和 1817—1818 年的三次对马拉地同盟的战争中,将它们逐一置于自己的控制之下。

女神杜尔伽战胜"邪恶之神"马希斯哈苏拉

被征服的地区或由英国直辖,或交留印度土邦王公治理。只有印度锡克教徒和廓尔喀族还独立于英国统治之外。

行政体系和基础设施的建设得到了优先考虑;1853 年,庞大的铁路网络竣工建成,内陆与外界连通了起来;道路得到了改善,建成了可靠的邮政系统。并统一了全国各地的司法体系和单一的货币。

19 世纪初,由于需要大量的印度技术工人,西方的教育机构被引进,接受了良好教育的印度人逐渐成了合格的官员、律师和教师。1857 年,在马德拉斯、孟买和加尔各答相继创办大学,一些有钱人还可以前往英国求学。于是一个接受过西方

1853 年建成的印度铁路网络中一个车站月台

德里城，约 1850 年。

教育的印度人阶层出现了。其中一些人开始表露出对英国征服并吞并印度不满。有些政治组织很快发表请愿书，要求拥有民主权利和参与政治活动。英国当局起初对这些批评言论并不重视，直到 1857 年在德里爆发的土兵起义（即印度民族大起义）后才改变了态度，尽管这次起义仅仅局限于印度中北部地区。这次大起义的导火索是由于印度土兵被强迫使用猪油和牛油制成的枪管润滑油，这极大地伤害了印度的伊斯兰教徒和印度教徒。这次起义持续了两年多时间，沉重地打击了英国殖民统治。

印度民族的觉醒

印度的知识分子阶层投身并组织政治运动，他们要求在英属印度的政治生活中拥有发言权。

1857 年印度土兵大起义后，莫卧儿帝国的末代皇帝巴哈杜尔沙二世被废，英国王室开始直接统治印度。

1911 年，大不列颠及爱尔兰国王乔治五世在
德里举行的一次盛大典礼上加冕为印度皇帝。

1858 年，东印度公司被解散，维多利亚女王于 1876 年受领"印度女皇"的封号，从此直至印度独立为止，英国的君主同时兼任印度皇帝。

原东印度公司的最高长官成为英国政府委任的印度总督。除了印度之外，其管辖范围还包括今天的斯里兰卡、巴基斯坦、孟加拉国和缅甸等地区。

在 19 世纪后半期，英国继续在印度推动行政和基础设施的建设。从财产税、鸦片专卖和盐税中获取的大量财政收入被源源不断地运回伦敦，而印度人民却不得不在自己的国家遭受残酷的剥削。数百万人死于饥荒。

新一代印度知识分子逐渐接受了民主和民族主义的思想；其中民族主义在 19

印度人向英国人乞讨食物，约 1873 年。

拉贾斯坦邦的锡塔尔琴弹奏者，约 1800 年的彩绘图。

世纪 70 年代更是发展迅猛。一方面他们希望得到西方的承认，另一方面是印度人不断增强的文化和宗教自豪感。这种矛盾心情决定了 20 世纪后民族主义者之间的激烈争论。由自由派的黎本侯爵任总督的英印政府进一步推动了民族主义的发展。

1885 年，印度国民大会党成立，它先是领导了与英国的谈判，以后在印度独立后成了政治上的主导力量。

1906 年，印度穆斯林也组建自己的政党——穆斯林联盟，这代表了穆斯林少数派的利益。

当英国想把将孟加拉地区分离成一个穆斯林占多数的单独省份时，引起强烈的反抗，包括袭击英国人、抵制英国货物和起义。英国被迫放弃了分离方案。

由于孟加拉的起义成为对总督的一个严峻威胁，因此 1911 年英印政府首府由加尔各答迁至德里。

四、中 国

约 1368—1912 年

1368 年，明朝建立。然而在 15 世纪里，皇帝的中央权力已经开始衰落。明清时期，中国经济曾一度高度繁荣，并因此导致人口激增。在清朝统治时期，中国的疆域曾扩展至中亚。

1644—1912 年，清朝的繁荣时代已经过去。在腐朽的封建统治下，英国、俄罗斯和法国都争相在中国要求越来越多的领土作为其势力范围。在国内，人民起义不断，鸦片泛滥，清王朝统治岌岌可危。在勉强的改革之后，清朝统治终于土崩瓦解，一个新的共和国代之而起。

明的集权与裂变

和尚皇帝

在刘福通带领红巾军征战的同时，据守在濠州的郭子兴领导的红巾军也在日益壮大。濠州虽处在元军的包围中，但义军将士们英勇不屈，众志成城，使元军无计可施。

一天，在凛冽的寒风中，匆匆赶来了一位衣衫褴褛的年轻和尚。城卫怀疑他是元军的奸细，一面将他捆在拴马桩上，一面派人去通报元帅郭子兴。郭元帅闻讯赶到城门，只见绳索紧缚的和尚相貌奇伟，气度非凡，心里不禁暗暗称绝。此人便是后来的大明开国皇帝朱元璋。

明太祖朱元璋

朱元璋祖籍江苏沛县，本名朱重八。当时布衣百姓一般都不取正式名字，只用行辈或父母年龄合计数作为称呼。

朱元璋小时候一有空就跑到皇觉寺去玩耍，这寺内的长老见他聪明伶俐，讨人喜欢，便抽空教他识文认字。朱元璋天赋过人，过目不忘，天长日久，便也粗晓些古今文字了。

朱元璋17岁那年，淮北发生旱灾、蝗灾和瘟疫，他的父母、长兄在不到半个月的时间里相继死去，乡里人烟稀少，非常凄凉。朱元璋走投无路，只好剃发进了皇觉寺，当了一个小行僧，整天扫地上香，敲钟击鼓，还经常受到那些老和尚的训斥。为了混口饭吃，朱元璋只好忍气吞声。

后来，灾情越来越严重，靠收租米度日的皇觉寺再也维持不下去了。主持只好把寺里的和尚一个个打发出去云游化斋，自谋生路。进寺刚刚 50 天的朱元璋也只得背上小包袱，一手拿木鱼，一手托瓦钵，穿城越村，加入了云游僧人的队伍。

云游中，朱元璋亲眼目睹了混乱不堪的世事，对当时的社会有了深刻的认识，人生经验也大大丰富。他决定广泛交游，等待出人头地的时机。3 年后，他回到了皇觉寺，不久，接到了已在郭子兴部队当了军官的穷伙伴汤和的来信，邀他前去投军。于是他连夜奔往濠州城。在征战过程中，朱元璋知人善任，为人豁达大度，文士冯国胜、李善长等为他出谋划策，英勇善战的常遇春、胡大海也来投奔他。攻下滁州和和州后，他整顿军纪，申明纪律，禁止军队抢掠奸淫，因此深得百姓的拥护。郭子兴死后，朱元璋被升为左副元帅，第二年，他率众占领建康，成为红巾军内部一支力量强大的武装力量。

此后，朱元璋逐渐把郭子兴的旧部全部纳入自身旗下，并以建康为根据地，不断扩充势力。当时，在他北面的刘福通、韩林儿所率红巾军正受到地主武装的袭击；西面的徐寿辉被部将陈友谅所杀，陈友谅不能服众，将士离心；明玉珍因为不服陈友谅的领导，在四川自立，国号大夏；东面的张士诚和方国珍受到元政府的劝诱，接受了元的官号。元朝的主力指向刘福通等人，朱元璋便趁机在浙东发展，逐渐控制了皖南、浙东地区。

由于红巾军内部的分裂腐化和元政府的镇压，刘福通一部在 1363 年时兵败，刘福通牺牲，红巾军力量削弱，起义失败。朱元璋这时占据浙东，发展生产，罗致人才，巩固统治，实力渐渐壮大。

鄱阳湖大战

当朱元璋向南方发展势力的时候，遇到了一个强敌名叫陈友谅。陈友谅年轻时

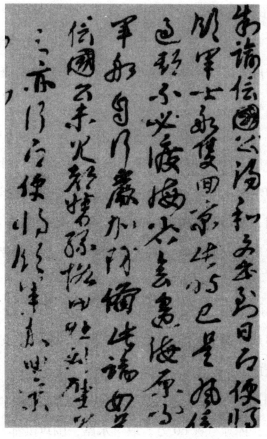

论不必渡海帖　明　朱元璋

曾为县吏，元末农民战争爆发后，参加徐寿辉、邹普胜、倪文俊等人领导的天完红巾军，初为簿书掾，后以功升元帅。元至正十七年（1357年）九月，倪文俊谋害徐寿辉未成，逃奔黄州，陈友谅趁机袭杀倪文俊，并其部众，自称宣慰使，随后改称平章，掌握天完实权。此后两年继续进行反元战争，他占据江西、湖南和湖北一带，地广兵多，自立为王，国号叫汉。1360年，他率领强大的水军，从采石沿江东下，进攻应天府，想一下子吞并朱元璋占领的地盘。

　　朱元璋赶忙召集部下商量对策。大家七嘴八舌，议论纷纷，只有新来的谋士刘基待在一旁，一声不吭。

　　朱元璋犹豫不决，散会后，把刘基单独留下来，问他有什么主意。刘基说：

"敌人远道而来，我们以逸待劳，还怕不能取胜？您只需用一点伏兵，抓住汉军的弱点痛击，就可以打败陈友谅了。"朱元璋听了刘基的话，非常高兴。

朱元璋有个部将康茂才，跟陈友谅是老相识。朱元璋把康茂才找来，和他定下了引陈友谅上钩的计策。

康茂才回到家里，按照朱元璋的吩咐写了封信，连夜叫老仆去采石求见陈友谅。陈友谅见了这封信，并不怀疑，问老仆说："康公现在在什么地方？"

老仆回答说："现在他带了一支人马，在江东桥驻守，专等大王去。"

陈友谅连忙又问："江东桥是什么样子？"老仆说："是座木桥。"

陈友谅在老仆走后，立刻下令全体水军出发，由他亲自带领，直驶江东桥。没想到到了约定地点，竟没见木桥，只有石桥。

一霎间，战鼓齐鸣，朱元璋安排在岸上的伏兵一起杀出，水港里的水军也加入战斗。陈友谅遭到突然袭击，几万大军一下子溃败下来，被杀死的和落水淹死的不计其数。此后，朱元璋的声势越来越大。

1363年农历四月二十三日，陈友谅乘朱元璋率军北援安丰（今安徽寿县）红巾军、江南空虚之机，挥师号称60万，取道水路，围攻洪都（今南昌），并占领吉安、临江、无为州。守将朱文正率军奋力固守，坚持两月；并派人向朱元璋告急。朱元璋闻讯后，令朱文正继续坚守，以疲惫消耗陈军；随即亲率水军20万于七月六日救援洪都。陈友谅围攻洪都85天不克，闻朱元璋来救，即撤围移师鄱阳湖准备决战；朱元璋十六日亦进至鄱阳湖口。

为把陈军困于湖中，朱元璋先部署一部分兵力扼守泾江口和南湖嘴，切断陈友谅归路；又调信州（今江西上饶）兵守武阳渡（今南昌东），切断陈军侧后；然后亲率水师由松门（今江西都昌南）进入鄱阳湖，形成关门打狗之势。

二十日，两军在康郎山（今江西鄱阳湖内）水域遭遇。陈军巨舰联结布阵，展开数十里，颇有气势；但睿智的朱元璋看出其首尾相接、不利进退的弱点，于是将己方舰船分为20队，每队都配备大小火炮、火铳、火蒺藜、神机箭和弓弩。命令

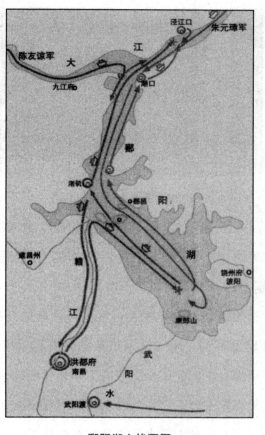

鄱阳湖之战要图

各队接近敌舰时，先发火器，再射利箭，继以短兵相搏。次日，双方激战开始。朱元璋爱将徐达身先士卒，率舰队奋勇冲击，击败陈军前锋，毙敌1500余人，缴获巨舰一艘。俞通海乘风发炮，焚毁20余艘陈军舰船，陈军死伤甚众，朱军伤亡也不少。战至日暮，双方鸣金收兵，战斗告一段落。

二十二日，陈友谅率全部巨舰出战。朱军因舟小，不能正面进攻，接连受挫。下午，东北风起，朱元璋纳部将郭兴的建议，改用火攻。他选择敢死士驾驶7艘渔船，船上装满火药柴薪，逼近敌舰，顺风放火，一时风急火烈，迅速蔓延，湖水尽赤。陈军巨舰被焚数百艘，死者过半，陈友谅弟陈友仁、陈友贵及大将陈普略均被烧死。朱元璋挥军乘势猛攻，又毙敌2000余人。二十三日，陈友谅瞅准朱元璋旗舰发起猛攻。朱元璋刚刚移往他舰，原舰便被陈军击碎。二十四日，俞通海等率领

6疾舰突入陈军舰队，勇往直前，如入无人之境。朱军士气振奋，再次猛烈攻击。陈友谅不敢再战，转为防御。为控制长江水道，当晚，朱元璋进扼左蠡（今江西都昌西北），陈友谅亦退至渚矶（今江西星子南）。

相持3天，陈友谅屡战屡败；陈军左、右金吾将军见大势已去，投降朱元璋，陈军军心动摇，形势越发不利。朱元璋乘机致书陈友谅劝降，陈为泄愤，尽杀俘虏；而朱元璋却反其道而行之，放还全部俘虏，并悼死医伤，以分化瓦解敌军。为阻止陈军逃遁，朱元璋移军湖口，命常遇春率舟师横截湖面，又在长江两岸修筑木栅，并置火筏于江中。陈友谅被困湖中一个月，军粮殆尽，将士饥疲，于是孤注一掷，冒死突围。八月二十六日，陈友谅由南湖嘴突围，企图进入长江，退回武昌，却陷入朱军的包围。陈军复走泾江，又遭朱军伏兵截击，陈友谅中箭身死。残部5万余人于次日投降朱元璋，只有张定边逃回武昌。1364年农历二月，朱元璋兵抵武昌，陈友谅子陈理投降，朱元璋的势力扩大到两湖。

朱元璋再三申明军纪，告诫出征将士，北伐不是攻城略地，而是平定中原、推翻元朝、解除人民痛苦。随后还发布了由宋濂起草的告北方官吏和人民的檄文，文中提出"驱逐胡虏，恢复中华，立纲陈纪，救济斯民"的口号，这对中原地区的广大汉族人民具有很强的号召力；檄文还表示，对于蒙古人和色目人若愿为新皇朝臣民，则与中原人民一样看待。

北伐军节节胜利，迅速攻下山东诸郡。至正二十八年（1368年）四月占领开封，平定河南，同时攻克潼关。八月，攻克元朝首都大都（今北京），元顺帝见孤城难守，于是带着后妃太子慌忙弃城逃走，奔向漠北，统治中原长达 97 年的元朝灭亡。

在南征北伐不断取得胜利的情况下，至正二十八年正月，40 岁的朱元璋告祀天地，于应天南郊登基，建国号大明，改元洪武，以应天为南京。经过 16 年的征战讨伐，朱元璋终于实现了自己的梦想，从一个横笛牛背的牧童、小行僧，成为明朝的开国皇帝。

1371 年，明军入川，夏主明昇降，四川平定。1381 年，朱元璋命傅友德、沐英、蓝玉进攻云南，次年攻破大理，基本上完成了南方的统一。1387 年，冯胜、傅友德、蓝玉奉命进攻辽东元朝残将纳哈出，纳哈出无路可走，只好投降，辽东平定。至此，除漠北草原和新疆等地外，全国已基本上统一。

燕王进南京

明太祖杀了一些权位很高的大臣，把他的 24 个儿子分封到各地为王。明太祖认为这样做，可以巩固他建立的明王朝的统治，却不料后来引起了一场大乱。

明太祖 60 多岁的时候，太子朱标死了，朱标的儿子朱允炆被立为皇太孙。各地的藩王大都是朱允炆的叔父，眼看皇位的继承权落到侄儿的手里，心里不服气。特别是明太祖的第 4 个儿子——燕王朱棣，他多次立过战功，对朱允炆更瞧不起了。

朱允炆的东宫里，有个官员叫黄子澄，是朱允炆的伴读老师。有一次，黄子澄见朱允炆一个人坐在东角门口，心事重重，便问他为什么发愁。朱允炆说："现在几个叔父手里都有兵权，将来如何管得了他们。"黄子澄跟朱允炆讲了西汉平定七国之乱的故事来安慰他。朱允炆听后，心总算放宽了一点。

1398 年，明太祖死了，皇太孙朱允炆继承皇位，这就是明惠帝，历史上又叫建文帝（建文是年号）。当时京城里就听到谣传，说几位藩王正在互相串通，准备谋

明成祖像

反。建文帝听了这个消息害怕起来，忙让黄子澄想办法。

黄子澄找建文帝另一个亲信大臣齐泰一起商量。齐泰认为诸王之中，燕王兵力最强，野心最大，应该首先把燕王的权力削除掉。黄子澄不赞成这个做法，他认为燕王已有准备，先从他下手，容易引发突变。于是，两人商量好先向燕王周围的藩王下手。建文帝便依计而行。

燕王早就暗中练兵，准备谋反。为了麻痹建文帝，他假装得了精神病，成天胡言乱语。齐泰、黄子澄不相信燕王有病，他们一面派人到北平把燕王的家属抓起来，一面又秘密命令北平都指挥使张信去捕燕王，还约定燕王府的一些官员做内应。不料张信是站在燕王一边的，反而向燕王告了密。

燕王是个精明人，知道建文帝毕竟是法定的皇帝，公开反叛，对自己不利，就说要帮助建文帝除掉奸臣黄子澄、齐泰，起兵反叛。历史上把这场内战叫作"靖难之变"（靖难是平定内乱的意思）。

这场战乱，差不多打了 3 年。到了 1402 年，燕军在淮北遇到朝廷派出的南军的抵抗，战斗进行得十分激烈。有些燕军将领主张暂时撤兵，燕王却坚持打到底。

不久，燕军截断南军运粮的通道，发起突然袭击，南军一下子垮了。燕军势如破竹，进兵到应天城下。

过了几天，守卫京城的大将李景隆打开城门投降。燕王带兵进城，只见皇宫火光冲天。燕王派兵把大火扑灭时，已经烧死了不少人。他查问建文帝的下落，有人报告说，燕兵进城之前，建文帝下令放火烧宫，建文帝和皇后都跳到大火里自焚了。

随后，燕王朱棣即了位，这就是明成祖。七月初一，朱棣于南郊大祀天地后，回到奉天殿，诏令当年六月以后，仍以洪武三十五年为纪，第二年（1403 年）为永乐元年。建文帝所改易的祖宗成法，一律恢复旧制。七月初三，又诏令把建文时更定的官制改回洪武旧制。九月初四及次年五月，朱棣先后两次赐封靖难功臣。十一月十三日，朱棣册立妃徐氏为皇后。

朱棣即帝位后，为了巩固自己的皇位，又进行了大量的充满血腥的屠杀活动。他将建文帝亲信大臣 50 余人列为奸臣，悬赏捉拿。捉住后，不仅将其本人杀害，而且还株连九族。

兴建北京城

北京古代被称为"山环水抱必有气"的理想都城。西部的西山为太行山脉；北部的军都山为燕山山脉，均属昆仑山系。两山脉在北京的南口（今北京昌平南口）会合，形成向东南展开的半圆形大山湾，山湾环抱的是北京平原。在地理格局上，北京"东临辽碣，西依太行，北连朔漠，背扼军都，南控中原"，是一处战略要地。

1399 年，明成祖发动靖难之役，夺得帝位后，于 1403 年改北平为北京。永乐四年（1406 年），明成祖开始筹划迁都北京，并开始营建北京宫殿。1420 年，建成紫禁城宫殿、太庙、五府六部衙门、钟鼓楼等，同时将南城墙南移 0.8 千米，以修建皇城。永乐十九年（1421 年）正式迁都北京。此后又在北京南郊修建了天地坛和山川先农坛。

　　1436 年至 1445 年，明英宗对北京城进行了第二次增建，主要工程包括：将城墙内侧用砖包砌；开挖太液池南海；建九门城楼、瓮城和箭楼；城池四角建角楼；城门外各立牌坊一座；护城河上的木桥全部改为石桥，桥下设水闸，河岸用砖石建造驳岸。整修之后的京城形成了极其坚固的城防体系。

　　北京是中国历史上最后 3 个封建王朝元、明、清的都城，其设计规划体现了中国古代城市规划的最高成就，被称为"地球表面上，人类最伟大的个体工程"。明北京城是在元大都的基础上建成的，从形状来看，呈"凸"字形，是以一条纵贯南北，长达 8 千米的中轴线进行布置的。外城南部正中的永定门是这条中轴线的起点，北部的钟鼓楼则是中轴线的终点。明时的北京城分内城、外城，皇城和紫禁城位于内城之中。内城分为九门，分别为正阳门、崇文门、宣武门、朝阳门、东直门、阜成门、西直门、德胜门、安定门。外城分为七个城门，即永定门、左安门、右安门、广宁门、广渠门，以及两座方便进出的小城门：东便门与西便门。

　　故宫气势恢宏，庄严华丽，是明清两代的皇宫，亦是中国古代宫殿建筑的扛鼎之作。

　　故宫又称紫禁城，紫禁二字系从紫微星垣而来。大家知道，我国古代天文学家把天上的恒星分为三垣、二十八宿和其他星座。其中的三垣为太微垣、紫微垣和天市垣，紫微星垣（北极星）位于三垣的中央，是所有星宿的中心。紫，即为"紫微正中"，皇宫是人间的"正中"；"禁"是指皇宫大内，严禁侵扰。

　　故宫修建于 1406 年，工程的营建者是明成祖朱棣。朱棣曾在北京做燕王，对北京的地理有深刻的认识。

　　《明史》记载，修建故宫时征集了全国著名工匠 10 多万名，役使民夫达 100 万之多，整个工程历时 15 年，直到 1421 年才最后完成。此后又多次重建和扩建，但整体面貌保持未变。

　　故宫是一座砖木结构建筑，所用的建筑材料来自全国各地。木料主要来自京郊房山悬山中，也有部分来自湖广、江西、山西等省。汉白玉石料亦来自房山区。宫殿里砌墙用的砖叫澄浆砖，是在山东临清烧制的；铺地用的方砖叫作金砖，是在苏州烧制的。整个紫禁城用砖超过了1亿块。

施工所用的材料做工非常精细。譬如砌墙用的澄浆砖，是先把泥土放入池水中浸泡，经过沉淀，然后取出过滤后的细泥，最后才把细泥晾干做坯；还有就是砖块之间、石板之间的粘合剂，材料是煮过后捣碎的糯米和鸡蛋清，选用这种粘合剂，不仅粘力强，而且效果平整美观。

建成后的故宫占地面积72万平方米，内有房屋有9999间，外有高达10米的城墙（南北960米，东西760米），四角各有一座屋顶有72条脊的角楼。在最外端，还有一条宽52米的护城河环绕四周。

故宫的建筑布局整体分为外朝和内廷两大部分。外朝是明清皇帝治理朝政的主要场所，以太和、中和、保和三大殿为中心，文华殿和武英殿分列两翼。内廷是皇帝处理日常政务和皇族后妃们居住的地方，一般称为"三宫六院"，主要包括乾清宫、交泰殿、坤宁宫、东西六宫以及御花园。

外朝三大殿是故宫中轴线上的主要建筑。三殿均建在汉白玉砌成的8米高巨大平台上，台分3层，中上层各9级，下层台阶21级，每层都有汉白玉栏杆围绕，总面积约8.5万平方米。太和殿也称"金銮殿"，是紫禁城的正殿，也是建筑群中最为高大的建筑。它高26.92米，东西面宽63.96米，南北进深37.20米。中和殿位于太和殿的后面，是一座亭子形方殿，高18.87米。保和殿为三大殿的末殿，屋顶为歇山式，高20.87米。

故宫建筑设计严谨，表明了我国古代的木构建筑设计到明清时期已经非常的规范化和程序化。在这一时期，殿式建筑以"斗口"作为基本模数。每一个等级的各部分用料尺度是一定的。确定了斗口，就确定了各种尺度，大大简化了工程营建的程序。拼合梁柱构件技术也是这一时期的重大成果。通过小块木料的拼合组成可用的大木料，大大节省了工程用料。在建筑施工中，广泛采用了模型设计的方法，称之为"烫样"。

故宫是我国同时也是世界上现存规模最大最完整的古代木结构建筑群，它是我国木结构建筑的典范。1987 年，联合国教科文组织世界遗产委员会将其列为世界文化遗产。

郑和下西洋

明成祖夺得皇位后，有一件事总使他心里不安稳，那就是皇宫大火扑灭之后，没有找到建文帝的尸体。为了把这件事查个水落石出，他派出心腹大臣去各地秘访建文帝的下落，但是这件事不好公开宣布，就借口说是求神问仙。

郑和

后来，明成祖又想，建文帝会不会跑到海外去呢？于是，他就决定派一支队伍，出使国外。（这是明成祖派郑和下西洋原因的其中一种观点。）他想到跟随他多年的宦官郑和，是最合适的人选。

郑和（1371—1433 年），本姓马，小字三保。郑和自幼受到家庭探险精神的熏陶，为他日后出海远洋打下了基础。明初，郑和入宫做宦官，因靖难立战功，赐姓郑名和，人称"三保太监"。

1405年六月，明成祖正式派郑和为使者，带一支船队出使"西洋"。那时候，人们叫的"西洋"，指的是我国南海以西的海和沿海各地。郑和带的船队，一共有2.78万多人，除了兵士和水手外，还有技术人员、翻译、医生等。他们驾驶62艘大船，从苏州刘家河（今江苏太仓浏河）出发，经过福建沿海，浩浩荡荡，扬帆南下。

郑和第一次出海，到了占城（在今越南南方）、爪哇、旧港（在今印度尼西亚苏门答腊岛东南岸）、苏门答腊、满剌加、古里、锡兰等国家。他每到一个国家，先把明成祖的信递交国王，并且把带去的礼物送给他们。许多国家见郑和带了那么大的船队，而且态度友好，都热情地接待他。

郑和这一次出使，一直到第三年九月才回来。西洋各国国王见郑和回国，也都派了使者带着礼物跟着他一起回访。各国的使者见了明成祖，送上大批珍贵的礼物。明成祖见郑和把出使的任务完成得很出色，高兴得合不拢嘴。后来，明成祖觉得没有必要再去寻找建文帝了，但是出使海外的事，既能提高中国的威望，又能促进与各国的贸易往来，有很多好处。此后，郑和又进行了6次出海航行：从1407年九月—1409年九月，1409年十月—1411年七月，1413年十一月—1415年七月，1417年五月—1419年八月，1421年一月—1422年八月，1431年闰十二月—1433年七月。郑和出海7次，先后一共到过印度洋沿岸30多个国家。

前三次的出行，郑和最远都只到达古里。他们在东南亚及南亚一带活动，打通航道，建立贸易中转站。后面几次主要进行商品贸易，郑和航队给所经国家带去大量中国的瓷器、铜器、丝绸、锦绮和茶叶，同时带回来许多亚洲国家的特产，像胡椒、象牙、宝石、药材、香料和珍禽异兽等，大大促进了中国与亚洲各国的经济交流。每到一处，郑和都派人了解当地风俗习惯，宣扬中华文明。

第四次出海到达非洲东海岸的麻林国时，麻林国遣使随贡，献上麒麟、天马、神鹿等吉祥珍兽，给京城带来了轰动。成祖龙颜大悦，认为异邦进贡麒麟是国势鼎盛、尧舜再世的征象。

在第七次即将航行出使时，成祖驾崩，仁宗即位，下令停止下西洋。宣宗即位后，看见因下西洋活动的停止，海外诸国来朝日益减少，就决定再次遣使下西洋。这时郑和已年近60，又踏上了最后一次下西洋的航程。1433年农历三月船到古里时，郑和因积劳成疾而病逝，王景弘代郑和率船队于七月抵达南京，结束了伟大的航程。

郑和是中国历史上杰出的航海家，他在航海、外交、军事、建筑等诸多方面都表现出卓越的智慧与才识。郑和在明军中长大，经受了战火考验，深得朱棣宠信。加上郑和知识丰富，熟悉西洋各国的历史、地理、文化、宗教，具有卓越的外交才能。在下西洋前，郑和曾出使暹罗、日本，有外交活动的经验。此外，郑和具有一定的航海、造船知识。在下西洋途中，郑和通过航海实践，不断地丰富航海知识，积累航海经验，提高航海技术，使他能成功率领船队远航。正是由于郑和自身条件和所具备的才能，加上他为朱棣所赏识，并委以重任，成为下西洋船队的统帅，不负众望，出色地完成下西洋的远航任务。

自2005年起，每年的7月11日被定为中国的航海日，规定全国所有船舶鸣笛挂彩旗，这一天正式郑和首次下西洋的公历日期——1405年7月11日。

郑和七下西洋，时间持续29年，行踪遍及亚非30多个国家和地区，最南到达爪哇，西北到波斯湾和红海，最西侧非洲东海岸，是历史上空前的壮举，其时间之早，规模之大，都是后来的哥伦布和麦哲伦所不及的。郑和下西洋，增加了中国与南洋各地联系，传播了中华文明，影响十分深远。郑和下西洋是中国古代历史上最后一件世界性的盛举，由于郑和下西洋的政治目的大于经济目的，没有发动民间的商业贸易，全部的开支都依赖明朝强大的国力来支撑，于是，明朝全盛时期过后，再也没有雄厚的经济实力来支持这项庞大的工程了，下西洋也随之停止。

于谦守京城

英宗被俘的消息传到北京后，满朝文武大臣乱作一团，没有一个人能拿出好主意。翰林侍讲官徐理主张走为上策，向南撤退。此时，朝中你一言，我一语，吵吵嚷嚷，毫无结果。正在关键时刻，兵部侍郎于谦挺身而出，他说："京都是国家的根本，如果朝廷一撤出，大势就完了，大家难道忘了南宋的教训吗？"

于谦（1397—1457年），字廷益，浙江钱塘人。为永乐十九年进士，曾任监察御史、兵部侍郎、大理寺少卿、山西、河南巡抚、兵部尚书等职。

于谦《题公中塔图赞》

于谦的主张得到许多大臣的赞同。皇太后和郕王朱祁钰眼看在这关键时刻，能站出一位力挽狂澜的忠臣，当然满心欢喜，立即委以于谦兵部尚书的重任，让他负责指挥军民守城。

景泰元年（1450年）九月，景帝即位不久，瓦剌军进逼宣府城下。于谦面对敌我兵力悬殊的态势，一面抓防卫，一面抓备战，大力征募新兵，调运粮草，赶制兵器，不到一个月，就征集了20万人马，做好一切迎敌的准备。

十月，也先挟持着被俘的皇帝英宗攻破紫荆关，兵逼北京城。于谦主张先打掉也先的嚣张气焰，鼓舞士气。他调集了22万军队，做好迎战准备，并做了周密布置：都督王通、副都御史杨善率部守城，其余将士分别驻扎在9个城门外，列阵待敌。

明军副总兵高礼首先在彰义门外告捷，歼敌数百，夺回民众千人。狡猾的也先眼看明军有于谦等将领指挥，硬攻不能取胜，便变换手法，以送还英宗为名，准备诱杀于谦等人，但被于谦识破了。

也先见此计不成，便采取强攻。于谦不在正面与敌人拼杀，他派骑兵佯攻，把敌军引入伏击圈内，便用埋伏好的火炮轰击。瓦剌军伤亡惨重，也先的弟弟勃罗也在炮火中丧生。

瓦剌军围攻京都，屡遭挫败，进攻居庸关又遭守将罗通的抵抗。也先怕归路被明军切断，忙带着英宗向良乡（北京房山区东）后撤。明军乘胜追击，大获全胜。也先带着残兵败将逃回塞外。

北京之战，瓦剌军受到重挫，引起内部不和。也先见留着英宗也没有多大作用，就把他送回了京都。从此，瓦剌军再也不敢进犯明朝了。

明正统九年铜铳

于谦迫使瓦剌于景泰元年释放英宗，并说服景帝迎英宗归国。他改革亲军旧制，创立团营，整肃军纪，加强训练，毫不松懈。他本人才识过人，忧国忧民，深受景帝器重。天顺元年（1457年）正月，于谦被陷害致死。他曾有"粉身碎骨全不怕，要留清白在人间"的著名词句，不幸竟成为他自身的写照。后人辑他的诗文为《于忠肃集》流世。

宪宗即位后，为于谦平反，恢复官衔。孝宗即位后，又追赠其为太傅，谥肃愍，为他建"旌功祠"。后神宗改谥为"忠肃"。

东林党与阉党之争

明朝后期，朝臣结党，派系林立。万历三十二年（1604 年），落职还乡的原吏部郎中顾宪成在地方官员的资助下，与高攀龙同讲学于无锡东林书院。他们讽刺时政，裁量人物，其言论形成了广泛的社会影响，在朝在野的各种政治人物和东南城市势力以及一些地方实力派都聚集他们周围，形成了一个声势浩大的东林党。

早期与东林党对立的主要是一批代表大地主集团利益的官员。东林党与各党派的斗争是以争"京察"为发端的，以后争论的中心逐渐转移到太子废立问题上来。后期党争主要是与以魏忠贤为首的阉党的斗争。魏忠贤原是当地有名的市井无赖，后因赌博输尽了家产，做了太监。熹宗时，魏忠贤与熹宗乳母客氏勾结，日益得宠，成为新的政治集团，被称为"阉党"。

东林党曾为熹宗登基之事出过大力，他们当政后，开始整顿朝纲，将很多腐败官员罢免。这些人便纷纷投靠魏忠贤，魏忠贤把东林党人看成阻止他实现野心的重要障碍。天启四年（1624 年），魏忠贤在宫内基础已牢固，开始向外廷出击。六月，素以刚直敢谏著名的左副都御史杨涟上疏参劾。列举魏忠贤 24 条大罪，并请求驱逐客氏出宫。魏忠贤设计使熹宗下旨严责杨涟。不久，杨涟和东林党另一重要成员左光斗一起被罢了官。天启五年（1625 年），阉党爪牙许显纯捏造口供，将杨涟、周朝瑞、左光斗、袁化中等人下在锦衣卫大狱中，不久又将他们杀害。天启六年（1626 年），魏忠贤捏造了"七君子"事件，把东林党人周启元等 7 人迫害致死。此外，为了打击反抗和不肯依附他们的官员，魏忠贤的党羽们还编列了黑名单，将不肯同流合污的官员指为东林党，列在黑名单上。当时开列黑名单已成为一大风气，东厂西厂都照单捕人，并把他们弄死。一时间，朝廷上下乌烟瘴气，魏忠贤的权势达到了顶峰。

天启七年（1627 年）熹宗病逝，崇祯继位，魏忠贤大势已去，自知被天下人所憎恨，难以自保，便自缢而死，阉党势力也遭到严重打击。东林人士逐渐返回东林党人主张改良政治、开放言路，反对横征暴敛，提倡减轻人民负担、缓和矛盾，并为此进行了坚持不懈的斗争，他们敢于揭露批判黑暗腐败政治，为民请命，为挽救明朝危机做出了巨大努力，反映了社会进步势力的要求。

努尔哈赤建后金

当明王朝政治越来越腐败的时候，满族的前身女真族那时正居住在今松花江南北以及黑龙江一带。早在 11 世纪时，女真族的完颜部就曾建立过政权。元时一部分女真人迁入中原，另一部分仍留在东北。明初女真生产渐渐发展，出现了阶级分化。作为满族主体的建州女真定居于赫图阿拉（今辽宁新宾一带），接受明政府的有效管辖，定期交纳贡赋。建州女真不断扩大势力，渐渐强大起来，其首领是爱新觉罗·努尔哈赤。

努尔哈赤出生在建州女真的贵族家庭里。祖父觉昌安和父亲塔克世都被明朝封为建州左卫的官员，努尔哈赤从小就学习骑马射箭，练得一身好武艺。

努尔哈赤 25 岁那年，建州女真部土伦城城主尼堪外兰，引来明军攻打古勒寨城主阿台。阿台的妻子是觉昌安的孙女，觉昌安便带着塔克世到古勒寨去，途中碰上明军攻打古勒寨，觉昌安和塔克世都死在混战中。

努尔哈赤痛哭了一场，葬了他的祖父、父亲，但是想到自己的力量太弱，不敢得罪明军，就把怨恨全集中在尼堪外兰身上。努尔哈赤满腔悲愤地回到家里，找出了他父亲留下的盔甲，分发给他手下的兵士，向土伦城进攻。尼堪外兰根本不是努尔哈赤的对手，狼狈逃走。努尔哈赤攻克了土伦城后，趁机又征服了建州女真的一些部落。

努尔哈赤灭了尼堪外兰，声名远扬。过了几年，他统一了建州女真。这样一来，引起女真族其他部落的恐慌。当时女真族有三部，除了建州女真之外，还有海西女真和"野人"女真。海西女真中数叶赫部实力最强。1593 年，叶赫部联合了

努尔哈赤

女真、蒙古9个部落，合兵3万，分3路向努尔哈赤进攻。

努尔哈赤听到九部联军来攻，便在敌军来路上埋伏了精兵；在路旁山岭边，安放了滚木石块。九部联军一到古勒山下，建州兵就派出一百骑兵挑战。叶赫部一个头目冲过来，马被木桩绊倒，建州兵上去把他杀了，另一头目当时被吓昏过去。这样一来，九部联军没有了统一指挥，四散逃窜，努尔哈赤乘胜追击，打败了叶赫部。又过了几年，努尔哈赤统一了女真族各部。

努尔哈赤统一了女真后，把女真人编为八个旗。旗既是一个行政单位，又是军事组织。为了麻痹明朝，努尔哈赤继续向明朝朝贡称臣，明朝廷认为努尔哈赤态度恭顺，便封他为"龙虎将军"。

1616年，努尔哈赤认为时机成熟，就在八旗贵族拥护下，在赫图阿拉即位称汗，国号金。历史上为了跟过去的金国区别把它称为"后金"。

萨尔浒之战

1618 年，努尔哈赤召集八旗首领和将士誓师，宣布跟明朝结下七件冤仇，叫作"七大恨"。第一条就是明朝无故杀死了他的祖父和父亲。为了报仇雪恨，他决定起兵征伐明朝。

努尔哈赤亲自率领 2 万人马攻打抚顺。他先写信给抚顺明军守将李永芳，劝他投降。李永芳见后金军来势凶猛，无法抵抗，就投降了。后金军俘获人口、牲畜 30 万。明朝的辽东巡抚派兵救援抚顺，也被后金军在半路上打垮了。

明神宗得知消息后，派杨镐为辽东经略，讨伐后金。杨镐率总兵杜松、马林、刘铤、李如柏，又通知朝鲜、叶赫部出兵助攻，合 11 万人，浩浩荡荡杀奔后金。杨镐令总兵马林率 1.5 万人出开原，入浑河上游，从北面进攻；总兵杜松领 3 万人担任主攻，由沈阳出抚顺关入苏子河谷，从西面进攻；总兵李如柏率 2.5 万兵由西南进攻；总兵刘铤率兵 1 万与朝鲜兵 1.5 万由南进攻；杨镐坐镇沈阳指挥，四路大军会攻赫图阿拉。

八旗大纛

经过侦察，努尔哈赤得知山海关总兵杜松率领的中路左翼是明军主力，他们正从抚顺出发，打了过来。努尔哈赤决定集中兵力，先对付杜松。

杜松是一位身经百战的名将。从抚顺出发时，天正下着大雪，杜松立功心切，不管气候恶劣，急急忙忙冒雪行军。他先攻占了萨尔浒（今辽宁抚顺东）山口；接着，把一半兵力留在萨尔浒扎营，自己带了另一部精兵攻打后金的界藩城（今新宾西北）。

努尔哈赤一面发兵增援吉林崖，一面亲率4.5万旗兵直扑驻萨尔浒的明军西路主力。两军展开激战，杀得天昏地暗。杜松军点燃火炬照明以便准确炮击，后金军利用明军的火光，以暗击明，集矢而射，杀伤甚众。时起大雾，努尔哈赤趁雾引一路军越过堑壕，拔掉栅寨，攻占明军营垒。明西路军遂溃，死伤逾万。与此同时，杜松万余军在吉林崖也遭后金军重创，杜松战死，明西路军全军覆没。

萨尔浒大战的遗物——明代铁炮

明军主力被歼，南北二路显得势弱，处境孤单。马林率北路军进至尚间崖时，得知杜松覆灭，不敢前进，就地防御。他环营挖掘三层堑壕，将火器部队列于壕外，骑兵继后；又命潘宗颜、龚念遂各率万人屯于大营数里外以成掎角之势，并环战车以迟滞后金。努尔哈赤在击灭杜松后，已率八旗主力转锋北上，迎击明北路军。随后，后金军一部骑兵横冲龚念遂阵营，并以步兵正面冲击破明军车阵，龚军大败。主力后金军与马林部明军大战于尚间崖，刚击溃龚念遂的后金骑兵已迂回到马林军侧后，与主力前后夹击，马林大败。努尔哈赤挥军乘胜追击，八旗骑兵又冲垮潘宗颜军，北路明军大部被歼。坐镇沈阳的杨镐接到两路人马覆灭的消息，连忙派快马传令另外两路明军立刻停止进军。

中路右翼的辽东总兵李如柏胆小谨慎，行动也特别迟缓，他一接到杨镐的命令，急忙撤退。剩下的是南路军刘铤。杨镐发出停止进军命令的时候，南路军因迷路未能如期到达目的地，而又不知明北、西二路已被歼，仍向北开进，当快到萨尔浒时，努尔哈赤已击败马林，挥师南下，做好了迎战准备。努尔哈赤以主力埋伏于赫图阿拉南，另以少数士兵冒充明军，持着杜松令箭，诈称西路明军已迫近赫图阿拉，要刘速进会攻。刘铤毫不怀疑，带着人马进入了后金军的包围圈。后金军里应外合，四面夹击，明军阵势大乱。刘铤虽然英勇，但毕竟寡不敌众，战死在乱军中。

这场战争从开始到结束，只有 5 天的时间，杨镐率领的 10 万明军损失过半，文武将官死了 300 多人。这就是历史上著名的"萨尔浒之战"。

萨尔浒之战后，明朝元气大伤。两年后，努尔哈赤又率领八旗大军，接连攻占了辽东重要据点沈阳和辽阳。1625 年三月，努尔哈赤把后金都城迁到沈阳，把沈阳称为盛京。从那以后，后金就对明朝的统治构成了威胁。

清朝兴衰

闯王李自成

崇祯帝即位的第二年，陕西闹了一场大饥荒，老百姓没粮吃，连草根树皮也被吃光了。在这种情况下，一些地方官吏还照样催租逼税。于是，陕西各地爆发了农民起义。

高迎祥曾以贩马为业，善骑射，膂力过人。他揭竿于安塞，率部活动于延庆府，上阵时白袍白巾，身先士卒。崇祯三年（1630 年）十一月，高迎祥与王嘉胤、王自用部会合东渡入晋。崇祯四年（1631 年）六月，义军首领王嘉胤被南山总兵曹文诏部下杀害，陕晋各路义军结成三十六营，高迎祥为领袖之一，称为"闯王"。

崇祯二年冬天，明王朝从甘肃调了一支军队开赴北京。这支军队走到金县（今陕西榆中）时，由于兵士们领不到军饷，闹到了县衙门。带兵的将官出来弹压，有个年轻兵士引头，把将官和县官杀了。这个兵士就是李自成。

李自成是陕西米脂人，出生在一个农民家庭里，少年时就喜欢骑马射箭，练得

李自成雕像

一身好武艺。

李自成父亲死后，他去了明朝负责传递朝廷公文的驿站当驿卒。明朝末年的驿站制度有很多弊端，明思宗朱由检在崇祯元年（1628年）对驿站制度进行了改革，精简驿站。李自成因丢失公文被裁撤，失业回家。同年冬天，李自成因缴不起举人艾诏的欠债，被艾举人告到米脂县衙。县令晏子宾将他"械而游于市，将置至死"，后由亲友救出，同侄子李过于崇祯二年（1629年）二月到甘肃甘州（今张掖市甘州区）投军。

这一次，李自成在金县杀了朝廷命官，带着几十个兵士一起投奔王左挂领导的农民军。不久，王左挂禁不住高官厚禄的诱惑，投降了朝廷，李自成不得不另找队伍。后来，他打听到高迎祥领导一支队伍起义，自称"闯王"，就去投奔了高迎祥。高迎祥见李自成带兵来投奔，十分高兴，立刻叫他担任一个队的将官，大家把他叫作"闯将"。

李自成所率军队纪律严明、作战勇敢，对百姓秋毫不犯，虽经受过几次挫折，但最终发展成为起义军中力量最强大的。面对各地农民纷纷揭竿而起的局面，明政府改变了招抚的政策，转而采用剿杀的政策。但是义军实行游击战，且基础深厚，官军虽连连取胜，但怎么也剿除不净。

为了对付官军围剿，高迎祥把 13 家起义军的大小头领约到荥阳开会。商量对敌办法。李自成认为起义军应该分成几路，分头出击，打破敌人的围剿。大家听了，都觉得李自成说得有道理。经过商量后，13 家起义军分成了 6 路。有的拖住敌军，有的流动作战。高迎祥、李自成和另一支由张献忠领导的起义军向东打出了包围圈。

1633 年底，高迎祥、李自成等率起义军突破黄河天险，杀入明朝的心脏地带——河南。他们乘势前进，转而向安徽方面挺进。1635 年，起义军攻下明皇室凤阳老巢，那儿有朱元璋的祖坟。起义军进城后，焚毁皇陵宫殿，刨了皇家祖坟。崇祯帝闻知祖坟被挖大为吃惊，下罪己诏请求祖先在天之灵宽恕自己。崇祯帝悲伤过去后，命兵部尚书杨嗣昌专力剿杀。

有一次，高迎祥带兵向西安进攻。陕西巡抚孙传庭在盩屋（今陕西周至）的山谷里埋下了伏兵，高迎祥没有防备，被捕牺牲，李自带领余部杀了出来。将士们失去了主帅，心情十分沉痛。大伙认为闯将李自成是高迎祥最信任的将领，加上他有勇有谋，就拥戴他做了闯王。从那以后，李闯王的名声就在远近传开了。

李闯王的威名越高，越使明王朝害怕和仇恨。崇祯帝命令总督洪承畴、巡抚孙传庭专门围剿李自成，李自成的处境一天比一天困难起来。在这个困难的时刻，另两支起义军的首领张献忠、罗汝才都接受了明朝的招降，李自成手下的将领也有叛变的，这使李自成处于极其危险的境地。

1638 年，李自成从甘肃转移到陕西，准备打出潼关去。洪承畴、孙传庭事先探听到起义军的动向，便在潼关附近的崇山峻岭中，布置了三道埋伏线，然后故意让开通向潼关的大路，诱使李自成进入他们的包围圈。李自成中了敌人的计，起义军经过几天几夜的搏斗，几万名将士在战斗中阵亡，队伍被打散了。

李自成和他的部将刘宗敏等 17 个人冲出重重包围，翻山越岭，排除了千难万险，才到了陕西东南的商洛山区，隐蔽起来。

冲冠一怒为红颜

在官军的围追堵截下，李自成处境艰难，暂时处于低潮。1641年，李自成进入河南，转而又攻克洛阳，杀死福王朱常洵。崇祯帝知道后，非常生气，只恨恨地骂各地官吏围剿不力，但自己也拿不出好办法来。李自成起义军纵横驰骋，来回奔袭，官军只能跟在起义军屁股后团团转。1642年，李自成率军三围开封，经过一番战斗，围剿起义军的官军不但没有把起义军剿灭，反而被起义军歼灭大部，起义军开始转入战略进攻。1643年，李自成在襄阳建立革命政权，准备进行新的斗争。

1644年，李自成在西安建立了政权，国号大顺。不久，李自成亲自率领100万起义军渡过黄河，兵分两路进攻北京。两路大军势如破竹，到了这年三月，就在北京城下会师了。北京城外驻守的明军最精锐的3大营全部投降。十七日，李自成亲率大军环攻九门。十八日，大顺军将士架云梯奋力攻城，越墙而入，攻破外城。与此同时，明太监曹化淳献彰义门出降。

崇祯帝听到大兵进城的消息，立即命其三个儿子更衣出逃，逼周皇后自缢，拔剑将长女乐安公主手臂斩断，又杀妃嫔数人，然后换上便服，携太监王承恩等数十人，出东华门，企图出逃，未成功，又返回宫内。十九日清晨，大顺军攻破内城。崇祯帝亲自响钟召集百官，竟无一人响应。他见已无力挽回败局，便与太监王承恩入内苑，于煤山（今景山）寿皇亭树下自缢。统治中国277年的明王朝，就此灭亡。

大顺政权一面出榜安民，一面惩治明王朝的皇亲国戚、贪官污吏。李自成派刘宗敏和李过，勒令那些权贵、官僚交出平时从百姓身上搜刮来的赃款，充当大顺军的军饷。有个叫吴骧的大官僚，也被刘宗敏抄了家产。有人告诉李自成说，吴骧的儿子吴三桂是明朝的山海关总兵，手下还有几十万大军。如果招降了吴三桂，就可以解除大顺政权的一个威胁。

吴三桂原来是明朝派到关外抗清的，驻扎在宁远一带防守。吴三桂收到父亲吴镶的劝降信，便打算到北京去看看情况再说。他带兵到了滦州，遇到一些从北京逃出来的人，找来一问，听说他父亲被抓，家产被抄，顿时心生恨意。后来，又听说他最宠爱的歌姬陈圆圆也被大顺军抓走，不禁勃然大怒，便率兵折回山海关，发誓与大顺军誓不两立。吴三桂势单力孤，仅据山海关一隅，根本无力与大顺军对抗，便想到与清兵联手对抗大顺军，于是派信使去见多尔衮。

这时，清军在多尔衮的率领下正计划由蓟州、密云地区破城墙而入，行军至翁后遇到了吴三桂的使者，便改变行军路线，直接向山海关进发。当时，李自成已亲率大军进逼山海关，准备与吴三桂展开激战。多尔衮四月二十一日到达山海关，屯驻于欢喜岭，蓄锐不发。按兵观望。四月二十二日吴三桂亲自出关，面见多尔衮，提出条件，正式降清。吴三桂与多尔衮约定，清兵帮助吴三桂打败了李自成后，黄河以北归清，以南归明，并封吴三桂为王。当日，多尔衮就率军进入山海关，不费一兵一卒便实现了多年夙愿。

大顺军从南面开到山海关边，与吴三桂的军队展开激战。李自成骑着马登上西山指挥作战。吴三桂带兵一出城，就被大顺军的左右两翼合围包抄。明兵东窜西突，无法冲出重围；大顺军个个奋勇，喊杀声震天动地。

这时候，多尔衮看准时机，命令埋伏在阵后的几万清兵一起杀出，向大顺军发动突然袭击。大顺军没有防备，也弄不清是哪儿来的敌人，心里一慌张，阵势乱了起来。

李自成在西山上发现清兵已经进关，想稳住阵脚，已经来不及了，只好传令撤兵。多尔衮和吴三桂的队伍里外夹击，大顺军惨败。李自成带领将士边战边退，吴三桂仗着清兵的势力，在后面紧紧追赶。大顺军退到北京时，兵力已经大大削弱了。李自成回北京后在皇宫大殿里举行了即位典礼，接受官员的朝见。第二天一清早就率领大顺军，匆匆离开北京，向西安撤退。

1644年十月，多尔衮把顺治帝从沈阳接到北京，把北京作为清朝国都。从那时起，清王朝就开始统治中国了。

明崇祯山海关镇炮

吴三桂降清改变了当时整个战局，是清入主中原的关键性转折。第二年，清军兵分两路攻打西安：一路由阿济格和吴三桂、尚可喜率领，一路由多铎和孔有德率领。李自成被迫放弃西安，向襄阳转移。几个月后，大顺军在湖北通山县遭到当地地主武装袭击，李自成战败被杀。

史可法死守扬州

崇祯帝在煤山（今景山）自杀的消息传到明朝陪都南京，南京的大臣们惊慌失措。他们立福王朱由崧做了皇帝，这就是弘光帝，历史上把这个南京政权叫作南明。

弘光帝朱由崧是个荒唐透顶的人，凤阳总督马士英等人利用弘光帝的昏庸，操纵了南明政权。

南明政权的兵部尚书史可法，本来不赞成让朱由崧做皇帝，为了避免引起内乱，才勉强同意，并主动要求到前方去统率军队。

那时候，长江北岸有四支明军，叫作四镇。四镇的将领都是骄横跋扈的人，他们互相争夺地盘，放纵兵士杀害百姓。史可法到了扬州，亲自去找那些将领，劝他们不要自相残杀，又把他们安排在扬州周围驻守，自己坐镇扬州指挥。由于史可法在南方将士中威信高，那些将领不得不听从他的号令，大家称呼他为史督师。

不久，多铎带领清军，大举南下，史可法指挥四镇将领抵抗，打了几次胜仗。可是南明政权内部却起了内讧：驻守武昌的明军将领左良玉和马士英争权夺势，起兵进攻南京。马士英急忙将江北四镇军队撤回，对付左良玉，还以弘光帝名义要史可法带兵保卫南京。

史可法明知道在清军压境的情况下，不该离开。但是为了平息内争，不得不带兵回南京，刚过长江，便得知左良玉兵败的消息。他急忙撤回江北，此时清兵已经逼近扬州。

史可法发出紧急檄文，要各镇将领来守卫扬州。但是过了几天，竟没有一个发兵来救。史可法清楚，只有依靠扬州军民，孤军奋战了。多铎带领清军到了扬州城下，先派人到城里劝史可法投降，一连派了五个人，都遭到拒绝。多铎恼羞成怒，下令把扬州城紧紧围困起来。

扬州万分危急，城里一些胆小的将领害怕了。第二天，就有一个总兵和一个监军带着本部人马，出城向清军投降。这一来，城里的守卫力量就更薄弱了。史可法召集全城官员，勉励他们同心协力，抵抗清兵，并且分派了守城的任务。将士们见史可法坚定沉着，都很感动，表示一定要和督师一起，誓死抵抗。

多铎命令清兵不间断地轮番攻城。扬州军民奋勇作战，把清兵的进攻一次次打退，清兵死了一批，又上来一批，形势越来越紧急。多铎下了狠心，命令清兵用大炮攻城。他探听到西门是由史可法亲自防守，就下令炮手专向西北角轰击。炮弹一颗颗在西门口落下来，城终于被轰开了缺口。史可法眼看城已经守不住了，拔出佩刀就要自杀。随从的将领上前抱住史可法，把他手里的刀夺了下来。史可法还不愿走，部将们连拉带劝地把他保护出了小东门。这时候，有一批清兵冲过来，看见史可法穿着明朝官员的装束，就吆喝着问他是谁。史可法怕连累别人，就高声说："我就是史督师，你们快杀我吧！"

1645 年四月，扬州城陷落。多铎因为攻城的清军遭到很大伤亡，心里恼恨，不仅杀了史可法，还灭绝人性地下令屠杀扬州百姓。大屠杀延续了 10 天。历史上把这件惨案称为"扬州十日"。

荷兰殖民者投降图

扬州失守几天后,清军攻破了南京。南明政权的官员降的降,逃的逃,弘光政权也被消灭了。

郑成功收复台湾

隆武帝在福州建立政权后,他手下的大臣黄道周一心想帮助隆武帝出师北伐,抗清复明。但是掌握兵权的郑芝龙贪图富贵,抛弃了隆武帝,向清朝投降,隆武政权也就瓦解了。

郑成功(1624—1662),原名森,字大木,隆武政权重臣郑芝龙之子。南明隆武帝对他十分赏识,并封他为延平郡王,赐姓朱,改名成功,因此亦称为"国姓爷"。郑芝龙降清时,郑成功率师拒降,"不受诏,不剃头",打出"背父救国"的旗号,单独跑到南澳岛,招募了几千人马,坚决抗清。

郑成功是个将才,在他的努力下,队伍渐渐强大起来,在厦门建立了一支水师。他跟抗清将领张煌言联合起来,乘海船率领 17 万水军,开进长江,向南京进攻,一直打到南京城下。清军见硬拼不行,就用假投降的手段欺骗他。郑成功中了清军的计,最后打了败仗,又退回厦门。

郑成功回到厦门时,清军已经占领福建大部分地方,他们采用封锁的办法,将沿海居民内迁30里，同时，禁止舟船出海，以切断东南人民与郑成功的联系。这给郑成功造成许多困难。为了扭转被动局面，郑成功准备收复我国被荷兰侵占的领土台湾，用作抗清斗争的最后基地。

台湾自古以来就是我国的领土。明朝末年，荷兰人趁明王朝腐败无能，霸占了台湾。1624年，荷兰殖民者被明逐出澎湖后，又占领了台湾南部，并建立了许多据点，如台湾城和赤嵌城，并蚕食了大量土地。1642年，荷兰打败了西班牙独霸台湾，在台湾实行残暴的殖民统治。

郑成功少年时期曾经跟随父亲到过台湾，亲眼看到台湾人民遭受的苦难。这一回，他决心赶走殖民者，就下令让他的将士修造船只，积蓄粮草，准备渡海。

这时，有一个在荷兰军队里当过翻译的何廷斌赶到厦门见郑成功，说台湾人民受殖民者欺侮压迫，早就想反抗了，只要大军一到，一定能够把荷兰人赶走。何廷斌还送给郑成功一张台湾地图，把荷兰殖民者的军事布置都告诉了郑成功。郑成功有了这个可靠的情报，信心就更足了。

1661年三月，郑成功亲率2.5万名将士，乘坐几百艘战船，浩浩荡荡从金门出发。他们冒着风浪，越过台湾海峡，在澎湖休整几天，便直取台湾。

荷兰殖民者听说郑军攻打台湾，十分惊慌。他们把队伍集中在台湾（在今台湾东平地区）和赤嵌（在今台南地区）两座城堡里，还在港口沉了好多破船，想阻挡郑成功的船队登岸。

何廷斌为郑成功领航，利用海水涨潮的机会，驶进了鹿耳门，登上台湾岛。

殖民者调动一艘最大的军舰"赫克托"号，气势汹汹地开了过来，阻止郑军的船只继续登岸。郑成功沉着镇定，指挥他的60艘战船把"赫克托"号围住，随即一声令下，60多只战船一齐开炮，把"赫克托"号击沉了。还有3艘荷兰船见势不妙，吓得掉头就跑。

随后，郑成功派兵猛攻赤嵌。赤嵌的殖民者拼死顽抗，一时攻不下来。有个当地人为郑军出主意说，赤嵌城的水都是从城外高地流下来的，只要把水源切断，敌人就会不战自乱。郑成功采用这个办法，没出 3 天，赤嵌的殖民者乖乖地投降了。

盘踞台湾城的殖民者企图顽抗，等待援兵。郑成功采取长期围困的办法逼他们投降。在围困 8 个月之后，郑成功下令向台湾城发起猛攻。荷兰殖民者走投无路，只得扯起白旗投降了。

1662 年初，殖民者头目被迫到郑成功大营，在投降书上签了字，灰溜溜地离开了台湾。收复台湾后，郑成功在台湾设置行政机构，将赤嵌城改为安平城，在台湾设承天府，下辖天兴、万年两县；将台湾城改为安平镇。建立了与大陆一致的郡县制，大力开发台湾，发展农业生产，鼓励开荒，招徕大陆移民，积极发展海外贸易，促进了台湾社会经济发展。他还带来了先进农具和耕作技术，高山族从此以后也同大陆一样使用牛耕和铁犁种田，生活逐渐安定。

1662 年五月初八，郑成功病逝。他的儿子郑经率领军队，继续驻守台湾，进行抗清活动。1683 年，清军进入台湾，设置台湾府。

郑成功是我们民族的英雄，他收复了台湾，使台湾重新回到祖国的怀抱，捍卫了中国领土和主权的完整；驱逐了荷兰殖民者，结束了荷兰对台湾历时 38 年的殖民统治，保卫了中华民族的利益；兴建了台湾，促进了当地的经济开发和社会发展，具有重大的历史意义，他的壮举将永垂史册。

孝子黄宗羲

黄宗羲出生在浙江余姚县通德乡黄竹浦（今浙江余姚市的明伟乡）。他的父亲黄尊素是万历年间的进士，他期望儿子同自己一样考科举入仕途，因此对他要求很严格。黄宗羲从小聪明好学，不负父望，14 岁就在家乡通过考试，补为浙江仁和县（今属杭州市）博士弟子。同年，黄尊素奉调入京，担任山东监察御史，黄宗羲随父进京读书。

当时，明朝的朝政把持在以宦官魏忠贤为首的一伙奸佞小人手中，他们疯狂地迫害正直的官员。黄尊素旗帜鲜明地站在"东林党"一边，主张剪除阉宦，澄清吏治。1626 年 2 月，阉党罗织罪名逮捕了黄尊素等官员。后来，他们又指使其爪牙用极其残酷的手段将他们害死在公堂或牢狱。黄尊素于当年 6 月 1 日被害，当时黄宗羲 17 岁。

黄尊素被害的凶讯很快传到余姚，黄宗羲全家悲愤万分。他的祖父黄日中愤然写下"你忘了杀你父亲的仇人吗"，以此激励孙儿为父亲鸣冤报仇。黄宗羲去宽慰母亲，母亲对他说："你要宽慰我，就不要忘了你父亲的遗志呀！"黄宗羲痛定思痛，决心效法越王勾践，立志向阉党报仇。

1628 年正月，黄宗羲写好了为父亲申冤的奏疏，身藏铁锥，赴京为父鸣冤。当他到达北京时，崇祯帝已镇压了阉党集团，但阉党余孽尚存，黄宗羲为此余恨未消。他上书皇帝，请求诛杀参与陷害其父的许显纯、崔应元等人。同年 5 月，刑部会审许显纯等人。许显纯以自己皇亲国戚的身份，要求减刑。黄宗羲驳斥道："显纯与阉党勾结，许多忠良都死在他的手里，这应当与谋逆同罪。"结果，刑部宣判了许、崔两人的死刑。黄宗羲当庭痛打崔应元，拔下其胡须祭祀先父亡灵。然后，他还亲手打死了直接杀害父亲的牢头叶咨、颜文仲。

审判结束后，黄宗羲等死难诸家子弟在诏狱中门祭祀忠魂，哭声传入宫廷。崇祯帝叹息说："忠臣孤子，让我顿生恻隐之心！"

黄宗羲入京申冤，传遍了朝野，也轰动了京城。姚江黄孝子之名传遍天下。

1628 年秋，黄宗羲护持父亲的灵柩南归，办理丧事。之后，他来到郡城绍兴，跟随名儒刘宗周继续学习经史。此后两年的时间里，黄宗羲四处交游，奔走于南京、苏州、杭州、绍兴、宁波等地，结识了江南许多名士，如张溥、陈子龙、万寿祺、沈寿民、何乔远、万泰等。他于 1630 年经周镳介绍加入复社，多次参加复社的集会活动。同时，黄宗羲在南京参加了科举考试，结果落第。此后，他重温父亲"学者不可不通史事"的遗训，更加发愤研读历史著作。他每天天不亮就起床，开始读史书，一直到晚上掌灯的时候才停止。两年之内，他读了大量历史著作。黄宗羲还广泛阅读了诸子百家的著作，以及天文、音乐、地理、数学、历法、佛教、道教等方面的书籍。随着知识和阅历的增加，他愈来愈感到科举禁锢人的头脑，于是开始思考变革的问题。

　　黄宗羲在钻研学问的同时，还积极参与声讨阉党余孽阮大铖之流的政治斗争。阮大铖在崇祯初年被列入"逆案"，避祸于安徽怀宁老家，但他贼心不死，图谋复出。明朝灭亡前夕，他暗中招纳亡命之徒，收买复社人士，大有死灰复燃之势。1638年，黄宗羲带头签名，发布了著名的《留都防乱公揭》，大胆揭露了阮大铖"勾结阉党，残害忠良"的险恶用心，一举将他逐出南京。这期间，黄宗羲结识了梅朗中、方以智等人。

《明儒学案》书影　黄宗羲

　　1642年，黄宗羲与周延祚同赴北京应考，未能及第。有人想推荐黄宗羲为中书舍人，他坚辞不就。黄宗羲看到京城形势紧张，不久整装南归。清军南下之时，黄宗羲召集家乡勇士数百人组成"世忠营"，坚持反清战斗达数年之久。失败后，他返回乡里，清廷屡次征诏，皆不就。

　　1663年4月，黄宗羲设馆讲学。其间，他结识了吴之振、吴自牧父子，并与之共同选编《宋诗抄》。同时，他遍读吴氏藏书，收集了大量资料。他认真总结明亡的历史教训，为后人留下了许多对经世治国有益的著作。

博通古今王夫之

王夫之出生于明朝末年一个没落的地主阶层知识分子家庭。1644 年，王夫之 25 岁时，清军南下占领湖南，他在湖南衡山揭竿而起，抗击清军。失败后，王夫之投奔南明永历政权，因弹劾权奸，反遭迫害，后经农民军领袖营救，才得以辗转逃回湖南。为躲避清朝政府的缉拿，他隐姓埋名，逃亡于湘南各地，饱尝颠沛流离之苦。

当军事抗争毫无意义之时，王夫之转入文化思想领域，去从事另一种形式的斗争。他把自己的亡国之思和对时局政治的思考寄托于学术领域，勤恳著述 40 年，内容涉及哲学、政治、经济、历史、文学、教育、军事、伦理、自然科学等诸方面，建立了超越前人、博大精深的思想体系。他深入研究《周易》，探讨改革社会的方法，先后撰成《周易稗疏》和《周易考异》两部著作，为终生精研《易》理打下了坚实的基础。他还撰写了堪称民族宣言的政论著作《黄书》。

王夫之对中国朴素唯物主义认识论的发展有着独到的贡献。他继承和发扬了古代朴素唯物主义的优良传统，吸取当时新兴"质测之学"的成果，以"六经责我开生面，七尺从天乞活埋"的创新和求实精神，对社会现实进行了高度的哲学概括，在前人成果的基础上把唯物主义发展到时代条件所允许的高度。他从哲学上和政治危害上全面清算了宋明理学唯心主义，以科学方法剖析了宋明理学的理论根源，并以其在批判中建立的"别开生面"的朴素唯物辩证法体系，为统治中国思想界数百年的宋明理学乃至整个古典哲学做了总结和终结。

王夫之还以唯物主义一元论为依据，从探究人的本质出发，研究人类社会的起源、发展、规律及动力等一系列重要问题，从而建立起其独特的历史观。他在考察社会历史发展过程及其规律的基础上，提出理势合一论。他把历史发展的现实过程称作"势"，认为历史发展过程就是一种客观必然趋势，而发展趋势中所包含的不可改变、不可抗拒的必然性，他称之为"理"。

王夫之一生著述甚丰，除了《读四书大全说》《四书训义》《尚书引义》和《时记章句》等哲学论著外，还撰成《春秋家说》《春秋世论》《续春秋左氏传博议》等早期史论，反映了17世纪我国学术变迁的新动向；并以《诗广传》一书另辟学术门径，试图跳出中世纪诗学的狭隘眼界。

62岁以后，王夫之在衡阳石船山麓筑草堂定居，他不顾年迈体衰，贫病交加，撰写了《周易内传》《周易内传发例》《庄子通》《庄子解》《相宗洛索》《张子正蒙注》《宋论》《读通鉴论》《俟解》《搔首问》《噩梦》《四书笺解》《楚辞通释》及《诗话》《夕堂永日绪论》诸书，可谓著作宏富。

清康熙三十一年（1692年），王夫之逝世于石船山下的草堂内，时年74岁。他的墓碑上写着"明朝遗民王夫之之墓"。

康熙帝削藩

顺治十八年（1661年）正月初七夜，顺治帝福临病逝。初九，其子玄烨即位，时年8岁，以第二年（1662年）为康熙元年。

康熙帝亲自执政后，大力整顿朝政，使新建立的清王朝渐渐强盛起来。但是，南方的三个藩王却成了康熙帝的一块心病。

三藩问题由来已久。早在顺治年间，平西王吴三桂、平南王尚可喜、靖南王耿继茂奉命南征，为清王朝一统天下立下了汗马功劳。因而顺治帝在统一全国后，并没有及时撤除三藩，而是命令他们留守其地。日积月累，三藩势力日盛，成为威胁中央的地方割据势力。三藩拥兵自重，把持地方财政，欺压百姓，甚至利用沿海交通的便利条件，置朝廷的海禁政策于不顾，大肆进行走私活动。

康熙帝即位之初，四大臣辅政。他们对三藩采取笼络、包容之策，企图借助他们的力量对付南明、农民军余部，因而对三藩的所作所为不闻不问，三藩的势力更加嚣张。康熙帝亲政后，敏锐地看出三藩已成为国家的心腹之患，把它列为自己亲

康熙帝读书像

政所必须解决的大事之一。

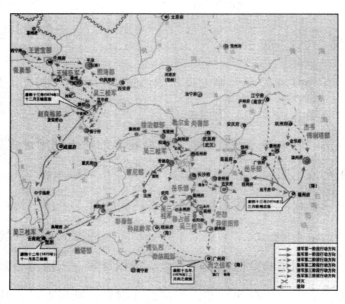

平定三藩叛乱要图

　　康熙帝亲政之前就采取措施，逐步削弱三藩的势力，他收缴大将军印，裁兵节饷，严禁欺行霸市、借势扰民，解除藩王总管云贵两省事务的职务。亲政以后，康熙专心学习经史典籍，借鉴历朝历史，他清楚地认识到：三藩的性质不是同宋初的开国功臣一个类型，而是同唐末藩镇一个性质。于是他更加抓紧整顿财政，筹措军费，扩大兵力，并主动缓和满汉矛盾，以争取民心，为撤藩工作做准备。

康熙帝虽有撤藩之意，但鉴于"三藩俱握兵柄"，他也不敢贸然行动。正在他犹豫不决的时候，平南王尚可喜给他提供了一个机会。康熙十二年（1673 年）三月，尚可喜上奏要求"归老辽东"，主动提出了撤藩问题。康熙帝立即抓住机会，顺水推舟，应允了尚可喜的要求，并对他的行为加以表彰。

一石激起千层浪，康熙帝的行为引起了其他二藩的恐慌。其时，吴三桂之子吴应熊正在京师，他立即派人快马加鞭送给其父书信一封，信中写道："朝廷久疑王，今二王皆有辞职疏，而王独无，朝廷之疑愈深。速拜疏发使来，犹可及也。"吴三桂为了消除皇帝的疑心，便接受了其子的建议，立即上疏"请求撤回安插"，耿继茂之子耿精忠迫于形势，也上书一封，请求撤回安插。

两王上书到达京城，朝臣对是否撤藩的事情意见不一，大多数官员惧怕吴三桂势力，主张暂时妥协，先行撤去耿精忠的藩国。康熙帝认为与其等吴三桂蓄谋已久，养痈成患，不如痛下决心，三藩并撤。于是康熙十二年八月，康熙帝派礼部侍郎折尔肯、翰林院学士傅达礼带手诏前往云南，户部尚书梁清标赴广东，吏部右侍郎陈一炳往福建，会同地方官员料理三藩迁移事务。

但是吴三桂申请撤藩不过是故作姿态，没想到康熙帝竟然如此迅速地批准他撤藩。吴三桂感到愤愤不平，即与其党羽密谋起兵。九月初，康熙帝所遣办理迁移事务的大臣到达云南后，吴三桂阳奉阴违，表面上接受诏书，暗地里却一再拖延动身日期，加紧叛乱的步伐。十一月二十一日，吴三桂杀死云南巡抚朱国治，逼使云贵总督甘文焜自杀，扣留了折尔肯，自称"周王"，决定以次年为周王元年，公开反叛清朝。

吴三桂反叛的消息传到北京，举朝震惊。大臣中主张向吴三桂妥协的人很多，大学士索额图竟然要求将"前议三藩当迁者，皆宜正以国法"。康熙帝也知情势严重，但他知道撤藩的决策没有错，此时向吴三桂妥协，只能长他的气焰，灭自己的威风，他下定决心要与吴三桂一比高低。吴三桂起兵前后，曾经致书平南、靖南二藩，台湾郑经以及贵州、四川、湖广、陕西等地官吏，他还发布了蛊惑人心的《反清檄文》。一时间，滇、黔、湘、蜀纷纷响应。吴三桂主力东侵黔湘，很快兵力便达到 14 万。接着河北总兵察禄也反于彰德，塞外又有察哈尔部布尔民的叛乱，可谓"东南西北，都在鼎沸"。

康熙帝没有退路可走，当即采取措施，布置兵力，"增派八旗精锐前往咽喉要地荆州固守"，停撤广州和福州二藩，孤立吴三桂，拘禁额驸、吴三桂之子吴应熊及家属，赦免散处各地的原属吴三桂的官员，削除吴三桂爵位，并悬赏捉拿吴三桂。

康熙十四年（1675 年），吴三桂与清王朝的对抗达到了顶峰。叛军在全国形成了三大战场：耿精忠控制的福建、浙江、江西为东线，湖南是正面战场，以及四川、陕西、山西、甘肃为西线。康熙帝分析形势，定下战略方针：以荆州为战略立足点，顶住湖南战场的吴军主力，只对峙而不主动出击；主攻从侧翼入手，先解决耿精忠、王辅臣两股主要叛军，然后再集中力量对抗吴三桂。康熙帝还并用剿灭、招抚两手，亲自致书王辅臣、耿精忠等人，表示只要他们"投诚自归"，即赦免前罪，仍像从前一样对待他们。康熙十五年（1676 年），王辅臣兵变降清。十月，耿精忠投降。十二月，尚可喜之子尚之信也公开反吴。康熙帝践约，一律优待他们。如此一来，那些蒙受益惑的将领和将官纷纷投降，吴军渐渐分化瓦解。

康熙十七年（1678 年）八月，吴三桂暴病身亡。其孙吴世瑶即大周皇位，改元洪化。他见势不妙，退居贵阳。清军在解决两翼之后，开始战略反攻，进入湖南。康熙十八年（1679 年）正月，清军攻克岳州。接着势如破竹，一路收复长沙、常德、衡州。至此，湖南、四川、贵州、广西被收复。康熙帝又下令兵分三路，进军云南。康熙二十年（1681 年）十一月，昆明城破，历时八年的内战以吴三桂的覆灭而告终。

雅克萨之战

明朝末年，明、清双方都忙着打仗，北方边境的防务就无人顾及了。沙皇俄国趁机向我国黑龙江地区进犯。他们在我国掠夺财物，杀害人民。直到清朝稳定了局势，才派兵打击沙俄侵略军，收复了被俄国占领的黑龙江北岸的雅克萨（在今黑龙江呼玛西北，漠河以东）。

后来，康熙帝为了平定三藩，把大批兵力调到西南去。有个俄国逃犯带了84名匪徒逃窜到我国雅克萨，在那里筑起堡垒，到处抢掠。他们把抢来的貂皮献给沙皇，沙皇不仅赦免了逃犯的罪，还任命为首的歹徒做了雅克萨长官，想永远霸占我国土地。

康熙帝平定了三藩之乱后，听到东北边境遭到侵犯，便亲自来到盛京，派将军彭春、郎谈借打猎为名到边境侦察。

1683年三月，康熙帝再次致书俄国沙皇，要求俄军撤走，两国以雅库茨克为界，但再遭拒绝。康熙帝终于看清：若非"创以兵威，则罔知惩畏"，于是决意征剿。九月，清朝勒令盘踞在雅克萨等地的俄军撤出中国领土。俄军不予理睬，反而窜至瑷珲劫掠，被清宁古塔副都统萨布素率军击败，清军全部拆除了黑龙江下游俄军建立的据点，使雅克萨成为孤城。俄军不但不肯退出，反而向雅克萨增兵，跟清朝对抗。于是，康熙帝发布了进军的命令。

一月二十三日，康熙帝命都统彭春赴瑷珲，负责收复雅克萨。四月二十八日，彭春和刚被委任的黑龙江将军萨布素、建义侯林兴珠率领由满、汉、蒙古、达斡尔等民族组成的约2000人军队，携战舰、火炮和刀矛、盾牌等兵器，从瑷珲出发，分水陆两路向雅克萨开进。五月二十二日清军主力抵雅克萨城。彭春向俄军头目托尔布津发出最后通牒，但托尔布津自恃巢穴坚固，将军役人员全部撤入城内，以负隅顽抗。五月二十三日清军战船集于城东南，火炮列于城北，陆军布阵于城南，准备攻城。二十四日，从尼布楚增援雅克萨的一队哥萨克兵乘筏顺江而来，清军于江面截击。林兴珠率福建藤牌兵裸而入水，冒藤牌于顶，持片刀以进，俄军惊所未见。藤牌兵疾劈猛砍，俄军一个个被打入江中；藤牌兵随即跃上竹筏，冲杀这批哥萨克兵。俄军死伤大半，余众溃散而逃，而清军未丧一人。

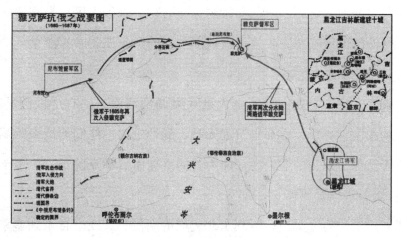

雅克萨之战要图

二十四日夜，清军开始攻城。在城南，彭春派萨布素等进兵，设置挡牌木垒，施放箭镞；在城北，副都统温岱、提督刘兆奇等以红衣大炮猛烈轰击；两翼又有护军参领博里秋、营门校尉乌沙等放神威大将军炮协攻；在江南，都督何佑、副都统雅齐纳、镇守达斡尔提督白克等密布战舰，以备救援。清军众志成城，协调配合，猛烈攻城。二十五日黎明，清军加大炮轰，俄军100多人被击毙，塔楼与城堡破坏无遗，商铺、粮仓、教堂、钟楼，尽被火药箭烧毁；清军还在城下堆积柴薪，准备焚城。托尔布津被迫乞降，遣使要求在保留武装的条件下撤离雅克萨。当日，彭春等遵照谕旨，允许城内俄军携带武器、行李撤走。被沙俄窃踞长达20年之久的雅克萨重返祖国。清军平毁雅克萨城后回师，留部分兵力驻守瑷珲，另派兵在瑷珲、嫩江一带屯田，加强黑龙江防务。

俄军撤离雅克萨后，积蓄兵力，图谋再犯。1685年秋，莫斯科派兵600名增援尼布楚。托尔布津获悉清军撤走后，即率500余人，携带大炮，再度侵占雅克萨。俄军在雅克萨废墟上重建城堡，四周围以长40俄丈、下底宽36俄丈、上底宽4俄丈、高1.5俄丈的长方形木城，城上起筑炮垒，城外挖掘壕堑。在堑外陆地一侧还竖立木栅,直抵江边。俄军这一背信弃义的做法引起清政府的极大愤慨。1686 年初,康熙帝下令反击,令萨布素速修战舰,统领乌喇(今吉林市)、宁古塔官兵,驰赴黑龙江城;林兴珠的八旗汉军和福建藤牌兵也参与作战。五月,清军 2000 余人再次围攻雅克萨。清军施放炮火,奋勇进攻,通宵达旦,予敌重创。七月十四日,清军再次发起攻城高潮,城内俄军不得不藏在地穴中躲避炮火。清军见强攻不下,遂改为围困,每日向城内发炮轰击。八月,托尔布津登塔楼侦察时,被清军炮弹击中,右腿齐膝被炸断,旋即毙命;改由拜顿代行指挥,继续顽抗。清军进一步加强对雅克萨的围困:在城西要地设立营寨,控制江面,切断尼布楚方向援敌通道;城内无井,饮水全靠黑龙江水道,清军激战 4 昼夜,断其水源。在清军围攻下,俄军人数逐日减少。十月严冬来临,俄军饥寒交迫,处境更蹙。到第二年春,原来 826 名俄军只剩 66 人。雅克萨城旦夕可下,清政府再次建议沙皇以谈判解决两国边境问题。沙皇鉴于失败已成定局,而俄国重心又在欧洲,遂同意了。

神威无敌大将军炮 清

1687 年三月二十五日,清军解除对雅克萨的封锁,并准许俄军残部撤往尼布楚,历时 3 年的雅克萨抗俄战争至此结束。

1689 年,清政府派出代表索额图,与沙俄政府代表戈洛文在尼布楚举行和谈,签订了《尼布楚条约》。条约划分了两国边界,肯定了黑龙江和乌苏里江流域的广大地区都是中国领土。

三征噶尔丹

在《尼布楚条约》签订后的第二年，沙俄政府不甘心失败，又唆使准噶尔（蒙古族的一支）的首领噶尔丹向漠北蒙古进攻。

那时，蒙古族分为漠南蒙古、漠北蒙古和漠西蒙古三个部分。除了漠南蒙古已归属清朝外，其他两部也都向清朝臣服了。准噶尔部是漠西蒙古的一支，本来在伊犁一带过着游牧生活。自从噶尔丹统治准噶尔部以后，他先兼并了漠西蒙古的其他部落，又向东进攻漠北蒙古。漠北蒙古人逃到漠南，请求清朝政府保护。康熙帝派使者到噶尔丹那里，叫他把侵占的地方还给漠北蒙古。噶尔丹依仗沙俄撑腰，不但不肯退兵，还大举进犯漠南。

康熙帝决定亲征噶尔丹。1690 年，康熙帝兵分两路：左路由抚远大将军福全率领，从古北口出兵；右路由安北大将军常宁率领，从喜峰口出兵，康熙帝亲自带兵在后面坐镇。七月十四日，康熙帝离开北京，不料途中忽患感冒，只好取消亲征计划。

《康熙南巡图》局部　清

七月十五日，气焰嚣张的噶尔丹向清军宣战，屯兵于西巴尔台（今内蒙古克什克腾旗土河），然后又逐步南下，占据了距京师仅有 350 千米的乌兰布通。噶尔丹把几万骑兵集中在大红山下，后面有树林掩护，前面又有河流阻挡。他把上万只骆驼缚住四脚放倒在地，驼背上加上箱子，用湿毡毯裹住，摆成长长的一个驼城，叛军就在那箱垛中间射箭放枪，阻止清军进攻。

噶尔丹还派使者向清军提出交出他们的仇人的要求。康熙帝命令福全反击。八月一日，清军向乌兰布通推进，向噶尔丹大军发起猛攻。清军用火炮火枪对准驼城的一段集中轰击。驼城被打开了缺口。清军的步兵骑兵一起冲杀过去，福全又派兵绕出山后夹击，把叛军杀得七零八落，噶尔丹乘夜逃跑。

噶尔丹回到漠北，一面佯装向清朝政府表示屈服，一面在暗地里重新招兵买马，图谋东山再起。康熙三十三年（1694 年），康熙帝约噶尔丹会见，订立盟约。噶尔丹不但不来，还派人到漠南煽动叛乱。

康熙三十四年（1695 年），噶尔丹又燃叛乱战火，率领骑兵 3 万，向漠南大举进攻。

康熙三十五年（1696 年），康熙帝决定再次御驾亲征，分三路出击噶尔丹：黑龙江将军萨布素从东路进兵；大将军费扬古率陕西、甘肃军兵，从西路出兵，拦截噶尔丹的后路；康熙帝亲自带中路军，从独石口迎击噶尔丹大军。

康熙帝的中路军到了科图，遇到了敌军前锋，但东西两路还没有到达。这时候，有人传言沙俄要出兵帮助噶尔丹。随行的一些大臣害怕起来，劝康熙帝退兵。康熙帝气愤地说："我这次出征，还没有见到叛贼就退兵，怎么向天下人交代？再说，我中路一退，叛军全力对付西路，西路不是更危险了吗？"

康熙帝决心已定，继续进兵克鲁伦河，并且派使者去见噶尔丹，告诉他康熙帝亲征的消息。噶尔丹在山头望见清军黄旗飘扬，军容整齐，便连夜拔营逃走了。康熙帝一面派兵追击，一面派快马通知西路军大将费扬古，让他们在半路上截击。

噶尔丹带兵奔走了五天五夜，到了昭莫多（在今蒙古国乌兰巴托东南），正好与费扬古军相遇。费扬古在树林茂密的地方设下埋伏，然后派先锋把叛军引到预先

北征督运图

埋伏的地方，叛军一到，便前后夹击。叛军死的死，降的降。最后，噶尔丹只带了几十名骑兵逃走了。清军大获全胜。

昭莫多之战后，噶尔丹流窜于塔米尔河流域。为了彻底消灭噶尔丹的势力，康熙帝采取收服降众、断绝噶尔丹外援的策略，彻底地孤立了噶尔丹。噶尔丹之侄策妄阿拉布坦也遣使入朝，接受了清朝的册封，噶尔丹已处于四面楚歌的境地，但他顽固不化，拒不接受清廷的招抚。

康熙三十六年（1697年）二月六日，康熙帝第三次率兵亲征噶尔丹。出京城，经过山西大同、陕北府谷、神木、榆林等地，三月二十六日康熙大军抵达宁夏。这时，噶尔丹原来的根据地伊犁已经被他侄儿策妄阿拉布坦占领；他的左右亲信听说清军来到，也纷纷投降，愿意做清军的向导。噶尔丹走投无路，服毒自杀。五月十六日，康熙帝胜利回京。

从那以后，清政府重新控制了阿尔泰山以东的漠北蒙古，分封了当地蒙古贵族称号和官职。随后，又在乌里雅苏台设立将军，统辖漠北蒙古。

第一次鸦片战争

当英、美、法等列强进行如火如荼的资本主义革命时，清政府正闭关锁国，自以为"天朝上国",不思改革,遂使中国在世界上落伍。英国通过鸦片贸易从中国攫取了大量白银,同时使我国军民身衰体弱,统治阶级有识之士纷纷要求禁销鸦片。

1839年,湖广总督、钦差大臣林则徐奉命于1月底到达广州,他一方面整顿海防,允许人民群众持刀杀敌;一方面宣布收缴鸦片。3月,英国鸦片贩子被迫交出鸦片237万余斤。6月3日,林则徐下令把这些鸦片在虎门海滩当众销毁,以示中国政府禁烟的决心。

英国政府以此为借口向中国发动了战争,1840年1月,以懿律和义律为正副全权代表,懿律为侵华英军总司令,出兵中国。5月,英国舰船40余艘、士兵4000多名先后到达澳门附近海面,鸦片战争爆发。懿律率英军进犯广州海口,看到广州军民早已严密布防,遂转攻厦门,又被邓廷桢军击退。6月,英军北上攻占定海作为军事据点。8月,英舰抵达天津大沽口外。

道光帝慑于英军武力,又为投降派的劝说所动摇,遂改变态度,罢免了林则徐,改派直隶总督琦善为钦差大臣去天津和英军谈判。而此时英军因夏秋换季,疾疫流行,遂放弃定海,于8月中旬南返,双方议定在广州谈判。琦善到广州后,一反林则徐所为,命令撤除海防水勇,镇压抗英群众,一心议和。1840年12月,琦善与义律在广州开始谈判。英军趁中方严防撤除、又因谈判而致海防松懈无备之际,于1841年1月7日发动突袭,攻陷了虎门附近的沙角、大角两炮台,并单方面宣布所谓"穿鼻草约"。1月26日,英军攻占了香港岛。

道光帝得知琦善开门揖盗,丢失两炮台后,下令锁拿琦善,并向英宣战,派侍卫内大臣奕山为靖逆将军,调兵万余赴粤抗英;英军先发制人,出动海陆军攻虎门,广州提督关天培亲率清兵迎击,清军刀矛不敌英军坚枪利炮,关天培中弹牺牲。2月26日,英军攻占虎门、猎德、海珠等炮台,溯珠江直逼广州。4月,奕山率大军抵广州。5月24日,英军进攻广州,一路占领城西南的商馆,一路由城西北登陆,包抄城北高地,不久攻占城东北各炮台,并炮击广州城。奕山执行"防民甚于防寇"的方针，对英军侵略消极抵抗，在英军的迅猛攻势下，他与英人签订《广州和约》并征得道光帝批准，以缴 600 万银圆换得英军撤出广州地区。

与清政府的妥协投降态度相反，广州三元里人民在广州北郊牛栏冈附近同窜入这里的千余英军英勇作战，打死打伤英军数十人，并把四方炮台围得水泄不通。在广州知府的调停下，英军才得以解围。

英政府并不满意懿律和义律在中国获得的权益，改派璞鼎查（后来的首任港督）为全权代表来华，扩大侵略战争。1841 年 8 月 21 日，璞鼎查率 37 艘舰队、陆军 2500 人离开香港岛北上，攻破厦门，占据鼓浪屿；10 月 1 日再次攻陷定海，定海总兵葛云飞英勇殉国。10 日英军攻占镇海（今属宁波），钦差大臣、两江总督裕谦战死，英军旋占宁波城。道光帝闻讯大惊，忙派吏部尚书大学士奕经调兵赴浙以收复失地。1842 年 3 月，奕经在准备不充分的情况下全面反击，清军数战不利，撤回原地。

战败消息传到京师，朝野上下震动，道光帝无奈，只得派盛京将军耆英和伊里布赴浙向英军请和。璞鼎查不理会耆英的乞和，继续深入。1842 年 5 月 18 日，英军攻取浙江平湖乍浦镇，6 月 16 日攻吴淞口，吴淞炮台守将陈化成壮烈牺牲，宝山、上海沦陷。英军溯长江西上，于 7 月 21 日陷镇江，8 月，英舰陆续到达南京下关江面。清政府已无心再战，遂接受英方停战的条件，29 日在英军舰"汉华丽"号上，耆英、伊里布与璞鼎查签订了中国近代史上第一个不平等条约《南京条约》。条约共 7 条，主要内容是：割让香港岛，赔款 2100 万银圆，广州、福州、厦门、宁波、上海五口通商等。

鸦片战争严重侵害了中国的主权，标志着中国开始逐步陷入半殖民地半封建社会。

太平天国

英国人用鸦片掠夺中国，又用炮舰保护了罪恶的鸦片贸易。《南京条约》签订后，外国货如潮水般涌入中国，清政府为支付战争赔款，加重了对人民的剥削，广东首当其冲。不久，太平天国起义在两广地区爆发了。领导起义的首领就是洪秀全。

洪秀全出生在广东省花都区的一个中农家庭里。他7岁时到村中私塾读书，由于天性好学，聪明过人，到了18岁，他在史学和文学方面的造诣已经远近闻名了。后来，他的父母相继死去。服孝期满后，他来到广州赶考，结果名落孙山。1843年，他重整旗鼓又赴广州考秀才，结果仍然落榜。

洪秀全在广州应试期间，曾得到一本基督教的宣传品《劝世良言》。他无意中翻阅之后，觉得书的内容十分新奇，他对书中所描述的人人平等善良的大同世界十分神往，从此开始信奉上帝。

1843年7月，洪秀全约合了老同学冯云山和族弟洪仁玕，来到官禄布村外一条叫石角潭的小河，跳进水中，洗净全身，这是依照基督教行"洗礼"仪式。此后，三人结为一个秘密的团体——拜上帝会。洪秀全称自己是上帝的次子，耶稣是上帝的长子，他相信这种舶来的新教将会吸引许多信众。

洪秀全建立拜上帝会后做的第一件事，就是砸毁了家里的孔、孟牌位，然后便和冯云山赴广西紫荆山区传教。洪秀全等到组织基本建立后回到广东，开始了两年多的著述活动。他写了《原道救世歌》《原道醒世训》《原道觉世训》等书，阐发了农民的平等和平均思想，第一次提到社会上的两大对立面：正义与邪恶。

《天朝田亩制度》

与此同时，冯云山在紫荆山区烧炭工人中发展会员，很快会员就发展到数千人，初步形成了以洪秀全、冯云山、杨秀清、肖朝贵、石达开、韦昌辉等人为首的领导核心。

1850年1月，道光帝曼宁病死，咸丰皇帝即位，历史上称为清文宗。当年9月，洪秀全下令各地会友在10月4日前到桂平县金田村集合，并计划在洪秀全38岁生日那天举行武装起义。

拜上帝会在各地的会员接到命令后，向金田聚集。很快，人数就超过了2万。一天，洪秀全、冯云山正在花洲山人胡以晃家中密谋起义，官府得知这一消息，派兵包围了那里。杨秀清等人听说后立即派兵救援，并全歼了敌人。这就是太平天国史上著名的"迎主之战"。

1851年1月11日，太平军按原定计划举行隆重仪式，正式宣布起义。由此，太平军揭开了纵横18省、坚持14年的农民革命战争的序幕。

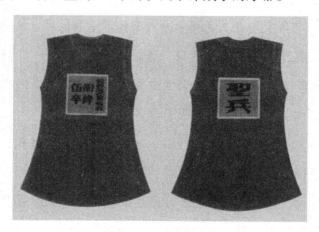

太平军号衣图

洪秀全颁布《天命诏旨书》作为太平军的军令，挥师东进。3月，洪秀全称天王。9月，太平军攻克了出战以来的第一座州城永安，太平军在此进行建制，颁布了封王诏令，封杨秀清为东王、萧朝贵为西王、冯云山为南王、韦昌辉为北王、石达开为翼王，同时规定诸王皆受东王节制，天王领导于上，正式确立太平天国的领导核心，史称"永安建制"。

1852年5月，太平军离开广西进入湖南，明确提出了推翻清王朝的战斗号召，受到热烈响应。1853年3月，太平军攻克南京，将其改为"天京"，正式定都，建立起与清王朝对峙的农民政权，并乘胜东进，攻克镇江、扬州等地，建立起统一防御体系，结束了起义以来流动作战的局面。

火烧圆明园

圆明园始建于明朝。1709 年，康熙帝将它赐给四子胤禛，并赐名为圆明园，"圆"乃"君子之灵魂"，"明"为"用人之智慧"，是康熙帝授其子孙为人治国之计。雍正即位后，将圆明园大规模扩建，乾隆三十五年（1770 年）圆明园三园格局基本形成。后来圆明园又经过嘉庆、道光、咸丰等皇帝的经营，才营造成为一座规模宏伟、景色秀丽的宫苑。清朝皇帝每到盛夏就来此避暑听政，所以圆明园也被称为"夏宫"。

圆明园九州清晏图　清

圆明园共经营了 150 多年，它由圆明园、万春园、长春园三园组成，其中以圆明园最大，此外它还有许多属园，建筑面积达 16 万平方米，园里共有 100 多个景点。它继承了中国历代优秀的造园艺术，汇集了全国的名园胜景，是我国园林艺术的集大成之作。同时，它也大胆吸收西方建筑形式。有一组中西合璧的"西洋楼"建筑群。兼备中、日、西欧三种风格。除此之外，圆明园还是一座皇家博物馆，珍藏了无数的孤本秘籍、名人字画、鼎彝礼器、金珠珍品和铜瓷古玩等，堪称人类文化的宝库。

1856 年，正当清政府忙于镇压太平天国运动之时，英法联军在俄国和美国的支持下，发动了新的旨在扩大《南京条约》所取得权益的侵略战争，这就是第二次鸦片战争。在这次战争中，中华文化遭受到一次空前的劫难。著名的皇家园林圆明园不仅被残暴洗劫，甚至被野蛮的侵略者们付之一炬。

1860 年 10 月 5 日，英法联军兵临北京城下，听说清军驻守力量在北城最薄弱，便绕道安定门、德胜门，进犯圆明园。首先闯入的是法国侵略军，当法军攻破宫门时，园内太妃董嫔恐受辱而自缢身亡，护园大臣亦投水自尽。侵略者们见物就抢，口袋里装满了珍品宝物。刚开始司令部还对士兵们有所节制，后英军亦赶到，联军司令部发出了"自由抢劫"的通知，一万多名士兵军官贪婪地扑向琳琅满目的珍藏，进行疯狂的洗劫，能抢就抢，能运就运，对于那些搬不走的大件器物，他们就丧心病狂地砸碎破坏。大肆洗劫后，额尔金在英国首相支持下，竟下令烧毁圆明园。

10 月 7 日到 9 日，迈克尔率英军第一师持火燃园，园内 300 多名太监、宫女、工匠都葬身于火海，大火连续烧了三天三夜，这座世界名园化为一片焦土。10 月 13 日，侵略军攻占了安定门，控制了北京城，10 月 18 日再次抢劫万寿山、玉泉山和香山等多处珍贵文物，并进行第二次大焚烧。

这次焚烧圆明园的事件之后，有些偏僻角落和水中景点并没遭劫，清廷 30 多年间仍将此处当成重兵看守的禁苑，进行一系列的修复工程，同治、光绪和慈禧还常到此巡游。1900 年八国联军侵华，圆明园再次遭受劫难，遗址被彻底破坏。

圆明园被焚使中国文化蒙受了巨大的损失，大量的珍奇、瑰宝、文物流落国外。它见证了外国列强无耻侵略我国的罪恶，提醒我们不忘国耻、奋发向上，为祖国的振兴和强大而不停奋斗。

慈禧夺权

咸丰在位的 10 年，内忧外患不断：先是太平军起义，然后是捻军大乱淮泗；

而英、法等国又乘机要挟，大动干戈；沙俄更是狮子大开口，一下子就割去了东北100多万平方千米的土地，甚至连清朝的龙兴之地也不放过。这真是爱新觉罗宗室的奇耻大辱。

慈禧皇太后之宝玺及玺文　清

在这种内忧外患的交迫下，咸丰帝身染重病，一病不起。1861年7月，咸丰帝在多次昏厥之后，知道自己将要去世，便考虑托孤一事。他知道懿贵妃（就是慈禧）是权力欲极强的女人，而皇后钮钴禄氏（慈安）没有主见。为了防止出现女后专权的局面，他把辅政的重责交给协办大学士、尚书肃顺和怡亲王载垣、郑亲王端华等八大臣。在他看来，八大臣联手足可以对付懿贵妃，即便是恭亲王站在懿贵妃一边也不怕。

但是，由于咸丰留下了"御赏""同道堂"两颗印章，便埋下了后宫垂帘听政的祸根。原来，"御赏"是咸丰帝赐皇后钮钴禄氏的私章，"同道堂"是咸丰帝赐给独子载淳的私章。这两枚私章成为皇权的象征，咸丰帝的意思已十分明确，那就是说，用这两颗印章来制约八大臣。

不久，八大臣上了一个极有利于懿贵妃的章疏：尊皇后钮钴禄氏为慈安皇太后；尊懿贵妃叶赫那拉氏为慈禧皇太后。

幼帝的生母叶赫那拉氏原为咸丰的宫人，因生载淳而被封为懿贵妃，载淳继位后被尊为慈禧太后。时年26岁的慈禧有着极强的权势欲，很想个人把持朝政大权。咸丰在位时，慈禧曾帮咸丰帝批阅奏折，这给她提供了很好的学习机会。按照清朝家法，太后可以垂询国事，此所谓"听政"。慈禧利用此规矩，在先帝驾崩后就向东宫慈安太后提出应废除"顾命体制"，而改为垂帘听政之制。慈安太后宽厚和平，不懂朝政，一切听慈禧的安排。贸然提出垂帘主张，必然会招致大臣的反对和清议的不满，慈禧于是开始拉拢恭亲王奕䜣共商计策，两人一拍即合。

1861年10月，皇室护送咸丰灵柩回京，两宫太后偕幼帝载淳先到北京。11月2日，慈禧发动政变，以幼帝之命发布上谕，解除载垣、端华、肃顺的职务，并处以死刑。同时宣布两太后垂帘听政，命奕䜣为议政王，入军机处，改年号为"同治"。虽然垂帘听政的是两个皇太后，但实际上实权只掌握在慈禧一人之手。由于得到多数文武大臣的支持，又采取了不予株连的明智政策，所以政局没有发生重大动荡。这次政变因发生在辛酉年，因此被称为辛酉政变。

慈禧太后

从此，慈禧便掌握了清王朝的政权。她依靠曾国藩、李鸿章等组织的汉族地主武装，勾结外国侵略势力，先后镇压了太平天国和捻军等起义，使清王朝的统治得到暂时稳定。中日战争中，她一味求和，幻想列强出面干涉、调停，导致了甲午战争的失败，与日本签订了丧权辱国的《马关条约》。1898年，光绪帝为了振兴国家而决定变法，慈禧发动政变，扼杀新政，囚禁光绪帝于瀛台，开始复出训政。1900年，八国联军入侵北京，慈禧挟光绪帝出逃西安，并于第二年签订了丧权辱国的《辛丑条约》。1908年11月14日，光绪帝死，她命立年仅3岁的溥仪为帝，年号宣统，自己也于次日病死，结束了对清朝长达47年的统治。

洋务运动

洋务，又称夷务，泛指包括通商、传教、外交等在内与西方资本主义有关的一切事物。洋务运动指清政府一批具有买办性质的官僚军阀在19世纪60年代到90年代为挽救统治危机，自上而下推行的一场以引进西方的军事装备、机器生产和科学技术为主要内容，以富国强兵为目的的自救运动。

洋务派在中央以总理衙门大臣奕䜣、侍郎文祥等为代表，在地方上以曾国藩、李鸿章、左宗棠、张之洞等为代表，同治登基后他们握有实权，可以左右清朝的政局。洋务派的指导思想是"中学为体，西学为用"，他们认为中国的政治制度比西方好得多，只是火器比不上西方列强，只要清政府掌握了西方的近代军事技术和装备，就可以强盛起来。洋务运动分为前后两个阶段，19世纪60年代为第一阶段，洋务派打着"自强"的旗号，依照西方资本主义国家的办法制造新式枪炮和船舰，兴办了一批军事工业企业；70年代到90年代是第二阶段，以"求富"为口号，洋务派开始举办民用工业企业。

在第一阶段洋务派建立的军工厂中规模较大的有江南制造总局、金陵机器局、福州船政局、天津机器局等。李鸿章在曾国藩支持下在上海创立江南制造总局，创办经费为54万余两白银，工人2000余人，主要生产枪炮、弹药和小型船舰，还附设译书馆来翻译西方书籍，这是洋务派创办的规模最大的军工企业。这些军工企业全部都是官办企业，由清政府和湘、淮系军阀控制，具有浓厚的封建性，同时对外国有着严重的依赖性，从设计施工、购置机器设备、生产技术直到原料供应完全依赖于外国，并长期受外国人控制，但这些近代企业毕竟也具备了一定的资本主义因素。

如汉阳兵工厂是洋务派大臣张之洞于 1890 年创建的。张之洞先向德国定购了制造新式快枪和新式快炮的机器，后又定购了制造枪弹、炮弹和炮架的机器。汉阳兵工厂分为枪厂、炮厂、枪弹厂、炮弹厂、炮架厂和翻沙厂，另外还建有配套的汉阳炼铜厂等军事工业。枪厂主要制造新式快枪；炮厂主要制造用于野战和山地战的快炮。其他四厂生产的都是枪炮厂的配套产品。汉阳兵工厂对巩固国防发挥了重大作用，甲午战争期间，该厂生产枪炮为前线的主要武器。一直到 20 世纪 40 年代，汉阳兵工厂仿德国 88 式毛瑟步枪而造的"汉阳式"步枪还是中国军队的主要装备。

由于在创办军工企业的实践中遇到资金、原料、运输等困难，洋务派认识到必先求富才能自强，所以决定发展民用企业以积累资金，有了雄厚经济基础后才能制造洋枪炮以自强御侮。70 年代起，洋务派开始大力发展工业企业，到 90 年代就已创办了大约 20 多家民用企业，包括交通运输、采矿、纺织、冶炼等各个行业。规模较大的有上海轮船招商局、上海机器织布局、电报总局、铁路交通运输业等。在这些企业中，上海轮船招商局是最有成就的一个，它是 1872 年李鸿章在上海创办的，是中国第一家近代轮船航运公司，也是洋务派兴办的第一个民用企业。这个企业在经营过程中屡遭英美轮船公司的排挤，但并没有被挤垮，一直在夹缝中求生存。

洋务派在兴办军工、民用企业的同时，还进行了筹建海军、加强海防、设立外文学馆、派遣留学生等活动。1875 年，两江总督沈葆桢、直隶总督李鸿章等人奏请筹建北洋、南洋、粤洋三支海军。1885 年，三洋海军已初具规模。1867 年，奕䜣设立京师同文馆，以教习外语为主。同时兼习天文、历史和数理化。此后，各类学堂学馆在各地纷纷建立。1872 年，中国首次派遣留学生到国外，30 名学生由上海赴美留学。此后，清政府还多次派遣留学生到国外学习。

洋务派的活动旨在维护清王朝封建统治。他们创办了中国第一批近代工业企业，培养了近代中国第一批新型的科技、军事和翻译人才，是近代最早觉醒的先行者。洋务派向西方学习的探索，尽管带有浓重的封建性和对外国的强烈依赖性，但其进步作用也是不容忽视的。

甲午战争

1868 年明治维新以后，日本开始大力发展资本主义，建立近代国家，并具有强烈的军国扩张欲望。明治政府一建立就制定了旨在征服中国和世界的所谓"大陆政策"：侵占中国台湾，再征服朝鲜，进一步侵占中国的东北和蒙古，继而征服全中国，最后独占亚洲，称霸世界。

中日甲午海战图 清

1894 年春，朝鲜爆发了东学党起义，以"除暴安良"和"逐灭夷倭"为口号。起义很快席卷了朝鲜南部很多地区，朝鲜政府无力镇压，便向清政府求援。清派直隶提督叶志超等率兵 2500 人赴朝助剿。日本伺机而动，决定出兵朝鲜，趁机挑起中日冲突以发动侵略战争。朝鲜东学党起义被镇压后，清政府照会日本，建议中日两国同时撤兵。日本拒不撤兵，蓄意扩大事态。面对日本的挑衅，清统治集团内部出现了主战和主和两派意见。以光绪帝为首的帝派力主加强战备，以武力遏制日本的扩张，但实权掌握在慈禧太后和李鸿章手上，他们对日避战求和。日本重兵压境，驻朝清兵多次请添援军，李鸿章不予理会，反而把解决中日争端的希望寄托在国际列强的调停上，但西方列强对日本发动战争均持默许和支持的态度。

7月底，清援军途经丰岛海面时，突遭日舰袭击，清军官兵死伤惨重，日本不宣而战，正式挑起侵华战争。1894年8月1日，中日两国同时正式宣战。9月，日陆军分4路会攻平壤，清军与日军在城外展开激战。左宝贵指挥清军英勇抵抗，死守城北玄武门一带，并亲自登城开炮轰击日军，不幸中炮牺牲，玄武门失守，主将叶志超逃跑。

9月17日，中日在黄海海面上进行了激烈的海战。提督丁汝昌率领北洋舰队与日军展开激烈战争，丁汝昌受伤后仍坐于甲板上鼓舞士气，由"定远"号管带刘步蟾代其指挥督战。"致远"号管带邓世昌在鏖战多时、船舰受重创情况下，下令舰船猛撞日舰，不幸中鱼雷，全舰官兵壮烈殉国。"经远"号亦在其管带林永升指挥下坚持战斗到最后一刻。黄海海战北洋舰队虽然损失了5艘军舰和近千士兵，但也重创了日舰。由于李鸿章实行"保船制敌"的消极防御方针，命令北洋海军集于威海卫，不准出战，致使日本掌握了黄海制海权。

10月，日军偷渡鸭绿江成功，九连城、安东等相继失守，日军进逼辽阳。与此同时，日军另一支军队由辽东半岛的花园口登陆，南犯金州。徐邦道率部分清军与日在金州激战，因寡不敌众、后援不济而退守旅顺，另一清军将领赵怀业不战而逃，弃守大连。11月17日，日军进攻旅顺，只有徐邦道一部奋勇迎敌，孤立无援，旅顺失守。22日，日军进入旅顺，进行了惨绝人寰的大屠杀，历时4天，杀害2万多人，血流成河，尸横遍野。旅顺失守后，清政府多次派人向日本求和，日军不予理会，将进攻重点转向北洋舰队基地威海卫。当时北洋舰队实力尚存，可与日军一战，但李鸿章严禁其出击，造成了被动挨打的局面。威海一战，北洋舰队全军覆灭，提督丁汝昌拒降自杀，定远管带刘步蟾亦自杀殉国。1895年初，日军战略重点转向辽东半岛，辽东半岛沦陷。3 月，清政府派李鸿章赴日议和。1895 年 4 月 17 日，李鸿章屈服于日本的压力，与伊藤博文签订了《马关条约》，甲午战争结束。

李鸿章与伊藤博文等人会面图　清

《马关条约》是《南京条约》以来最严重的不平等条约。日本割占了中国大片领土，进一步破坏了中国的领土完整，助长了列强侵略中国的野心，引发了列强瓜分中国的狂潮，给中华民族带来了空前严重的危机。

戊戌政变

1895 年到 1898 年，在中国发生了一场颇有声势的资产阶级维新变法运动。到了 1898 年，百日维新成为这次运动的高潮。这是一场由资产阶级改良主义者领导的改革。维新运动的主要领导人是康有为。

中日甲午战争后，帝国主义列强掀起瓜分中国的狂潮，民族危机空前严重。就在德国强占胶州湾的消息传出后不久，康有为第 5 次赴京上书光绪帝，提出变法自救的强烈主张。这份上书亦被阻，但其内容已在北京广为传抄。1898 年初，光绪帝知道了上书内容，想召见康有为，但被恭亲王奕䜣所阻，光绪帝只好指派翁同龢、李鸿章等五大臣接见康有为。后康有为第 6 次上书光绪帝，即著名的《应诏统筹全局折》，继续强调变法的急迫性，并提出具体措施。光绪帝一心想改变国势贫弱的局面，于是决心接纳维新主张。

1898 年 5 月，恭亲王奕䜣病死，变法阻力减少。康有为即刻鼓动帝党官员上书敦请变法，光绪帝接受建议，于 6 月 11 日颁布由翁同龢草拟的《定国是诏》，变法运动正式开始。16 日，光绪帝在颐和园召见康有为，商讨具体变法措施。光绪帝任命康有为总理衙门章京上行走一职，准予专折奏事；赏杨锐、刘光第、谭嗣同、林旭四品卿衔，擢为军机章京，参与新政。变法期间，光绪帝发布了上百道变法诏令，包括：政治方面设制度局，裁减冗员，提倡西学等；军事方面设厂制造军火，改用西法精练军队。这些措施虽然是没有触及根本政治制度的变革，但都有利于民族资本主义经济的发展和近代资产阶级进步思想文化的传播。

光绪帝朝服像

随着变法运动的高涨，以慈禧为首的顽固派与维新派的矛盾也日益尖锐。

慈禧太后首先逼迫光绪帝下令将翁同龢革职。接着，逼迫光绪帝任命荣禄为直隶总督兼北洋通商大臣，统率北洋三军，这实际上是把北京控制在她的手里。慈禧太后又用光绪帝的名义，宣布在 10 月 19 日去天津检阅军队，准备到时发动政变，逼迫光绪帝退位。

在这危急的时刻，光绪帝便与维新派的主要人物反复商量，认为唯一能想到的办法，就是依靠袁世凯的军事力量。

袁世凯早年曾在天津小站督练新建的陆军，当时是荣禄的部下，是北洋三军中的重要将领。当光绪帝皇位难保之时，谭嗣同挺身而出，表示愿意冒险去找袁世凯，说服他出兵帮忙。

当天深夜，谭嗣同独自到了袁世凯的寓所，拿出光绪帝的密诏，并将维新派的全部计划也和盘托出，要袁世凯扶持光绪帝诛杀荣禄，消灭后党。谭嗣同慷慨激昂地说："今天只有你能救皇上。如果你愿意，就请全力救护；如果你贪图富贵，就请到颐和园告密，你可以升官发财！"

袁世凯正颜厉色地说："你把我袁某看成什么人了！皇上是我们共事的圣主，救驾的责任，你有，我也有！"

第二天，光绪帝召见了袁世凯，要他保护新政。退朝之后，袁世凯匆匆赶回了天津。一到天津，他就去向荣禄告密。荣禄得报后，连夜乘专车进京，赶往颐和园去向慈禧太后报告。

第二天凌晨，慈禧太后就带着大批人马，气急败坏地从颐和园赶到紫禁城，下令把光绪帝囚禁在中南海的瀛台。对外则宣布光绪帝生病，不能亲理政务，由慈禧太后"临朝听政"。同时，下令大肆搜捕维新派和倾向维新派的官员。百日维新期间推行的新政，除了京师大学堂等少数几项措施以外，全部被废除了。这一年是戊戌年，所以，通常把这场政变称为"戊戌政变"。

维新派领袖康有为得知消息后，从天津搭乘英国轮船逃往香港。梁启超当天得到日本使馆的保护，化装逃往日本。

1898 年 9 月 28 日，慈禧太后下令杀死谭嗣同、康广仁、刘光第、林旭、杨锐、杨深秀六人，他们被称为"戊戌六君子"。

至此，资产阶级改良主义运动彻底失败了。戊戌变法虽然失败了，但它对中国历史发展产生了不可磨灭的影响，留下了深刻的历史教训。它是资产阶级领导的一次政治改革运动，也是一场思想启蒙运动，符合中国近代社会发展的趋势，具有爱国救亡的积极意义。它的失败证明，在半封建半殖民地社会的中国，资产阶级改良的道路是行不通的。

慈禧太后西逃

光绪二十六年（1900年）5月28日晚，义和团焚烧丰台火车站的消息与京津铁路轨道被拆毁的谣言传到外国公使居住的东交民巷。各国公使感到形势紧急，立即举行会议，全体同意调军队保护各国使馆。次日，驶抵大沽口外的外国舰队先后接到进京的电报，并很快派出陆战队，由海河乘船抵达天津，准备向北京进犯。6月上旬，进入天津租界的各国军队已达2000人。6月10日，各国驻津领事和海军统帅在英国领事贺礼士的提议下举行会议。在美国领事的鼓动下，会议决定将在津的八国现有兵力组成联军进军北京，由在津军队中级别最高的英国人西摩尔中将为统帅，美国人麦卡加拉上校为副统帅，八国联军正式组成。

6月17日，八国联军攻打大沽炮台，当天义和团和清军就联合攻打紫竹林租界，天津战役爆发。6月21日，清政府宣布对各国开战。7月19日夜里，炮声急促起来，慈禧不敢入睡，坐在养心殿听取军情报告。忽然载漪慌慌张张地跑了进来，喊道："老佛爷，洋鬼子打进来了！"接着，军机大臣荣禄也惊慌失措地报告沙俄哥萨克骑兵已经攻入天坛。

向北京进犯的八国联军

慈禧慌忙召集王室亲贵和军机大臣，紧急商议撤离京师避难事宜。7月21日凌晨，慈禧与光绪皇帝等皇室人员，换便衣乘马车仓皇逃离京城。当时东直门、齐化门已被洋人攻下，慈禧一行从神武门出宫，经景山西街，出地安门西街向西跑。当队伍到德胜门时，难民涌来。慈禧的哥哥桂祥率八旗护军横冲直撞一阵，才开出一条道来。

队伍在上午像潮水一般到达颐和园，两宫人员纷纷下车进入仁寿殿休息了一会。随后，慈禧下令马上出发。由皇室成员和1000多护驾人员组成的队伍，马不停蹄地一路向西急行军。

慈禧一行，历尽了颠沛之苦。沿途只能夜宿土炕，既无被褥，又无更换的衣服，更谈不上御膳享用，仅以小米稀粥充饥。

一直到了西安后，安全和供应才有了保障。这时候，慈禧又开始摆起太后的架子了。同时，为了能早日"体面"地回京，她命令庆亲王奕劻回京会同直隶总督李鸿章与各国交涉议和。

虽然国家已经面临亡国的危险，但慈禧仍然要求地方官员供应她奢侈的物质享用。为了满足慈禧一行在西安浩繁的开支，各省京饷纷纷解到，漕粮也改道由汉口经汉水、丹江运往陕西。据档案文献统计，截至1901年2月初，解往西安的饷银就高达500万两，粮食100万石。

为了讨好列强，慈禧不断发布上谕：这次中国变乱，事出意外，以致得罪友邦，并不是朝廷的意思；对于那些挑起祸乱的人，清朝政府一定全力肃清，决不姑息。这些话完全表明她要丢卒保帅，不惜一切代价讨好列强。

慈禧为尽量满足列强的心愿，还以光绪的名义下罪己诏，奴颜十足地说："量中华之物力，结与国之欢心。"

1901年8月15日，《辛丑条约》签订，中国赔款白银4.5亿两，这笔费用相当于清政府12年的收入总和。《辛丑条约》的签订，标志中国完全沦为半殖民地半封建社会。

"议和"告成，慈禧一行便于同年8月24日踏上返京的路途。这次归返京城与逃出京城的情形可大不一样了。从西安启程时，百姓"伏地屏息""各设彩灯"欢送，数万人马按照京城銮仪卫之制列队行进。慈禧乘坐八人抬大轿，轿前有御前大臣及侍卫，后面是 3000 多辆官车，载着慈禧及王公大臣的行装及土特产，浩浩荡荡如同打胜仗般凯旋。

同年 11 月 28 日，慈禧、光绪帝等人回到了北京，京城地方官动用了大量财力和人力，将御道装饰一新。但入城的气氛叫人感到压抑，沿途大街上除了乱哄哄的八国联军官兵围观外，跪迎慈禧回銮的官员百姓没有几个。经历浩劫的京城已经再也打不起精神，来迎接这个祸国殃民的国贼了。